악마
백과사전

악마 백과사전

고대부터
암흑세계를 지배했던
3,000여 악마들

◆

프레드 게팅스 지음
강창헌 옮김

보누스

| 일러두기 |

1. 우리말로 옮길 때 다음과 같은 기준을 세웠다.
   - 표제어 Devil은 마왕으로, Demon은 악마로 옮겼으나 대부분은 별 구분 없이 둘 다 악마로 옮겼다. 그러나 맥락에 따라서 마귀나 악령 등으로 옮기기도 했다.
   - occult와 occultism은 신비술 또는 비술로 옮겼으며, occultist는 신비술사로 옮겼다.
   - spirit은 영으로 옮겼다.
   - daemon은 다이몬으로 옮겼다.
   - genius는 귀신으로 옮겼다.
   - esotericism은 비교(秘敎)로, esotericist는 비전주의자(秘傳主義者)로 옮겼다.
   - magic은 마술로 옮겼으나 맥락에 따라서 마법으로 옮기기도 했으며, witchcraft는 요술로 옮겼다.
   - Grimoire는 대부분 '그리므와르'로 옮겼으나 때로 마법서라고도 하였다.
2. 확인이 가능한 범위 안에서 원래의 발음을 따르고자 했다.
   예) Minotaur 미노타우로스, Constant 콩스탕, Nowotny 노보트니
   그 외에는 대부분 고전라틴어 표기법을 따랐으며, 일반적인 외국어와 외래어의 표기는 국립국어연구원의 일반 지침을 따랐다.
3. 표제어 다음에 붙은 (1), (2) 등은 같은 표제어가 둘 이상 있을 경우 구분하기 위한 것이다.
4. 본문에서 보이는 * 표시는 표제어로 수록되어 있음을 알려주는 표시이다.
5. 우리말 표기가 원칙이나 지명, 인명, 책제목 등은 영문을 병기하였다.
6. 이 책에 등장하는 책, 논문, 희곡, 시, 회화 등은 따로 구분하지 않고 모두 〈 〉 표시를 사용하였다.
7. 이 책에 등장하는 성경 구절은 한국천주교주교회의 성서위원회에서 편찬한 〈성경〉을 따랐다.

차례

서론

이 사전은 신비술과 마법 및 악마학 분야에 나오는 악마들의 이름과 악마 체계, 전문용어 등을 이해하기 쉽게 접하도록 마련한 것이다. 이 목적을 위해서 약 3천여 악마의 이름을 정리했고, 그리므와르Grimoires 계열의 주요 악마학 전승과, 악마들이 많이 나오는 단테와 밀턴, 블레이크 등의 문학작품에서 광범위하게 악마들을 수집했다. 악마의 이름들에 대한 이해를 돕기 위해서 에녹계 악마들(Enochian demons)과 같은 주요 악마학 문헌 전승 및 보댕에서 블라바츠키에 이르는 중요한 악마학자들과 전문가들을 포함시켰다.

이 사전에서 조사한 대부분의 악마 이름과 전승은 아주 오래된 것이므로, 일부 악마들의 이름이 아주 다양한 환경에서 한 차례 이상 나타나는 것은 당연한 일이다. 예를 들어, 솔로몬의 영들(Spirits of Solomon)의 목록과 에녹계 악마 문헌 및 상툼 렉눔(Sanctum Regnum) 의전 마술서 등에서 똑같은 이름들이 나오는 것을 볼 수 있다. 그러나 나는 공식적인 악마학에만 연구를 제한하지 않았다. 일반적인 영문학 전승 안에서 중요한 자리를 차지하는 악마들을 전체적으로 바라볼 수 있도록 하기 위해서 여러 희곡과 시에 나오는 악마들을 지적했고, 문학 안에 있는 악마학 전승과 관련해서는 악마 관련 구절*과 인용문* 등 특별한 표제어에서 다루었다.

페오르 산 지역에서 숭배를 받다가 후대에 벨페오르라는 악마로 알려지게 된 바알이나, 돈을 뜻하는 시리아어 마몬mammon이 물질주의와 탐욕

▲ 매의 머리를 태양신 호루스의 상징으로 취한 이집트 왕관. 매는 본디 한 부족의 토템이었을 가능성이 있으나, 이집트 후대 상징에서 매의 비행은 빛의 새가 연출하는 태양의 움직임을 나타냈다. 이집트 신화에 따르면, 바로 해와 달이 호루스의 두 눈이었다. 머리가 둘 달린 악마 마이몬의 이미지는 이 전승에서 변형되어 여과되었을 가능성이 있다.

의 신으로 변형된 것처럼 고대의 신들이 강등된 것을 볼 수는 있지만, 지난 2천 년 동안 악마의 역사는 크게 변하지 않았다. 중세 후기 마법서 그리모와르에 들어와 살아남은, 끈질긴 고대 신들의 생생한 본보기 중 하나는, 호루스의 상징인 매의 머리 이집트 왕관과 여러 그리모와르에서 새의 머리를 한 괴물로 나타나는 끔찍한 악마왕 마이몬을 비교해보면 알 수 있다. 마이몬은 시리아어 마몬에서 유래했을 수 있지만, 나일 강 유역에서 천 년 동안 최고신으로 숭배를 받았던 이집트의 아몬에서 나왔을 수도 있다. 그러나 파악하기 쉽지 않은 것은, 처녀들의 무릎에 머리를 누인 부드러운 유니콘이 어떻게 악마학 전승에 들어오게 되었는가를 밝히는 것이다. 요크 민스터 박물관에 보관된 '울프의 뿔'에 나오는 유니콘은 악마의 머리 형상을 한 꼬리를 지닌 덕택에 그리모와르에 들어왔다. (8쪽) 중세 때 이 유니콘은 칠죄종 가운데서 분노의 악마를 상징화하는 데 가끔씩 사용되곤 했다. 황소 머리를 한 괴물이 〈신곡〉 12곡에서 단테와 베르길리우스를 어떻게 만났는지, 또는 황소 머리의 악마 모락스가 많은 그리스 항아리에 그려진 크레타의 끔찍한 미노타우로스에서 유래했다는 것을 파악하는 것은 훨씬 쉽다. 원래 미노타우로스는 테세우스에게 살해되지만, 단테는 그의 영을 자신의 악마적 상징 중 하나로 채택했다.

시각적 문제들과 관련된 이러한 물음들 때문에, 악마학 전승을 파악하고자 하는 사람은 그 역사도 알아야만 한다. 이 책의 표제어들 중 여러 항목들이 이러한 사항에 도움을 주기 위한 것이다. 그래서 가능하다면, 초기 그리스도교인들이 고대의 신들을 악마로 변환한 이래 악마학 영역에서 중요한 신조를 주창하고 전개시킨 이들에 대해서 언급하고자 했다.

과거 2천 년 동안 인간의 마음을 괴롭힌 악마신앙(demonism)을 정확하게 개괄하는 일은 쉽지 않다. 이러한 이유로 이 책의 항목들은 역사의 주요 흐름을 지적하고, 문제가 되는 기간에 계속해서 나타나는, 독특하고 흥미로운 태도를 설명하고자 했다. 그러나 이러한 독특하고 흥미로운 악마신앙 및 신조의 배경과 대비하여, 우리는 역사의 흐름 속에서도 변하지 않고 지속된 것들을 관측할 수 있다. 역사에서 악마들에 대한 완강한 태도와 악마들의 특성에 대한 지속적인 믿음을 관측하는 것은 실제로 가능한 일이며, 이런 작업을 악마학의 "진짜 역사"라 부를 수 있을지 모른다. 이들 가운데 보편적으로 보이는 인식들은, 악마들은 보통 비가시적이라는 것, 그들은 본성상 인간의 선을 위해서 일하지 않고 그런 성향도 갖지 않는다는 것 (사실 악마들은 인간에게 적대적이다), 때로는 인간의 눈에도 보인다는 것(어떤 경우는 우연히, 어떤 경우는 목적을 가지고), 그리고 악마들을 불러내고 소환하고 그들에게 명령을 내릴 수 있다는 것 등이다. 악마들을 축출할 수 있다는 것, 곧 그들이 원래 있던 비가시적 영역으로 쫓아낼 수 있다는 것 또한 꾸준히 유지되어온 인식 중 하나이다. 그러나 이러한 공통적인 믿음 중 가장 근본적인 인식은, 마술사나 그 고객의 고유한 욕망이나 목적을 채우려는 관점에서 악마를 불러내거나 소환할 수 있다고 강조하는 것이다. 중세 악마신앙의 가장 음험한 씨앗은 바로 이러한 믿음 위에 놓여 있는데, 그것이 바로 악마적 계약에 대한 믿음이다. 이하 본문에서는 소환(Conjuration), 구마(Exorcism), 계약(Pact) 등의 표제어 아래 역사적 맥락을 언급하면서 이렇게 지속성이 있는 견해들을 함께 다루었다.

악마들에 대한 이교도적 관점은 에피라에서 오디세우스가 어떻게 악마를 만나는지 묘사하는 호메로스에게서 찾아볼 수 있다. 비록 여기에서는 죽은 자들의 그림자들과 악마들 사이에 큰 차이가 나타나지는 않지만, 피의 희생이 관련된 의례들 및 호출된 영들은 본질적으로 사령술적(necromantic)이다. (실제로는 심령술적sciomantic이다.) 물론 오디세우스는 미래를 엿보기 위해서 이 그림자들을 만났다. 고대에는 악마들이 여러 영역에서 그들의 초월적 지혜를 드러내기 위해서 호출될 수 있다는 것이 기본적인 믿음이었던 것으로 보인다. 에피라에 있던 소위 사령술 신전(네크로만테이온)을 로마인들이 재건했다는 사실이 최근에 재발견되었는데, 그것은 상층부에는 복잡한 방들이 있고 지하에는 독특한 아치형 방을 갖추고 있다. (호메로스가 상술하고 일부 고전 문헌에서 언급된 것과 같은 모습을 하고 있다.)

서기전 5세기 그리스 화병에 그려진 미노타우로스. 반은 황소, 반은 인간인 미노타우로스는 어린 암소로 변장한 파시파에에게서 태어났다. 크레타의 미노스는 그의 유명한 미궁에 이 괴물을 가두었고 미노타우로스는 결국 거기에서 테세우스에게 살해된다.

고전적 악마들에 대한 우리의 인식은, 다이몬(daemon)과 악마(demon)가 구분되어 있었다는 사실 때문에 자주 혼란에 빠졌고 오늘날까지도 그러하다. 소크라테스가 다이몬을 언급했을 때 그는 확실히 현대적 의미의 악마적인 어떤 것도 염두에 두지 않았었고, 점성술적 "다이몬의 역할"도 악마학 전승과는 관련이 없다. 다이몬(daemons)과 악마(demons), 천사들(angels)과 영적 존재들(intelligencies) 사이의 혼란은 오늘날에도 여전하다.

비교秘敎에 입문했던 유머 작가 아풀레이우스 Apuleius는 〈황금나귀 The Golden Ass〉에 나오는 악마신앙 이야기를 통해서, 결과적으로 중세를 괴롭혔던 신앙 유형을 이미 지적하고 있다. 곧, 악마와의 상담에는 본질적으로 마녀의 참여가 따르고, 더 정확히 말하자면, 누구든 악마와 상담하는 자는 어둡고 금지된 세계에 발을 들여놓는다는 것이다. 〈황금나귀〉의 세계에서는 마녀들이 교수형당한 사람들의 코와 귀를 구하거나, 피를 얻기 위해

▲ 새 형상의 머리 둘을 지닌 위대한 악마왕 마이몬은 아마도 이집트의 토템 매에서 유래했을 것이다. 마이몬 뒤에 있는 (그리므와르 전통에는 나타나지 않는) 괴물 악마도 이집트 신의 모습과 닮은 얼굴을 가지고 있다. 16세기 초엽의 그리므와르에서.

서 살인을 한다는 등의 이야기들이 나온다. 심지어 1세기 문헌에서도 이미 우리가 20세기 해머 영화사의 공포 영화에서 보는 것과 같은 "신비술" 용품을 볼 수 있다. 인간이 나귀로 변형된 이야기에는 비교적 함의가 있긴 하지만, 그의 변형이 알려졌을 경우 그에게 닥칠 일을 두려워하는 가운데서도, 이야기 속의 나귀 영웅은 꽤 순수한 동기로 움직이고 있다는 사실을 기억해야 한다.

그러나 이러한 문헌이 있음에도, 고대 세계의 어떤 성직 수행자들은 악마들을 불러내는 방법과 개별 악마들의 특별한 자질을 알았고, 치유를 목적으로 이러한 지식을 사용하고자 했다는 암시들이 있다. 고대의 치유 전승에 친숙하지 않은 사람이라면, 아스클레피오스Aesculapius식 병원과 지성소에

▲ 악마의 꼬리를 가진 유니콘. 요크 민스터 박물관에 있는 '울프의 뿔'에 새겨진 조각. 로버트 브라운의 연구서 〈유니콘 – 신화적 탐구〉(1881)에 속표지로 사용되었다. 유니콘은 달의 동물이어서, 악마들의 영역을 달의 천구층과 연결시킬 수 있었기 때문에 악마화하는 데 잘 들어맞았다.

▲ "가장 혐오스런 거짓 소" 미노타우로스. 단테의 〈신곡〉 지옥편 12곡을 묘사한 귀스타브 도레의 목판화. 소의 머리에 사람의 몸을 한 미노타우로스는 고대의 하데스에는 나타나지 않지만, 단테는 자신의 지옥에 그를 끌어들여 악마적 형상을 입혔다. 그리므와르 전승의 모락스라는 악마는 고전적 이미지에서 유래했을 것이다.

서 종교 의례적 수면(ritual incubation. 고대의 종교관습 중 하나로, 어떤 의례 행위를 수행한 다음 신성한 꿈을 꿀 것이라는 지향을 가지고 거룩한 장소에서 잠을 자는 것)을 취하는 것을, 단지 그것이 현재는 거의 이해받지 못하는 뱀 마술과 관련되었다는 이유만으로, 악마신앙에 뿌리를 둔 것으로 여기기 쉬울 것이다. 그러나 비교 전승은, 이러한 흥미로운 치유 방법들이 고대 신화의 핵심에서 유래하여 무척 정교하게 발달한 신앙체계의 결과라는 것을 알려준다. 이러한 신앙은, 발이 빠른 메르쿠리우스와 연결시켜 오늘날 상업과 의학의 상표가 된, 뱀이 뒤얽힌 지팡이 카두케우스의 상징 안에 지금도 남아 있으며, 뱀 전승의 치유 능력에서 근본 신앙을 표현하는 여러 다른 놀라운 이미지들 안에 살아남았다. 예를 들면, 뱀들이 자신을 무는 조각은 매우 세련된 중세 우화의 단편에서 유래하는 것이다. 뱀 전승의 상징이 오해되어 왔으며 악마학의 어두운 부분과 혼동을 일으켰다는 것은 현대의 상징 예술에 대한 부족한 평가를 보면 놀랄 일이 아니다.

심지어 티야나의 아폴로니우스나 회심한 키프리아누스처럼 비교에 참여한 마술사의 생애와 마술 능력에 대한 현존 자료들조차도, 고대의 비교 참여자들의 방법과 용어가 더 이상 우리 문화유산의 일부가 아니라는 이유로 현대에도 오해받고 있다. 예를 들어, 아폴로니우스는 죽은 사람들을 불러내는 자신의 사령술死靈術 방법이, 피의 제의가 아니라 기도를 수반하기에, 호메로스가 묘사한 것과는 다르다는 것을 조심스럽게 지적하고 있다. 그렇더라도, 그의 요청으로 소환된 아킬레스의 영이 왔을 때 지진이 일어났고 그 영은 새벽닭 울음과 함께 사라졌다고 한다. 이것은 훌륭한 극적 효과와 같은 것으로, 새벽닭이 우는 것에 대한 유령의 공포는 셰익스피어의 〈햄릿〉보다 훨씬 오래된 이야기라는 것을 알려준다.

그러나 아폴로니우스 문헌의 많은 부분이 현대적 감수성과는 무척 달라서, 고대 전승의 상투적인 표현인 우화와 설화 뒤에 숨어 있는 지혜를 상당 부분 오해하게 만들었다. 예를 들어, 아폴로니우스 문헌에 기록되어 있는, 대지보다 나무가 더 오래되었다는 난해한 개념은 불합리한 것으로 보이지만, 비교 전승과 훌륭한 조화를 이룬다. 나무를 생명의 상태로 유지시켜주

▲ 자기 몸을 물고 있는 뱀들. 떨어져서 보면 이들은, 몸 양 끝에 머리 둘을 달고 어느 방향으로도 갈 수 있는 쌍두독사 암피스바에나처럼 보인다. 이 조각은 마요르카 서쪽 손 세라의 산후안 성당 정면에 있다. 돌에 새긴 복잡한 그리스도교 우화의 일부이다.

는 힘(영기적靈氣的 힘(etheric forces)이라고도 한다)은, 대지 자체가 물리적 형상을 취하여 물리적 몸에 적합한 저장소가 되기 훨씬 이전에 발휘되어야만 하는 것이다. 그래서 대지가 생명을 주는 영기의 능력 안에 대기하기 이미 오래 전에 영기적 힘이 창조되었다는 주장이 나온 것이다. 이러한 개념은 그 자체로, 일부 초기 그리스도교 저자들이 전개했던 논점, 곧 인간이 창조되기 오래 전에 천사들과 타락한 천사들이 있었다는 것을 보여주거니와, 비록 현대의 비교에 남아 있는 형태는 다르지만, 지금도 여전히 보존되어 있는 고대의 지혜에서 유래하는 것이다. 그러나 다소 완고하고 물질주의적인 우리의 현대적 사고에서 이런 고대의 지혜는 아주 낯선 것이다. 이교 세계의 악마신앙에 올바로 접근하기 위해서는 그에 앞서 우리 자신의 사고와 상징 체계 안에 있는 결핍과 한계를 인식해야 한다.

　이교 사상에 있는 악마신앙을 이성적이고 포괄적으로 진술하기 위해서는, 이해하기 어려운 비교 문헌에서부터 더 친숙한 플루타르코스의 문헌으로 옮겨가야 하지만, 여기에서도 우리는 신비적 지혜에서 유래한 신앙의 흔적을 발견할 수 있다. 예를 들면, 떨어지는 별들이 악마들(더 정확히 표현하자면, 인간의 열정적 본성에 굴복한 다이몬들)이라는 매우 견고한 인식과, 다이몬들이 오래 살기는 하지만 죽을 수밖에 없는 운명을 지녔다는 가르침, 그리고 아주 다양한 종류의 악마들이 있다는 진술(이러한 관점은 뒷날 프셀로스가 전개했다)을 발견할 수 있는 것이다. 악마와 별들의 유대관계는 고전과 중세 초기 문헌에 흔히 보이지만, 지구 중심적이라기보다는 악마 중심적 우주 모델 안에서, 땅의 지옥과 같은 지역으로 모든 악마들을 몰아넣은 중세 후기 마녀사냥꾼들의 성문화成文化 작업 때문에 사라진 것으로 나타난다. 악마와 별 사이에 설립된 관계는, 예부터 존재의 거대한 고리(Great Chain of Being)라고 불리는 것을 단순한 용어로 반복한 것이거나, 별과 악마가 공통적인 어떤 것을 공유한다는 인식을 반영한 것일 수 있다. 왜냐하면, 별들은 비가시적인 제5원소에서 만들어졌으며, 악마들은 제5원소에서 자신들의 모조 몸체를 만들었다는 믿음에서 이러한 인식이 나왔기 때문이다. 아마도 이 인식은, 악마 소환술의 상징인 별 모양 인장이 인기를 끄는 데 기여했을 것이다. 다른 한편, 악마와 별의 이상한 관계에 대한 더욱 힘 있고 가슴 아픈 설명은 악마를 타락한 천사로 보는 관점인데, 특정한 천사 계급이 별의 영역에서 살았다는 인식은 그리스도교 훨씬 이전 시기부터 있었다. 이 중요한 개념 뒤에 숨겨진 진실이 무엇이든 간에, 지구의 물리적 중심부를 실제로 악마들의 놀이터로 만든 이는 바로 중세 교회였다는 사실이다. 중세 교회는 인간의 삶과 사후 체험을 어떤 고전 전승이 했던 것보다도 더욱 긴밀하게 엮음으로써 이 일을 했다.

플루타르코스도 달을 악마들의 영역으로 지적한다. 비록 이것은 악마들의 진짜 거주지가 달 자체와는 아주 다른 달의 영역이라는 개념을 반영한 것이기는 하지만, 슈타이너나 우스펜스키의 저작에도 나오는 것처럼 현대의 비교 문헌에도 강하게 유지되는 관념이다. 정교한 프레스코나 모자이크 작가의 고매한 예술(루시페르*를 보라)에서부터 조야한 대중적 목판화에 이르기까지, 예술작품 안에서도 사본 전승에서만큼이나(악마Demons*를 보라)

다양하게 퍼진 뿔이 달린 통속적인 악마 이미지는, 악마들의 영적 고향인 초승달을 가리키는 것일 가능성이 크다.

플루타르코스는 브리타니아에서 서쪽으로 5일 동안 항해했던 한 남자에 대한 흥미로운 이야기를 전해주는데, 그곳에서는 사투르누스가 수감되어 악마들의 시중을 받고 있었다. 이 남자가 배웠던 사후 상태에 대한 지식은, 모든 인간의 영혼이 죽은 다음에는 대지와 달 사이에서 (곧, 달의 천구층에서) 한동안 배회한다는 것이었다. 이것은 비교 교리에서 여전히 중요한 요소이며, 죽은 사람들이 연옥 영역에서 겪는 체험을 나타내는 현대적 용어는, 산스크리트어 "카말로카"이다. 이교 문헌에는 대지 내부에서 사는 악마들의 계급이 나온다. 그러나 다양한 형태의 악마들을 지옥의 다양한 차원과 연결시키는 일은 그리스도교 악마론이 담당했는데, 단테는 대지의 웅장한 악마 중심적 이미지 안에 지옥을 완벽하게 묘사했다. 다이몬과 악마를 구별하는 게 쉽지 않지만, 우리는 플루타르코스의 친숙한 글을 통해서

▲ 악마나 천사를 불러내는 마술에서 가끔씩 소환되는 천사 메타트론의 마법 인장에 있는 별. 천사 마법에 대한 17세기 문헌에서 유래하는 이 인장은, 코르넬리우스 아그리파의 〈비술 철학에 대하여〉(1531)에 보존된 인장에 기초를 둔 것으로 보인다.

악마들도 천사들과 마찬가지로 신과 인간 사이를 중재하는 계급이라는 것을 배운다. 후대의 그리스도교 작가들은 악마의 개념을 왜곡했는데, 그들은 악마를 마왕과 인간 사이의 중재 계급으로 이해했다. 참으로, 악마는 전도된 신이다(Diabolus est Deus inversus).

악마가 타락한 천사라는 관점은 확실히 그리스도교 이전의 것이다. 이러한 인식의 흔적이, 신비적 지혜에서 유래한 비교사상 경향과 합쳐졌고, 옳든 그르든 성서의 에녹Enoch과 연결되어 서기 1세기부터 3세기까지 사실상 경전으로 여겨졌던 〈에녹서〉에 포함되어 있다. (에녹계 악마들*을 보라.) 여러 글을 기워 놓은 이 본문은, 어떤 천사들이 여자들을 갈망해서 인간과 결혼한 결과 "타락한 천사들"이 되었다는 것을 보여준다. 인간과의 이러한 교섭이 인류에게 문명을 일으키게 하는 근본적인 요소였고, 따라서 그리스도교 이전 문헌에 있는 타락한 천사들에 대한 개념은 세상의 진화에 봉사하기 위하여 기꺼이 자신을 희생한 (곧, 지복의 상태에서 떨어진) 어떤 천사들이 있다는 관념을 반영한 것일 수 있다. 비록 이러한 개념이 타락한 천사들에 대한 공식적인 신학적 관점과는 근본적으로 불일치하지만, 현대적 비교사상이라는 화려한 화폭 속에 여전히 깃들어 있는 믿음 중 하나이다. 단순히 설명해서, 악마의 타락이 계획된 것이고 희생적이라는 것이 비교적秘教的 관점이라면, 신학적 관점은 교만과 같은 어떤 내적 결핍 때문에 악마가 타락했다는 것이다. 바로 이러한 이유 때문에, 다소 극적으로 꾸며지기는 했어도, 신학적 악마들이 철저히 인간화된 것이며, 밀턴은 이를 능숙한 솜씨로 문학 안에 가장 훌륭하게 그려놓았다. (밀턴의 악마*를 보라.) 비교적 악마들은 엄밀하게 상징적 의미의 것을 빼곤, 결코 사람과 닮지 않았다. 고대 이집트인들이 신중하게 짐승의 모습을 한 악마를 표현했던 이유도 여기에 있을 것이다. (예를 들어, 아누비스*를 보라.) 타락한 천사들, 또는 후대에 붙여진 이름처럼, 에녹계 악마들의 특별한 기능들은 일부 문헌에서 200여 가지에 달하며, (솔로몬의 영들을 목록화한) 〈솔로몬의 열쇠 The Key of Solomon〉와 같은 문헌에는 각 영이 지닌 가장 능란한 예술, 기능, 철학을 상술하고 있다. 영들은 이런 뛰어난 기능 때문에 소환될 수 있다.

오리게네스가 기록하듯이 그리스도교 악마신앙의 출현은 점진적인 것이었다. 비록 오리게네스 자신은, 그리스도가 지상으로 내려오면서 악마들의 힘이 완전히 파괴되었다는 인식을 보여주긴 하지만, (이와 관련해서 판*을 보라) 초기 교회는 천사나 악마들과 관련된 특정 교리를 구체화하지 않았다. 그는 또한, 각 사람의 수호천사에게는 악마의 활동을 물리칠 수 있는 힘이 있다고 강조하지만, 인간은 이 수호영(tutelary spirit)을 거절해서 악마의 수중에 떨어질 수 있는 자유가 있다고도 주장한다. 그러나 구원은 언제나 가능하다.

수세기 동안 악마와 악마학에 대한 그리스도교의 태도는 당대 이교도에 대한 태도와 흡사했다. 초기 그리스도교인들은 유대교 묵시문학의 악마학과 고전적 악마신앙에 친숙했고, 이러한 사상적 조류는 초기 그리스도교 저작에 유입되어 심연(Abyss)이나 짐승(Beast)과 같은 중요한 개념에 영향을 끼쳤으며, 사탄의 성격과 관련해서도 혼란을 일으켰을 것이다. 그러나 유스티누스는 악의 존재를 천사들이 범죄를 일으킨 결과라고 설명하며, 이 천사적 존재들이 인간 여성과 성관계를 맺고 악마들을 낳았다고 한다. 타티아누스는 악마들은 주로 공기와 불로 구성된 영적 신체만 가지고 있다고 주목한 첫 번째 인물이다. (현대 과학이 설명하는 공기와 불이 아니라는 것을 기억해야 한다.) 수호천사들은 죄의 악취 때문에 자기들의 임무에서 쫓겨났다고 제안했던 이는 그리스의 그리스도교인 바실리우스였고, 이것은 현재 (악마들의 진짜 영역인) 아스트랄계(astral plane)라고 불리는 것에 대한 그리스도교적 개념이 꽤 이른 시기에 성립되었다는 것을 암시한다. 테르툴리아누스는 천사들의 타락에 대해 쓰고 있으며 그들의 자손이 악마라고 보지만, 이러한 타락과 악마의 발생을 자유롭게 수용한 부패로 보며, 하나의 희생행위로 이해한다. 그는 사탄을 타락한 천사들의 수장으로 위치시키고 있다. (타락한 천사들은 악마와는 다르게 나타나는데 이러한 개념이 대부분의 현대신학에서는 많이 간과된다.)

디아볼로스에 대한 교리는 그리스도교 특유의 것이며, 세상 창조 이전에 하느님이 그를 창조했다고 주장하는 락탄티우스에게서 그 기원을 찾아

볼 수 있다. 디아볼로스에게 주입된 악도 기꺼이 받아들인 것이었다. 락탄
티우스는, 그리스 교회에서 디아볼로스의 이름을 사용했지만 라틴 교회는
그를 크리미나토르Criminator로 부른다고 기록하고 있다. 아우구스티누스
는 이러한 개념들에 거의 기여한 바가 없지만, 사악한 천사들의 목적이 인
간을 기만하고 파멸의 상태로 끌어내리는 것이라고 본다. 그들은 점술과
마술을 통해서 가장 쉽게 이런 일을 한다. (점술과 마술은 아우구스티누스가 가장
걱정했던 신비술 행위였다. 그의 저술은 이교도 마술과 일종의 애증관계를 드러낸다.)

악마들이 하느님의 통제 아래 있다는 개념은 흥미로운 그리스도교적 인
식이다. 아우구스티누스는 수세기 동안 신학자들을 당혹시킨 이 개념을
발전시켰고, 후대 마녀 재판에서 많은 고초를 발생시킨 견해를 표현했다.
악한 사람들과 선을 위반한 사람들의 형벌자로서, 그리고 인간을 시험하
는 자로서의 악마의 역할은 아마도 크리미나토르 전통에까지 거슬러갈 것
이다.

초기 호교론자들과 교회 교부들조차도 묵시록에 언급된 다양하고 기이
한 존재들의 진짜 정체를 확인하고자 성서를 상세히 연구하게 되었는데,
그 결과 오늘날까지도 우리의 문학을 괴롭히는 신화적 악마들(과 전체 악마
학)을 창조하게 되었다. 예를 들어, 반그리스도*와 짐승*을 보라. 그리스도
교의 악마인 사탄은 하느님의 선함에 반대하는 창조된 천사로 나타난다.
이러한 의견을 표현했던 아테나고라스는 또한 악마들이 피의 희생을 열망
한다고 기록하고 있는데, 이것은 서구에서 초기 교회가 분투했던 어려움들
중 하나였다. 그리스도교 고유의 악마신앙은 초기 그리스도교의 여러 개
념들과 마찬가지로 영지주의, 특히 바실리데스파와 싸우는 가운데 발전했
던 것으로 보인다.

이교에서 그리스도교로 개종한 키프리아누스의 〈고백록〉은 그리스도교
의례와 이교도 마술의 모호한 관계에 대해서 많은 것을 알려준다. 키프리
아누스는 고대의 지혜를 전수받은 여러 조류의 비교 의례에 참여했다가 그
리스도교로 개종했고, 결국 안티오키아의 주교가 된 뒤 순교했다. 그는 옛
세계와 새로운 세계 모두에 발을 담갔던 소수의 역사적 인물 가운데 한 사

람이다. 그의 이야기 중에서 가장 흥미로운 것은, 교회와 다툼을 벌였던 마술의 실천에 대해서뿐만 아니라, 당시의 악마신앙에 대해서도 밝혀준 점이다. 키프리아누스는, 술을 끊은 사람이 이전에 취했던 상태에 대해 말하는 비교 의례에서, 여러 형태의 악마들의 종류와 등급이 있다는 것을 알게 되었다. 그는 이집트 멤피스에 있을 때 아스트랄 환시 속에서 "어둠 속에 붙잡힌" 거인들의 영혼을 보았고, 많은 인간의 죄를 아스트랄 형상으로 보았다. 칼데아에서는 에테르ether를 구분하는 365명의 악마들의 비밀을 전수받았고, 각 악마에게 적절한 희생제의, 힘이 있는 말, 헌주獻酒 의례 등을 배웠다. 키프리아누스의 보고는, 악마가 실제 사물을 모사하기 위한 재료들을 희생제물의 증기나 연기에서 얻는다는 관념을 알려주는데, 이러한 관념은 중세 후기의 마녀사냥 문헌에서 몇 가지 다른 행태로 되살아났다. 키프리아누스는 자기가 악마들의 힘을 얻어 어떻게 세상에 큰 해를 끼쳤으며 결국 어떻게 (내적 다이몬을 통해서?) 회심하게 되었는지 상세히 밝히고 있다. 우리는 초기 그리스도교 악마신앙에서 키프리아누스를 특별히 극적인 본보기로 꼽을 수 있다. 그의 흥미로운 이야기는 의심스러운 부분이 있긴 하지만, 단순한 그리스도교 인장 형태 안에도 가장 나쁜 이교도 악마들에 대항하는 마술적 요소가 충분히 들어 있다는 중요한 개념에 의존하는 것으로 보이기 때문이다. (온갖 증거로 반박되는 이 순진한 개념은 〈마녀들의 망치〉에도 온전히 보존되어 있다.) 적어도 그리스도교 초기에는 그리스도와 그의 마법이 이전의 모든 것보다 우월한 것으로 나타났다. 새로운 신비는, 하느님의 새로운 섭리처럼, 우연적인 역사 때문이 아니라 고유의 본질적인 가치 때문에 성공할 것이다. 어둠의 대항자인 악마에 대한 최면적 관심이 늘어가면서, 사랑의 그리스도가 밀려난 것은 어떤 의미에서 중세 후기의 악마신앙 이야기와 비슷하다. 초기 그리스도교인들의 악마 관련 문헌과 15세기 이후의 더욱 열광적인 저술 사이에는 엄청난 심연이 존재한다.

악마들에 대한 중세의 태도를 전적으로 특징지은 것은, 축약된 고전 전승과 아우구스티누스나 토마스 아퀴나스 같은 친숙한 저자들의 학문적 성서 해석에서 유래한 개념이었다. 그러나 13세기 후반 복잡한 아라비아 전승에서 악마 의례, 문헌, 부적, 기호 등과 함께 새로운 악마학이 흘러 들어왔다. 이러한 새로운 악마신앙의 출현은 13세기 신축 대성당에 특별한 그로테스크(링컨의 작은 악마*를 보라)나 괴물상 장식이 들어선 이유를 설명해 줄 것이다. 대성당 벽에 이런 돌로 된 악마들이 나타나기 시작하고 영성화한 점성술적 이미지들이 성당 현관문에 출현하는 시기가 거의 비슷하다는 것은 확실히 중요한 의미가 있다. 이 악마신앙은 그것이 지닌 특성상, 그 시대를 강하게 사로잡았던 점성술과 뒤엉킬 수밖에 없었다. 이러한 이유로 마이클 스콧의 악마학 저술은, 단테의 시적 비전에 앞서서 13세기 악마신앙의 독특하고 놀라운 특성을 이해하는 중요한 열쇠를 제공한다.

스콧은 악마들이 자연의 힘을 지배할 수 있는 능력이 있어서 끔찍한 태풍이나 폭풍처럼 "자연적"으로 보이는 현상이 사실은 악마들의 활동이라고 지적한다. 그러나 그는 육체가 없는 존재들이 어떻게 물질에 영향을 끼칠 수 있는지에 대해서는 설명하지 않은 것으로 보인다. 아마도 이러한 종류의 물질주의는 그에게 그다지 중요하지 않았을 것이다. 악마들의 소환은 이름이 지닌 힘(효험)에 따라서 이루어진다. 그러므로 특정 악마들을 불러내는 소환 의례와 그들을 호출하는 적당한 시간뿐만 아니라, 그들의 진짜 이름이나 이칭異稱을 아는 것도 중요하다. 악마들은 별이나 별자리에 자기들의 거처가 있다. 악마들이 인간에게 가시적이 되는 길을 선택할 때 그들은, 자체로는 보통 인간들의 눈에 보이지 않는, 일종의 응고된 에테르를 이용해서 육체와 비슷한 외형을 취할 수 있다. 스콧은 일곱 천계의 일곱 악마들의 이름을 부여하며 소환을 위한 마법의 원을 만드는 방법을 묘사하고 있다. 어떤 경우에는 특정 악마들이 인간의 피나 육체를 탐닉하기 때문에, (이것은 물론 악마의 욕구에 대한 고전적 개념을 반영한 것이다) 정확한 소환 의례는 피의 희생을 요구하기도 한다.

스콧은 여러 악마들의 이름을 아담이 지었다는 〈솔로몬의 술(術)에 대한 천사의 책〉에서 가져온 것으로 보인다. 그러나 스콧의 전기작가 린 손다이크는, 신비술과 악마학 문헌에 대한 스콧의 지식이 그리스도교 저술가들 중에서 특별한 것은 아니라고 시인한다. 같은 세기, 오베르뉴의 윌리엄은 그의 유명한 〈세계론〉에서 악마들을 자세히 다루었으며, 많은 성직자들이 악마들의 이름 및 기호를 포함하여 효과적인 부적들에 대한 글을 썼다. 악마학 문헌의 범위는, 꽤 중요한 악마학 전승 조류가 들어왔던 13세기의 유산으로부터 측정할 수 있을 것이다. 이에 대해서는 솔로몬계 문헌*을 보라.

우리는 단테의 언급을 이해하지 않고 중세 악마학을 철저히 읽을 수 없다. (단테의 악마들*을 보라.) 다른 많은 것들에 대해서도 그렇지만, 단테는 당시 악마 개념을 분명히 이해하게 하는 주석을 제공하며 이와 동시에 번뜩이는 상상 속에서 복잡한 지옥의 끔찍한 이미지를 포착하고 있다. 지옥의 악마들은 증오심이 심해서 심지어 자기들끼리 서로 싸우기도 하고, 그들이 영혼들에게 가하는 고문에는 일종의 가장 비교적인 상징을 담고 있다. 지옥에서 전체 우주의 중심은 지옥의 가장 낮은 차원에 있으며, 거기 얼음호수에는 끔찍한 사탄이 앉아 있다. 무한한 시간을 투영하는 영원한 장소로서의 지옥은, 고통 속에 있는 영혼들에게 어떤 쉼이나 구제책을 제공하지 않으며, (이것은 어떻든 영원성(aeternitas)이라는 단어를 곡해하거나 오해하는 인식이다) 이교도 전승에서는 발견되지 않는 개념이기에 전적으로 초기 교회의 발명이다. 아마도 이러한 이유 때문에 연옥에 대한 매우 정교한 설명이 점차 그리스도교 신앙으로 들어왔을 것이다. 왜냐하면 연옥 개념은 고대 문헌에서 발견되며 그리스도교적 지옥 관념보다는 하데스에 대한 고전적 이해와 더 밀접하게 대응하기 때문이다.

그러나 단테가 그리스도교적 상상력에 부여한 지옥은 너무도 중요해서 (아마도 프톨레마이오스 우주론적 점성술을 지나치게 의존한 까닭에) 이 좁고 화염에 싸인 어두운 장소는 우주의 중심지가 되며, 하느님으로부터 가장 멀리 있는 곳, 천체가 회전하는 주축이 된다. (지옥을 보라.) 이러한 점에서 단테의 비전이 보여주는 것은, 교회가 13세기에도, 세상의 구도와 관련해서 악마들과 그 지도자인 마왕의 역할을 크게 강조하기 시작했다는 것이다. 그리고 초기 그리스도교 문헌에 나오는 구별되는 두 존재인 디아볼로스와 사타나스가 어떻게 끔찍한 마왕이라는 하나의 형상으로 통합되었는지도 보여준다. 피렌체 성 요한 세례당은 이 형상을 탁월하게 표현하였다(루시페르*를 보라). 단테의 지옥관은 (그의 천국관과 마찬가지로) 중요한 고전적 개념들을 통합하여, 다른 맥락에서는 루이스C.S. Lewis가 "버림받은 이미지"라고 부른 영적으로 정향된 우주 모델과 조화를 이루는데, 이 모델에서 악마들은 천사들과 똑같이 중요한 역할을 담당한다.

15세기에 산고를 겪은 근대는, 한편으로 일부 학자들이 중세의 악마학 전승을 수집하려 시도하고, 다른 한편으로 요술 문헌 내부의 악마신앙에 대해 법률적 정식화를 시도함으로써 그 출발을 알렸다. 첫 번째 결과물은 완화된 혼합주의로, 예를 들면 코르넬리우스 아그리파가 〈비술 철학에 대하여〉에서 신비술과 자연마술을 개괄적으로 다룬 것, 그리고 그토록 많은 근대 유럽의 도서관을 장식한, 사실상 쓸모없는 이름들과 기호들로 채워 놓은 수많은 악마학 사본들이다. 새로운 인쇄술 덕분에 이러한 수집물들은 재빨리 책으로 나왔고, 결과적으로 많은 책들이 거의 가치 없다는 평가를 받았다. 아그리파는 엉성한 학자였고, 악마학과 악마학 전승에 관련된 자료를 번역하면서 꽤 심각한 실수를 많이 저질렀다. 1531년 그의 책이 출간된 이래 이러한 사실은 인지되지 않았고, 신비술 전승 내부에서 그의 자료는 영속화되다시피 했다. 이 시기의 광대한 악마학 문헌 중에서, 1590년 바젤에서 출간된 파라켈수스의 〈마술의 기본원리〉는 악마적 기호들이 부적으로 사용되는 방식을 알려주는 전형적인 책이다. (인장*과 기호*를 보라.)

보댕을 비롯한 다른 사람들이 시도한 악마학의 법률적 정식화는 마녀사냥 열풍에 따라서 이 시기에 시작되었고, 2세기 이상 흥성했으며, 중세 후기 악마학적 문헌과 관련해서 주요 문제를 보여준다. 15세기 말에 이르러 악마의 역할은, 마녀와 마술사의 모습을 따라서, 인간의 하인처럼 간주되었고, 악마들은 시장에서 교회의 미사에 이르기까지, 모든 상황에서 자유롭게 인간과 섞이게 되었다.

중세 후기의 독특하고 놀라운 신앙은 악명 높은 〈마녀들의 망치〉로 대표된다. 도미니코회 수도자들인 야콥 슈프렝어와 하인리히 크레머가 쓴 이 문헌은 로빈스Robbins가 말하듯이, "악마학에 대한 문서 중에서 가장 중요

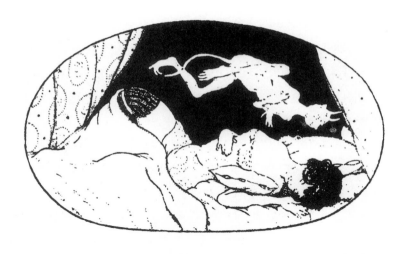

▲ 인쿠부스가 잠든 여인 위에서 서성거리고 있다. 러시아 예술가 콘스탄틴 소모프(1869~1939)의 〈여름날의 꿈〉(1906).

하고 가장 불길한" 것이었다. 그러나 이 책의 목적이라고 추정되는 것은 진짜 요술이 무엇인지 정의내리고 악마적 활동을 근절시키기 위한 것으로, 악마학과는 단지 지엽적으로만 관련되어 있다. 그 장점이 무엇이 됐든지 간에, 이 책은 아마도 15세기의 가장 영향력 있는 저술이었고, 후대에 요술 실천가라고 추정되는 이들을 잔혹하게 추적하고 정보를 얻었던 이들이 어떤 표준이나 규약을 만드는 데 기여했다. 이 책은 이후에 나온 요술에 관한 거의 모든 문서에 기반과 영감을 주었으며, 18세기까지 이어진 악마학에 대한 대중적 관점을 확실하게 물들였다.

〈마녀들의 망치〉에서는 악마가 (그리스도교적으로 그려진 형상 안에서) 대단히 중요하게 부각된다. 왜냐하면 소름끼치는 이 책의 두 저자는, 마녀와 마술사의 가슴과 마음과 의지 안에서 그리스도를 악마로 대치시키는 것이 바로 요술임을 보여주려고 했기 때문이다. 본문이 기초를 두고 있는 비논리적인 주장을 따르면, 요술은 신앙을 포기하고 악마에게 추잡한 경의를 표하는 것으로 나타난다. 이 중심 개념은, 악마가 가장 끔찍하고 육욕적인 일들, 곧 세례를 받지 않은 어린이를 살해하거나 인쿠부스나 악마와의 성

관계 맺기 등을 할 것이라는 가정에 기반을 둔 가상적 해석으로 꾸며졌다. 실제로 1486년 〈마녀들의 망치〉의 출간과 더불어, 법률적 저주와 형식적 규칙을 담은 부조리한 긴 글에서 악마는 그리스도를 위협하는 거의 무적의 힘을 지닌 자로 출현했고, 300년 가까이 고문, 화형, 교수형을 통해서 관철된 악마숭배에 대한 토대가 놓이게 되었다.

홍미로운 역사의 측면 중 하나는, 잘못된 힘을 잘못된 사람들에게 부여했던 이 책, 어떻든 도덕이 의심스러운 사람들이 (학문적 입장에서는 마치 흠잡을 데 없는 것처럼) 당시 약화하던 가톨릭 신앙을 옹호하며 쓴 이 책이 개신교도들의 뜨거운 환영을 받았고, 개신교도들의 요술 박해가, 그 잔학함과 편협함을 위해서, 종종 이단재판소의 박해를 방치하게 되었다는 사실이다. 확실히 이후에 나온 악마신앙에 대한 문헌은 재빠르게 정형화되었다. 이러한 문헌에는, (예를 들어 요술 재판관 보댕의 저작처럼) 소위 요술 재판에 대한 연구에서 드러났다는, 선정적이고 심지어 외설적인 사례들이 지나치게 많이 있다. 그리고 재판받고 고문을 당하는 불쌍한 사람들의 행위는 사악한 미각을 돋우는 수단이 되어 섬뜩한 방식으로 허위로 기술되어 있다. 그렇다 하더라도 〈마녀들의 망치〉의 방식과 가치는 이러한 종류의 책 대부분에서 여전히 뚜렷하게 나타난다.

현대의 작가가 중세 그리스도교의 법률적 악마관을 요약하는 일은 쉽지 않다. 문헌에서 판단해보자면, 세상에 혼돈을 일으키기 위하여 악마들이 할 수 없는 일은 아무것도 없는 것처럼 보인다. 만일, 서구 문명의 성장에 공헌한 이전 시기의 모든 문화 안에서 악마들에게 속하는 것으로 여겨지는 다양한 힘과 공포를 총괄하고 하나의 놀랍고 끔찍한 화신을 상상할 수 있다면, 그것은 바로 크레머와 슈프렝어의 〈마녀들의 망치〉에 나오는 악마(the Devil)이다. 얼음호수에 박혀 있는 단테의 루시페르는, 이 두 도미니코회 수도자들이 세상에 느슨하게 풀어놓은 호랑이와 비교할 때, 고양이새끼에 지나지 않는다. 요술 문헌은 복잡하고 종종 끔찍한 악마신앙으로 가득 차 있지만, 다행스럽게도 그것을 깊게 조사하는 것은 이 사전의 범위 밖의 일이다.

중세 후기 악마학에서 현대적 형태의 악마학으로 엄청나게 도약했다고 생각하는 사람들이 있을지 모르겠지만, 그런 도약은 없다. 블라바츠키나 루돌프 슈타이너 같은 진지한 비전주의자들이 새로운 악마학을 제시했지만 이것은 아직 우리의 문명화된 사상 조류에 진입하지 못했다. 대중의 마음은 여전히 오래된 사고 형태에 빠져 있다. 복잡하고 다소 불쾌한 사탄의 교회 의례에서 나타나거나, 우리 시대의 어설픈 (심지어 매우 전문적인) 마녀집회에서 드러나는 현대의 악마신앙은 일반적으로 생각하는 것보다 더 오래된 과거에 뿌리를 두고 있다. 현대 여러 숭배 집단의 악마학의 행방을, 알리스터 크로울리나 19세기 말 황금의 여명회(Order of the Golden Dawn)와 관련된 다양한 단체들을 만든 사람들에게까지 추적하는 것은 쉬운 일이다. 그러나 (크로울리가 잠시 속했던) 이 집단과 관련된 악마들과 의례들 대부분은 몇십 년 더 뒤인 알퐁스 루이 콩스탕(1810~1875)의 대중적 신비술까지 거슬러 올라간다. 콩스탕은 엘리파 레비라는 이름으로 활동했고, 무미건조하고 거의 부정확하며 잔인하게 보이는 이미지들을 즐겨 제공했다. 레비는 트리테미우스와 에녹계 문헌 등 15세기 신비술사들로부터 악마들을 가져왔지만, 대개 그것들을 혼동하거나 틀린 목적으로 사용했다. 결국 우리는 트리테미우스가 세쿤다데이들(Secundadeians. 레비는 이들의 존재에 흥분했지만, 이름을 잘못 베꼈다)의 존재를 13세기에 살았던 페테르 아바노에게서 취했고, 페테르 아바노는 아랍어 사본에서 취했다는 것을 알고 있다. 그리고 아랍어 사본은 세쿤다데이들의 이름과 주기週期를 영지주의적 자료에서 취했다. 레비의 무미건조한 "마술적" 도안에 있는 악마들의 이름은 그리스도교 이전 문헌으로까지 소급되기에, 현대의 악마들은 아주 고대에 뿌리를 두고 있다는 것을 알 수 있다.

악마신앙에 대해 낭만적 개념을 지닌 〈악마의 씨〉나 〈엑소시스트〉와 같은 영화들이 현대의 요술 실천에 뿌리를 두고 있다는 것을 알고도 아마 우리는 놀라지 않을 것이다. 그러나 이 영화들의 주제는 일반적으로 생각하는 것처럼 그렇게 현대적인 것이 아니다. 만일 이 영화들이 표현하는 사고의 기원에 이르고자 한다면, 우리는 적어도 2천 년 된 원고를 살펴보아야 한다. 이 사전의 서론 앞부분에서, 악마들은 보통 비가시적이지만 때로 눈에 보일 수 있고, 의식적으로 또는 우연히 소환될 수 있으며, 축출될 수도 있고, 계약을 통해서 마술사의 욕망을 채워줄 수도 있다는 것 등 악마들과 관련된 주요 믿음을 진술했다. 이러한 고대의 믿음은, 돈벌이의 수단으로 악마적 주제를 택한 현대의 요술 문헌과 영화, 그리고 "오컬트" 계열의 무수한 통속 소설에 정확히 표현되어 있다. 오래된 마법서들(그리므와르)은 잔뜩 꾸며지고, 고쳐서 씌어지고, 삽화를 다시 넣고, 때로는 전면 컬러 도판에 공상적인 제목을 붙이고 송아지 가죽으로 장정하여 출판되었지만, 악마 관련 자료는 수천 년 동안 큰 변함이 없었다.

악마 이름의 바른 철자법이 무엇인가 하는 문제는, 하나의 소리가 하나의 형상을 대표하고 일관된 철자를 당연하게 여기는 현대인들에게 혼란을 일으킨다. 악마들은 이 단순한 한계를 자유롭게 벗어나 다양한 철자로 변장하는 것처럼 보인다. 실제로 모든 악마들은 영어라는 언어가 있기 전에, 그리고 표준적인 철자를 도입하려고 학문적인 시도를 하기 훨씬 이전에 이름을 가지고 있었기 때문에, 이러한 상황은 쉽게 예상할 수 있는 일이다. 놀랄 만큼 다양한 철자를 지닌 한 예를 바일돈Baildon에서 볼 수 있는데, 이 단어는 실제로 악마의 이름이 아니라 요크셔의 한 마을과 장원과 가족의 이름이며, 이들 각각은 노르만 정복 시대까지 거슬러 간다. 19세기에는 바일돈이라는 단어가 악마적 이름인 바알Baal이나 벨Bel에서 나온 것으로 제시되었는데, 이것은 사람들이 상상하듯이 그리 미련한 제안은 아니었다. 왜냐하면 마을 주변의 황무지에는 조각한 돌이나 대지예술, 고대의 무덤들, 돌로 만든 원의 형상 등으로 드루이드교의 활동을 나타내는 증거들이 흩어져 있기 때문이다. 드루이드 성직자들(또는 이전 시대에 이 지역에서 살았던 사람들)이 바알 숭배와 관련이 있었다는 상상은, 이 마을과 악마 사이의 관계를 충분히 정당화한다. 1845년 콜스J. M. N. Colls는, 마을이 들어선 언덕이 바엘Bael에게 희생제를 올렸던 장소였을 것이라고 가정해서, 이 이름이 5월제의 벨탄Beltan과 같은 기원을 가졌을 것이라고 제안했다. 그러나 이 마을의 향토 역사가 페일리W. Paley는 이 이름에 대한 악마적 기원을 부정하며,

▲ 각 시대는 그 시대의 정신과 선입견을 반영하는 악마들을 생산한다. 18세기가 되자 물질주의적 우주관의 습격과 함께, 악마들을 부패한 상상의 산물로 여기게 되었다. 예를 들어, 호가트는 감리교도들을 풍자하고자 했을 때 아주 육체적인 형상으로 악마를 그렸다. 그의 그림은 교회에서 잠든 노예의 귀에다 속삭이는 뿔 달린 악마를 보여준다.(아래쪽 그림) 20세기 초에는 악마들을 많은 장식을 갖춘 가상적 피조물로 보았는데, 예를 들면 해리 클라크가 그린 괴테의 파우스트 삽화가 있다.(위쪽 그림) 악마의 실재를 믿는 현대인들은 극소수이며, 단지 오락거리 정도로만 여긴다. 이러한 태도는 우리 시대의 악마학적 문학, 영화, 비디오 문화에서 계속 이어지고 있다. 악마들의 목적을 잘 아는 비전주의자들은 악마들이 이러한 상황에 아주 만족해한다는 것을 안다. 왜냐하면 악마들은 사람들이 그들의 존재를 믿지 않을 때 더욱 효과적으로 일할 수 있기 때문이다.

토지대장에만도 이 장소를 가리키는 이름 셋의 철자가 모두 다르다고 지적하고, 더 나아가 11세기부터 현재까지 다른 철자를 사용하는 60여 이름들을 제시한다. 이 확장된 목록에 있는 단어들의 전반부가 바알Baal, 바엘Bael, 발Bal, 바울Baul, 바일Bayl, 베일Beil, 벨Bel, 베일Beyl 등으로 이루어졌다는 것은 아주 흥미로운 일이다. 이 모든 이름들은 (다른 철자들로 이루어진 이름들과 함께) 다양한 마법서에서 한 악마를 가리키기 위해서 사용된 이칭들 중에서도 발견된다. 이 사전에서는 이 악마를 바알Baal로 제시했다. 단어들의 홍수 속에서 질서를 부여하기 위해서 한 악마에게 열 개나 그 이상의 이름들을 부여하는 일은 확실히 지루한 일이 될 것이기에, 가장 자주 사용되는 악마적 맥락 속에서 가장 자주 등장하는 형태들만 사용했다.

만일 우주를 채우고 있는 악마들을 눈으로 감지할 수 있었다면,

살아가는 일이 불가능했을 것이다.

악마들은 우리들보다 그 수가 훨씬 많다.

－탈무드

가르고일(괴물상) Gargoyle

원래는 교회 건물 지붕에서 빗물을 빼기 위해 만든 빗물받이 조각이다. 가르고일이라는 이름은 식도 또는 목구멍을 의미하는 프랑스어 가르구예*에서 유래한다. 그러나 이 괴상한 조물을 가리키기 위해서 이 단어를 채택한 것에는, 비교秘敎적인(esoteric) 의미, 또는 그게 아니라면 적어도 매우 상징적인 의미가 담겨 있다. 많은 가르고일들은 기괴하고 무서운 모습이며, 더 오래된 것들이 생소한 전설들을 가지고 있다.

고딕 건축물, 특히 대성당에 있는 초기의 가르고일 중 많은 것들이 진짜 빗물받이인 반면, 다른 것들은 비교적인 그리스도교의 다양한 상징이나 연금술적 진리를 표현하기 위해 만든 단순한 석상들이다. 사악한 눈(evil eye)*의 전문가 엘워시F. T. Elworthy는, 배수관이 아닌 석상들을 악마와 유사성이 없음에도 "돌로 만든 악마"라고 부르는데, 이들 중 다수가 사악한 눈을 피하기 위해 고안된 것이라고 주장한다.

중세의 가장 유명한 가르고일들은 빅토르 위고와 화가 메리용Meryon이 낭만화한 노트르담 대성당의 괴물 석상들이다. 노트르담(과 다른 건축물)의 비교적인 깊이와 연금술적 의미를 다루었던 풀카넬리Fulcanelli는, 노트르담의 괴물 석상 중 하나를 "연금술사"라고 부르며, 고대의 프리지아 모자를 쓰고 있는 그 석상은 비교 입문을 나타내고 있다고 주장한다. 지금도 노트르담 북쪽 탑에서 일반인들이 볼 수 있는 이 상징적 형상들은 물론 엄밀한 의미에서 가르고일이 아니지만, 대중은 항상 그렇게 불렀다.

중세의 가르고일 예술과 관련해 가장 인상적인 것은, 스코틀랜드 북부에서 스페인 남부에 이르기까지, 많은 형상들이 디자인이나 양식에서 유사성을 가지고 있다는 점이다. 그리프와르* 문헌의 영향을 받은 것이 확실한 낯선 유물들과 비교적이거나 마술적인 비문碑文이나 기호*, 예를 들면, 리틀버러의 랭커스트리언 마을 성당의 벽에 있는 놀라운 일련의 작품들과 같은 유물들이 많이 있지만, 현대는 고대의 비교 전승(esoteric lore)을 상실했기에 이 매혹적인 형상들이 담고 있는 의미를 파악하기 어렵게 되어버렸다.

가르구예 Gargouille
식도 또는 목구멍을 의미하는 프랑스어로, 루앙 지역의 센 강에 살았다는 거대

▼ **가르고일** 스코틀랜드의 도노크 대성당 남쪽에 있는 악마 괴물상. 괴물상은 종종 인간의 결함을 표현한다. 돼지는 보통 폭식의 상징이다.

한 악마적 용의 이름이며, 물속 소굴에서 나와 도시와 시골을 파괴했다고 한다. 이 용은 후에 성 로마누스Romanus가 된 루앙의 주교와 마주치게 되고 그에게 살해되었다. 이 이름은 악마를 지칭할 때에도 사용할 수 있다. 성당의 기괴한 방수관을 가르고일*(괴물상)이라고 불렀던 것은, 돌로 만든 이 괴물들이 실제로 악마를 가리키기 위한 것이었음을 의미한다.

가미귄 Gamygyn

때로 가미긴Gamigin이라고도 하며, 솔로몬의 일흔두 영 중 하나이자 에녹계 악마들* 중 하나이기도 하다. 작은 말이나 당나귀의 형상으로 나타난다고 하며, 특히 죽은 자들의 영혼을 일으켜 질문하는 것과 연결되어 있어 호출되어 조언을 준다고 한다. 카르타그라*를 보라. 에녹계 문헌에서 가미귄은 "바다

▼ **가르고일** 리틀버러 성당 남쪽 벽에 있는 석상으로 신비술 상징들이 새겨져 있다.

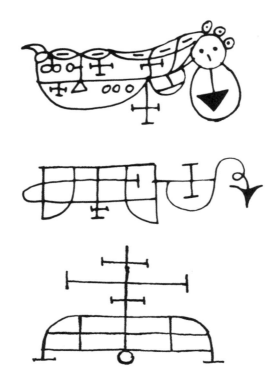

▲**가미권** 아래쪽 두 기호는 가미권을 나타내기 위해 사용하는 형상들이고, 맨 위의 것은 부네를 나타낸다. 솔로몬계 전통의 16세기 그리므와르에서.

에서 익사한 영혼들이 공기와 같은 몸을 취하게 하고 마술사의 명령에 따라 분명하게 나타나서 질문하게 한다.”

가미긴 Gamigin
가미권*을 보라.

가브리엘 Gabriel
평판이 좋은 다섯 번째 하늘의 천사로 에녹계 악마* 목록에 채택되었으며, 달

의 날 동쪽을 다스린다. 〈알마델〉*에 따르면, 선과 부요를 다스리는 제1고도
(the First Altitude)의 영적 존재들(spiritual intelligences) 중 하나이다.

가브리엘 노데 Gabriel Naude
가브리엘 노데는 17세기에 마술환상과 악마망상*에 이의를 제기한 프랑스인
으로 〈마술을 의심하는 위대한 사람들을 위한 변론 Apologie pour les Grands Hommes
soupçonnez de Magie〉(1625)을 썼다.

가비엘 Gabiel
바울로게 術術*을 보라.

가스타 Ghasta
퍼시 비셰 셸리 Percy Bysshe Shelley(1792~1822)의 낭만적 공포 시 〈가스타, 또는 복
수의 악마!!! Ghasta, or the Avenging Demon!!!〉(1810)에는 이마에 불타는 십자가 표시
를 지닌 방황하는 유대인과 죽음에 임박한 기사*가 주요 인물로 나온다. 시에
서 악마 가스타가 무엇을 나타내는지는 명확하지 않다.

가오님 Gaonim
스코트*가 언급한 일곱의 선한 악마들 중 하나이다. 소환*을 보라.

가오리안스 Gaorians
영국의 지리학자 리처드 해클루트 Richard Hakluyt(1553?~1616)는, 머리가 없지만
어깨에 눈이 있고 가슴 부위에 입이 달린 반인간들(semi-humans)이 거주하는 나
라 가오라 Gaora의 존재를 전하고 있다. 블레미에스*를 보라.

가지엘 Gaziel
페코르*를 보라.

▲**가프** 콜랭 드 플랑시의 1863년판 〈지옥사전〉에 나온 상상적인 형상을 취한 악마들 중 하나이다.

가프 Gaap

때로 고아프*라고 하며 별명은 타프Tap, 솔로몬의 일흔두 영 중 하나이자 에녹계 악마들* 가운데 하나이다. 네 왕을 동반한 인간 형상으로 나타난다고 하며, 위대한 지배자이자 군주로 타락한 권세자들(포테스타테스*) 중 하나이다. 가프의 특기는 분파들 사이에 증오나 사랑을 유발하는 것이며, 미래를 예언하고, 마술사의 순간 이동을 처리하며, 마술사를 눈에 보이지 않게 한다. 에녹계 문헌에서는 서쪽의 두 왕 중 하나이다. 네 방향의 악마*를 보라.

갈델 Galdel

에녹계 악마들* 중 하나로, 남쪽을 다스리는 다섯 번째 하늘의 천사이다.

감람석 Chrysolite
돌*을 보라.

감비엘 Gambiel
에녹계 악마* 목록에서는 물병자리(Aquarius)의 지배자이다.

거대한 짐승 The Great Beast
마술사 알리스터 크로울리*는 666*이라는 숫자를 가진 짐승에 관한 성서적
전승을 언급하면서 자신을 위한 칭호를 "거대한 짐승"으로 선택했다. 소라트*
를 보라. 존 시먼스 John Symonds는 이 칭호를 크로울리의 전기 〈거대한 짐승〉
(1915) 제목으로 채택했다. 그의 전기는 크로울리의 초기 삶에 대해 가장 흥미
롭고 유익한 해설이다. 크로울리의 자서전 〈어느 마약중독자의 일기 The Diary of
a Drug Fiend〉(1922)는 의심을 가지고 읽어야 한다.

거인 괴물 Ogre
곡*을 보라.

거짓말의 영 Spiritus mendaciorum (1)
〈천사 마법에 관한 논문 A Treatise on Angel Magic〉에서 "사악한 악마들의 위계"로
실려 있는 악한 영들의 계급이다. (참고문헌에서 애덤 맥린 Adam Mclean을 보라.) 라틴
어 이름이 암시하듯이 이들은 "거짓말의 영"이다. 거짓말쟁이*로 여겨졌던 피
톤*이 그들의 군주가 된 이유는, 아마도 모든 신탁과 점과 예언이 거짓말에 기
초한 것이라는 가정 때문일 것이다. 그러나 고대 세계에서 피토네스 Pythoness는
아폴론이나 신비스런 대지의 영과 직접 접촉하던 가장 진실된 예언자로 여겨
졌다. 위계*를 보라.

거짓말의 왕자 Prince of Lies
아흐리만*에게 붙여진 수상쩍은 존칭 중 하나이다. 슈타이너*를 보라.

거짓말쟁이 Liar
악마 관련 구절*을 보라.

검은 마귀 Black Fiend
악마에게 붙여진 이름으로, 흑마술과 악마학*이 연결되면서 나왔을 것이다. 흑마술이라는 용어는, (죽은 몸을 뜻하는 그리스어 네크로스necros에서 나온) 네크로만시*와 검은색을 의미하는 라틴어 니제르Niger의 어원을 혼동한 데서 왔다. 초기에 익명으로 '니그로만트nigromant'(흑사령술사黑死靈術士)라는 단어를 제시해 이 어원의 잘못을 바로잡으려는 시도가 있었다. 니그로만트는 라틴어 니제르와 미래의 예언을 의미하는 그리스어 만티아mantia의 혼합에서 유래했으며, (검은 마귀가 통제하는 악마들인) 검은 존재들을 예언적인 목적으로 소환했던 자에게 적용되었다. 악마 관련 구절*에 있는 '검은색' 항목을 보라.

검은 암탉 The Black Pullet
〈검은 암탉〉〈메나피엔의 드루이드 The Druid of Menapienne〉〈적마술 또는 신비과학의 정수 Red Magic or the Cream of the Occult Sciences〉 등은 그리므와르*와 유사한 책들로, 흑마술 실행과 관련된 부적 반지의 사용법에 대한 정보를 주며 18세기 후반에 발간되었다. 문학적 또는 마술적 가치는 없으나 많은 이들이 모방했고 여러 미심쩍은 제목으로 개정되었다. 이 책에 대한 연구는 참고문헌에 있는 웨이트*의 저서를 보라. 그리므와르*를 보라.

검은색 Black
악마 관련 구절*을 보라.

게논 Genon
〈알마델〉*에 따르면, 제2고도의 영적 존재들 중 하나이며 모든 것을 풍요롭게 한다.

게니엘 Geniel

에녹계 악마들* 중 하나로, 28수二十八宿를 지배하는 악마이다.

게도보나이 Gedobonai

〈알마델〉*에 따르면, 제3고도의 영적 존재들 중 하나이다.

게디엘 Gediel

〈알마델〉*에 따르면, 제4고도의 영적 존재들 중 하나이다.

게라디엘 Geradiel

주거지가 없는 악마들*의 지도자라고 한다.

게레이논 Gereinon

〈알마델〉*에 따르면 제2고도의 영적 존재들 중 하나로, 모든 것을 풍요롭게 한다.

게론 Geron

〈알마델〉*에 따르면 제2고도의 영적 존재들 중 하나로, 모든 것을 풍요롭게 한다.

게리온 Geryon

고전 신화에서 게리온은 몸뚱이와 머리가 각각 셋인 괴물로, 인간들을 자기의 소들에게 먹였다. 소들을 지키는 머리 둘 달린 잔혹한 개의 이름은 오르토스* 이다. 헤라클레스는 게리온과 개를 죽였다. 단테*는 게리온을 악마학*에 끌어 들여 그의 삼중적 특성을 우의적으로 사용했다. 그를 인간과 짐승과 (파충류 꼬리에 가시가 달린) 파충류의 혼성물로 만들어 협잡꾼 악마 이미지를 창출했다. 이 악마는 단테*와 그의 안내자 베르길리우스Vergilius를 어깨에 태워 지옥의 제 8원의 울타리를 넘어간다.

게모리 Gemori

고모리*의 이칭異稱이다.

게비엘 Gebiel

〈알마델〉*에 따르면, 제4고도의 영적 존재들 중 하나이다.

게헨나 Gehenna

보통 '영원한 형벌의 장소'라는 뜻으로 해석되는 히브리어이지만, 실제로는 '죽음 이후 형벌의 장소'이다. 이 용어의 일반적인 오해에 대해서는 지옥*을 보라. 엄밀한 의미에서 이 단어의 뜻은 '힌놈Hinnom의 골짜기'이다. 그러나 이 장소에서 바알*과 몰레크*에게 제사를 드렸다는 기록이 있고, 후대에는 이곳에서 온갖 쓰레기를 태우게 되었으며, 내세와 연결되어 연옥*의 불꽃과 관련된 장소가 되었다.

'게헨나'는 그리스어가 아니며 구약성서의 그리스어 번역본에도 사용되지 않았다. 이 단어는 두 개의 히브리어 게-힌놈ge-hinnom을 합쳐서 만들었으며, 앞에서 밝혔듯이 일반적인 뜻은 '힌놈의 골짜기'이다. 그러나 히브리어의 마술적 생략 기법과 약어들은 항상 숫자와 연결되기에, 지금은 그 의미를 상실했더라도 이 단어에는 비교秘敎적 의미가 있었다고 추정해야 한다. 게헨나가 악명을 얻은 이유는 몰레크 및 토페트*와의 관련성 때문인데, 골짜기 내부에 있는 토페트에서 아이들을 희생물로 바쳤던 것이다.

겔로미로스 Gelomiros

〈알마델〉*에 따르면, 제3고도의 영적 존재들 중 하나이다.

겔리엘 Geliel

에녹계 악마들* 중 하나로, 28수를 지배하는 악마이다.

경계의 수호자 Guardian of the Threshold
죽음의 천사*를 보라.

계급 Hierachies
위계*를 보라.

계약(약속) Pact
때로 '협정'(compact)이라고도 하는 이 용어는, 악마학*에서 인간과 악마, 특히
인간과 마왕* 사이에 이루어지는 구두 계약이나 서면 계약을 가리키기 위해서
사용한다. 계약의 목적은 매우 일방적인 것이어서, 제안된 서류에 감히 서명했
던 사람이 있다는 것이 놀라울 정도이다. 보통 일정한 기간 동안 세속적 쾌락
을 주는 대신, 악마는 계약에 서명한 자의 영혼을 영원히 얻는다. 1664년 재
판에서 서머싯Somerset의 마녀 엘리자베스 스타일Elisabeth Style은, 자기 영혼을 악
마에게 넘긴다는 계약서에 자신의 피로 서명하면, 악마가 "돈"과 "화려한 생
활"을 약속했고 자기는 "12년 동안 세상의 쾌락을 누리게 될 것"이라고 주장
했다. 페네손 휴스Pennethorne Hughes가 언급한 이야기는 위조일 가능성이 있지만
여전히 18세기 초의 대표적인 마녀 문헌으로 꼽힌다. 이 이야기는 1705년 노
샘프턴셔Northamptonshire의 두 마녀를 처형한 직후에 씌어졌고, 그들이 맺은 악
마와의 계약에 대해 말한다. 악마는 그의 희생자들에게 "키 큰 흑인"의 형상으
로 나타났고, 한 마녀(엘리노어 쇼Ellinor Shaw)에게 그녀의 영혼을 "1년 2개월 동
안만" 저당 잡히도록 흥정했다.

그러면 그 대가로 악마는 무엇을 욕망하건 항상 도와줄 것이다. 악마는 작은
양피지를 준비했고 그 위에 쌍방이 동의하여 손가락 끝을 찔러서 자기들의 피
로 지옥의 계약서를 썼으며, 손수 서명한 뒤에, 악마는 그들이 실제로 마녀가
되었다고 말했다.

이러한 계약이 어떻게 이루어졌는가에 대한 이야기들은 나라와 시대마다 다

양하지만, 중세적 믿음의 핵심은 파우스트* 전설에 자세히 나와 있으며, 이것은 계약에 대한 현대적 의견에 영향을 끼쳤다. 진짜 계약은, 악마가 "아주 특별한 액체"라고 부르는 인간의 피로 쌍방이 쓰고 서명하는 것으로 이루어진다. 악마의 서명이 기호*로 표현되고, 인간의 서명은 평범한 문서 양식에 피로 쓰는 경우도 있다. 대다수 마녀들이 글쓰기 능력을 갖지 못했기에, 법정의 기록을 토대로 유추해보면, 서로 동의한 내용이 담긴 양피지 위에 그들이 흔적을 남기면 악마는 만족했던 것으로 보인다. 계약의 본보기로 통하는 현존하는 문헌 중 하나는, 위르뱅 그랑디에*가 1643년(이 해에 그는 화형을 당했다) 이전에 서명한 문서이다. 라틴어로 작성한 이 문서는 거울에 비추어야 바로 보이는 거울문자로 되어 있고, 역시 거꾸로 된 몇 개의 악마 기호와 서명들로 장식되어 있다. 이러한 거울문자는 보통 일반적인 그리스도교적 절차를 거꾸로 되돌리기 위해 악마들이 시도하는 것으로 설명된다. 오드베르Stevenote de Audebert(1619년 화형을 당했다)에 대한 재판 중에 언급된 계약은 "불결한 양피지에 … 피와 더러운 물질로 휘갈긴" 것이라고 한다.

고델만 Godelmann

요한 게오르그 고델만Johan Georg Godelmann. 16세기 군소 악마학자 중 하나이며, 〈마술에 대한 논의 Disputatio de Magis〉(1584)를 지었다.

고르곤 Gorgon

무시무시한 여자를 가리킬 때 사용하는 단어이지만, 헤시오도스Hesiodos에서 유래하는 고전 신화에는 메두사*와 에우리알레Euryale와 스테노* 세 여성이 있다. 이들은 모두 포르키스Phorcys와 케토Ceto의 딸로 뱀들과 날개들로 이루어진 독특한 머리털을 가지고 있다. 메두사는 사멸할 고르곤이었다. 그녀의 눈은 너무도 끔찍해서 누구든 그녀의 얼굴을 보면 돌로 변했다. 페르세우스Perseus는 메두사의 방패를 거울로 사용해서 그녀를 죽였고 기괴한 그녀의 머리를 잘랐다.

　메두사는 강력한 눈을 지녔기에, 그녀의 이미지는 '사악한 눈*'과 같은 악한 것들을 막아주는 부적*으로 사용되었다. 후대의 메두사 이미지에는 혀가 튀어나오거나 심지어 뿔이 그려지는 경우도 있었다. "아름다운 고르곤"이라는 흥미로운 현상도 있었는데, 이 여성은 너무도 매력적이어서 그 아름다움으로 남자들을 죽인다. 때로 송곳니를 지니고 혀를 내민 고르곤은 힌두교 판테온과 연결되며, 엘워시는 "그리스 고르고네이온gorgoneion의 기원인 바바니"에 대해서 쓰고 있다. 바바니*를 보라.

모든 종류의 고르곤 머리 이미지들이 고대부터 살아남았다. 이들은 고르고네이온이라 알려졌고 마술 실행에서 가장 인기 있는 악마적 이미지로 사용되었다. 2세기의 그리스 작가 루키아노스는, 고르고네이온이 "사악한 눈에 대항하는 부적이었다. 지옥 여왕의 얼굴보다 무엇이 더 강하겠는가?"라고 말한다.

메두사의 머리는 고대의 별자리표에도 나타난다. 이것은 페르세우스 별자리에서 두 번째 밝은 별로 보통 알골*이라고 한다. 알골은, 이 별을 악마의 머리라는 뜻의 라스알굴Ra's al Ghul로 불렀던 아라비아의 점성가들에게서 유래한다. 이 단어는 알코올alcohol과 어원이 같다. 셰익스피어는 〈오셀로Othello〉에서 "오, 보이지 않는 포도주의 영이여, 만일 당신에게 이름이 없다면, 당신을 악마라고 부르도록 해주오"라고 썼다. 16세기와 17세기 유럽에서 알골은 카푸트 라르바이Caput Larvae(유령의 머리)였다. 라르바이*를 보라. 히브리 점성가들은 이 별을 사악한 릴리트*와 동일시해서 로쉬 하 사탄Rosh ha Satan(사탄의 머리)이라고 불렀고, 중국인들은 대략 쌓인 시체를 의미하는 "적시積屍"라고 불렀다. 점성가들은 이 별을 하늘에서 가장 악한 영향을 끼치는 별들 중 하나로 여긴다.

고모리 Gomory

솔로몬의 일흔두 영 중 여성의 형상으로 나타나는 유일한 영이다. 레지널드 스코트*를 비롯한 일부 악마학자들은 고모리가 낙타를 타고 있다고 한다. 고모리는 황금관을 쓴 아름다운 여성으로 나타나며, 여성의 사랑을 얻기 위해 근심하는 소환자들을 상담해준다고 한다. 과거와 미래에 대한 지식을 가지고 있으며 황금이 숨겨진 곳을 알고 있다.

▲ **고모리** 아름다운 여성의 형상으로 나타나는 소수의 악마들 중 하나이다. 콜랭 드 플랑시의 1863년판 〈지옥사전〉에서.

고발자들 Accusers
크리미나토레스*를 보라.

고블린 Goblin
이 이름은 장난기 어린 영을 나타낼 때, 때로는 가족에게 들린 영을 표현하기 위해 사용한다. 인간과 교제하는 것을 좋아하지 않지만, 가능할 때에는 개인이나 가족 전체에 장난을 친다. 이 단어는 프랑스어 고블랭gobelin에서 왔다고 하며, 이는 성씨姓氏 고벨Gobel의 애칭이기도 하다. 그러나 장난스런 영을 지칭하는 그리스어 카발로스kabalos에서 프랑스어를 경유하여 나왔다는 게 더 유력해 보인다. 이 단어는 집의 요정을 뜻하는 독일어 코볼트Kobold와 어원이 같을 가능성이 있다.

고아프 Goap
가프*를 보라.

고에모트 Goemot
초기 영어 저술가들이 곡마곡*을 지칭하기 위해 사용한 이름이다(곡*을 보라). 에드먼드 스펜서Edmund Spenser는 〈요정 여왕 The Faerie Queene〉(1596)에서 이 이름을 사용한다. 고에마고트Goemagot도 이 이름을 가리키는 이칭이다.

고에티아 Goetia
'마법사'를 뜻하는 그리스어 고에스goes에서 유래한 단어로, 지금은 소환*의 도움을 빌어 행하는 모든 마법 의례에 적용된다. 고에티Goety는 동의어이다. 〈솔로몬의 열쇠〉*를 보라.

곡 Gog
영국 전설에 의하면 로마 황제 디오클레티아누스Diocletian의 딸들은 남편들을 죽이고 바다에서 표류하게 되었다. 그들은 영국의 해변으로 휩쓸려왔고 끔찍한 악마들에게 납치당해 그들의 아내들이 되어야 했다. 이들에게서 거인족이 생겼으며, 먼머스의 제프리(Geoffrey of Monmouth)가 〈연대기 Chronicles〉에서 고에모트*라고 했던, 곡*과 마곡* 형제들을 제외한 거인족은 뒷날 전쟁에서 모두 살해당했다. 이 두 거인은 런던으로 와서, 지금 길드홀Guildhall이 있는 왕궁에서 문지기나 관리자로 일해야 했다. 그들이 죽은 다음에 그들의 상像을 세워 계속 유지했다고 하나, 문헌이 보여주는 것은 단지 15세기 초엽까지밖에 거슬러갈 수 없으며, 그 상들은 1666년 런던 화재 때 파괴되었다. 1952년 세운 현재의 상들은, 1708년에 세워졌다가 1940년 제2차 세계대전 때 폭격으로 파괴된 것을 대체한 것이다.

영국 신화의 곡과 성서의 곡(에제키엘 38장)이 관계가 있다는 주장은 무척 의심스러운 것이다. 성서의 곡과 마곡은 거의 장소의 이름과 개인의 이름으로 나온다. 마곡은 야벳Japheth의 아들 중 하나라고 한다(창세기 10, 2). 후대에 요한 묵시록 20장 8~10절과 훨씬 후대의 랍비 전승은 곡과 마곡을 반그리스도*와 연결시켰다. 그러나 마곡이라는 이름은 코카서스 산맥 북쪽의 미개한 모든 종족을 일컬을 때 사용되었다.

곡-마곡 이야기의 일부 판본은 이 이름과 관련해 혼란을 보여주는데, 길드홀 거인 중 하나가 곡마곡*이고, 다른 거인은 영국의 코리네우스Corineus 거인이라고 한다. 그 이유는 불명하지만, 캠브리지 남동쪽의 두 언덕 중 더 높은 것도 곡마곡 언덕이라 하며, 그 근처에 있는 원들베리Wandlebury 언덕에서 레스브리지T. C. Lethbridge가 발견한 석회암에 새겨진 모양도 일반적으로 곡·마곡이라고 부른다. 많은 대중적 안내서들은 이것이 태양 숭배 또는 달 숭배와 관련 있다고 주장하고 있지만 그에 대한 증거는 없다. 보통, 눈을 부릅뜬 거인이 말이나 용과 함께 있는 것처럼 설명하고 있으나, 이 거대한 석회암 이미지의 진짜 의미와 실제로 무엇을 묘사하고 있는지는 알려져 있지 않다. 곡과 마곡의 이름과 비슷한 이름들이 영국 철기 시대 달의 신이나 태양신과 (어떤 이들은 어머니와 아들이라고 한다.) 관련이 있는 것으로 알려졌고, 그 그림이 한 사람이나 두 사람이 말에 탄 모습을 표현하고 있을 가능성은 별로 없다. 마이클 드레이턴Michael Drayton은 〈복 많은 나라 Poly Olbion〉(1612)에서 언덕들의 이름과 관련된 전설을 소개하고 있다. "언덕은 형태가 바뀌는 곡마곡, 요정 그란타Granta의 싸늘함 때문에 돌로 바뀌었네."

어떤 이들은 곡을 바샨Bashan의 거인 임금 옥*과 연결시킨다. 페로Perrault는 거인 괴물*이라는 단어가 여기에서 유래했다고 한다. 또 어떤 이들은, 거짓 마법 문자 오감Ogham의 알파벳을 만든 것으로 알려진 켈트족의 신 옥마Ogma를 곡과 연결시킨다.

곡마곡 Gogmagog
곡*을 보라.

48

골렘 Golem

탈무드 전승의 골렘은 엄밀한 의미에서 악마가 아니었으나, 하느님께서 아담을 만들기 위해 숨을 불어넣은 형상이 없는 흙에 이 이름이 붙여졌다. 이 이름은 흙으로 된 인체 모형을 나타내기 위해 오랫동안 사용되었고, 이 모형들은 마술을 통해서 일종의 생명을 주입받았다. 이 이야기는, 고대 로마의 사제들이 조각상들에 생명을 불어넣었다는 이야기들이나, 로저 베이컨 Roger Bacon 과 마이클 스콧*과 파리의 기윰 Guillaume이 생각하고 말하는 능력을 지닌 금속으로 된 악마 머리들을 만들었다는 이야기들보다 더 오래되었다. 마법 문헌과 대중적인 유대교 이야기들 안에 있는 많은 골렘 전설들은 메리 셸리 Mary Shelley(1797~1851)의 소설 〈프랑켄슈타인, 또는 현대의 프로메테우스 Frankenstein, or the Modern Prometheus〉(1818)의 토대를 형성했을 가능성이 크다. 골렘의 상징에 대한 현대적 논의에 대해서는 숄렘 G. G. Scholem의 〈카발라와 그 상징에 대하여 On the Kabbalah and Its Symbolism〉(1965)를 보라.

골짜기 Dyke

악마 관련 구절*을 보라.

광기 Madness

악마 관련 구절*을 보라.

광산의 악마 Mine demon

코볼트*를 보라.

교점(交點) Nodes

전통적인 점성술 체계에서는 때로 달의 교점을 "악마적 지점"이라고도 한다. 사실 우리 우주의 평면 천체도에서 달의 교점은 달의 궤도가 태양의 궤도와 교차하는 지점을 보여준다. 전통적 점성술에서 하강교점을 용의 꼬리(Dragon's tail)라고 하며, 상승교점을 용의 머리(Dragon's head)라고 부른다. 용의 꼬리

in like manner. And thus much spoken concerning the figures
of the Plants, may suffice.

CHAP. XLV.

Of the Images of the head and Tayle of the Dragon of the
Moon.

THey made also the Image of the head and taile of the
Dragon of the *Moon*, namely betwixt an Aeriall and fiery
circle, the likeness of a Serpent, with the head of an Hawke
tyed about them, after the man-
ner of the great letter Theta, &
they made it whé *Jupiter* with
the head obtain'd the midst of
Heaven : which Image they af-
firm to availe much for the
success of Petiti- ons, and would
signifie by this Image a good

and fortunate Genius, which they would represent by this
Image of the Serpent ; for the Egyptians and Phenicians do
extoll this creature above all others, and say it is a divine crea-
ture and hath a divine nature ; for in this is a more acute spirit,
and a greater fire then in any other, which thing is manifested
both by his swift motion without feet, hands or any other in-
struments, and also that it often reneweth his age with his skin,
and becometh young again : but they made the Image of the
taile like as when the *Moon* was Ecclipsed, in the Taile, or ill
affected by *Saturn* or *Mars*, and they made it to introduce, an-
guish, infirmity and misfortune ;   and they called it the evill
Genius ; such an Image a certain Hebrew had included in a
golden Belt full of Jewels, which *Blanch* the daughter of the
Duke of *Borbon* (either willingly or ignorantly) bestowed on
her husband *Peter* King of *Spain*, the first of that name, with
which which he was girt, he seemed to himself to be compassed
about

▲ **교점** 아그리파의 〈비술 철학에 대하여〉 2권 영어 번역본으로, 달의 용에 대한 인식을 다루고 있다. 용
주위의 두 원은 태양과 달의 경로를 나타낸다. 태양과 달이 교차하는 두 교점에 용의 머리와 꼬리라는 이름
을 붙였다.

(Cauda draconis) 및 용의 머리(Caput draconis)와 관련해 여러 다른 용어들이 있지만, 그들 중 다수는 달의 영역이 용의 이미지와 연결되어 있다는 관념과 관련이 있다. 비교 점성술에서 꼬리(Cauda)는 도덕적 악이 땅에서 우주로 부어지는 지점을, 머리(Caput)는 도덕적 선이 세상으로 부어지는 지점을 나타낸다. 신비술사(occultist)들은 때로 카르마 Karma 또는 영적 조절(Spiritual adjustment)의 견지에서 이러한 인식을 개인적인 점성술에 적용한다. 꼬리는 악마적이고 머리는 영적(Daemonic)이지만, 일부 신비술사들과 악마학자들이 교점을 악마적 에너지와 연결시키는 것은 바로 이러한 인식에 기초해 있다. 다이몬*을 보라. 많은 수의 신비술(occult) 도표는 용 주위를 회전하는 달과 태양의 궤도를 제시하고 있다. 라후*를 보라.

구르지예프 Gurdjieff

게오르기 이바노비치 구르지예프 George Ivanovitch Gurdjieff는 1877년 12월 28일 알렉산드로폴 Alexandropol에서 태어났고 1949년 10월 29일 파리에서 죽었다. 공공연한 악마학자는 아니었으나 20세기의 가장 주목할 만한 비전주의자秘傳主義者였다. 구르지예프는 일곱 권으로 구성된 뛰어난 세 연속물 비교秘敎 저작인 〈모두 그리고 전부 All and Everything〉로 주목을 받았다. 이 중에서 세 권으로 이루어진 첫 번째 연속물 〈인간의 삶에 대한 객관적으로 공정한 비판 An Objectively Impartial Criticism of the Life of Man〉은 〈베엘제붑 이야기〉*(1950, 영어판)로 대중에게 더 많이 알려졌다. 베엘제붑*은 잠시 동안 우주선 카르나크 Karnak에서 살아가는, 외계에서 온 매우 뛰어난 지적 존재로 묘사된다. 여행하는 동안 그는, 때때로 지상에서 살아가는 세 개의 뇌를 지닌 두발동물의 본성에 대한 이야기를 통해 자기 손자 하세인 Hassein을 교육시킨다. 이 이야기는 신비술 문학의 최고봉으로 비교秘敎적 색채를 띠기는 하지만, 그 주제는 중세의 벨페고르* 이야기를 매우 정교하게 다듬은 것이라고 할 수 있다. 우스펜스키*는 구르지예프의 가르침 일부를 보존하고 대중화시켰다.

구마(驅魔) Exorcism

초기의 구마 행위는 실제로 소환 행위와 동일한 것이었으나, 적어도 지난 4세기 동안 오직 사람이나 소유물에서 악령을 쫓아낼 때에만 이 단어를 적용하였다. 구마와 악마 소환이 공유하는 인식은 악마를 복종시키는 것으로, 한 개신교도의 풍자물 〈악마에게 채찍을, 또는 로마의 소환마법사 A Whip for the Devil, or the Roman Conjuror〉(1683)의 제목에는 몇 개의 이중적 의미가 들어 있다. 현대적 의미의 구마로 볼 수 있는, 악마 추방 관습은 고대에 널리 퍼져 있었다. 마귀를 추방하는 이야기는 구약성서와 신약성서에 모두 나오며(예를 들면, 토비아와 아스모데우스 이야기, 루가복음 9장 1절), 이는 자연스럽게 그리스도교 관습으로 채택되었다. 그리스도교의 구마 문헌은 아주 이른 시기의 호교론자들에게까지 (예를 들면, 2세기의 순교자 유스티누스까지) 거슬러간다. 비록 당시의 구마가 현대적 의미의 귀신 들린 사람과 관련된 것이었다기보다, 세례를 받는 사람들의 일반적인 구마(일반적인 정화)와 특별히 관련된 것이었지만, 구마에 대한 인식은 341년 안티오키아 공의회의 규범 속에서도 공식적으로 확인된다. 많은 문헌이 증언하듯이, 적어도 10세기나 11세기에 온전한 형태의 구마 의례들이 실행되었다.

구마 사제가 구마 의례를 통해 귀신 들린 사람의 몸에서 귀신을 축출하면, 귀신은 대개 입을 통해서 빠져나간다는 것이 구마에 대한 일반적인 인식이다. 요술을 연구하는 역사가들은, 요술이 "악마의 활동"이라는 인식이 발달하면서 구마술驅魔術도 사악한 일에 반대되는 행위로 발달했다고 한다. 우리는 실제로 마녀들이 화형을 당해 죽는 순간에 마녀의 몸에서 떠나가는 악마를 그린 이미지들을 많이 볼 수 있다. 윌리엄 두란두스William Durandus가 13세기에 가톨릭 의례와 상징에 대해 기록한 모음집을 보면, 성당이나 교회 건물에 사용된 중요한 돌을 대상으로 구마 의례를 행했던 것이 일반적인 관례였으며, 교회 안에 사용된 모든 물건과 가구에 대해서도 구마 의례를 행했던 것이 확실하다.

가톨릭교회의 가장 완벽한 구마 지침서는, 요술에 대한 광기*가 무성하던 쾰른에서 1608년 출판된 논문 모음집 〈끔찍한 구마와 소환의 보고寶庫 Thesaurus Exorcismorum et Conjurationum Terribilium〉이다. 이 책의 제목에서 알 수 있듯이, 당시

▲ **구마** 성 제노가 한 여인에게서 마귀를 내쫓고 있다. 전승이 강조하듯이, 마귀가 입에서 축출되고 있다.
베로나의 성 제노 성당 문에 있는 12세기 동판.

에 이미 구마와 소환*이 구분되어 있었다는 사실은 중요하다. 논문은, 사람
과 물건에 관련된 여섯 단계의 구마를 구체적으로 다루고 있다. 처음 세 단계
는 들러붙은 귀신을 직접 쫓아내는 것과 관련이 있는데, 본문은 사제가 악마
의 그림을 그리고(마녀 인형이나 밀랍 모형을 만드는 사제가 위험하게도 증오하는 요술의

식 근처에서 구마 행위를 했다는 기록들이 있다) 거기에 악마의 이름을 기록해서 성수나 거룩한 인장*으로 처리한 다음, 불에 태우는 의례를 행할 것을 요구하고 있다. 네 번째 단계의 구마는, 사실상 들러붙는 귀신은 아니지만 때로 들러붙는다고 알려진 수쿠비Succubi와 인쿠비Incubi를 축출하는 것을 다루고 있다. 다섯 번째 단계는 유령이 출몰하는 집과 장소를 취급하는 의례적 처방을, 여섯 번째는 폭풍을 통해서 자기의 힘을 과시하는 악마들을 통제하는 방법을 제시하고 있다.

다른 논문들로는 〈악마의 채찍〉*과 스탐파*의 〈사탄의 탈주 Fuga Satanae〉, 그리고 가장 흔하게 접할 수 있는 악마 목록을 실은 비케코메스*의 저작이 있다. 첫 번째 책의 제목은, 채찍질로 마귀를 축출하는 경우가 자주 있었기 때문에, 문자 그대로 받아들일 수 있을 것이다. 구마에 대한 17세기의 중요한 저작은 브로그놀루스Brognolus의 〈수호부적 Alexicacon〉으로 속표지에 무거운 몽둥이를 든 헤라클레스가 누군가 또는 무엇인가를 치기 위해서 경계하고 있는 것을 묘사하고 있다. 중세 후기의 구마와 관련된 기본 자료들 중 많은 부분이 가톨릭교회의 〈로마 예식서 Rituale Romanum〉에 들어왔고 로빈스Russell Hope Robbins는 일부를 발췌하여 번역했다. (참고문헌을 보라.)

구마 의례는 가톨릭교회와 성공회의 표준적인 의례로 남아 있고(주교의 허가를 직접 받아야 행할 수 있다), 관련 기술들은 다른 여러 심령술사나 비밀 집단, 신비술 집단에 널리 채택되었고, 진짜로 악마를 봐서 두려워 죽을 지경인 사람들을 위해서도 정신과의사들이 사용한다. 빙의*에 대해서는 미카엘리스의 계급*을 보라.

구베렌 Gooberen
아우스타틱코파울리가우르*를 보라.

구사인 Gusayn
구시온*의 이름 중 하나이다.

구시온 Gusion

때로 구사인* 또는 구소인Gusoin이라고 한다. 솔로몬의 일흔두 영 중 하나로, 제기된 모든 질문, 특히 과거 및 미래와 관련된 질문에 답한다. 마술사에게 적대적인 사람들을 친절하게 만드는 힘을 가지고 있다고도 한다.

구아초 Guazzo

프란체스코 마리아 구아초Francesco-Maria Guazzo. 때로 구아치우스Guaccius 또는 구아Guazzi라고도 한다. 밀라노 수도원 소속의 17세기 수도자로, 마술과 악마학*에 가장 큰 영향을 끼친 저자들 중 하나이며, 악마와 수녀의 교제에서 루터가 태어났다고 주장해서 악마학과 관련 없이도 유명하다. 구아초는 밀라노 주교의 명령에 따라서, 영향력 있으며 사실상 백과사전과 같은 〈마녀들의 책 Compendium Maleficarum〉(1608)을 썼다. 〈마녀 안내서 The Handbook of Witches〉로 번역된 이 책은 더 이른 시기의 문헌에서 많은 것을 가져왔으며(300권 이상을 인용하였다), 특히 리오*와 레미*의 관점을 대폭 수용했다. 구아초 자신도, 신중한 성직자들을 하느님에게 속하게 할 수 있는 힘이 악마에게 있다고 함으로써, 이단의 경계에 있음을 보여준다. 그의 저서 안에는 이단에 가까운 흥미로운 주장도 있다. "악마들은 인간을 유혹하여 더 큰 악을 저지르게 할 수 있으며, 악마의 유혹을 받은 사람들이 하느님을 더욱 거스르는 행동을 할수록, 하느님은 악마들에게 더욱 큰 힘을 부여하여 그런 인간들을 벌주도록 한다."

굴란드 Guland

때로 나밤*이라고도 한다. 호노리우스의 그리므와르*에 따르면 토요일에 소환되는 악마이다.

귀신 들린 사람 Demoniac

악령에 사로잡힌 사람. 구마*를 보라.

그라피엘 Graphiel

악마의 알파벳*과 인텔리젠시(영적 존재들)*와 마방진*을 보라.

그라피카네 Grafficane

단테*가 〈신곡 Commedia〉에서 사용한 악마의 이름 중 하나이다. 이 이름의 의미
는 "개와 같은"이다. 단테의 악마들*을 보라.

그랑 그리므와르 Grand Grimoire

웨이트*는 〈그랑 그리므와르〉가 "그리므와르 중에서 가장 터무니없는 것"으
로, 아그리파*의 '지옥의 장치'(infernal devices)와 영들의 정복을 위한 규칙들 및
"모든 마술의 요약"을 겉으로만 그럴싸하게 제공한다고 한다. 그러나 실제로
이 책은 변장한 천사 소환을 빈약하게 다루는 문서로, 어떤 비밀이나 강력한
마법을 제시하고 있지는 않다. 안토니오 델 라비나 Antonio del Rabina가 이 책의 저
자라고 알려진 경우가 많지만 잘못된 정보이다. 이 책이 대중 신비술서 중에서
유명한 까닭은, "폭발하는 막대"라는 것을 써서, 다루기 어렵지만 강력한 악
마인 루시푸게 로포칼레*를 복종시켜 불러내는 부분이 있기 때문이다. 이 책과
관련이 있는 〈참된 그리므와르〉*와 마찬가지로, 16세기 이전 저술은 아니다.
이 책에 대한 연구를 위해서는 참고문헌에서 웨이트*를 보라. 웨이트는 이 그리
므와르를 가장 형편없는 것들 중 하나로 여긴다.

그랑디에 Grandier

위르뱅 그랑디에 Urbain Grandier는 루덩 Ludun에 있는 생 피에르 뒤 마르셰 St Pierre-
du-Marche 성당의 신부로 17세기 인물이었으며, 마술의 역사 및 루덩 수녀들의
환상과 불가피하게 얽혀 있다. 그랑디에의 이야기는 악마학*보다는 마술사에
더 가깝지만 악마학적 맥락에서 다루어야 하는 부분도 있다. 그랑디에는 비도
덕적 사제로 지냈던 것으로 나타나며, 자기가 맡고 있던 일부 젊은이들의 연
인이었던 것이 확실하다. 실제로 그는 푸아티에 Poitiers의 주교로부터 부도덕하
다는 판결을 받았으나 연줄이 좋아서 살아남았고 면직이 철회되었다. 그랑디

에가 수녀들에게 마법을 걸었다는 것에는 음모가 깃든 것처럼 보인다. 몇 차례의 공식적인 "구마"* 후에 그를 반대하는 일련의 고발이 이루어졌고 모든 고발은 그가 마술을 행했다고 지적했다. 이 고발과 마녀의 표시* 및 악마의 표시*에 대한 심사는 사기성이 농후했으나, 그랑디에는 1633년 앙제Angers의 감옥에 갇히며, 그곳에서 신속한 엉터리 재판을 받았다. 이 재판에서 그랑디에와 악마가 서명했다는, 왼쪽에서 오른쪽으로 라틴어로 쓴, 유명한 악마와의 계약서가 나왔다. 그랑디에는, 교살이라는 자비로움 없이, 고문을 당하고 화형에 처해져야 한다는 판결을 받았으며, 끝까지 자신의 무죄를 주장하면서 고통스럽게 처형당했다. 악마학적으로 관심을 끄는 것은, 1634년의 재판이 악마의 증언이라고 추정되는 것을 증거로 받아들였다는 터무니없는 사실에 있다. 그랑디에가 서명하고 안전하게 보관하기 위해서 악마에게 주었다는 계약서를 아스타로트*가 자기 주인 루시페르*에게서 훔쳤다는 주장이 제기되어 증거로 채택된 것이다.

그레비우스 Grevius

요한 그레비우스Johann Grevius. 마술환상과 악마 빙의*에 반대했던 17세기 인물로 〈개혁된 법정 Tribunal Reformatum〉(1622)을 지었다.

그레이말킨 Graymalkin

셰익스피어의 〈맥베스 Macbeth〉에 나오는 첫 번째 마녀의 심부름꾼이다. 파독*을 보라.

그렌들 Grendel

그렌들은 악마가 아니며, 고대 영어 서사시 〈베어울프 Beowulf〉에 나오는 반은 인간 반은 짐승인 신화적 괴물이다. 그렌들은 12년 동안 흐로스가Hrothgar 왕궁을 덮쳐서 사람들을 죽였으나 결국 영웅 베어울프에게 살해당한다.

그렘린 Gremlin

현대의 악마학 전승에 첨가된 그렘린은 엘프* 중 하나라고 하지만, 행동 양식은 노메*와 비슷하며, 엄밀히 말해서 악마가 아니라 장난기 있는 엘레멘탈 Elemental이다. 엘레멘탈*을 보라. 제2차 세계대전에서 영국 공군 요원들은 그렘린을 만들어내 시각화하였다. 그렘린은 비행기의 기술적 실패나 오작동의 원인이 되어 비난받는 가상의 희생양이었다. 이 단어는 인디아 북서쪽 변경에서 활동하던 폭파 비행중대에 기원이 있다고 하며, 단어 자체는 '그림 Grimm'과 '프렘린 Fremlins'의 합성이라고 한다. '그림'에는 이중적 의미가 담겨 있다. '암울하다는 뜻의 그림'과, 당시 혼란스런 환경에서 유일하게 읽을 수 있었던 유명한 '동화작가 그림'이다. 프렘린은 당시의 상황에서 마셨던 맥주이다. 그렘린이 문학에 처음 등장한 것은 아마도 찰스 그레이브스 Charles Graves의 〈가늘고 푸른 선 Thin Blue Line〉(1942)일 것이다.

그로시우스 Grosius

헤닝구스 그로시우스 Henningus Grosius. 그다지 중요하지 않은 16세기의 악마학자로 〈마술 Magica〉(1597)을 지었다.

그리말킨 Grimalkin

때로 그레이말킨 Graymalkin이라고 하며 마녀의 악마 심부름꾼을 지칭하는 일반적 이름으로 쓰인다. 말킨*을 보라. 셰익스피어의 〈맥베스〉에서 한 마녀는 자신의 고양이를 그레이말킨이라고 부르고 있지만, 그녀가 언급하는 대상은 악마일 가능성이 무척 크다. 이 단어는 셰익스피어를 통해서 대중에게 알려졌을 것이다.

그리므와르 Grimoire

훨씬 더 이른 시기의 전통에 속하는 것이라고 주장하기는 하지만, 주로 15세기 후반부터 18세기 사이에 현재의 형태로 나온 다양한 마법 문서들을 가리키기 위해 사용하는 명칭이다. 이 문서들은 모두 악마와 천사와 영들을 소환하는 규칙들을 설정하는 데 공을 들이고 있다. 악마의 이름들만 열거한 단순한 문헌도 때로는 그리므와르라고 부른다. 그리므와르 문헌의 많은 부분이 상상할 수 없을 정도로 유치하지만, 심지어 이런 것들조차도 신념에 뿌리를 두고 있다. 곧, 악마와의 성공적인 계약*을 위해서는 악마의 이름과 기호*에 대한 지식, 그리고 소환* 뒤에 따를 끔찍한 환상에 대한 특정한 내면적 저항이나 무감각이 모두 필요하다는 것이다.

이러한 문헌에 대한 언급은 일부 중세 자료에도 나온다. 마이클 스콧*은, 〈레메게톤〉*의 원형일 수 있고 솔로몬에게서 기원한다고 하는 "강령술 사본들"과, 심지어 아담에게서 유래한다고 하는 이와 비슷한 책 〈영혼과 육체의 파멸의 서 The Book of Perdition of Soul and Body〉를 언급한다. 게다가 중세의 많은 라틴어 사본들은 악마들과 악마적 특성을 나열하고 있다. 예를 들면, 피렌체에서 출간된 〈솔로몬의 이데아와 에우톡타 Idea Salomonis et Eutocta〉가 있고, 역시 솔로몬에게 기원을 둔다고 하는 〈이데아의 그림자 De Umbris Idearum〉도 있다. 13세기 파리의 주교, 오베르뉴Auvergne의 윌리엄은 〈피조물의 세상 De Universo〉에서 악마에 대해 길게 다루면서 후대의 그리므와르 전승을 함축하고 있다. 린 손다이크Lynn Thorndike가 지적하듯이, 불운했던 점성가 체코 다스콜리*는 14세기 초에 플로론*이라는 악마를 언급한다. 스콧은 13세기 초에 많은 악마들의 이름을 기록하고 있으며, 그에게서 유래한다고 알려진 현존하는 한 원고는 그가 강령술사였다는 것을 보여준다. 참고문헌에서 린 손다이크를 보라. 중세 그리므와르의 초기 경향은, 히브리인들의 초기 악마학 문헌을 극화하거나 때로 오해한 것으로 나타난다.

유럽 악마학 문헌에 부분적으로, 그리고 기괴한 형상으로 남아 있는 히브리 전승의 그리므와르를 모두 열거하는 것은 피곤한 일이 될 것이다. 그러나 〈라지엘의 책〉*이 지금도 사용하는 가장 오래된 그리므와르 중 하나인 반면, 서구에 영향을 끼친 복합적인 전승을 대표하는 것은 〈솔로몬의 열쇠〉*일 것이다. 솔로몬 왕이 그리므와르를 지었다고 자주 주장하는 까닭 중 하나는, 다양한 사본에 기록된 히브리 전승이, 솔로몬에게 마귀(쉐딤Shedim)들을 통제하는 힘이 있었고 자기가 바라는 대로 마귀들을 이용했다고 전하기 때문이다. 가스

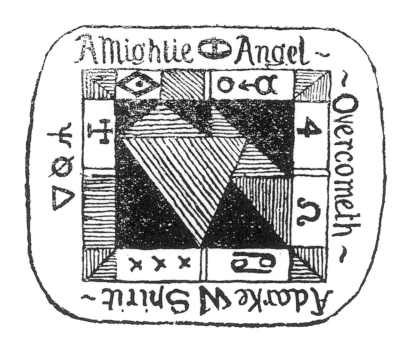

▲ **그리므와르**　아주 많은 악마학자들과 마녀들이 자기들만의 그리므와르를 만들었으며, 이것들은 본질적으로 마법적인 주문, 글로 쓴 부적, 수호 부적들로 이루어졌다. 왼쪽의 주문은 출산을 돕기 위한 것으로, 마술사는 "최고급 양가죽 위에, 하얀 비둘기의 피와 섞은 잉크"로 그려야 한다고 기록하고 있다. 기호로 판단하자면, 주문은 죽음의 악마를 호출하기 위한 것이다. 아마도 여기에는 약간의 혼란이 있는 듯하다. 유대계 악마 릴리트가 출산 부적에 이름이 기록되는 경우가 많은데, 때로 죽음과 연결되기 때문이다.

터Gaster가 언급한 초기 솔로몬계 문헌*에서는 아스모데우스*가 모든 마귀들의 왕이라고 하며, 릴리트*와 마할라트*와 아가론*은 여러 마귀 집단의 지도자들이라고 한다. 그러나 높은 악명과 관련해 서구 악마학에도 남아 있는 것은 아스모데우스와 릴리트이다.

　비록 유대계 〈에녹서 The Book of Enoch〉가 에녹계 악마들*이라는 이름으로 두 개의 악마 전승을 낳게 했지만, 중세 악마학 문헌은 유대계 악마학의 주요 흐름과는 다르다. 더 복잡한 중세 그리므와르는 악마의 출현에 대해서, 그리고 소환된 악마에게 어떻게 질문해야 하는지에 대해서 많은 정보를 제공한다. 형식에 맞는 마법의 원, 마법의 삼각형, 마법의 사각형을 만드는 데 엄청나게 주의를 기울여야 하며, 기호를 그리는 데에도 마찬가지이다. 소환*을 보라. 그리므와르를 사용한 목적은 다양하지만, 가장 인기 있었던 것은 돈을 벌거나 섹스 또는 힘을 얻으려는 목적으로 영을 부르는 것이었다. 한두 악마들은, 외국어나 신비술(특히 점성술)을 가르치거나 과거와 미래에 대한 앎을 가르치는 데 관심이 있는 것으로 나타난다.

악마나 천사 소환과 관련해 중세 후기의 그리므와르 문헌을 빼어나게 요약한 것은 A. E. 웨이트*의 〈의전 마술의 책〉*(1911)이다. 그는 주요 전승을 적절하게 셋으로 축소하였다. 가상으로 교황 레오 3세에게 기원을 돌리는 〈엔키리디온〉* 문헌은 주문과 의례를 잡다하게 모은 것이고, "마법의 아르바텔"이라고 해야 더 적절한 〈아르바텔〉*은 때로 〈입문서〉*라고도 하며 올림피아의 영들*과 관련된 의례들을 수록하고 있다. 그리고 일반적으로 〈솔로몬의 작은 열쇠 The Little Keys of Solomon〉이라고 부르는, 익명의 독일 신비술사의 천사 마법에 관한 책 〈성령의 신지神智〉*가 있다. 웨이트는 또한 자신이 "혼합 의례"라고 부르는 그리므와르 전승의 문헌들을 열거한다. 이것은 흑마술 요소와 백마술 요소(이를테면 악마적 요소와 천사적 요소)를 합쳐놓았기 때문에 생긴 이름이다. 혼합 의례 문헌들에는 〈솔로몬의 열쇠〉와, 때로 〈솔로몬 왕의 더 작은 열쇠 The Lesser Key of Solomon the King〉라고 불리는 〈레메게톤〉, 그리고 코르넬리우스 아그리파*의 작품으로 잘못 알려졌으며, 영들과 직접적인 소통 방법을 다룬 〈알마델〉*(제4의 책), 〈헤프타메론〉*, 〈아브라멜린〉*으로 알려진 프랑스어 사본과 관련이 있는 〈마법사 아브라멜린의 거룩한 마법의 책 The Book of the Sacred Magic of Abra-Melin the Mage〉 등이 포함되어 있다. 웨이트는 스스로 "흑마술 의례서들*"이라고 부르는 것과 위에 언급한 두 부류의 그리므와르를 구분한다. 그는 〈참된 그리므와르〉*와 〈비밀 중의 비밀〉*, 〈호노리우스〉 등이 흑마술 의례서라고 설명한다. 웨이트의 연구와 관련해서는 〈검은 암탉〉*과 〈피라미드의 현자〉*를 보라.

사본 형태의 많은 악마학적 문헌들은 한두 개로 합쳐지거나, 다양한 전승의 여러 부분을 결합하고 있으며, 웨이트나 레지널드 스코트*의 저서들처럼, 많은

▲ **그리므와르** 정령을 소환하기 위한 부적으로, 〈피라미드의 현자〉라는 그리므와르에 있는 것이다. 주요 이미지들은 연보라색 비단에 수를 놓거나 그림으로 그린다. 위쪽 그림에서 아래에 있는 기호들은 반지의 외부 테두리에, 아래쪽 그림에서 아래의 기호들은 반지 안쪽 테두리에 새겨야 할 것이었다.

수의 표준적인 악마학 작품들은 다양한 전승에서 발생한 악마들의 목록과 그들의 속성을 열거하고 있다. 악마의 숫자들만큼이나 책들도 다양하며 19세기 이전에 인쇄된 대부분의 그리므와르들은 조잡하고 학문성이 떨어진다.

많은 그리므와르 사본들이 다양한 악마적 기호들을 기록하고 있다. 기호들을 그토록 강조하는 이유는, 한 악마의 특정한 기호가 그 악마의 이름과 동등한 것으로 여겨졌기 때문이다. 신비술 전승(occult tradition)에서는 어떤 악마의 이름에 대한 지식을 소유하면, 그 악마를 소환하여 복종시킬 수 있는 힘을 얻을 수 있다고 여겼다.

사본들과 재인쇄 복사본들 중에서 판단해볼 때, 가장 인기 있고 사본 형태로 가장 많이 복사된 것은 〈솔로몬의 더 작은 열쇠 The Lesser Key of Solomon〉이다. 기발하게도 솔로몬 왕에게 기원을 돌리고 있으나, 기껏해야 15세기 초반의 책이다. 가장 초기의 형태는 라틴어로만 되어 있는 것으로 알려졌고, 후대에 여러 언어로 번역되었다. 이 사본은 간청의 대상이 되는 일흔두 영의 이름 및 기호들과 함께 그들을 소환하는 방법도 알려준다. 솔로몬의 영*을 보라. 이와 관련된 〈솔로몬의 더 큰 열쇠 Greater Key of Solomon〉는 행성들의 적절한 특성을 알려주어 정확한 소환 시간을 결정하도록 도와주며, 원과 별 모양을 그리는 방법과 소환 의례의 도구 일체에 대해 상세히 알려준다. 〈참된 그리므와르〉는 대부분 이 두 개의 솔로몬계 원고에서 뽑아 섞은 것이며, 비교적 후대인 1517년에 나왔다.

이른바 〈호노리우스〉*라고 하는 호노리우스의 그리므와르는(호노리우스 교황과는 아무런 관계도 없다) 특정한 가톨릭 의례들을 소개하고 있으며, 사탄적 인식과 다소 이치에 맞지 않는 강령술적 개념들을 병합했다. 〈호노리우스〉는 동물이나 검은 수탉의 도살과 함께 소환을 실행하라는 지침 때문에 악명을 얻었다. 〈모세의 여섯 번째 책과 일곱 번째 책 The Sixth and Seventh Books of Moses〉, 〈그랑 그리므와르〉*, 〈알베르트의 비밀들 Secrets of Albert〉 등과 같이 현존하는 많은 그리므와르들 중에서 주목할 만한 가치가 있는 것은 별로 없으며, 대다수는 이른 시기의 자료를 그저 손질한 것에 불과하다.

여러 요술과 16세기에서 17세기에 출간된 마술서들에 사용할 목적으로 그리므와르 자료에서 많은 부분을 발췌하였다. 예를 들면, 레지널드 스코트가 출간한 〈마술의 발견 The Discoverie of Witchcraft〉(1584)에서 악마들을 다룬 주요 부분은 첫 번째 솔로몬계 문헌인 〈레메게톤〉에서 직접 유래하며, 개별 악마들의 이름들과 설명은 위에서 언급한 여러 책에서 거의 무작위로 취한 것이다. 그리므와르 자료가 자체로 혼란스럽고, 많은 자료들 때문에 역사가들을 혼란스럽게 한다는 사실은, 다른 그리프와르들이 서로 교체될 수 있으며 단일한 작품 안에서조차 악마학*의 다양한 흐름이 있다는 것을 보여준다.

영들과의 비밀스런 소통을 다룬 전문적인 그리프와르에 대한 평가는 스테가노그래피의 악마들*을, 현대 그리프와르에 대해서는 〈마녀들의 복음서〉*를 보라.

그리에스모달 Griessmodal

스코트*가 언급한 나쁜 악마 일곱 중 하나이다. 소환*을 보라.

그릴란두스 Grillandus

파울루스 그릴란두스 Paulus Grillandus. 16세기의 가장 중요한 악마학자이자 마녀학자 중 한 사람이다. 로마가 관할하는 지역의 마녀 재판들에서 재판관과 같은 지위에 있었기에, 재판들을 통해서 그의 책 〈이단자와 마녀들에 대한 논문 Tractatus de Hrerticis et Sortilegiis〉(1536)에 '증거'를 많이 수집했다. 그릴란두스는 악마학*, 계약*, 빙의*, 마녀비행, 변신 등 광범위한 주제들을 다루었으며, 로빈스가 지적하듯이, 묘지나 죽은 자들이 있는 장소에서 행했던 장례미사와 마녀집회(Sabbat)에 대해 최초로 언급했다. 후대의 작가들은 그의 관점과 선입견들을 폭넓게 수용했다.

그릴리 Grylli

사악한 눈*을 보라.

그림자 Shadow
윌리엄 블레이크*의 "그림자"는 '억제된 욕망'으로, 어떤 물체의 그림자가 태양으로 말미암아 사라지듯이, 그림자의 원천과는 분리되어 있지만 희미하게나마 여전히 그 원천과 연결되어 있는 것이다. 더욱 높은 차원으로부터 물질계에 투사되어 있다는 의미에서 그림자이다. 다른 말로, 환영幻影이다. 〈어둠의 책〉*에 대해서는 〈마녀들의 복음서〉*를 보라.

글라시아 Glasya
글라시알라볼라스*의 이칭.

글라시알라볼라스 Glasyalabolas
때로 카크리놀라스*, 카시몰라르*, 글라시아*, 글라키알라볼라스*라고도 하며, 솔로몬의 일흔두 영 중 하나이자 에녹계 악마들* 중 하나이다. 거대한 날개를 가지고 있기는 하지만, 개의 형상으로 나타난다고 한다. 글라시알라볼라스는 살인하고, 인간을 보이지 않게 하며, 모든 과학을 가르치고, 과거와 미래에 대한 지식을 알려주는 능력을 가지고 있기 때문에 소환된다.

글라우론 Glauron
레지널드 스코트*가 루리단*의 소환과 관련해 언급하는 악마이다. 이 본문은 글라우론이 대기의 영들의 수장이며 북쪽의 지배자라는 것을 (빈정거리는 어투로) 알려준다.

글라키알라볼라스 Glacialabolas
글라시알라볼라스*를 보라.

기엘 Giel
바울로계 술*을 보라.

기호 Sigil

신비술에서 사용하는 기호는 어떤 영적 개념을 도해로 표현한 것이다. 신비술 기호들에 대한 최근의 한 연구는 점성술과 연금술 및 일반적인 신비술학(occult science)과 관련된 기본 형상들이 15,000개 이상이라는 것을 보여준다. (게팅스 F. Gettings의 저서 〈신비술 및 헤르메스학과 연금술의 기호들 Dictionary of Occult, Hermetic and Alchemical Sigils〉(1981)을 보라.) 악마학*과 관련해서 기호들은 개별 악마들이 아주 다양하다는 것을 보여주지만 크게 두 부류로 나눌 수 있다. 한 부류는 복합적 인 성격의 것들로, 일반적 의미의 기호라기보다는 장식적인 마법 인장으로 구

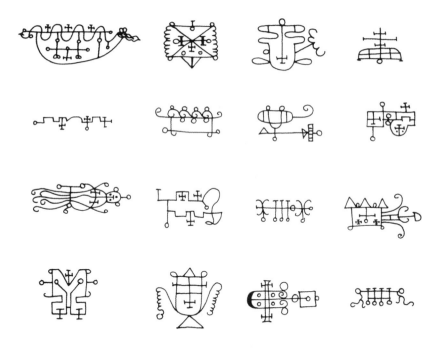

▲ **기호** 17세기 그리므와르 사본에 나온 악마의 기호들. 이 기호들은 다음 악마들과 관계한다.

베파르Vepar	오세Ose	푸르손Purson	가미귄Gamygyn
자긴Zagyn	파이몬Paimon	사브나크Sabnak	글라시아볼라스Glasyabolas
나베리우스Naberius	피닉스Phoenix	살게오스Salgeos	오로바스Orobas
오리아스Orias	프로켈Procel	고아프Goap	쿠시온Cusion

성되어 있다. 다른 한 부류는 특별한 사본 전승 안에 있는 악마들을 나타내고
자 비교적 단순한 기호들로 구성되어 있다. 문자 그대로 수많은 기호들이 있
지만, 가장 중요한 흐름은 트리테미우스*의 이름으로 유통된 중세 후기 문헌
에서 유래하는 것이다. (상툼 렉눔*을 보라.) 이들 중 대다수는 트리테미우스의 스
테가노그래피steganography에 대한 논문(스테가노그래피의 악마들*을 보라.) 및 에녹계
문헌(에녹계 악마들*을 보라.)에 속하지만, 대부분 제대로 분류된 적이 없다. 그러
나 현존하는 트리테미우스 이후의 연금술과 악마학 사본들을 (예를 들면, 에딘버
러의 애드버킷 도서관과 브리티시 도서관에 있는 자료들) 통해서 판단해보면, 트리테미

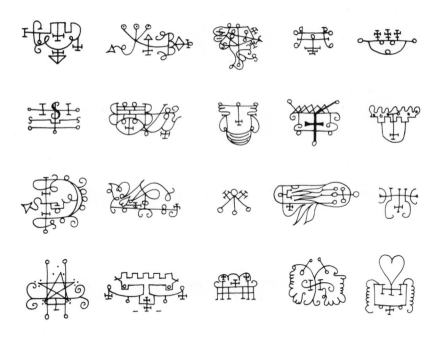

▲ **기호**　17세기 그리므와르 사본에 나온 악마의 기호들. 이 기호들은 다음 악마들과 관계한다.

안드레알푸스Andrealphus	발람Balam	베리트Berith	이포스Ipos	시스트리Systry
안드로말리우스Andromalius	바틴Bathin	아가로스Agaros	고모리Gomory	비네Vine
아스모다이Asmodai	벨레트Beleth	마르바스Marbas	샥스Shax	제파르Zepar
아스타로트Astaroth	벨리알Belial	바르바토스Barbatos	세에레Seere	바풀라Vapula

[표 1]

표	악마	기호	미확인 기호
4	카스피엘		
5	베알파레스		
5	파메르시엘		
5	아스모다이		
6			
7	시빌리아		

[표 2]

솔로몬의 인장 기호들	
솔로몬의 모르타곤 기호들	
솔로몬의 반지 기호들	
솔로몬의 띠 기호들	

우스 자신이 그들 중 일부를 분류하는 기록을 남겨놓았다.

[표 1]은 러드*의 사본에 있는 "에녹의 표"라는 것에서 유래한 기호들 일부를 정리한 것이다. 본문에는 기호들이 나타내는 이름들을 전해주고 있지만, 동일한 표 안에도 설명하지 않은 기호들이 있다. 이런 것들은 "확인되지 않은 기호들"로 분류했다.

악마학 문헌에서는 기호와 인장*을 구분하는 게 특별히 중요하다. 인장이란 하나의 상징적 장치로 종종 기호를 포함한다. 이 점을 분류하기 위해서 [표 2]는 419쪽에 있는 네 인장*에서 기호를 취합했다.

꼴찌 Hindmost
악마 관련 구절*에 있는 '뒤떨어진 자를 잡아간다' 항목을 보라.

나르코리엘 Narcoriel
바울로게 술*을 보라.

나리엘 Nariel
일부 문헌에서는 대지의 대천사 우리엘*의 다른 이름으로 나온다.

나밤 Nabam
굴란드*를 보라.

나베리우스 Naberius
때로 케르베로스*, 케레부스Cerebus 또는 케레베루스Kereberus*로 알려졌으며 솔로몬의 일흔두 영 중 하나이다. 수탉이나 검은 까마귀 형상으로 소환된다고 하지만, 머리가 셋일 수 있으며, 그리므와르*가 강조하듯이, 여전히 "새와 같은" 모습을 하고 있다. 나베리우스는 후작侯爵의 지위를 갖고 있고, 마술사에게 논리학과 수사학을 가르치며, 잃어버린 사랑과 명예를 되찾아준다.

나이트(기사) Knight
고대 영어 크니트cniht에서 유래하는 단어로 원래 '소년'이나 '하인'을 의미했지만, 결국 무기를 소지할 수 있는 권리를 지니고 태어나는 귀족에게 적용되었다. 악마학자들과 그리므와르* 편집자들은 악마의 위계를 분류하려고 시도하면서 이 용어를 백작이나 왕에 예속된 하위 악마에 적용했다. 그러나 일부 악마 기사들은 사실 왕이라고 불리는 악마들과 똑같은 힘을 지니는 것으로 나타나며, (아마도 악마 지배 체제의 전형이겠지만) 기사로 나타나는 일부 악마들은 고위급이다.

나코리엘 Nacoriel
바울로게 술*을 보라.

나키엘 Nachiel
인텔리젠시*를 보라.

낙오자들 Laggards
슈타이너*를 보라.

난투르 Nantur
〈눅테메론〉*에 나오는 여덟 번째 시간의 악마 중 하나로, 저술의 귀신이라고 한다.

날갑 Nal-gab
스코트*가 언급한 선한 악마 일곱 중 하나이다. 소환*을 보라.

남브로트 Nambroth
프리모스트*를 보라.

남타르 Namtar
바빌로니아 신화에 나오는 사후 세계의 영역 아랄루*의 역병의 악마이다. 이슈타르*를 보라.

네 방향의 악마 Cardinal Demons

악마학자 레지널드 스코트*는 아메이몬*이 동쪽의 왕이고, 고르손 Gorson (아마도 쿠르손*)은 남쪽의 왕이며, 북쪽의 왕은 짐마르 Zimmar, 서쪽의 왕은 고아프*(보통은 가프*)라고 말한다. 그러나 네 방향의 악마에 대해서는 다양한 견해가 존재한다. 예를 들면, 에녹계 악마들*을 묘사하는 문헌에는 아래처럼 두개로 분리된 두 목록이 있다.

동쪽 왕	우리쿠스	아메이몬
남쪽 왕	아메이몬	코르손
서쪽 왕	페이몬	가프
북쪽 왕	에긴	지니마르

그러나 왕으로 지정되지 않은 많은 악마들도 네 방향의 지배자들이라고 한다. 그 예로, 카스피엘*은 남쪽의 지배자이다. 체코 다스콜리*를 보라.

네 원소의 천사들 Angels of the elements

비교 전승에서 네 방향의 네 대천사들(미카엘*, 라파엘*, 가브리엘*, 우리엘*)은 불, 바람, 물, 흙, 네 원소들과 연결되어 있지만, 일부 악마학 문헌은 이 원소들이 치품천사熾品天使 세라핌, 지품천사智品天使 케루빔, 타르시스, 아리엘*의 지배를 받는다고 한다. 이들을 네 원소의 조물들인 살라만데르*, 실프*, 운디네*, 노메* 등과 혼동하지 말아야 한다. 엘레멘탈*을 보라.

네루디 Nerudee

아우스타틱코파울리가우르*를 보라.

네르갈 Nergal

바빌로니아에서 하데스*의 왕과 같은 존재로, 에레쉬키겔*의 남편이다. 메슬람*을 보라.

네메시스 Nemesis

인간에게 불행과 행복을 분배하는 그리스 여신이다. 특히 지나친 행운을 누린 이들에게 재앙을 가져다주는 것으로 유명하며, 결국에 가서는 범죄의 심판자로 여겨졌다. 네메시스라는 이름은 악마학 문헌에 자주 나오지만 정확히 말하자면 악마는 아니다.

네바크 Nebak

악마의 알파벳*을 보라.

네우파르 Neuphar

엘레멘탈*을 보라.

네크로만시(사령술死靈術) Necromancy

네크로만시란, 죽은 몸들을 준생명(semi-life)의 상태로 되돌려 그들로부터 미래에 대한 정보를 얻는 기술이다. 그러나 이 단어는, 지옥에서 죽은 영혼을 불러내 미래에 대해 알아보는 기술인 심령점(sciomancy)과 오랫동안 동의어로 사용되었다. 전문가들을 제외하고 보통 후자의 의미로 네크로만시를 사용한다. 때로 이 단어는, 죽은 자들의 어두운 영혼, 심지어는 악마들의 영혼을 지옥에서 불러내는 흑사령술(니그로만시*)과 혼동되기도 한다. 대중은 사령술과 흑사령술을 자주 동의어로 여겼고, 그 결과 이 세 용어는 광범위하게 오용되었다. 점성술이 마치 영의 소환과 관련이라도 있는 것처럼, 니그로만트(흑사령술사)라는 단어는 때로 점성술사들에 대해 사용되기도 했다.

　네크로만시라는 단어의 대중적 사용에 대해서는 〈벤베누토 첼리니 자서전 The Autobiograph of Benvenuto Cellini〉에 나온다. 이 책은, 악마들로 가득 채워진 거대한 공간인 로마 콜로세움에서 벤베누토 첼리니Benvenuto Cellini와 시실리 출신 사제가 행한 몇 차례의 사령술적 탐험을 상세히 묘사하고 있으며, 의미심장하게도 첼리니는 이 사제를 "사령술사死靈術士"(necromancer)라고 부른다. 이 이야기는, 사제가 악마들을 그들의 장소로 돌려보내는 일에 실패했다는 놀라운 내용으로 마무리된다.

> 우리가 반치Banchi에 있는 집으로 가는 동안 내내, 그는 콜로세움에서 보았던
> 두 악마가 우리 앞에서 지붕을 뛰어넘고, 또 땅 위에서 뛰어다니고 있다고 이
> 야기하였다. 이 사령술사는, 마법의 세계에 들어간 이래 이러한 심각한 사태를
> 결코 보지 못했다고 강조하였다. (I, 1xiv)

심령술의 영역에서 행해지는 네크로만시는 물론 성격이 다르다. 이것은 보
통 교령회交靈會에 참석한 이들과 대화하기 위해서 영을 불러내는 성격이 짙다.
이러한 교령회에서는 통상적으로 기도가 따르고 영적 영역에 대한 경외감이 개
입되어 있으며, 죽은 자들을 물질계로 불러내는 사령술적 지향이 있다. 이와
관련해서는 디아카*를 보라. 레*와 스코트*도 보라. 사령술적 악마들에 대해
서는 솔로몬의 영*을 보라.

네크로만테이온 Necromanteion

고대의 네크로만테이온은 사령술*이 행해졌던 장소로, 보통 다른 방식으로는
풀 수 없는 문제를 지닌 사람들에게 해답을 준다. 사령술은 죽은 자들의 영을
일으키는 기술로, 이들은 때로 어려운 질문에 대한 정보와 대답을 전해주도록
설득당한다. 이러한 방식으로 상담을 하는 영혼들이 실제로 죽은 자들의 영들
인지 아니면 단지 악마들인지에 대해 고대에서조차 논쟁이 있었다. "네크로만
시"*라는 단어는, 한때 인간이었던 이들의 영들을(로마 세계의 마네스*) 그냥 지
옥에서 불러내는 것이라기보다는, 영들과 악마들과 원소들을 불러내는 묘기
의 영역과 관련되는 것으로 여겨지게 되었다.

고대 세계의 네크로만테이온 중 가장 유명한 것 중 하나는, 18세기에 건축
된 교회와 공동묘지 때문에 감추어졌다가 발견된 에피라Ephyra에 있는 사자死
者들의 신탁소神託所로, 1958년부터 1964년 사이에 발굴되었다. 교회는 여전히
원래의 모습으로 보존되어 있으나, 그 밑에는 여러 복잡한 방들이 신탁을 상담
했던 놀라운 지하실을 둘러싸고 있다.

▲ **네크로만테이온** 그리스 에피라에 있는 지하 감옥. 호메로스가 〈오디세이아〉에서 언급한 장소로, 오디세우스는 자신의 여정과 관련된 정보를 얻고 사자들의 영을 일으키기 위해서 이 장소에서 희생제물을 바친다.

이 신탁소는 호메로스가 〈오디세이아Odyssey〉 10권과 11권에서 언급했던 곳임이 분명하다. 오디세우스는 여자 마법사 키르케Circe의 조언을 듣고 영들과 상담하기 위하여 지하세계를 방문한다. 그가 여정을 시작하는 장소는 아케론* 늪지 가운데 있는 황량한 지점이다. 그는 먹을 것과 마실 것을 제공하고 죽은 자들의 영혼으로부터 탄원하라는 조언을 들으며, 집으로 돌아오는 길에 검은 양과 임신하지 못하는 암소를 희생물로 바칠 것을 약속한다. 한편 그가 네크로만테이온 근처의 구덩이에서 숫양과 양을 희생물로 바치고 여러 다른 의례들을 수행하자, 사자들의 영혼들이 나타나 음식을 먹고 피를 마시고 질문에 대답한다.

다카리스Dakaris는 이 흥미로운 장소에 대해 연구했고 에비 멜라스Evi Melas의 편집본이 이 책의 참고문헌에 나와 있다.

넥스로트 Nexroth
비케코메스*를 보라.

넬라파 Nelapa
에녹계 악마들* 중 하나로 두 번째 하늘의 천사라고 하며, 수성의 날 남쪽에서 지배한다.

노메 Gnomes
엘레멘탈*을 보라.

노커 Knocker
코볼트*를 보라.

노키엘 Nociel
에녹계 악마들* 중 하나로 28수를 지배하는 악마라고 한다.

녹색 인간 Green man

중세 교회 건물에 새겨진 수많은 머리나 얼굴들을 "녹색 인간"이라고 부른다. 이 상징은 입에서 꽃무늬 줄기나 포도나무 잎이 나오는 머리를 가지고 있다. 자연의 영과 비슷한 식물신이나 악마로, 이교도의 자료가 우연히 그리스도교의 형상에 들어와 살아남았다는 것이 이 상징에 대한 일반적인 해석이다. 그러나 이러한 설명은 적절하지 않다. 왜냐하면 녹색 인간 형상은, 비교秘敎 상징이 스며들었던 시기에도 정통 그리스도교 상징을 사용하던 결함 없는 교회나 대성당의 구조에 통합되었기 때문이다. 수백 개의 성당들은 말할 것도 없고, 사우스웰Southwell 대성당과 스코틀랜드 도노크Dornoch 대성당, 맨체스터Manchester 대성당이 여기에 속한다. 인상적인 것은 킬펙Kilpeck의 로마네스크 양식 교회의 남쪽 입구에 있는 동쪽 기둥인데, 이 기둥에 새겨진 상징은 명백히 비교적인 것으로, 여러 악마적 요소와 점성학적 분위기를 풍기고 있다. 녹색 인간 상징은 어떻든 악마적인 것이 아니라, 인간적인 수준에서 인식한 말씀이나 로고스

▲ **녹색 인간** 킬펙 교회 남쪽 입구에 있는 녹색 인간. 입에서 이파리들이 나오고 있다. 12세기.

를 표현한 것일 가능성이 있다. 입에서 나오는 꽃무늬 줄기는, 로고스와 관련된 구멍(입)을 통해서 인간에게서 솟아나는 '영묘한 힘'(etheric forces)을 표현하고 있는 것이 거의 확실하다. ('영묘한 힘'이라는 용어는 중세 조각가들에게 알려지지 않은 현대의 신비술 용어이다. 그들은 아마도 영묘한 실체를 본질(Quintessence)이나 마술약의 실체(Ens veneni)라고 불렀을지 모른다.)

눅테메론 Nuctemeron

대략 '낮이 밝힌 밤'이라는 뜻의 그리스어 제목으로 티야나Tyana의 아폴로니우스Apollonius가 쓴 것으로 추정되는 본문에서 유래했으며, 엘리파 레비*가 〈초월마술 Transcendental Magic〉(1896, 영어판)의 부록으로 프랑스어로 번역했다. 콩스탕*을 보라. 그리스어 본문은 길버트 가우트리누스Gilbert Gautrinus가 〈모세의 삶과 죽음에 대하여 De Vita et Morte Moysis〉(1721) 제3권에 처음 수록하여 출판했다. 이 책은 악마들의 이름과 그들의 지배직분을 마법적 황도 12궁과 유사한 "상징적인 열두 시간"에 따라서 기록하고 있기 때문에 악마학자들의 관심을 끌었다. 시간의 귀신들이라고 불리는 악마들의 이름은 다음과 같다. 난투르*, 니티부스*, 니티카*, 라베제린*, 라부스*, 라스푸이아*, 라자닐*, 로사비스*, 리브라비스*, 리스눅*, 마르네스*, 마스카르빈*, 마스토*, 미스란*, 미즈기타리*, 미즈쿤*, 바글리스*, 바르쿠스*, 부카피*, 부타타르*, 사브루스*, 사이르*, 사크루프*, 살리루스*, 세즈라빌*, 셀렌*, 수클라구스*, 수팔라투스*, 스카크릴*, 스키에크론*, 시세라*, 시슬라우*, 시아룰*, 신부크*, 아르밀루스*, 아이글룬*, 아제우프*, 아클라하이르*, 알푼*, 앗주카스*, 에이레누스*, 에이르닐루스*, 에이스티부스*, 자렌*, 자로비*, 자제르*, 자훔Zahum, 잘부리스*, 제이르나*, 제패르*, 조파스*, 주플라스*, 지주프*, 카마이사르*, 카우숩*, 카타리스*, 카호르*, 칼라브*, 콜로파티론*, 쿠니알리*, 타그리누스*, 타랍*, 타브리스*, 타블리비크*, 타크리탄*, 토글라스*, 토르바투스*, 투키파트*, 파르주프*, 파푸스*, 팔구스*, 팔도르*, 플로가비투스*, 하벤*, 하탄*, 하티파스*, 하하비*, 하합*, 할라코*, 헤이글로트*, 히자르빈*. 이들의 지배직분에 대해서는 각 해당 항목을 보라. 제니우스*를 보라.

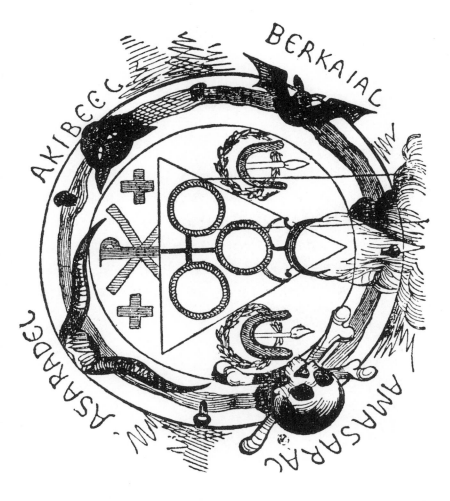

▲ **눅테메론** 악마의 소환을 위해 고안한 상상적인 원으로 엘리파 레비의 〈초월 마술〉(1896. 영어판)에 나온다. 원 주위의 네 악마들의 이름은 〈눅테메론〉에서 가져왔다.

뉴트 Newt

때로 악마라고도 하지만 원래 엘프Elf*, 또는 에우트eut*나 유트ewt*였다가 언어적 변화를 거쳐서 에베트evet가 되었고, 네우트neut로 변했다가 뉴트Newt가 되었다. 현대의 비신비술적 영역에서 뉴트는 더 이상 엘프나 엘레멘탈*이 아니라, '물의 살라만데르'(aquatic salamander)이다. 그러나 비교 전승에서 진짜 살라만데르*는 물에서 살 수 없는 불의 엘레멘탈이다.

니그로만시 Nigromancy
네크로만시*를 보라.

니케르 Nicker
물의 요정으로 '물의 괴물'을 뜻하는 고대 영어 니코르nicor*에서 유래했다. 이 단어는 때로, 과학자 크론스테트Cronstedt가 1754년 금속에 적용한 이름인 니켈nickel*의 기원과 연결된다. 광부들이 니켈 난쟁이나 니켈 도깨비가 있다고 주장했기 때문에, 때로 장난꾸러기 악마로 묘사됐다. 니케르의 변형인 닉스nix는 닉시nixy*의 남성형 변종이다. 이들이 때로는 전통적인 물의 존재인 운디네*와 혼동되기도 하지만, 반은 어린이이고 반은 말의 형상이라고 한다. 엘레멘탈*을 보라.

니켈 Nickel
니케르*를 보라.

니코르 Nicor
니케르*를 보라.

니크네벤 Nickneven
스코틀랜드 대중 악마학에서는 심술궂은 노파이다. 일부 역사가들은, 니크네벤 및 이 이름의 여러 변형들을 추적하여, 한때 요정들의 여왕이었던 존재로까지 거슬러 올라간다. 스코틀랜드의 몇몇 외딴 지역에서는 지금도, 특히 신화적 이야기 안에서 이 단어를 사용한다. 일부 신화학자들은 마왕*에게 적용된 "올드 닉"*이라는 표현이 니크네벤에서 유래한 것일 수 있다고 주장한다.

니티부스 Nitibus

〈눅테메론〉*에 나오는 악마 중 하나로, 별들의 귀신이자 두 번째 시간의 귀신들 중 하나이다.

니티카 Nitika

〈눅테메론〉*에 나오는 악마 중 하나로, 여섯 번째 시간의 귀신이며, 귀중한 보석의 지배자이다.

니플하임 Niflheim

스칸디나비아 신화에서 니플하임은, 사자死者들의 악마 여왕 헬라*가 다스리는 영원한 추위와 밤의 장소인 "안개의 나라"였다. 현대 독일어로는 네벨하임 Nebelheim이다. 헬*을 보라.

닉 Nick

올드 닉*을 보라.

닉시 Nixy

니케르*를 보라.

님프 Nymph

엘레멘탈*을 보라.

ㄷ

다곤 Dagon

비법을 전해주는 고대의 신 또는 물고기 인간으로, 이 이름은 물고기를 의미하는 히브리어 다그dag와 우상을 의미하는 아온aon에서 유래하였다고 한다. 필리스티아인Philistines(블레셋인)들이 다곤을 섬겼으며, (눈먼 삼손의 힘으로 유명한) 가자Gaza와 아슈도드Ashdod에 중요한 신전들이 있었다. 밀턴*은 〈실낙원 Paradise Lost〉에서 다곤을 단호하게 악마로 바꾸어놓았다. 밀턴의 악마들*을 보라.

다넬 Danel

첫 번째 에녹 문학 전승에 나오는 에녹계 악마들* 중 하나로, 사미야사*의 인도로 지상에 왔다.

다노 Daneau

랑베르 다노Lambert Daneau. 16세기의 마술환상과 악마망상*에 반대한 초기 프랑스 작가들 중 하나로 〈마녀 Les Sorciers〉(1564)의 저자이다.

다르다리엘 Dardariel

바울로계 술*을 보라.

다르키엘 Darquiel

에녹계 악마들* 중 하나로, 달의 날 남쪽에서 활동하는 다섯 번째 하늘의 천사라고 한다.

다리 Bridge

악마 관련 구절*을 보라.

다마엘 Damael

에녹계 악마들* 중 하나로, 화성의 날 동쪽에서 활동하는 첫 번째 하늘의 천사라고 한다.

다미엘 Damiel

때로 다마엘*이라고도 불리는 에녹계 악마들* 중 하나로, 맥린이 작성한 솔로몬계 문헌*에는 화요일에 동쪽에서 활동하는 "다섯 번째 하늘의 천사"로 묘사되어 있다.

다브리엘 Dabriel

에녹계 악마들* 중 하나로 달의 날에 남쪽에서 활동하는 다섯 번째 하늘의 천사라고 한다.

다이모노만시 Daemonomancy

데모노만시*를 보라.

다이몬 Daemon

아가토다이몬*과 카코다이몬*이라는 말에 '선한 악마'와 '악한 악마'라는 의미가 담겨 있지만, 고대 그리스 문헌에서 다이몬은 자비로운 인격적 영으로 심지어는 "더욱 높은 자아"로도 나타난다. 그러나 성서에서 "다이몬"이라는 단어는 종종 사악하거나 불결한 영을 언급하는 데 사용된다. 중세 악마학 문헌들은 선하고 악한 악마들을 별 차이 없이 다루며, 몇몇 맥락에서 이 단어는 확실히 악마*와 동일하다.

다이트야 Daitya
민간전승에서 다이트야들은 대홍수 이전 지상의 거인들 또는 티탄들(Titans)로 나온다. 비교秘敎에서는 악마로 여겨지는 아수라*들과 연결된다. 인도의 죽지 않는 라후*는 케투*와 마찬가지로 다이트야였다고 한다. 힌두교 점성술에서는 이 둘이 달의 교점*을 지배하라는 임명을 받는다. 라후는 용의 머리 또는 북쪽 교점의 이름이고, 케투는 용의 꼬리 또는 남쪽 교점의 이름이다.

다프나엘 Dapnael
세나토르*를 보라.

단탈리안 Dantalian
소환하는 이에게 여러 얼굴(남성과 여성 얼굴)을 하고 책을 들고 나타난다는 악마 공작이다. 비밀에 대한 지식과 다른 사람들이 속에 담고 있는 생각에 대한 지식을 주며, 인간의 환상을 만들어낸다고 한다. 또한 모든 예술과 과학을 가르친다. 솔로몬의 일흔두 영 중 하나이다.

단테 Dante
단테 알리기에리Dante Alighieri(1265~1321). 교회의 세력이 크고 정치적 음모가 횡행하던 시기에 피렌체에서 태어난 이탈리아의 대시인이다. 단테의 악마학은 그의 비교학, 점성학, 상징학, 신학 등과 마찬가지로 정통 중세 문헌에 대한 건전한 이해에 뿌리를 둔 것이다. 그는 어떤 의미에서든(예를 들면, 레지널드 스코트* 와 같은 방식의) 악마학자가 아니지만, 〈신곡〉 연옥편과 지옥편에서 출중하게 영감적인 시적 전망을 가지고 전통적인 자료를 엮는 데 성공하며, 악마학적 색조가 가장 희박해 보이는 것에서 상징의 참된 깊이를 끌어낸다. 그의 악마 목록에 대해서는 단테의 악마들*을 보라.

단테의 악마들 Dante's demons

단테*가 〈신곡〉 지옥편에서 선택한 저급한 악마들로 21곡에서 처음 나타나며, 갈퀴를 든 악마들이 탐관오리들을 끓는 역청에 빠뜨린다. 여기에 나오는 열두 악마는 [표 3]에 정리되어 있다. 이탈리아어 이름과 함께 그에 해당하는 영어 이름, 세이어스Dorothy L. Sayers가 번역하여 영어화한 이름, 단테의 곡 전거를 함께 실었다.

[표 3]

악마	영어명	세이어스의 번역	신곡의 전거
알리키노	얼루러 Allurer (유혹자)	헬킨 Hellkin	22곡 112, 139
바르바리치아	말리셔스 Malicious (악의적인)	바르비거 Barbiger	22곡 28, 59, 145
카냐초	스날러 Snarler (으르렁개리는 개)	하로우하운드 Harrowhound	22곡 106
칼카브리나	그레이스 스코너 Grace-sconer (은총을 비웃는 자)	핵레스퍼 Hacklespur	22곡 133
치리아토	터스크트 (보어) Tusked boar (엄니 있는 멧돼지)	구틀혹 Guttlehog	22곡 55
드라기냐초	펠 드라곤 Fell dragon (타락한 용)	드라고넬 Dragonel	22곡 73
파르파렐로	스캔들몽거 Scandalmonger (험담을 퍼뜨리는 자)	파르파렐 Farfarel	22곡 94
그라피카네	독라이크 Doglike (개 같은)	그라버스닛치 Grabbersnitch	22곡 34
말라코다	이블 테일 Evil tail (사악한 꼬리)	벨제쿠 Belzecue	21곡 76, 79에만 나옴
말레브란케	이블－클로드 Evil-clawed (사악한 발톱의)	헬레이커 Hellraker	23곡 23; 33곡 142
루비칸테	레드 위드 레이지 Red with rage (엄청 화난)	루비칸트 Rubicant	22곡 40
스카르미글리오네	베인풀 Baneful (해로운)	스카라말리온 Scaramallion	21곡 105에만 나옴

루시페르* 항목에 있는 마귀(devil)의 본성에 대한 논의에서처럼 신학적 혼란을 고려한다면, 단테가 〈신곡〉에서 마귀에 대해 얼마나 많은 이름들을 사용하고 있는지 살펴보는 것은 유익한 일이다. 단테는 신비술 자료에 대해 깊은 관심을 가졌음에도, 사탄*과 루시페르를 합쳐서 하나의 이름 아래 두는 역사학적 실수를 범하고 있으며 이를 미처 의식하지 못했던 것 같다. 후대의 문학 전통에서 밀턴*은 타락하기 이전의 사탄의 이름이 루시페르라는 것을 아주 쉽게 받아들였으나, 신학적 관점에서 본다면 이것은 정확한 게 아니다. 물론 이것이 역사적으로는 오류라고 할지라도 적어도 좋은 신학이라고 주장할 수는 있겠다.

단테가 사용하는 악마 이름에는 미묘한 비교의 내용이 담겨 있다. 14세기 이탈리아어에 들어 있는 그 이름들의 의미와, 지옥의 지배자에 대해 사용한 몇 개의 이름들을 고려할 때에만 그런 게 아니라, 이름을 발설하는 발화자들의 상징적 의미, 그리고 실제로 이러한 이름을 계속 언급하는 중요성과 그 상징성에도 심오한 비교의 의미가 들어가 있다. 또한 [표 4]에서 보는 것처럼 발화자들에 따라서 악마의 이름이 변화한다. ([표 4]에는 처음에 언급된 부분만 들어 있다.)

베르길리우스가 고전적인 악마의 이름들 중 하나를 사용한다는 것은 물론 적절한 일이며, 고전 시대에 디스Dis와 플루토Pluto는 상호 교환 가능한 이름이

[표 4]

악마 이름	발화자	출전
베엘제붑	단테	지옥편 34곡 127
디스베르	베르길리우스	지옥편 8곡 68
루시페르	단테	지옥편 31곡 143
사탄	플루토	지옥편 7곡 1
악정의 왕(Lord of Misrule)	말라스피나	연옥편 8곡 131

▲ **구스타프 도레의 목판화** 단테의 〈신곡〉에 삽화를 그린 구스타프 도레의 목판화. 끓는 역청 호수에서 탐관오리들을 벌주는 장면을 묘사하고 있다. 나중에 베르길리우스와 단테를 쫓는 말라코다라는 악마도 이런 악마이다.

었다는 것은 널리 알려진 사실이다. (디스*와 플루토*를 보라.) 베르길리우스는 또한 사탄을 디스라는 이름으로 부르기도 한다(지옥편 9곡 65). 단테 역시 악마들을 언급할 때 고전적이고 비교적인 상징을 사용한다. 연옥편 12곡 25~27절에서 그는 악마의 이름을 사용하는 것을 피하려고(데모고르곤*을 보라) 고대의 비교 중심지들의 명령을 따르지만, 그다음 곡에서 고전적인 원형을 직접 언급함으로써 그가 언급하는 이가 누구인지를 독자에게 전해준다. (브리아레우스*를 보라.) (16곡의) 괴물 게리온*은 때로 악마로 묘사된다. 단테가 고전 신화와 성서의 개념들을 악마화한 방식에 대한 자세한 사항은, 안테노라*, 케르베로스*, 카론*, 코카투스*, 게리온*, 유데카*, 메두사*, 미노스*, 미노타우로스*, 플레게톤*, 플레기아스*, 프톨로마에아*, 스틱스* 등을 보라. 단테의 지옥 모델에 대해서는 연옥*을 보라.

담 Dam
악마 관련 구절*과 릴리트*를 보라.

대응물 Correspondencies
마법의 달력*을 보라.

더 작은 열쇠 The Lesser Key
그리므와르*와 〈레메게톤〉*을 보라.

더블린 시 Dublin City
악마 관련 구절*을 보라.

데모고르곤 Demogorgon
데모고르곤은 몇몇 사람들이 지옥 세력의 수장이라고 여기는 고대의 가장 끔
찍한 악마였다. 그의 이름을 말하면 재앙이 닥칠 것이라고 생각해서 그의 이름
을 발설 금지하는 비밀 맹세가 있었다(고대의 비의 입문자들에게는 이런 맹세가 많았
다). 밀턴*이 〈실낙원〉(2권, 964~965행)에서 "두려운 이름 데모고르곤"이라고 쓴
이유도 여기에 있다. 익명의 신에 대해 알려진 것이 너무도 적었기 때문에, 데모
고르곤은 현대 낭만주의 문학에서 많은 역할을 취한다. 스펜서의 〈요정 여왕〉
에서는 운명의 세 여신(파테스)*과 함께 심연에서 살고 있다고 한다.

데모노마기 Demonomagy
악마학*을 보라.

데모노마니 Demonomanie
데모노마니아*를 보라.

데모노마니아 Demonomania (악마망상)

악령에 들렸거나 악령에 둘러싸여 있다고 여기는 환자의 정신 질환이나 그렇게 추정되는 질환을 나타내기 위해 사용하는 단어이다. 신비술의 견지에서는 이러한 질병을, 악마들이 감지될 수 있는 낮은 아스트랄 영역으로 준비되지 않은 에고ego가 침입한 것으로 인식한다. 특별한 영적 수련을 거치지 않거나 비결을 전수받지 않아서 준비되지 않은 이들이 우연히 아스트랄계에 들어가 통찰을 얻는 것은 아주 공포스런 일이 될 수 있다.

아마도 프랑스어 데모노마니démonomanie에서 유래했을 데모노마니아는, 18~19세기에는 질병의 의미가 아닌 악마들에 대한 "어리석은" 믿음을 표현하기 위해 가끔 사용되었지만, 데모노마니demonomanie*가 정확한 표기이다. 이와 대조적으로, 때로 악마숭배자(Demonolater)*의 동의어로 쓰이는 데모노미스트*는 악마들의 실재를 믿는 사람이다.

데모노만시 Demonomancy

문자적 의미는 '악마들을 수단으로 하는 미래 예언'이다. 몇몇 신비술사들은, 흙이나 돌을 조작하는 가장 단순한 점(geomancy)에서부터 카드(특히 타로 카드)를 이용하는 더 복잡한 카드점(cartomancy)에 이르기까지, 모든 예언 방법은 악마를 끌어들여야 한다고 강조한다. 미래 예언을 목적으로 악마를 부리는 데 가장 많이 사용되는 방법은 소환*과 사령술*이다. 그러나 동양의 비전주의자들에 따르면 〈주역周易〉의 방법은, 신탁이 해석되는 의례에서 영들에게 직접 청원하기는 하지만, 악마들이 아니라 선한 영들이 개입된다고 한다. 영어에는 데모노만시Demonomancy와 다이모노만시Daemonomancy*의 구별이 없는데, 후자에는 〈주역〉의 방법이 포함되어 있다. 다이몬*을 보라.

데모노미 Demonomy

악마숭배자*를 보라.

데모노미스트 Demonomist
악마들의 실재를 믿는 사람. 데모노마니아*를 보라.

데모니스트 Demonist
악마*를 믿는 사람. 데모니즘*을 보라.

데모니아니즘 Demonianism
악마 빙의*를 긍정하는 교리를 나타내기 위해 사용된 말.

데모니아스트 Demoniast
의식적으로 악마들과 거래하거나 거래하는 것을 추구하는 사람.

데모니즘 Demonism
때로 악마에 대한 믿음이나 교리를 표현하기 위해 사용한 단어이다. 데모노마니아*를 보라. 데모니스트*란 이러한 믿음을 가지고 있는 사람이며, 악마와 거래를 추구하는 이는 데모니아스트*라고 한다. 중세 후기에는 악마와의 계약*과 요술이 동일시되었기 때문에, "데모니즘"이라는 단어는 요술이나 요술의 힘이라고 여겨지는 것에 대한 믿음을 표현내기 위해서 종종 사용됐다. 악마학*과 〈악마학〉*을 보라.

데모니푸게 Demonifuge
악마를 몰아내기 위해서 고안한 주술, 주문, 부적*이나 특별한 힘을 넣은 물건. 돌*과 구마*를 보라.

데모리엘 Demoriel
스테가노그래피의 악마들* 중 하나이다.

데바 Deva

'빛나다'라는 뜻의 산스크리트어 디브div에서 유래하는 단어로, 영적 존재들의 집단(빛나는 존재들)에 적용된다. 별 관계가 없어 보이는 의미를 지닌 '신성한'(divine), '악마'(demon), '마귀'(devil) 등이 이 어원에 뿌리를 두고 있다. 조로아스터교에서 데바는 아흐리만*의 지배를 받는 악마적 존재로 여겨지지만, 인도 종교에서는 건전하고 창조적인 특성을 유지하는 상당히 높은 신분의 천사적 존재들이다. 현대 신비술사들이 '데바'라는 단어를 자연의 영들(엘레멘탈*)과 자연의 영들을 지배하는 실체들에 적용한 것은, 이 인도적 의미의 '데바'에서 받은 영향이며, 동양에서는 이 데바라는 단어가 이렇게 쓰이지는 않는다. 그러므로 현대의 용례에서 데바는 악마가 아니다. 아수라*를 보라.

데베르 Deber

보댕*을 보라.

데아미엘 Deamiel

에녹계 악마들* 중 하나로, 달의 날 동쪽에서 활동하는 첫 번째 하늘의 천사라고 한다.

데우무스 Deumus

데우무스는 때로 두모Dumo라고도 한다. 콜랭 드 플랑시*는 1863년판 〈지옥 사전 Dictionnaire Infernal〉에서 인간의 몸에 수탉 발을 하고 네 뿔이 달린 악마로 묘사했다.

데이비스 Davis

앤드류 잭슨 데이비스Andrew Jackson Davis(1826~1910). 때로 '포킵시의 예언자'(Poughkeepsie Seer)로 불린다. 미국의 환시가이자 치유자이며, 강력한 영매靈媒로, 많은 저술 중 특히 〈파네트랄리아 The Panetralia〉(1856)와 〈영적 교섭의 철학 The Philosophy of Spiritual Intercourse〉(1856)이 유명하다. 인간은 영들을 통해서 영적 영역과의 관계를 발전시킬 수 있다는 그의 관점은 현대 심령주의에 많은 영향을 끼쳤다. 비록 그가 현대 심령술에 내재하는 위험(특히 교령회를 통해서 미성숙한 아스트랄체(astral entities)와 맺는 교섭의 위험)을 지적하고 있지만, 그의 경고들은 널리 알려지지 않았다. 악마학*에서 그의 주요 공헌은 악마적 디아카*에 대한 관점으로, 이에 대해서는 그의 책 〈디아카와 그들의 지상 희생자들… 심령주의 안에 있는 거짓되고 혐오스러운 설명 The Diakka, and Their Earthly Victims … being an explanation of much that is false and repulsive in spiritualism〉(1873)에 나와 있다.

데카라비아 Decarabia
별 모양 안에 있는 생명 없는 별의 형상으로 '소환 원'(conjuration circle)에 나타난다는 흥미로운 악마이다. 그러나 인간의 형상으로 나타나길 열망하면 그렇게 나타난다. 식물과 돌 안에 숨겨진 힘에 대한 지식을 주고, 새의 형상을 한 친숙한 영을 내려준다고 한다. 솔로몬의 일흔두 영 중 하나이다.

델 리오 Del Rio
마르틴 안토이네 델 리오Martin Antoine del Rio에 대해서는 리오*를 보라.

델리엘 Deliel
〈알마델〉*에 따르면, 제4고도의 영적 존재들 중 하나이다.

도랑 Ditch
악마 관련 구절*을 보라.

도로티엘 Dorothiel
스테가노그래피의 악마들* 중 하나이다.

돌 Stones
악마학 전승은 악마들을 소환하는 데 도움을 주거나, 휴대하면 악령에 들리는 것으로부터 보호해주는 것으로 알려진 악마의 돌*이나 마법의 돌들에 대해 많이 언급하고 있다. 다음은 대표적인 것들이다.

시노키티스 Synochitis : 이 돌의 소유주가 소환된 악마들에게 질문하는 동안 그들을 지배할 수 있는 힘을 준다고 한다.

아나키티두스 Anacithidus : 소위 사령술의 돌 중 하나로 악마와 유령을 소환하는 데 쓰인다.

아나키티스 Anachitis : 물에서 영을 소환하는 데 사용한다.

안티파테스 Antiphates : 마녀들의 악마적 힘에 반대하여 보호[수호] 부적*으로 사용되는 검은 돌이다.

코랄 Coral : 붉은 산호는 악마들과 흑마술로부터 자녀들을 보호해준다고 한다. 예전에는 간질을 예방하기 위해 가끔씩 가루를 묻히고 아이들에게 주었는데, 간질은 신이 내린 질병이거나 악마들이 이끌어낸 광기의 형상으로 보았다.

크리솔레투스 Chrisoletus : 악마를 쫓아내거나 우울증과 환각을 물리치는 데에도 사용된다. (종종 우울증과 환각은 악마들이 만들어내는 것으로 여겼다.)

크리솔리테 Chrysolite : 귀감람석貴橄欖石은 대개 광기와 열병을 예방하기 위해 사용되지만, 특별히 악몽을 유발하는 악마들을 막아주기도 한다.

키노케투스 Kinocetus : 악마를 쫓아내는 데 뛰어난 효과가 있는 돌이라고 한다.

폰티카 Pontica : 빨간 별 또는 방울이 늘어서서 피가 흐르는 것과 같은 모양을 지닌 파란 돌로, 악마들이 질문에 응답하도록 소환자들이 사용한다. 악마를 쫓아내는 데에도 강력한 힘을 발휘한다고 한다.

두 지팡이를 짚은 악마 The Devil on Two Sticks

알랭 르네 르사주Alain Réné Le Sage의 이야기 〈절름발이 악마 Le Diable Boiteux〉(1707) (악마 관련 구절*에서 '지팡이'를 보라)에서 레안드로는 악마 아스모데우스*에게 왜 목발을 짚고 가느냐고 묻는다. 아스모데우스는, 수익의 영이자 전당포의 수호자이며 파리 젊은이의 영혼을 지배하는 필라독*과의 다툼을 설명한다. 필라독은 유피테르가 절름발이였던 불카누스를 물리친 것과 똑같은 방식으로, 공중전에서 아스모데우스를 누르고 땅바닥에 팽개쳤다. 아스모데우스는 이 때문에 "절름발이 악마*" 또는 "두 지팡이를 짚은 악마"라는 별명을 얻었다. 그러나 아스모데우스는 자기가 지팡이를 짚지만 꽤 빨리 움직이며, 자신의 민첩함을 볼 수 있을 것이라고 지적한다.

두스 Dus

두스는 털이 무성한 켈트의 악마이다. 이 단어에서 악마와 비슷한 현대어 듀스Deuce*가 나온 것으로 추정한다.

두엔데스 Duendes

시니스트라리*를 보라.

두키 Ducii

인쿠비의 이름 중 하나이며(인쿠부스*를 보라), 영어 문헌에서도 발견되긴 하지만, 주로 프랑스 악마학 전승에서 사용된다.

듀스 Deuce

듀스라는 단어는 분리된 두 기원을 가지고 있는 것으로 나타난다. 하나는 프랑스어 뒤deux에서 유래하는 것으로, 카드놀이의 2점을 의미하는 듀스처럼 숫자 2와 관련이 있다. 또 다른 의미의 듀스는 악마를 표현하는 완곡어법인데, 아마도 신의 이름을 무의미한 비속어 감탄사로 사용한 데서 유래했을 것이다(라틴어 데우스deus는 신을 의미한다). 몇몇 학자들은 후자의 듀스 의미가 유령을 의미하는 켈트어 두스dus에서 왔다고 한다. (죽은 자들의 땅) 서쪽을 의미하는 그리스어 뒤시스dysis는 13세기까지 라틴어 형태로 자주 사용되었는데, 듀스는 뒤시스의 연장선에 있는 것일지도 모른다. "서쪽으로 간" 사람은 디스*의 땅, 또는 지옥으로 간 사람이다.

드 랑크르 De Lancre

피에르 드 랑크르Pierre de Lancre에 대해서는 랑크르*를 보라.

드라고넬 Dragonel

드라기냐초*의 영어식 명칭이다. 단테의 악마들*을 보라.

드라기냐초 Draghignazzo

단테*의 〈신곡〉에 나오는 악마들 중 하나이다. 단테의 악마들*을 보라. 이 단어는 보통 "타락한 용"으로 번역된다.

드오튕 D'Autun

자크 드오튕에 대해서는 오튕*을 보라.

디 Dee

존 디John Dee(1527~1608)는 영국의 신비술사, 장미십자회원, 점성술사, 수학자로 박식한 인물이었고 (적어도 초년기에는) 엘리자베스 1세의 유력한 벗이었다. 메리 여왕 치하에 "지옥 개들의 동료이며, 사악하고 저주받은 영을 부르는 이(콜러)*이자 소환자로" 짧은 기간 동안 감옥에 있었다. 그는 영을 소환하는 일과 의전 마술*에 조금 관여하긴 했으나 영을 일으키지 않았고 한참 세월이 흐른 뒤까지도 영을 자기 수정구에 나타나게 하지 않았다. 그는 1581년 5월 25일 일기에 '수정구'에서 영을 처음 보았다고 기록하고 있다. 이때부터 그가 영이라고 했던 존재들과 자주 소통할 수 있었던 것으로 보이지만, 그들이 악마적 존재였다는 것을 암시하는 구절들이 있다. 버츠Butts 박사는 블레이크*의 천사들이 백인지 흑인지 의문이며, 우리는 디의 방문객들에게도 똑같은 질문을 던져야 한다고 말했다.

디는 랭커셔 출신의 악명 높은 에드워드 켈리*와 연루되었다. 디는 처음에 수정점 점술사로 켈리를 고용하여 영과의 소통을 기록하도록 했지만, 켈리에게 속아서 영이나 악마와의 어떤 참된 소통과도 멀어지고 순수한 공상의 세계로 빠져들었다. 메릭 카소봉Meric Casaubon의 〈존 디 박사와 영들의 진짜 관계 A True and Faithful Relation of What Passed between Dr John Dee and Some Spirits〉(1659)를 보라. 디와 켈리가 랭커셔의 월턴러데일Walton-le-Dale 마을에서 행한 사령술*을 묘사했다는 그림은 혼란스럽다. 죽은 남자의 영을 설득하여 그가 재산을 숨겨두었던 곳을 밝히려고 시도했던 이들은 디와 그의 조수 폴 워링Paul Waring으로 나타나고 있기 때문이다.

〈마녀들의 망치〉*, 히에로니무스 멩Hieronymus Meng의 〈악마의 몽둥이〉*, 바이어*의 〈악마의 망상에 대하여 De Praestigiis Daemonum〉와 같은 디의 장서들과 그가 바이어 및 보댕*과 맺었던 우정은 영과 악마에 대한 그의 강한 관심을 보여주지만, 그는 학자이자 비전秘傳 연구가로 가장 널리 알려졌다. 그의 책 〈상형문자 단자 Monas Hieroglyphica〉(1583)는 엘리자베스 시대의 가장 뛰어난 신비술 저서들 중 하나이다.

켈리는 이단이자 마법사로 찍혔고 수감된 감옥에서 탈출을 시도하다 극적인 죽음을 맞이했다.

디라키엘 Dirachiel
에녹계 악마* 목록에서 디라키엘은 28수를 지배하는 악마라고 한다.

디리엘 Diriel
에녹계 악마들* 중 하나로, 북쪽의 황제 데모리엘*의 휘하에 있는 공작이다. 스테가노그래피의 악마들* 목록에도 나타난다.

디스 Dis
로마 시대에 그리스 지하세계의 신 플루토*에게 붙여졌던 이름들 중 하나이다. 이 이름은 악마학 문헌보다는 시에 사용되는 경향이 있다.

　　…… 프로세르핀은 꽃을 모으고
　　꽃보다 아름다운 그녀를

음침한 디스가 거두었네……

〈실낙원〉 4권, 270행)

디아볼로 Diabolo
악마 관련 구절*을 보라.

디아볼로스 Diabolos
디아볼로스의 단순한 의미는 그리스어에서 유래한 라틴식 악마(devil)의 이름
에 불과하지만, 악마학 문헌에서 디아볼로스는 때로 사탄*과 대비되었고, 따
라서 (적어도 몇 계통에서는) 악마*와 구별해야 한다. 성서적 견지에서 볼 때 디
아볼로스는 하느님과 인간 모두의 적대자이지만, 그리스어로 이 이름의 첫 번
째 뜻은 "거짓 고발자"와 비슷하다. 사도 바울로의 티모테오 1서 3장 11절에
서 이 단어는 "험담하는 사람"과 같은 뜻으로 사용된다. 그렇다 하더라도 신
학 문헌에서 디아볼로스는 보통 적대자로 나타나며, (아마도 오용되어) 히브리
어 사탄과 같은 뜻으로 사용되었다. 그러나 성서에서 이 두 단어는 아주 다른
두 존재로 사용된다. 악마에 대한 대중적인 (그리고 어느 정도 신학적인) 관점은,
히브리 악마의 사탄적 속성이 적대자와 결합된 것에 기초를 두고 있다. 후대
악마학 문헌에서 디아볼로스는 크리미나토레스*의 우두머리인 아스타로트*
와 같게 나오지만, 거의 모든 경우에 이 이름은 악마들의 우두머리인 마왕*을
가리키기 위해 사용되었다. 초기 그리스도교 시대에 발견되는 사탄과 디아볼
로스의 논쟁은 여러 신비술 학파의 주제가 되었으며, 이 신비술 학파들은 교회
가 수용하지 않은 이원론을 어느 정도 해명했다. 아흐리만*은, 인간이 지상 너
머에 있는 자신의 영적 유산을 잊어버리게 할 정도로 인간을 지상과 무척 가깝
게 결속시키려는 어둠의 존재이자 거짓말의 왕인 반면, 루시페르*는 인간이 땅
에 대한 책임을 지지 않도록 유혹하는 길을 찾는 빛의 존재이다.

디아카 Diakka
미국의 심령술사 앤드류 잭슨 데이비스*가, "도덕적으로 부족하고 부정한 것

에 애착을 가지는" 영들의 큰 집단을 나타내기 위해서 사용한 단어에 기원이 있을 것이다. 이 영들은 심령의 땅(데이비스는 섬머랜드summerland라고 불렀다)에 거주하지만 지상 인간의 삶을 방해할 수 있다. 교령회들이 디아카들에게 특별히 매력을 느낀다. 디아카는 도덕적으로 부정하게 살았던 특정 인간들의 영들로, 더 높은 단계에 있는 거주지를 찾는다고 한다. 그러나 적절한 수련을 거치지 않고 심령 현상에 흥미를 느끼는 사람들에게 영향을 주고 그들을 악용하고 잘못 인도하려는 내적 강박을 가지고 있다고 한다.

딘 Din
악마의 알파벳*을 보라.

딸 Daughter
악마의 딸에 대해서는 악마 관련 구절*의 '딸' 항목을 보라.

뛰어난 비밀들 Admirable Secrets
〈알베르트의 비밀들〉에 대한 이름 중 하나이다. 그리므와르*를 보라.

ㄹ

라다만투스 Rhadamanthus

그리스 문학에서 라다만투스는 제우스의 아들 중 하나이고 미노스*의 아우로, 미노스*와 함께 하데스*의 재판관으로 임명된다. 베르길리우스의 〈아이네이스 Aeneid〉(4권, 566행)에 따르면, 라다만투스는 먼저 벌을 주고 난 다음에야 비참한 자들의 말을 듣는 유별난 재판관이었다고 한다.

라레스 Lares

로마인들의 가정의 신들로 단수형은 라르*이며, 때로 가문의 힘 있는 조상들이 신격화한 조상신으로 여겨진다. 그러나 '라르 파밀리아리스'(lar familiaris)는 특별한 집을 처음 지은 자의 영이었고 수호자였다. 비록 현대에는 라레스를 이따금씩 악마로 보기도 하지만, 고대에는 그렇지 않았다.

라르 Lar

라레스*를 보라.

라르바이 Larvae

원래 라르바이는 사악하게 죽은 자들의 영혼이었다. 수에토니우스 Suetonius 는, 암살된 후 자신의 왕궁에 자주 출몰했던 끔찍한 칼리굴라 Caligula 유령을 라르바 Larva 라고 부르는 데 거리낌이 없었다. 라르바이는 선한 이들의 영혼인 레무레스*와 대조된다. 그러나 전체적으로 이 둘은 종종 똑같은 존재로 여겨졌고, 로마 시대 5월 9일, 11일, 13일에 열렸던 레무리아* 축제 때 이들에게 공물을 바쳤다. 오비디우스Ovidius는 〈달력 Fasti〉(V, 419)에서 이 유령들을 집에서 몰아내는 의례를 묘사하고 있다. 마네스*를 보라.

'라르바이'라는 용어는 19세기 초에 악마학*에 들어왔다. 이 단어는 (속으로는 마치 영적 흡혈귀와 같은) 살아 있는 인간의 영적 신체에 달라붙었던 디아카*와 무척 유사하게, 악령과 관련되어 사용되었으며, 심지어 심령체의(ectoplasmic) 물질화와 관련해서도 사용되었다. 블라바츠키*는 1878년 "교령회에서 형성되는 가시적이거나 실체적인 라르바이에게 '물질화한 영'이라고 한 것은 너무 부적절하다"고 언급한다(〈선집 Collected Writings〉 1권, 293쪽). 블라바츠키는 이 영들(라르바이)의 성격과 관련된 19세기의 여러 오해를 바로잡기 위해서 엘리파 레비*의 글을 공정한 것으로 제시한다.

> 인간이 생활을 잘했을 때에는 그 영체(astral cadaver)가 더욱 높은 단계로 올라가면서 마치 순수한 향처럼 증발하며, 인간이 죄를 범한 삶을 살았을 때에는 그를 죄수처럼 붙잡는 그의 영체가 지상적 삶을 되찾기 위하여 정욕과 욕망의 대상을 다시 찾는다. 그것은 어린 소녀들의 꿈을 해치고, 쏟아진 피의 증기로 목욕하며, 그가 살면서 스쳐간 쾌락의 장소들에서 뒹군다. … 그러나 별들이 그것을 유혹하고 빨아들이며, 그것의 기억은 점차 사라지고, 그것의 지성은 약화되며, 그것의 존재는 모두 용해된다. … 그러면 그것(영체, '영혼', 한때 살아 있던 사람에게 남아 있던 모든 것)은 두 번째로 죽으며, 이때 그것의 개성과 기억을 상실하기 때문에 그것은 영원히 죽는다. 살기 위해 하강하는 영혼들은 아직 완전히 정화되지 않았기 때문에 길거나 짧은 기간 동안 영체에 사로잡혀 남아 있으며, 거기에서 그들은 오드의 빛(odic light)으로 다듬어진다. 오드의 빛은 그들을 흡수하고 용해시킬 방법을 찾는다. 이 영체에서 벗어나기 위해서, 고통받는 영혼들은 때로 살아 있는 사람들의 몸에 들어가서 카발리스트들이 배아라고 부르는 상태로 당분간 머무른다. 이들은 사령술로 소환되는 대기의 유령들이다. (조심성 없는 영매들이 무의식적 사령술로 소환하는 '물질화한 영들'도 있다.

이런 형태들은 영매 자신의 영이 변형된 게 아니다.) 이들이 라르바이, 죽거나 죽어
가는 물질들로, 영매는 이들과 자신을 일치시킨다. (《선집》 1권, 329쪽.)

또한 고르곤*을 보라.

라마우미 Rama-umi
스코트*가 언급한 선한 악마들 중 하나이다. 소환*을 보라.

라마인 Lhamayin
신지학회神智學會 회원들이 서구의 신비술과 악마학*에 도입한 티베트어이다.
대중에게는 악마들로 알려졌으나 사실은 엘레멘탈*이다.

라무엘 Ramuel
라후멜*을 보라.

라미아 Lamia
라미아는 원래 신의 왕비와 같은 정부였으나 점차 악마화하여 중세 때 이 단어
는 결국 마녀와 동일어가 되었다. 고전 신화에서 라미아는 라이스트리고네스
Laestrygones의 여왕이었고, 유피테르의 여러 정부들 중 하나였다. 이들의 자식들
은 유피테르의 질투심 많은 부인 유노에게 빼앗긴다. 이 때문에 라미아는 모
든 아이들을 파괴하겠다고 결심하고 그들을 부모로부터 멀리 유인하여 먹어
치운다. 이 이야기의 로마식 변형에서 라미아는 아름다운 수쿠부스*가 되어
동침한 젊은 남자들의 피를 먹으며 살아간다.
　　라미아는 에키드나*와 연결되어 완전히 악마화하였고 하체가 뱀의 형상으
로 되었다. 로버트 그린Robert Greene은 〈벼락부자를 위한 경구 A Quip for an Upstart〉
(1592)에서 뛰어나게 묘사하고 있다.

　　… 한 무리의 음탕한 여자들, 아름다운 여인들, 그들은 마치 라미아처럼, 얼굴

은 천사와 같고 눈은 별과 같으며 가슴은 헤스페리데스Hesperides의 황금 사
과와 같네, 그러나 가운데 아래로 그들의 모양은 뱀과 같다네.

그러나 르네상스 이후 라미아는 상징적인 의미에서 근본적으로 변화했다.
두 세계에서 똑같이 거주할 수 있는 입문의 상징인(용인간*을 보라) 인어 상징의
연장에서, 라미아는 악마적 영향력을 상실하게 되었고 여러 비교적秘敎的 표상
이나 이미지에 사용되었다. 니콜라우스 프레포시투스Nicolaus Praepositus의 〈향료
상을 위한 조제법 Dispensarium ad Aromatarios〉(1517)이 그러하다. 키츠Keats의 시 〈라
미아 Lamia〉(1820)는 수쿠부스 계통에서 이야기를 전하는데, 이것은 역사적으
로 신뢰성이 떨어지는 필로스트라투스Philostratus의 〈아폴로니우스의 생애 De Vita
Apollonii〉에서 가져온 내용이다. 이 책은 마술사인 티야나의 아폴로니우스(1세
기)가 어떻게 라미아를 아내로 삼았는지에 대해 설명하고 있다.

라바터 Lavater
루드비히 라바터Ludwig Lavater. 16세기 악마학자이며 〈귀신과 유령, 그리고 마
술사에 대하여 De Spectris, Lemuribus et Magis〉(1570)로 유명하다.

라베드 Labed
악마의 알파벳*을 보라.

라베제린 Labezerin
〈눅테메론〉*에 나오는 두 번째 시간의 악마들 중 하나로, 성공의 귀신이다.

라부스 Labus
〈눅테메론〉*에 나오는 열두 번째 시간의 악마들 중 하나로, 심문의 귀신이다.

라스푸이아 Rasphuia
〈눅테메론〉*에 나오는 첫 번째 시간의 악마들 중 하나이다. 레비*는 사령술사

라고 하지만 심령점술사(sciomancer)로 보는 게 더 정확하다.

라움 Raum

때로 라임* 또는 레임Raym이라고도 하며 솔로몬의 일흔두 영 중 하나이다. 검은 새의 형상으로 나타난다고 하며, 사랑을 창조하고 원수들과 화해하며 "도시와 명성"을 파괴하는 능력 때문에 소환된다. 라움은 또한 소환하는 마법사를 위해 돈을 훔치고 미래에 대한 지식을 가르쳐줄 준비가 되어 있다.

라이시엘 Raysiel

스테가노그래피의 악마들* 중 하나이다.

라임 Raim

라움*을 보라.

라자닐 Razanil

〈눅테메론〉*에 나오는 열 번째 시간의 악마들 중 하나로, (마법의 돌로 여겨지는) 줄마노(瑪瑙, onyx)의 귀신이다.

라지엘의 책 The Book of Raziel

그리스도교 위경 문학인 이 책의 제목은 때로 〈아담의 책〉*이라고도 하며, 낙원에서 추방되기 전의 아담에게 붙여졌던 특정한 '표징의 책*'에서 유래한 것으로 추정된다. 몇몇 초기 히브리 문헌은 모든 요술과 악마학*의 기원을 이 책에서 찾는다. 현재 전승되는 〈라지엘의 책〉은 천사들과 악마들과 행성의 지배자들 등의 이름을 알려주는 실용적인 지침서이며, 영들을 소환하는 데에도 사용할 수 있다. 아스모데우스*, 릴리트*, 마할라트*, 아가론* 등은 악령의 지도자들로 묘사된다.

라케시스 Lachesis

운명의 세 여신(파테스)*을 보라.

라크샤사 Rakshasas

여러 이미지를 통해서 서구에서 대중화된 인도계 악마 유형이다. 인간의 내장
으로 만든 관이나 다른 악마적 상징을 지닌 검은 악마들로 그려진다. 유럽 문
헌에서 라크샤사들은 아수라*와 관련이 있으며 종종 야크샤*들과 동일시되기
도 한다. 동양과 서양의 비교 전승(esoteric tradition)은 이러한 인식이 오류라고
지적하지만, 블라바츠키*는 아틀란티스의 발달에 대한 연구 주석에서 이 문제
를 간명하게 설명하고 있다.

> 아수라들과 라크샤사들과 다이트야들의 신성한 이름의 평판을 떨어뜨려 후
> 손에게 이들을 악령의 이름으로 전달한 것은 주로 "죄로 검게 된" 아틀란티스
> 종족 때문이며 … 아수라와 라크샤사의 이름이 아틀란티스인들에게 주어졌
> 다. 마지막 남은 제3의 종족과의 끊임없는 갈등으로 말미암아, 이 이름들이
> 푸라나Puranas 안에서 그들에 대한 후대의 우의를 이끌었다. (〈비밀 교리 The
> Secret Doctrine〉 2권, 227쪽)

라팅 Lating

옛날 모든 성인의 날(10월 31~11월 1일) 밤에 있었던 관습을 나타내는 말로, 리
팅*이라고도 한다. 이날 밤에는 마녀들이 모여서 악마들과 함께 신나게 뛰어
다녔다고 한다. 밤 11시에서 12시 사이에 불을 밝힌 촛불을 언덕이나 고지
로 가져가는 동안 계속 켜져 있으면, 사악한 마법의 힘과 싸워 이긴 것으로 보
았다.

라파엘 Raphael

이 천사적 존재는 탁월한 자격을 지녔지만, 에녹계 악마* 목록에는 금성의 날
북쪽에서 세 번째 하늘을 다스리는 천사로 나와 있다. 일부 대중 문헌과 그리

므와르*에서는 인간의 영을 관장한다고 하지만 실제로 인간의 영을 관장하는 이는 미카엘*이며, 라파엘은 인간의 치유, 말하자면 인간의 '영혼-생활'과 관련이 있다. 라파엘은 여러 악마학 문헌과 그리므와르에 나타나기는 하지만, 악마는 아니다.

라후 Rahu

신화적으로는 거인 또는 하반신이 용이나 뱀의 형상을 한 반신반인半神半人인 다이트야* 중 하나이다. 이 이름의 뜻은 '괴롭히는 자'에 가깝다. 고대 신화에서 라후*는 신들에게서 불사의 물을 훔치고 그것을 마셔서 불사의 복을 누리게 되었다. 신화에서 발전한 힌두교 점성술에서 라후는(현대 점성술의 용의 머리-교점*을 보라.) 달의 교점*을 나타내며 악마 케투*로 인해 균형을 잡게 되었다. 그러나 블라바츠키*는 라후를 통과 의례와 연결시킨다. (용*을 보라.)

라후멜 Rahumel

때로 라무엘*이라고도 하는 에녹계 악마들* 중 하나로, 맥린은 솔로몬계 문헌*에서 화요일 북쪽에서 "다섯 번째 하늘을 지배하는 천사"라고 묘사한다.

랑크르 Lancre

피에르 드 랑크르 Pierre de Lancre(1553~1613)는 요술환상 보급과 관련된 프랑스 판사로, 600명의 마녀와 마술사를 죽게 한 것을 공개적으로 자랑했다. 자신의 마녀사냥 이야기를 담은 〈타락한 천사들과 악마들의 불안정 Tableau de l'Inconstance des Mauvais Anges et Demons〉(1612), 오늘날의 마술이 아니라 요술을 다룬 〈마법 De Sortilège〉(1627)을 포함해, 악마학*과 관련된 마녀론 책을 몇 권 저술했다. 악마에 대한 랑크르의 관점은, 완고하고 비좁은 보댕*의 방식과 똑같아서 완전히 모방적인 것이었다. 그러나 로마에서(1599년) 악마가 한 소녀를 소년으로 바꾸는 것을 직접 경험하면서 요술에 대한 관심이 강화되었다고 기록하고 있다. 랑크르는 특히 페이 드 라부르 Pays de Labourd의 바스크 지역에서 있었던 요술 심사 때문에 유명한데, 이 기간에 그는 실제로 3만여 명이 요술에 연루되어 있다고 파악했다.

〈타락한 천사들과 악마들의 불안정〉 두 번째 판(1613년)을 위해 준비했던 삽화가 재생산되고 거기에 주석이 붙으면서 랑크르의 이름은 통속적인 신비술 흐름 속에 남게 되었다. 이 삽화는, 염소의 형상을 한 사탄*이 교회를 비웃는 다양한 상징에 둘러싸인 채 설교하는 모습을 보여준다. 사탄 앞에는 벌거벗은 마녀가 무릎을 꿇고 (아마도 희생제를 위해) 어린아이를 바치고 있다. 안식일 축제 때 식사하는 사람들은 시체와 세례 받지 않은 어린이들의 심장과 불결한 동물을 먹는다. "저주받은 나무"(그리스도교 상징에 대한 또 다른 조소) 아래서 열리는 것으로 보이는, 관능적이고 음란하고 문란한 잔치에 대한 묘사는 삽화보다 글로 쓴 것이 더욱 노골적이다. 그림은 마녀들의 가마솥에서 나오는 연기로 양분되어 있으며, 악마들과 마녀들은 빗자루나 심부름마귀*를 타고 연기 속에서 비행하고 있다.

러드 Rudd

러드 박사Dr Rudd는 17세기 초반의 헤르메스 학자(hermeticist)이자 장미십자회 사상가로, 애덤 맥린의 연금술, 장미십자회, 악마학 관련 논문을 통해서 현대에 알려졌다. 맥린의 저술은 영국국립도서관(할리본Harley本, 6481~6486)에 보존되어 있다. 프랜시스 예이츠Frances Yates는, 기하학에 존 디*의 수학적 서문을 붙여서 편집한 책을 1651년에 출간한 토마스 러드Thomas Rudd가 러드 박사와 어떤 관련이 있을 것이라고 암시한다. 위에 언급한 원고들 외에는 러드에 관해서 알려진 바가 없다.

레 Rais

남작 질 드 레Baron Gilles de Rais(1404~1440)는 종종 악마학자로 묘사되지만, 실제로는 주로 황금을 만들거나 성적 욕망을 채우려는 개인적 목적을 위해서 악마와 교신하기를 원했던 사람들 중에서도 특히 악명이 높았던 인물에 불과하다. 그의 더러운 삶의 이야기에는 일부 사령술사들과 거래한 이야기도 포함되어 있는데 그들 중 피렌체의 프란체스코 프렐라티Francesco Prelati가 가장 유명했다.

프렐라티는 무시무시한 교령회를 조직해서 결국에는 세례받지 않은 유아들을 살해하는 흑미사 의례(black mass rites)로 변환시켰다. 1449년 이단 심문에서 그가 받은 세 가지 혐의는 성직 특권 남용과 어린이들에 대한 성도착, 그리고 악마 소환이다. 악마 소환 혐의는 장소와 시간이 매우 특정했던 반면 (그리고 단지 레뿐 아니라 전 유럽을 나쁜 길로 이끌지 모르는 베엘제붑*, 사탄*, 오리온*, 벨리알* 등과 같은 유명한 악마를 언급했던 반면) 만일 그가 단죄를 받는다면 그를 반대하여 심문한 사람들이 많은 이득을 얻을 수 있었기에 법정의 기록을 진지하게 취하기는 어렵다. (그리고 만일 그가 단죄받지 않는다면 그들 중 하나는 손해를 볼 것이기에, 심지어 재판이 시작되기도 전에 드 레는 토지를 빼앗겼다.) 더러운 사실의 혼합과 극도로 기괴한 공상이 곁들여진 터무니없는 재판 후에 그는 이단 및 악마 소환죄, 남색, 신성모독과 살인을 저질렀다고 판결받았다. 그는 단죄받은 두 동료와 함께 교살당하고 화형에 처해졌다. 통속적 악마학 문헌과 마술 문헌에서 드 레가 얻은, 인간 형상을 한 악령이라는 평판은 당대인들의 인식과는 아주 달랐다. 당대인 대다수는 법정 심리가 변칙적이고 재판을 시작하기도 전에 법이 그에게 불리하게 적용될 것이라는 것을 알고 있었다.

레라지에 Lerajie

솔로몬의 일흔두 영 중 하나로, 이름이 다양하게 표기된다. 녹색 옷을 입고 활과 화살을 든 사냥꾼의 형상으로 나타난다고 한다. 레라지에는 원수들의 상처 치유를 늦추거나 방해할 수 있다는 이유로 소환되며, 전쟁을 일으킨다.

레메게톤 Lemegeton

더욱 중요한 그리므와르* 중 하나에 붙여진 이름이나, 실제로는 여러 다른 그리므와르들의 모음집이며, 때로 〈더 작은 열쇠〉* 또는 〈솔로몬의 더 작은 열쇠〉 등의 제목으로 불린다. 작품 자체는 일반적인 그리므와르들보다는 훨씬 높은 수준의 것이기는 하지만, 솔로몬이 저자라는 주장은 완전히 잘못되었다. 가장 오래된 본문은 17세기 초엽의 것으로 알려졌으며, 모든 계급의 영들을 소환하는 것을 다루고 있다. 특히, 고에티아*라는 제목이 붙은 첫 번째 부분은 솔로몬의 일흔두 영들의 목록과 그들의 다양한 능력 및 소환 중의 외양들을 설명하고 있다. 테우르기아 고에티아*라고 부르는 두 번째 부분은 주로 네 방향의 악마*들을 다룬다. 세 번째 부분인 바울로계 술*은 낮과 밤 매 시간의 "천사들" 및 황도 12궁의 천사들을 다루고 있으나, 이 부분의 제목에 대해서는 제대로 설명된 적이 없다. 네 번째 부분은 〈알마델〉*이라고 한다. 원래의 본문이 〈더 작은 열쇠〉의 첫 번째 부분으로만 구성되었을 것이라는 추정은 합당하다. 왜냐하면 나머지 세 부분은 필사본이나 인쇄의 형식으로 각기 따로 전해오는 다른 판본들이기 때문이다. 그래서 네 부분이 모두 함께 수집되어 연작물의 첫 번째 책 이름으로 출판된 것처럼 보이는 것이다. 〈더 작은 열쇠〉는 〈작은 열쇠〉*와 혼동하지 말아야 한다.

레무레스 Lemures
라르바이*를 보라.

레무리아 Lemuria
라르바이*를 보라.

레미 Remy
니콜라스 레미 Nicholas Remy(1530?~1612)는 한때 로렌 Lorraine의 법무장관으로 일했으며 16세기 후반 프랑스의 중요한 악마학자로 외설스럽고 조잡한 〈악마숭배 Demonolatriae〉(1595)의 저자이다. 이 책의 사상은 "무엇이든 정상적이지 않은 것은 악마 때문이다"라는 그의 진술로 요약할 수 있을 것이다. 레미는 어렸을 때 요술재판을 경험했으며, 그의 관점은 보댕*의 영향을 받은 것이 확실한데, 보댕이 툴루즈 Toulouse에서 강의했을 때 그의 학생이기도 했다. 메릭 카소봉은 〈경솔한 믿음에 대하여 On Credulity and Incredulity〉(1668)를 집필하면서 통찰력 있게도 "악마와 영, 그들의 도구, 남성과 여성, 마녀와 마술사 등에 대하여 최근에 쓴 것들 중에서는 보댕과 레미가 가장 잘 알려져 있다고 생각한다…"고 썼다. 레미와 보댕은 마술환상과 박해가 최악이던 시기에 활동했다. 레미는

약 10년 동안 마녀 900명을 화형에 처한 것을 자랑했고, 보댕은 재판하는 동안에 그의 희생자들 중 일부에게 직접 고문을 가했으며, 불법적인 재판 방법을 적용하지 않았다면 백만 마녀들 중에서 한 명도 당연한 형벌을 받지 않았을 것이라고 시인했다.

레베스 Lebes
〈알마델〉*에 따르면 제1고도의 영적 존재들 중 하나로, 창조 때 모든 것을 풍요롭게 한다.

레비 Levi
엘리파 레비Eliphas Levi에 대해서는 콩스탕*을 보라.

레비아탄 Leviathan/Leviatan
성서에서 레비아탄은 욥기 3장 8절, 40장 25절, 시편 74장 14절, 104장 26절, 이사야서 27장 1절에 나온다. 히브리어로 레비아탄이라는 말은 대략 '스스로 주름을 잡는 것' 또는 '끄집어내어진 것'을 의미한다. 그러나 성서의 맥락에서 이 단어의 번역에 대해 많은 혼란이 있다. 욥기 40장이 암시하듯이, 물과 관련된 어떤 거대한 동물을 가리키는 것이 일반적인 개념이긴 하나, 신학자들은 이 단어의 의미에 대한 견해 차이를 인정한다. 욥기의 묘사는 악어를 나타낼지 모르지만, 이어지는 상세한 설명을 보면 확실히 악어는 아니다. 이 조물은 (아마도 자만심을 나타내는) 비늘을 가졌으며, 이 비늘들은 매우 촘촘해서 그 사이로는 공기가 통하지 않는다.

이러한 비늘 또는 덮개들이 있음에도, 어떤 번역가들은 레비아탄을 고래로 이해했다. 그러나 상상력이 더욱 부족한 일부 신학자들은 군이 이집트 악어라고 강조했다. 고스P. H. Gosse는 레비아탄에 대해 쓴 긴 논문을 묘사하기 위해 피라미드를 배경으로 악어가 나오는 목판화를 사용했는데, 이것은 이상한 히브리어 이름의 정체가 악어라는 논변에 불과한 것이었다. 욥기 41장이 레비아탄을 "입김은 숯불을 타오르게 하고 입에서는 불길이 치솟는다"고 묘사하고 있음에도, 고스는 악어가 이 순서대로 호흡한다는 것을 설득하려고 시도한다. 그는 이집트의 상징이 악어이며, 티폰*의 이미지들 중 하나로 채용되었음을 지적하면서, "대중이 악어의 형상으로 숭배한 … 사악한 악마"였다고 결론 내린다.

시편 104장 25~26절에 나오는 레비아탄을 큰 배로 보는 사람들이 있지만, 이 히브리어가 용들의 지배자를 지칭한다고 보는 사람들도 있다.

〈레비아탄, 또는 교회 및 세속 공동체의 질료와 형상과 권력 The Leviathan, or the Matter, Form, and Power of a Commonwealth, etc.〉(1651)에서 토마스 홉스 Thomas Hobbes(1588~1679)가 말하는 정치적·사회 철학적 체계의 레비아탄은 비유적 의미에서 악마적이다. 홉스는, 타락한 천사들을 함축하는 교만의 왕인 악마의 본성을 상상적으로 이용한다. 이 레비아탄은 본질적으로 지배 권력, 또는 자연적 인간의 이기적이고 반사회적 충동에 구조와 명령을 내리는 정치조직으로서의 국가이다. 홉스는 2부 28장에서 이 이름을 "하느님께서 엄청난 힘을 레비아탄에게 주시고 교만의 왕이라고 한" 욥기에서 선택했다고 한다.

시인 블레이크*의 "부정한 독사"에 나오는 레비아탄은 똬리를 튼 바다뱀으로 (이것은 악어보다는 히브리어 의미에 더 가깝다) 인간 내면에서 싸우는 악을 상징한 것이다. 블레이크는, 레비아탄과 베헤못*이 괴물 같지만, "가장 깊은 지옥에서 천상의 아치에 도달하기 위해 기둥을 세운다"고 한다(〈예루살렘 Jerusalem〉, 91쪽, 41행). 난외의 주석에서 블레이크는 레비아탄을 모든 교만한 아이들의 왕으로 묘사한다.

블라바츠키는 〈신지학 용어집 Theosophical Glossary〉(1892)에서 레비아탄을 입문 의례에 사용했던 용어로 보며 "위대한 바다뱀의 신비"라고 한다. 그는 비교秘教의 의미에서 레비아탄은 "선과 악을 동시에 드러내는 신"을 나타낸다고 한다.

레키에스 Lechies

콜랭 드 플랑시*는 1863년판 〈지옥사전〉에서 "숲의 악마"라고 기록했다. 몸통은 사람이고 하반신은 염소이며 당나귀 머리에 긴 뿔을 지닌 반인반수의 모습으로 나타난다.

레키엘 Requiel

에녹계 악마들* 중 하나로 28수를 지배한다.

레테 Lethe

그리스 신화에서 레테는, 죽은 영혼들이 이전 삶을 잊기 위해서 마셔야 하는, 하데스*의 강 중 하나이다. 이 이름은 때로 '망각'을 의미한다고 하나, '사람들에게 알지 못하게 하다'라는 뜻의 그리스어에서 유래했다. 단테*는 〈신곡〉 연옥편에서 레테를 끌어들인다.

> 영혼들이 씻기 위해서 가는 곳 레테,
> 그들의 죄는 깨끗해졌고, 그들의 속죄는 끝났네.

단테는 레테에 대한 고전적인 개념을 조정할 필요가 있었다. 왜냐하면 그가 연옥*과 지옥의 장면에서 강조했던 그리스도교 전통은, 연옥과 지옥에 있는 사람들에게 정화될 때까지 자기들의 죄를 기억할 것을 요구했기 때문이다. 망각의 강 레테에 대한 고전적 관점에는 이런 부분이 없다.

알렉산더 포프Alexander Pope는 〈우인열전愚人列傳 The Dunciad〉에서 바비우스*에게 죽은 자를 레테에 잠기게 한다.

> 여기, 레테가 흐르는 음침한 골짜기에
> 시인의 영혼들을 잠기게 하려고, 늙은 바비우스가 앉아 있네,
> 그리고 감각을 무디게 하네.

이 구절에는 이중의 의미가 있다. 왜냐하면 바비우스는 베르길리우스를 공격했던 이류 시인들 중 하나였고, 그래서 오히려 웃음거리가 되었으며, 그 결과 그의 이름은 '나쁜 시'와 동의어가 되었기 때문이다. 나쁜 시는 레테의 강 못지않게 감각을 둔화시킨다.

렐라 Relah
악마의 알파벳*을 보라.

로네베 Roneve
로노베*의 여러 이칭 중 하나이다.

로노베 Ronobe
때로 로노베Ronove라고도 하며 솔로몬의 일흔두 영 중 하나이다. 후작 또는 백
작이지만 소환* 후에 바로 나타나는 그의 형상에 대한 의견은 사람들마다 동
일하지 않다. 레지널드 스코트*는 로노베를 그저 괴물처럼 보인다고 기록하고
있다. 로노베는 외국어 지식과 충직한 하인을 주는 능력을 가지고 있기 때문
에, 친구와 원수들의 호의를 얻기 위해서 소환된다.

로사비스 Rosabis
〈눅테메론〉*에 나오는 열한 번째 시간의 악마들 중 하나로, 금속의 귀신이다.

로스 Loos
코르넬리우스 로스Cornelius Loos(1546~1595)는 네덜란드의 사제이자 신학자였고
테스Tees 대학의 교수였으며, 그의 시대에 독일에서 마술환상과 악마망상*을
공개적으로 공격한 첫 번째 지성인이었다. 그 결과 종교재판소는 1592년 그
의 원고와 책들을 없애버렸으나, 1886년 미국 학자 버르G. L. Burr가 〈진실과 거
짓 요술 De Vera et Falsa Magia〉의 일부를 우연히 발견했다. 로스는, 악마가 사악한
목적을 위해서 육체를 취한다는 비철학적이고 비신학적인 견해를 포함해, 마
녀를 팔아먹는 자들이 가장 소중히 여기는 인식을 공격했다. 그는, 〈마녀들의
망치〉*가 독일로 마술이 유입되는 데 그 어떤 것보다도 큰 역할을 한 것이 맞
다고 이해했기 때문에, 이 문헌의 영향을 공공연하게 비판했다. 로스는 교황
대사의 명령에 따라서 감옥에 갇힐 수밖에 없었고, 그곳에서 심하게 망가져서,
그가 가장 격렬하게 비난했던 세력의 대표자인 빈스펠트*가 작성한 철회문을

1593년 공개석상에서 읽어야만 했다. 로스는 추방되었으나 브뤼셀에서 보좌
신부로 일한 후 다시 마술환상에 대해 공격했으며 그에 따라 감옥에 재수감되
었다. 세 번째로 "이단"에 빠져서 화형을 당할 처지에 있었지만, 죽었기 때문에
화형을 면했다고 한다.

로시에르 Rosier
미카엘리스의 계급*에 나오는 악마들 중 하나로, "달콤한 말로 인간을 사랑에
빠지도록 유혹하는" 타락한 주품천사主品天使들 중 하나라고 한다. (한 수녀가
이 계급과 미카엘리스 악마학의 타락한 천사들을 알려주었다는 것은 아마도 깊은 의미가 있
을 것이다.) 로시에르의 영적 적대자는 그러한 사랑의 유혹을 뿌리친 성 바실리
우스Basilius이다.

론웨 Ronwe
플랑시*에 따르면, 론웨는 지옥의 후작으로 인간을 닮은 괴물 형상으로 나타
난다. 언어에 관한 지식을 부여하는 능력 때문에 소환된다.

롤라만드리 Rolamandri
엘레멘탈*을 보라.

뢰어 Loeher
헤르만 뢰어Hermann Loeher(1596?~1677?)는 17세기 마술환상과 악마망상*을 공
개적으로 비판한 인물 중 하나였으며, 그의 저서 〈경건하고 결백한 사람들의
긴급하고 고통에 찬 호소 Hochnötige unterthänige wemütige Klage der frommen Unshültigen〉
(1676)는 오직 한 부만 현존하는 것으로 알려졌다. 이 책은, 1631년과 1633년
본Bonn 근처에서 마녀들에 대한 야만적인 박해를 직접 경험한 것에 기반을 두
고 있다. 이러한 마녀사냥은, 판사 프란츠 뷔르만Franz Buirman의 압력으로 인한
것이었고, 두 가정마다 한 사람이 죽는 결과를 낳았다고 한다. 뷔르만은 상
당한 뇌물을 제공했을 때에야 라인바흐Reinbach를 떠났으며, 뢰어는 지역법정의

보좌관으로서 이 일에 관여했다. 뷔르만의 복귀 방문은, 뢰어가 살기 위해서 네덜란드로 피신해야 했다는 것을 의미했다. 뢰어는 네덜란드로 간 후 미래 세대를 위해서 자신의 경험을 기록하기로 결정했다. 고문을 당한 사람들은 다시 고문당하는 것을 피하기 위해서 어떤 것이든 고백할 준비가 되어 있다는 그의 주요 논의는 현재 거의 보편적으로 인정받고 있으나, 당시에는 사실상 조롱거리였다.

루리단 Luridan

레지널드 스코트*에 따르면 루리단은 북쪽의 지배자이다. 대기의 영으로 악마 글라우론*의 명령을 따른다. 스코트는 루리단을 오크니Orkneys 제도의 귀신이자 100년 이상 웨일스에 거주한 존재로 "영국 운문과 관련되어 예언적 시인들을 가르친다"고 기록함으로써 악마학적 전통을 거의 확실하게 무시했다. 루리단 소환에는 "불의 산"(fiery Mountain)을 그리는 것이 포함되어 있다. 스코

▲ **루리단** 루리단을 소환할 때 사용하는 마법의 원에 그려야 하는 "불의 산" 목판화이다. 레지널드 스코트의 〈마술의 발견〉에서.

트는, 루리단이 자신의 악마적 영토를 "북쪽 산들의 주" 발킨*에게 주었다고
한다.

루바 Luvah
조아*의 [표 20](434쪽)을 보라.

루베잘 Rubezal
리베살*을 보라.

루비칸테 Rubicante
단테*가 〈신곡〉에서 사용한 악마의 이름 중 하나로, 이 단어는 대략 '분노로
붉은'이라는 뜻을 지닌다. 단테의 악마들*을 보라.

루시페르 Lucifer
초기 그리스도교 문서들은 루시페르를 사탄*으로 여겼고 악마 무리의 지도자
로 보았다. 그러나 루시페르라는 이름은 '펼쳐지는 밝음'을 의미하는 히브리어
헤일렐heilel의 라틴어 번역으로 성서에는 단 한 차례만 나온다(이사 14, 12). 라
틴어 루시페르는 '불의 운반자'를 의미하며 그리스어 포스포로스Phosphoros와 무
척 비슷하다. 성 히에로니무스St Jerome는 초기 그리스도교인들을 따라서 이 이
름을 사탄에 적용하였다. 그리고 이러한 것은, 사탄이 하늘에서 추락하기 전
에 루시페르라고 불렸다는 이유에서 하나의 시적 허구로 설명되었다. 초기 그
리스도교인들이 사탄과 루시페르를 연결시킨 것은 아마도, 새벽별 또는 루시
페르(금성)와 최근 죽은 바빌론의 왕을 은유적으로 동일시한 이사야서의 해당
구절을 오독한 오리게네스Origenes[알렉산드리아 학파의 대표적 신학자]에게서 유래
했을 것이다. "어찌하다 하늘에서 떨어졌느냐? 빛나는 별, 여명의 아들인 네
(루시페르)가!" 이 구절에 대한 오독은, 사탄과 관련된 부분이 결국 루시페르와
결부되었다는 것을 의미한다. 예를 들어, 요한 묵시록 12장 9절의 악마, 사탄,
용, 뱀 들이 하나의 똑같은 존재로 그려진다는 사실은, 루시페르가 또한 그들

과 연결되었다는 것을 의미한다. 이러한 역사적 기록은 루시페르라는 이름이 왜 그렇게 자주 사탄과 동일시되었으며, 일부 문헌들이 루시페르를 왜 타락하기 전의 사탄으로 보았는지, 그리고 밀턴*이 왜 〈실낙원〉(10권, 424행)에서 아래와 같이 썼는지를 설명해준다.

> 루시페르의 도시이자 자랑스런 옥좌인 만마전,
>
> 그렇게 빗대어 루시페르라고 불리는 것은
>
> 사탄에 비유되는 그 밝은 별 때문이지.

악마 루시페르가 전혀 악마적이지 않은 (루시페르라고 불리는) 행성 금성과 연관이 되고, "빛의 전달자"라는 이름 자체가 함축하는 의미 때문에, 많은 사람들은 루시페르의 (악마적 본성이 아니라면) 악마적 지향에 의문을 제기했다. 빛의 존재가 어떻게 어둠의 존재가 될 수 있는가? 이러한 질문에 대한 대답은 악마들의 본성을 다루는 많은 비전秘傳 문헌에 암시되어 있다. 복잡한 사안을 단순화한다면, 우리는 루시페르가 빛의 피조물로 남아 있지만 자신의 빛을 인류에게 가져오기 위해서 인간의 영역으로 하강하는 것을 선택했다고 말할 수 있다. 이 풍부한 빛이 바람직한 것인지 아닌지가 하나의 문제이며, 신비술사들은 다양한 방식으로 이 문제를 다룬다. 현대 신비술사 한두 명의 저술을 살펴보면 루시페르의 이러한 모습을 좀 더 잘 볼 수 있을 것이다.

블라바츠키*는 〈비밀 교리〉에서 숫자에 대한 칼데아인들의 책과 〈조하르 Zohar〉(14세기경의 유대교 신비주의의 경전)를 논의하면서, 세피로트 Sephiroth(아시아 Asiah의 세계)의 세 번째 세계에 있는 천사들과 대립하는 자들은 "껍데기들"(shells)이나 "악마들"로 불린다고 지적한다. 이들은 "셰바 하찰로트"Sheba Hachaloth라는 일곱 지역에 거주한다. 이 일곱 지역은 우리 지구의 일곱 영역이다. 이 껍데기들의 왕은 사마엘*로, "사탄인 뱀을 유혹한다." 그러나 이 사탄이 바로 빛에서 온 빛의 천사, 빛이자 생명을 가져오는 자, 거룩한 존재들로부터 소외된 "영혼" 루시페르이다. 블라바츠키는, 프로메테우스 불의 우의寓意가 "당당한 루시페르의 저항에 대한 변형"이라고 주장한다.

엘리파 레비*는 〈마술의 역사 Histoire de la Magie〉 197쪽에서 루시페르가 "영적 세계의 빛"(Astral Light)이라고 주장하면서, 루시페르의 "빛의 요소"와 지옥의 불을 하나로 묶으려고 시도한다.

> 모든 피조물에 존재하는 매개하는 힘, 그것은 파괴에 기여하네, 아담의 타락은 그의 후손을 이 운명의 빛의 노예로 만든 애욕적 도취 … 우리의 감각을 압도하는 모든 성적 정열은, 죽음의 심연으로 우리를 끌어당기고자 하는 그 빛의 회오리바람, 어리석음이여… 이 빛은 맹렬하고 복수심에 불타며 치명적이기에 실제로 지옥불이 되고, 전설의 뱀이 되리라. 이 빛은 고통을 당하는 자의 과오로 가득하고, 유산된 존재들의 눈물과 회한을 먹어치우며, 그들에게서 벗어나는 생명의 유령은 그들의 번민을 조롱하고 모욕하는 듯하니, 이 모든 것이 사실상 악마 아니면 사탄이 되리라.

이러한 시적 혼합 속에서 우리는 비교 전승 내의 루시페르와 관련된 어떤 창조성을 볼 수 있다.

과도한 빛에는 파괴가 따르겠지만, 빛은 인간의 창조성의 근원이다. 루돌프 슈타이너*는, 참된 빛인 그리스도를 향하여 인간에게 빛을 비추는 영, 빛의 존재인 루시페르에 대한 견해를 발전시킨 현대의 신비가였다. 그는, 영지주의靈智主義에 정착되고 심지어 초기 악마학적 사유에도 깊게 뿌리내린 이원론적 토대 위에서, 루시페르를 암흑의 아흐리만*의 적대자로 이해한다. 아흐리만은, 인간에게 적합한 거주지가 아닌 자연을 통해서, 그리고 악마적 세계에 속하는 자연 하부(sub-natural) 세력을 통해서, 끝없이 깊어지는 나락으로 인간을 끌어내리려고 하는 반면, 루시페르는, 영이 참된 자유를 가지는 빛의 영역으로 인간을 끌어올리려고 한다. 인간은 바로 예술을 통해서 땅에 제한받지 않으려는 충동과 신과 같은 존재가 되려는 열망을 가장 심오하고 자랑스럽게 드러낸다. 그러나 교만의 유혹과 그에 따른 자그마한 타락이 바로 예술 안에 있으며, 그것은 인간을 쉽게 제압할 수 있다. 만일 루시페르에 대한 슈타이너의 견해가 단순화될 수 있다면, 인간을 영적으로 지원하는 루시페르의 모습이 올바른 맥락에 놓여 있어야 한다. 루시페르는 영적 영역을 열망하는 놀라운 능력을 인간에게 불어넣어 인간이 예술가, 작은 신이 되도록 한다. 그렇게 하면서 그는, 인간을 땅에 고정시키려는 아흐리만의 마수에서 벗어날 수 있게 한다. 그러나 루시페르에게는 지나친 경향이 있어서 여기에는 위험도 따른다. 인간은, 아흐리만이 인간에게 바라는 것과 같은, 전적인 땅의 존재가 아니다. 그렇다고 땅에서 자유로운 천사도 아니다. 그러나 영적 빛의 소유자인 루시페르는 인간이 바로 이러한 상태를 받아들이길 원한다. 슈타이너 악마학에는, 영적 세계를 통해서 무책임한 자유의 타락으로 인도하는 루시페르의 유혹들, 예를 들면 특정 마약이 제공할 수 있는 유혹들이 마치 아흐리만의 감언처럼 확고하게 거부된다

▼ **루시페르** 지옥불 가운데 있는 루시페르. 저주받은 영혼들을 고문하는 그의 부하 악마들에게 둘러싸여 있다. 피렌체에 있는 성 요한 세례당 팔각형 돔에 있는 13세기 모자이크로, 중세의 루시페르 이미지 중에서 가장 주목할 만하다.

는 것을 주목해야 한다. 이것은 마치 아흐리만이 인간을 생명 없는 땅으로 돌려놓아 인간 자신의 영적 근거와 목적지를 잊어버리게 하는 것처럼, 루시페르는 영적 생명을 너무 풍성하게 주어서, 굳건히 발을 딛고 서야 할 인간의 목적지가 책임 있고 애정이 깃든 땅의 재생과 관련이 있다는 것을 잊어버리게 만드는 것과 같다. 그래서 미카엘 천사가 창으로 사탄을 찌르는 모습은 비교 전승(esoteric lore)의 틀 안에서 새로운 의미를 갖는다. 이러한 이미지는, 빛의 존재인 루시페르와 땅의 악마인 아흐리만 사이의 이원론적 갈등을 나타내는 것으로 이해할 수 있으며, 모든 인간의 영혼 안에서 맹위를 떨치는 갈등으로 볼 수 있다. 그러나 루시페르와 아흐리만에 대한 신비술적 견해 안에 표현된 악마적 이원론은, 신학 안에서는 만족할 만한 설명을 제시하지 못했다.

블레이크*의 시에 스며든 개인적 상징주의 안에서 루시페르는 "신의 첫 번째 눈(Eyes)"이고 두 번째 눈은 몰레크*이다. 눈은 루시페르의 완전히 자기중심적인 상태로부터 그리스도의 자유로운 영성으로 인도하는 상징적 단계들이다. 역설적으로, 몰레크의 본성에 표현된, 다른 이들을 희생시키려는 욕구는 루시페르의 끔찍한 경직성으로부터의 해방을 뜻한다. 왜냐하면 사람들이 아무리 부당하게 취급당하더라도, 그것은 적어도 다른 사람들을 의식한 결과이기 때문이다.

현대의 유대인 화가 페이 포머런스Fay Pomerance가 그린 〈루시페르의 오른손의 창조 Lucifer's Creation of the Right Hand〉에서 루시페르는, 인간을 천사보다 더욱 위대한 존재로 만들어줄 영의 불(spirit-fire)을 천국에서 쟁취하려고 결심한 반역 천사로 그려진다. 그러나 그의 날개 끝이 움켜쥐는 데 적합하지 않아서 그는 불꽃을 가질 수 없다. 그래서 그는 오른쪽 날개를 영의 불에 쑤셔 넣으면서 동시에 정신적 이미지로 손을 그려 넣는다. 오른손이 태어났을 때 했던 그의 첫 번째 행동은 폭력 행위였다. 오른손으로 쓸모없는 오른쪽 날개를 잡아 뜯는 데 사용했기 때문이다. 이제 그는 하늘에서 날아다닐 수도 없고 천상의 영역에서 손을 사용할 수도 없다. 이에 따라서 구원의 씨앗을 가지고 땅으로 내려온다. 그 씨앗은 그의 오른손바닥 피부 아래 숨겨져 있다.

호노리우스의 그리므와르*에서는 루시페르가 월요일에 소환된다고 한다.

디아볼로스*를 보라.

루시푸게 로포칼레 Lucifuge Rofocale

〈그랑 그리므와르〉*에 나오는 소환된 악마의 이름이다. 역사가 웨이트*가 관측하듯이, 〈그랑 그리므와르〉보다 앞선 마법 문헌에서는 타락한 "빛의 소유자" 루시페르*가 "빛 속을 나는 자" 루시푸게로 바뀌어서 나오지 않는 듯하다. 그러나 레비*는 이 악마를 공포스럽게 만들었고 그 결과 일부 신비술사들 사이에서 유명해졌다. 콩스탕*을 보라. 한 목판화는 이 악마가 숨겨진 보물을 드러내는 모습을 보여주며, 이것은 〈그랑 그리므와르〉 첫 부분의 주요 목적인 것으로 나타난다.

▲ **루시푸게 로포칼레** 〈그랑 그리므와르〉에서 소환된 악마의 목판화. 마법사가 "황제 루시페르"를 부르자 루시푸게 로포칼레가 응답하는 것으로 나타난다. 루시푸게는 이 그림에서 숨겨진 보물을 가리키고 있으며, 그것이 그가 소환된 주요 이유이다.

루카비 Lukhavi
악마를 일컫는 슬라브식 이름이다. 베엘제붑*을 보라.

리몬 Rimmon
콜랑 드 플랑시*에 따르면, 리몬은 저급한 계급의 악마로 흥미롭게도 결코 치
유가 되지 않는 곳인 지옥 지역의 의사라고 한다. 그러나 이 이름은 아흐리만*
이 전와轉訛된 말일 가능성이 있다.

리베살 Ribesal
콜랑 드 플랑시*의 1863년판 〈지옥사전〉에 따르면, 리베살은 리셈버그Risemberg
산 정상에 사는 유령으로, 그 산을 구름으로 뒤덮고 꼭대기에서 폭풍우를 일

▲ **리베살** 슐레지엔의 악마를 서부 유럽의 시각으로 묘사한 그림으로, 콜랑 드 플랑시의 1863년판 〈지옥
사전〉에 나온다.

으킨다고 한다. 드 플랑시는 몇 가지 기묘한 이유를 들어 리베살이 땅신령 노메*의 군주 루베잘*과 동일하며 따라서 엘레멘탈* 중 하나라고 한다. 플랑시가 제공하는 리베살 그림은 유령이라기보다는 공상적인 악마에 가깝다.

리브라비스 Librabis
〈눅테메론〉*에 나오는 일곱 번째 시간의 악마 중 하나로, 숨겨진 황금의 귀신이다.

리비오코 Libiocco
단테*가 〈신곡〉에서 악마에 대해 사용한 이름이다. '성질을 잘 내는'이라는 뜻을 지닌 단어이다.

리스눅 Risnuch
〈눅테메론〉*에 나오는 아홉 번째 시간의 악마들 중 하나로, 농경의 귀신이다.

리오 Rio
마르틴 안토이네 델 리오 Martin Antoine del Rio(1551~1608)는 벨기에 출신의 예수회 신학자로, 그가 저술한 백과사전적인 책 〈마술 탐구 Disquisitionum Magicarum〉 (1599)는 요술과 관련해 가장 완성도가 높다고 알려졌다. 이 책은 악마 마술에 대한 자료, 인쿠부스*, "진짜" 유령과 "가짜" 유령, 신들림 등에 대해 유익한 정보를 많이 담고 있다.

리팅 Leeting
라팅*을 보라.

린트라 Rintrah
윌리엄 블레이크*가 언급한 진노瞋怒의 악마로 거의 의인화한 형태이지만(윌리엄 블레이크의 〈밀턴Milton〉을 보라), 때로 창조적인 진노가 되기도 한다. 예를 들면,

다음과 같은 구절이 있다.

> 아담은 몸서리쳤다! 노아는 빛을 잃었다! 린트라가 동양의 브라흐마에게 추
> 상적인 철리를 주었을 때 태양이 내리쬐는 아프리카는 검게 되었다.
> 〈로스의 노래 The Song of Los〉에서.

릴리트 Lilith

릴리트는 바빌로니아에 기원을 둔 흡혈 악마였을 것이다. 처음에는 진*으로 인식되었던 셈족 문화에서조차, 릴리트는 광야에 자주 출몰하고 분만하는 여성들과 영아들을 위협하는 여성형 악마였다. 아시푸Ashipu라는 사제직은 이 악마의 해악을 막는 일을 전문으로 했다고 한다. 탈무드의 랍비 전승에서 릴리트는 악마들의 어머니가 되었고 아담의 첫 번째 부인이었다. 흠정역 성서는 릴리트라는 이름을 이사야서 34장에서 "꽥 소리를 지르는 올빼미"(screech owl)로 번역하였고, "밤의 괴물"이라는 주석을 붙였다.

대중의 상상 속에서 릴리트는 악마의 부인이라고 한다. 릴리트는 아담에게서 거부당한 후 이 역할을 떠맡았으나, 일부에서는 릴리트가 아담에게 성적으로 복종하지 않았기 때문에 불화의 원인이 되었다고 강조한다. 그러나 이것은 아담이 릴리트와의 정사를 통해서 첫 번째 악마들인 릴린*을 낳았다는 이야기와 모순된다. 유혹하는 뱀에 대한 중세의 상상은 부분적으로 릴리트와 에키드나*에서 유래한다. 라미아*를 보라.

중세의 영지주의와 장미십자회 전승의 릴리트는 약간 다르다. 이 전승들은, 여성의 창조가 의도된 적이 없었으나 아담의 마음에서 여성이 생겼고 그녀에게 영을 불어넣은 것은 바로 아담이었다고 강조한다. 이 여성이 이브릴리트Eve-Lilith라고 하는 첫 이브였고, 황도 12궁의 처녀자리-전갈자리와 결부되었으며, 물질로의 하강, 곧 인간의 타락과 연결되었다. 그러므로 비전 전승과 공개 전승 모두에서 아담은 이브와 결혼하기 전에 릴리트에게서 첫 번째 악마들을 낳았다.

히브리 점성술사들은 "악마적" 항성 알골*도 릴리트라고 불렀다. 고르곤*

▲ **릴리트** 유대계 악마 릴리트가 안전한 분만을 위한 부적에 미숙하게 표현되어 있다. 릴리트가 분만과 결부된 이유에 대해서 만족할 만한 설명은 여태 없었지만, 아마도 아담의 악마-부인이 어떻게 릴린 악마들을 생산했는지에 대한 설명과 관계가 있을 수 있다.

을 보라. 릴리트는 괴테의 〈파우스트Faust〉에 있는 흥미로운 장면 "발푸르기스의 밤"에서 아담의 첫 번째 부인으로 언급되며, 메피스토펠레스*는 파우스트*에게 릴리트의 마법에 주의하라고 경고한다. 단테 가브리엘 로세티Dante Gabriel Rossetti의 시 〈에덴의 침실Eden Bower〉에서는 릴리트의 전통적인 역할이 바뀐다. 릴리트는 그녀를 대신한 이브에게 복수하기 위해서, 뱀이 정원에서 유혹하는 도중에 그의 역할을 맡게 해달라고 뱀을 설득한다. 현대의 일부 점성가들은 릴리트라는 이름의 가상적인 행성을 인식하며, 그들은 이 행성을 "어두운 달"이라고 여긴다.

릴린 Lilin
아담과 릴리트*의 정사를 통해서 생긴 무리에게 붙인 히브리어 이름이다. 이들이 첫 번째 악마들이라고 한다.

124

▲ **링컨의 작은 악마** 링컨 대성당에 있는 중세 조각 그림으로 웨이트의 〈의전 마술의 책〉(1911)에 삽화로 들어가 있다.

림보 Limbo

라틴어 림보는 어떤 것의 가장자리 또는 경계를 의미한다. 현재 이 단어는 거의 지옥의 가장자리만을 가리키기 위해서 사용된다. 림보란 하나의 지역 또는 상태로, 여기에는 그리스도 탄생 이전에 태어났기 때문에 그리스도의 구원 행위의 은혜를 입지 못해서 천국에 들어가지 못한 영혼들이 있다. 때로 '바보들의 천국'이라고 잘못 불리는 "바보들의 림보"는 중세 스콜라 신학자들의 발명이며, 자신들의 행동에 책임지지 않는 바보와 천치들이 있는 지역이다. 밀턴*은 〈실낙원〉(3권, 489행)에서 "크고 넓은 림보"에 대해 말한다. 너무 일찍 죽어서 세례를 받지 못했거나, 자신들의 행동을 책임지기에는 너무 어린 영혼들이 있는 곳을 "어린이들의 림보"라고 한다. 지옥* 항목에서 [표 21]을 보라.

링컨 시 Lincoln City
악마 관련 구절*을 보라.

링컨의 작은 악마 Lincoln Imp
링컨 대성당 둥근 천장에 있는 기괴한 조상彫像으로 일부에서는 다리를 한 개만 가지고 있다고 여기지만, '사라진' 오른쪽 다리는 왼쪽 무릎 위에 포개져 있다. 링컨의 작은 악마는 웨이트*의 〈의전 마술의 책〉*에 삽화로 재현되었기 때문에 신비술 영역에서 유명해졌다. 어떤 사람들은 악마 관련 구절* 항목에 나오는 '링컨 시'에서 언급하는 악마가 바로 링컨의 작은 악마라고 한다.

마고트 Magot
〈아브라멜린〉* 문헌에서 언급한 악마 지배자들 중 하나이다. 1618년 11월 16일 오슈Auch 교구 치유의 성모 성당(Notre-Dame-de-Guerison)에서 한 귀족 여성에게 구마 의례를 행한 수도자들이 추방한 악마들 중 하나에 붙인 이름이다. 마고트(구더기)*를 보라.

마고트(구더기) Maggot
이 단어는 이제 치즈파리와 청파리 애벌레에 적용되지만, 사람의 뇌를 먹어서 망상*과 치매를 일으키는 눈에 보이지 않는 생물이라고 여겨지던 때가 있었다. 존 플레처John Fletcher는 〈여성의 기쁨 Women Pleased〉(1620)에서 이러한 공상으로부터 유머를 짓고 있다.

> 친구여, 자네 미쳤는가? 지금 달(moon)은 몇 시인가?
> 자네 머리에는 마고트들이 있지 않나?
> (III, iv)

이 마고트에서 유래한 마고티maggoty라는 단어는 '공상으로 가득 찬'을 뜻한다. 그러나 고전어 라르바이*와 이 단어 사이에는 아무런 관련이 없는 것으로 보인다.

중세에 요술 및 불길한 예언과 연관이 있었던 단어 까치(magpie)는 원래 '마고트파이'maggot-pie라고 불렸다. 까치의 숫자와 관련된 통속적인 운문에는 악마에 대한 옛 전승이 많이 포함되어 있다.

하나는 슬픔, 둘은 환희,
셋은 결혼, 넷은 탄생,
다섯은 세례, 여섯은 죽음,
일곱은 천국, 여덟은 지옥,
그리고 아홉은 바로 악마 자신.

1618년 오슈에서 있었던 유명한 구마 의례에서 축출된 악마들 중 하나도 마고트라고 불렸는데, 이 이름은 프랑스어로 '기괴한 인물' 또는 '추한 원숭이'를 의미한다. 마호난*을 보라. 마고트라는 이름의 악마에 대해서는 〈아브라멜린〉*을 보라.

마곡 Magog
곡*을 보라.

마네스 Manes
고대 로마에서 마네스들은 죽은 인간의 영들이었고, 신격화돼서 죽은 인간의 영들로 불리는 경우도 있었다. 그러나 이 단어는 때로 인간의 형상으로 결코 살아본 적이 없는 지옥의 신들에게도 적용되었다. 라레스*를 보라.

마녀들의 망치 Malleus Maleficarum
마술에 직접 반대하는 중세 후기의 가장 중요한 신학적 문헌 중 하나이다. 명시적인 악마학 문헌이 아니지만, 실제로는 악마의 본성과 악마의 종들에 대한 중세 후기의 믿음을 공식화하는 데 기여하였고, 제한 없는 것으로 보이는 악마의 힘을 신뢰했다. 1486년 처음 출간되었으며, 도미니코 수도회 소속 수도자들인 야콥 슈프렝어Jakob Sprenger와 하인리히 크래머Krämer가 저자이다.

마녀들의 복음서 Gospel of the Witches

1899년 찰스 고드프리 릴런드Charles Godfrey Leland는 〈아라디아 Aradia〉 또는 〈마녀들의 복음서 Gospel of the Witches〉를 출간했다. 이 책은 저급한 그리므와르* 재료를 편집하고 의례와 주문과 부적과 같은 것을 합쳐서 점술 전승과 뒤섞은 것이었으며, 실제적인 마술에 관심이 있었던 제럴드 가드너Gerald Gardner (1884~1964)의 상상력을 사로잡았다. 가드너는 신빙성이 떨어지는 마거릿 머레이*의 책 〈서부 유럽의 마녀 숭배 Witch-Cult in Western Europe〉(1921)를 읽은 뒤 유럽과 미국에서 마술의 부흥을 독려한 인물이었다. 현대의 일부 마녀집회들은 〈아라디아〉* 원본에서 많은 재료를 채택하고 사용했다. 원본 〈아라디아〉에서 많은 재료들을 채집하고 전승된 것을 지금은 〈어둠의 책〉*이라고 하며, 더 흔히는 〈마녀들의 복음서〉라고 한다. 이 책을 사용하는 마녀는 각각 이 사본을 손으로 직접 써야 하는 것으로 알려져 있다. 그러나 복음서의 본문에 있는 비밀을 현대 사조에서는 이해하기 어렵다. 〈마녀들의 복음서〉의 원천인 〈아라디아〉는 비교적 최근인 1974년까지도 온전한 판본으로 출간되었다. 그러나 원고의 필사본들이 대체로 비밀스럽게 보호되었기에, 릴런드의 책에 새로 들어온 (특히, 악마학적) 자료들이 무엇인지 가려내기는 쉽지 않다.

'아라디아'라는 말은, 제우스 신전의 폐허와 연결된, 페니키아 북쪽의 주도 아라두스Aradus 주변의 해안선(어쩌면 해안가의 한 섬)을 언급하는 고전 문헌에서 유래한다. 이 단어의 여성형은 이중적 의미를 숨기고 있기에 흥미롭다. '아라'Ara는 '제단'(alter)을 의미하는 라틴어이며, 디아dia는 남성신 데우스deus에 대응하는 여성신으로 몇몇 이름에 나타난다. 그러나 디아는 악마를 일컫는 남성형 초기 단어 디아볼루스diabolus도 함축하고 있다. '던지다'라는 뜻의 볼루스(-bolus)가 문자 그대로 팽개쳐져서 디아만 남은 것이다. 이 단어에는 여신 숭배 관념과 관련된 의미들이 숨겨져 있다.

마녀의 표시 Witch mark
악마의 표시*를 보라.

마디메 Madime
화성(화요일)의 악마. 소환*을 보라.

마르네스 Marnes
〈눅테메론〉*에 나오는 열두 번째 시간의 악마 중 하나로, 영들을 식별하는 귀신이다.

마르바스 Marbas
솔로몬의 일흔두 영 중 하나로 인간의 형상으로 나타난다고 한다. 바르바손*과 바르바스*를 보라.

마르코시아스 Marchosias
솔로몬의 일흔두 영 중 하나로, 불꽃을 내뿜는 날개 달린 늑대의 형상으로 나타난다고 한다. 에녹계 악마들* 중 하나이기도 하며, 독수리 날개와 뱀의 꼬리를 지닌 잔인한 암늑대의 형상으로 나타난다고 한다. 그러나 스코트*에 따르면, "인간의 형상일 때 그는 뛰어난 투사이며 모든 질문에 진심으로 대답한다." 마르코시아스는 전투에서 도움을 주고 질문에 대답하기 위해서 소환된다.

마르키스 Marquis
악마학 영역에서 이 이름은 특별한 지위의 악마에게 적용된다(악마 후작). 마르키스의 명령에 따르는 악마들의 숫자와 그가 다스리는 지옥의 영역은 소환*과 관련해 매우 중요하다고 한다. 시간*을 보라.

마르팀 Marthim
바틴*의 여러 이름 중 하나이다.

마리드 Marid

마리드Mareed, 마리데Maride 등 다양한 철자를 가졌으며, 이슬람 악마학 문헌에 나오는 악마들 중 하나이다.

마몬 Mammon

마몬은 원래 그저 '부' 또는 '돈'을 의미하는 시리아어였으나, "여러분은 하느님과 마몬을 함께 섬길 수는 없습니다"(마태 6, 24)라는 성서 구절에 대한 해석을 통해서 악마학*에 들어온 것으로 보인다. 성서 주석과 대중의 잘못된 해석을 통해서 마이몬*과 같은 유사한 여러 이름이 나왔으며, 그리프와르*에 들어온 마이몬은 돈의 악마, 또는 돈을 사랑하는 악마로 정착했다. 때로 아마이몬*도 시리아어 마몬에서 발전한 것이라고 주장하는 사람들이 있으나, 아마도 이집트어 아몬Amon을 거쳐서 나왔을 것이다.

밀턴*이 〈실낙원〉을 저술했던 시기에 마몬은 "타락한 천사들 중에서 가장 저속한 영"이 되었다. 밀턴의 악마들*을 보라. 블레이크*의 시에서 마몬은, 돈의 오용이나 심지어 물질주의의 악마화로 채용되었기에, 원래의 의미를 순수하게 간직한 소수의 악마들 중 하나로 나타난다. 콜랭 드 플랑시*는 마몬을 "탐욕의 악마"라고 부른다. 바렛*을 보라.

마방진 Magic squares

수호 부적에 붙여진 이름으로, 종종 복잡한 신비술 형태와 결합되며, 사각형 모양에 각 가로줄의 합과 각 세로줄의 합이 똑같게 되도록 숫자를 배열해 만든다. 예를 들면, 목성의 마방진은 이렇다.

4	14	15	1
9	7	6	12
5	11	10	8
16	2	3	13

여기에서는 숫자 1에서 16까지 배열해 가로열과 세로열 각 줄의 합이 34가 되도록 했다. 각 숫자에는 히브리어 문자가 부여되며, 이 대응에서 유래하는 숫자점과 이름마술(또는 소리마술)이 마술의 과정과 부적*을 만드는 데 사용된다. 아그리파*는 이러한 마방진을 지배하는 중세의 전승을 요약했고, 이것은 현대에 전해진 신비술 문헌 및 그리므와르*들에 있는 많은 전통적 자료의 기반이 되었다.

[표 5]에는 행성 마방진이 요약되어 있다. 이들 중 가장 단순한 토성의 항목을 보면 마방진의 사용법과 그 이유를 알 수 있다. 토성의 숫자는 아기엘*과 자젤*이 지배하며, 둘에게는 숫자 45(15×3)가 부여되어 있다. 아이를 분만할 때 도움을 받고 힘 있는 존재의 지지를 얻으려면 납에 이 숫자를 새겨야 한다. 토성 자체의 양상이 좋고 하늘에서 강하게 빛날 때 이것을 만들어야 된다고 한다.

아그리파는 달의 악마(다이몬*)가 '스케드바르스케모트 스카르타탄'Schedbarsc hemoth schartathan이라고 기록한다. 일부 그리므와르들은 이 묘사의 첫 단어를 그 악마의 이름으로 채용했다.

[표 5]

마방진			행성	인텔리젠시 (영적 존재)	다이몬(악마)
각 줄의 합	줄의 수	마법의 수			
15	3	45	토성	아기엘	자젤
34	4	136	목성	이오피엘	히스마엘
65	5	325	화성	그라피엘	바르자벨
111	6	666	태양	나키엘	소라트
260	7	1252	금성	하기엘	케데멜
260	8	2080	수성	티리엘	타프타르타라트
369	9	3321	달	하스모다이	스케드바르스케모트

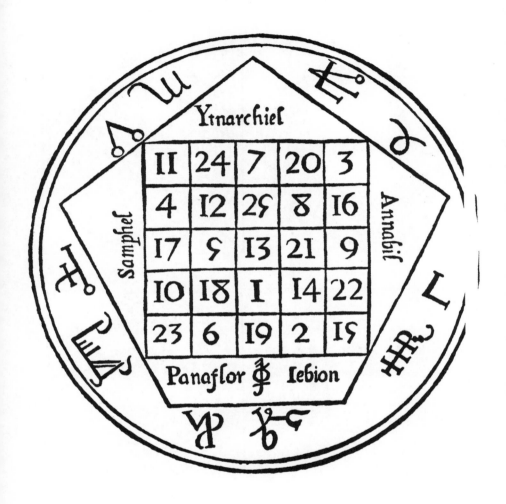

▲ **마방진** 화성의 마방진이 들어 있는 마법의 인장. 화성의 숫자는 5, 65, 325이다. 위에서 세 번째 단, 왼쪽에서 두 번째 숫자는 5로 읽어야 한다.

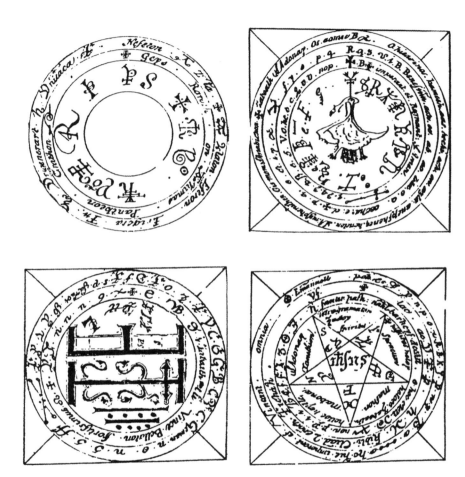

▲ **마법의 거울** 〈키프리아누스의 술〉 18세기 사본에 나온 네 인장들로, 악마 소환을 위한 마법의 거울 사용과 관련이 있다. 왼쪽 위는 "솔로몬의 반지", 오른쪽 위는 "솔로몬의 허리띠", 왼쪽 아래는 "솔로몬의 인장", 오른쪽 아래는 "솔로몬의 펜타곤과 모르타곤"이다. 솔로몬이라는 이름이 붙여지기는 했으나 실제 솔로몬 왕과는 아무런 관련이 없으며, 이끌어낸 본문도 키프리아누스와 무관하다.

마법의 거울 Magical mirror

고대의 일부 그리므와르*들과 천사 마법에 대한 문헌들은 때로 마법의 거울을 사용하라고 권고한다. 이 거울의 목적은 마술사가 자신의 의식을 투사하여 자각의 차원을 상승시키려는 데 있다고 할 수 있으나, 현존하는 자료들은, 거울을 사용했던 사람들이 출현한 영을 다양한 주문과 소환*을 써서 하나의 반영(reflection)으로 감금할 수 있다고 믿었다는 것을 알려준다. 반사할 수 있으면 어떤 것이든 거울로 사용할 수 있기 때문에, 꼭 은빛 유리 거울이어야만 할 필요가 없다는 것도 여러 기록과 도표들이 확인해준다.

거울 사용법을 다루는 중요한 본문은, 솔로몬 왕이 지었다고 하는 〈키프리아누스의 술術〉*이라는 사본에 보존되었다. 여기에는 "위대한 인장"(Great Seal), "펜타곤과 모르타곤"(Pentagon and Mortagon), "반지"(Ring), "허리띠"(Girdle)라고 불리는 네 인장들이 있다(134쪽을 보라). 특별히 준비한 잉크로 양피지나 고급피지에 이 인장들을 그렸으며, 거울의 네 부분에 인장들을 올려놓기 전과 후에 기도를 드리거나 의례를 수행했다. 인장들은, 마법사가 영에게 질문하는 동안, 명령을 받은 영이 거울에 남아 있게 하는(반영되게 하는) 힘을 지닌 것으로 보인다. 〈키프리아누스의 술〉은 중요한 신비술 자료 수집가 프레드릭 호클리 Frederick Hockley(1809~1885)의 사본에 보존되어 있으며, 여기에는 "동쪽의 임금"인 '천사' 조라사발*이 거울에 거하도록 명령을 받는 부분이 있다. 명령을 받은 영들이 대개 천사들이긴 하지만, 의례와 그들에게 내린 요구들을 보면, 그들은 사기를 칠 수 있으며 실제로는 악마 전승에 속한다는 것을 알 수 있다.

마법의 달력 Magical Calendar

중세에는 1에서 12까지의 숫자들과 결부된 다양한 연관물(associations)들을 한데 모은 소책자들이 아주 많이 나왔다. 숫자 12의 범주에는 열두 천사들, 열두 악마들, 열두 개의 돌 등이 있다. 종종 마법적인 그림, 인장*, 부적, 기호* 등을 포함시켜 고안한 이 목록들은 악마적 재료들만이 아니라 훨씬 다양한 것들을 병합하였으나, 이러한 목록에 있는 연관물들은(대응물*이라 불렸다) 악마학적으로 무척 흥미롭다. 애덤 맥린은 마법의 달력 번역본을 출간했으나 이것을 뒤코 브라헤Tycho Brahe와 잘못 연결시켰고, 칼 노보트니Karl Nowotny는 16세기의 일부 마법의 달력들을 재현했다. 137쪽 삽화에 있는 세 쌍의 열두 "표징들의 천사들"(황도대 천사들) 연관물들은 [표 6]에 있다.

[표 6]

기호	염소자리	물병자리	물고기자리
히브리 문자 •	베트	알렙	베트
천사	하나엘	가브리엘	바르키엘
특성	하나엘	가브리엘	바르키엘
달	12월	1월	2월
신성	베스타	유노	넵투누스
보석	녹옥수	수정	사파이어
동물	사자	양	말
성스러운 새	헤론	공작	백조
성스러운 나무	소나무	갈매나무	느릅나무
성스러운 식물	소루쟁이	드래곤워트	태생초 •
마방진 •	(아래 주를 보라.)	(아래 주를 보라.)	(아래 주를 보라.)
마법인장	염소자리	물병자리	물고기자리
황도대 이미지	염소	물을 옮기는 이	물고기 두 마리
마법인장	염소자리	물병자리	물고기자리

• 히브리 문자들은 열두 글자로 된 신의 이름을 나타낸다. 표(137쪽 삽화)의 마지막 둘은 순서가 잘못되었으나 올바르게 고쳐 오른쪽에서 왼쪽으로 읽으면 '그리고 신'이라고 읽을 수 있다.

• 사본에 있는 마방진들은 신비술 전승에 나타나지 않으며, 실제로 마방진이 아니다. 하나엘의 마방진은 숫자를 늘어놓은 것에 불과하다. 이것들은 다소 불가사의한 것으로 남아 있으나, 맥린은 그것들 중에서 둘이(여기에서는 재현되지 않았다) 진짜 마방진 조각이라고 지적한다. 마술적 환산도 의미를 갖지 않는다. 하나엘 마방진의 첫 번째 줄(12 20 23)을 환산하면 3 2 5가 나오는데, 3 2 5는 사실 바르자벨Barzabel의 마법수이다. 그러나 이 마방진에는 어떤 숨겨진 의미가 있을 수 있다. 다른 한편, 마법인장들은 신비술 전승에 나오는데, 이들은 1656년 로버트 터너Robert Turner가 번역한 위僞파라켈수스 문헌 〈마법의 근본원리 Archidoxes of Magic〉에 있는 것들의 앞면과 뒷면들이다.

• 식물 '아리스톨로기아' Aristologia는 그리스어로 아리스톨로키아 Aristolochia라고 하며, 분만할 때 강력한 마법이 있는 것으로 여겨졌다.

▲ **마법의 달력** 천사 하나엘, 가브리엘, 바르키엘의 대응물. 상세한 설명은 [표 6]을 보라.

마법의 수 Magical number

악마학*에서 일부 악마들에게 귀속되는 마법의 숫자들은 대응하는 행성과 관련된 마방진*을 고찰한 데서 유래한다. 영적 존재들(인텔리젠시*)과 악마들의 마법의 수는 아래에 있다.

토성　아기엘, 자젤=4 5

목성　이오피엘, 히스마엘=1 3 6

화성　그라피엘, 바르자벨=3 2 5

태양　나키엘=1 1 1,　　소라트=6 6 6

금성　하기엘=4 9,　케데멜=1 2 5 2

수성　티리엘=2 6 0,　타프타르타라트=2 0 8 0

달　　하스모다이=3 6 9,　스케드바르스케모트=3 3 2 1

어떤 경우 숫자들은 마방진의 한 줄의 합계이거나, 문자의 총계에 불과한 것이거나, 지정된 순서로 마방진에 그려진 행성의 마법 기호 그림에서 나온 것일 수 있다. 예를 들면, 아기엘*과 자젤*의 숫자 45는 토성의 마방진 숫자 아홉 개를 모두 합친 데서 유래했을 것이다.

4	9	2
3	5	7
8	1	6

다른 한편 이오피엘*과 히스마엘*의 마법의 수는 관련 기호의 도정에 따라서 목성 마방진을 추적한 숫자에서 유래한다.

(마방진)

4	14	15	1
9	7	6	12
5	11	10	8
16	2	3	13

(히스마엘의 기호)

이 마술 체계에는 10이나 100단위의 구별이 없기에, 위의 형태에 따라서 히스마엘의 마법 숫자를 30+1+40+60+5=136이라고 얻을 수 있다.

마방진의 상세한 분석과 대응 숫자에 대해서는 노보트니의 〈와부르크 연구소 간행물 Journal of the Waburg Institute〉(vol. 12, 44쪽 이하)을 보라.

악마들의 마법 숫자와 행성들의 마법 숫자는 다른 것이기에 이를 혼동하지 말아야 한다.

마법의 원 Magical circle
소환*을 보라.

마사크 마브딜 Masak Mavdil
아비스*를 보라.

마세리엘 Maseriel
스테가노그래피의 악마들* 중 하나이다.

마스가브리엘 Masgabriel
에녹계 악마들* 중 하나로, 태양의 날 북쪽에서 다스리는 네 번째 하늘의 천사
라고 한다.

마스카르빈 Mascarvin
때로 마스카룸Mascarum이라고도 하며, 〈눅테메론〉*에 나오는 세 번째 시간의
악마 중 하나로, 죽음의 귀신이다.

마스토 Mastho
〈눅테메론〉*에 나오는 열 번째 시간의 악마 중 하나로, 죽음의 귀신이다. 기만
적인 외양의 귀신이다.

마스티팔 Mastiphal
이 이름이 묵시적인 작은 창세기에서 왔다고 인용하는 레슬리 세퍼드 Leslie
Shepard에 따르면 "악마들의 왕자"의 이름이다.

마엘 Mael
에녹계 악마들* 중 하나로, 첫 번째 하늘의 천사이며 달의 날 북쪽에서 다스린
다고 한다.

▲ **마귀들** 15세기 후반 마르틴 숀가우어의 판화. 유혹하는 악마들에 둘러싸인 성 안토니우스를 보여주고 있다. 이러한 이미지들은, 한 영혼이 지상의 함정에서 의식적인 해방의 길을 선택하면서 직면하는 유혹들을 상징화한다고 한다. 이러한 이유로 땅에서 벗어난 공중에 묘사되었다.

마왕 Devil

데빌 devil이 데바*와 같은 어원에서 나왔다는 사실은 마왕과 그의 마귀들 (devils)이 한때 높은 신들이었다는 것을 암시한다. 처음에는 인간의 건전한 발전과 관계가 있었으나, 어떤 이유 때문에 높은 지위에서 인간의 진화를 가로막는 지위로 추락했다. 악마들*에 대해 더욱 많은 이야기를 담고 있는 신화는 이러한 인식을 뒷받침한다. (그 예로 에녹계 악마들*을 보라.) 서양 문학에서 마왕은, 그가 악마 무리의 지도자로 여겨지는 한, 디아볼로스*와 사탄* 밑에 있는 것으로 취급되는데, 이들은 악마적 존재를 나타내기 위해 사용된 가장 초기의 이름들이기 때문이다.

서양 전승에 나오는 마왕은 왜 그렇게 갈라진 발굽과 털이 달린 몸으로 자주 그려지는지에 대해 많은 설명이 있다. 어떤 이들은 이 이미지가 목신牧神 판*의 고전적 모습에서 유래한다고 주장한다. 판은 하반신이 염소이고 상반신은 인간의 모습이며, 음탕하고 도덕관념이 없는 존재로 그려진다. 이러한 인식은 플루타르코스의 〈신탁의 쇠퇴에 대하여 De Defectu Oraculorum〉에서 유래한 옛 전설에 반영되었고, 이것은 엘리자베스 배럿 브라우닝 Elizabeth Barrett Browning의 〈죽은 판 The Dead Pan〉의 주제가 되었다. 이 시의 주요 내용은, 그리스도의 십자가 처형 때 비탄이 바다를 가로질렀고 "위대한 판은 죽었으며", 판의 죽음은 신탁에 의존하던 옛 종교들의 종말과 그리스도의 새 종교의 도래를 명시했다는 것이다. 이러한 전설의 틀 안에서 (이제는 그 기능을 상실한) 판이 제시하는 생식 원리는 더 이상 유효하지 않은 종교관으로 좌천되었다. 마왕은 그저 뒤집혀진 옛 신들이었던 것이다.

비슷한 반전反轉 원리에 따라서, 이집트의 많은 신들과 여신들이 악마 지위로 추락했다. 그러나 이집트의 사악한 신들(특히 티폰*)은 유럽 마왕의 원형이라는 암시들이 있다. 이와 마찬가지로, 바빌로니아의 이원론적 신들의 계보에서 태양신 아후라 마즈다*에 적대했던 사악한 원리가 악마화되는 강등은 없으며, 거짓말의 왕 또는 어둠의 왕이었던 이 사악한 존재는 이름이 거의 바뀌지 않은 채 아흐리만*으로 살아남았다. 다른 학자들은 마왕의 형상을 랍비 문헌과 연결지었는데, 일부 랍비들은 염소를 뜻하는 세이리짐 seirizzim으로 마왕을 묘사했다. 그러므로 마왕이 그리스도교 이전 고대의 만신전에서 강등된 선신이었다는 주장이나, 바빌로니아와 이집트 악마학에서 발견되는 사악한 원리가 현대의 옷을 입어 계속 이어졌다는 주장은 둘 다 충분한 배경을 가지고 있다고 할 수 있다.

마귀들이 자신의 결핍 때문에(예를 들면, 자만심 때문에) 은총의 상태에서 타락했다는 그리스도교적 관점은 다소 단순화된 것이다. 마귀들이 고양된 상태에 있다가 타락했다는 것을 받아들이는 어떤 신비술의 관점은, 이러한 타락에는 목적이 있었다고 한다. 곧, 전에는 천사들이었던 이들이 희생함으로써, 인간이 애정을 가지고 자유를 발견하는 것을 더 잘 도와주기 위해서라는 것이다. 이러한 인식은 (에녹계 악마들의 한 전통의 원천이었던) 〈에녹서〉와 관련된 초기 악마학에서 어느 정도 표현되었다. 여기에서 천사들은 인간의 딸들과 사랑에 빠져 인간의 교사로 활동하며 지상에 문명사회를 건설하는 데 도움을 준다. 악마*와 디아볼로스*를 보라.

마우메트 Maumet
마호메트*를 보라.

마이놈 Maynom
스코트*가 언급한 선한 악마 일곱 중 하나이다. 소환*을 보라.

마이몬 Maymon
아마이몬*과 마몬*을 보라.

마지킴 Mazzikim
때로 유대 신화의 악마들이라고 하는 마지킴은 마법의 중개인들로 나타난다. 탈무드에 따르면 아담이 릴리트*와 죄를 범했을 때 태어났다고 한다. 스케딤*을 보라.

마차 말 Coach horse
악마 관련 구절*을 보라.

마차 바퀴 Coach wheel
악마 관련 구절*을 보라.

마카 Maca
말킨*을 보라.

마카리엘 Macariel
스테가노그래피의 악마들* 중 하나이다.

마투엘 Matuyel
에녹계 악마들* 중 하나로, 태양의 날 북쪽에서 다스리는 네 번째 하늘의 천사
라고 한다.

마티엘 Mathiel
에녹계 악마들* 중 하나로, 화성의 날 북쪽에서 다스리는 다섯 번째 하늘의 천
사라고 한다.

마팀 Mathim
바틴*을 보라.

마할라트 Mahalat
그리므와르*와 〈라지엘의 책〉*을 보라

마호닌 Mahonin
1618년 오슈에서 있었던 유명한 구마 의례에서 타락한 대천사였다는 혐의를

받은 악마의 이름으로, 당시 여러 수도회의 많은 수행원들이 한 귀족 여성에게 들러붙은 악마를 제거하려고 모였다. 심문을 받은 마호닌은 하늘에 있는 자기 적대자가 복음사가 성 마르코라고 응답했다고 한다.

마호메트 Mahomet

아라비아 단어 무함마드Muhammad의 대중적 칭호로, 십자군 시기 때 다양한 형태로 서구 언어에 들어왔다. 잘못 전해진 이 단어에서부터 우상이나 거짓 신에 적용되었던 마우메트*가 나왔는데, 십자군들은 무슬림들이 마우메트를 숭배했다고 믿었다. 그러나 교황의 탐욕 때문에 십자군이 배척당했을 때에는, 증거가 희박했음에도 십자군이 거짓 신들이나 마우메트를 믿었다는 말을 들어야 했다. 결국 마우메트라는 단어는 마법적 목적이나 마술 의례를 위해 만든 인형이나 모형에 적용되었다. 이러한 이유로 마호메트나 마우메트를 비롯해 변형된 몇 개의 이름이 악마에 적용되었던 것이다. 그 예로, 비케코메스*를 보라.

마후 Mahu

마우Mau 또는 뮤Mew로 알려진 이집트 여신 부바스티스 Bubastis, 또는 바스트* 의 변조된 형태에서 유래하는 이름이다. 셰익스피어의 〈리어왕 King Lear〉에는 마후로 나온다. 사악한 마귀*를 보라. 존 서클링 경 Sir John Suckling도 〈고블린 The Goblins〉(1638)에서 악마와 같은 의미로 마후라는 이름을 사용했으나, 그는 셰익스피어나 새뮤얼 하스넷Samul Harsnett으로부터 이 이름을 얻은 것이 거의 확실하다.

만드라고라 Mandragora

이 이름은 때로 마녀의 심부름마귀*에도 적용되었으며, 왜소하고 수염이 난 남자의 모습을 지녔다고 한다. 그러나 대중적 그리므와르*들에 따르면, 이 이름은 마우메트*에도 사용된다. 마호메트*를 보라. 이 단어가 맨드레이크* 전설로부터 잘못 이해한 형태로 왔다는 것은 거의 확실하다. 맨드레이크는 두 발

형상을 암시하는 갈라진 뿌리를 가지고 있고, 자주 인간 형상인 것처럼 여겨졌으며, 땅에서 뽑힐 때 소리를 지른다고 알려졌다.

심부름마귀 만드라고라에 대한 인식이 생기기 훨씬 전 유럽에서는, 마술적 목적을 위해서 고대부터 맨드레이크 뿌리를 사용했고, 실제로 최음제로도 사용했다. 그러나 허리에 힘을 주는 것 외에도 잠을 오게 하는 것으로 여겨졌다. 독으로 죽을 것이라고 생각하는 줄리엣에 대해 썼을 때, 셰익스피어는 이를 염두에 두었을 것이다.

> 땅에서 뽑히는 맨드레이크의 비명,
>
> 살아 있는 인간들은 그 소리를 들으며 미쳐간다.
>
> (IV, iii, 47~48)

이러한 것은 죽음을 예지하는 또 다른 발언 속에 다시 나타난다. 〈안토니우스와 클레오파트라 Antony and Cleopatra〉에서 여왕은 수행원 카르미안Charmian에게 이렇게 말한다. "내가 마실 만드라고라를 좀 다오."(I, v) 셰익스피어의 편집자들인 어빙Irving과 마샬Marshall은 "만드라고라, 최면성 식물의 하나"라는 각주를 덧붙인다.

일반 대중은, 이 뿌리가 땅에 묻힌 살인자의 몸을 씨앗으로 삼아 나온 것으로 믿고 있었다. 그래서 이 식물의 비명소리를 들었던 사람들을 죽이지 않으면 이것이 뽑히지 않았다고 한다. 그 결과 중세의 많은 마법서와 약초 의약서들에 있는 삽화들은, 이 식물 주변에 줄을 묶고 다른 끝을 개의 목에 매달아서, 멀리 떨어진 주인이 개를 부르면 개가 뿌리를 당기고 즉시 죽는 방법을 보여준다.

만마전(萬魔殿) Pandaemonium

'모든 악마들'을 의미하는 그리스어에서 직접 유래한 단어이며, 밀턴*이 〈실낙원〉(10권, 424~425행)에서 "루시페르*의 도시이자 자랑스런 옥좌인 만마전"이라는 구절로 처음 사용한 것으로 보인다. 때로는 만마전의 건축가를 물키베르

▲ **만마전** 구스타프 도레가 그린 밀턴의 19세기판 〈실낙원〉 2권 서장 삽화이다. "오르무스와 인도의 부보다 훨씬 빛나는, … 찬란한 옥좌 높은 곳에, … 사탄은 제 공로로, 그리고 뛰어난 악의 추앙을 받으며, 높이 받들어져 앉아 있다."

라고 부르기도 한다. 그러나 밀턴의 악마들* 항목에 있는 마몬*과 몰키베르*를 보라. 보통 만마전이라는 단어는 지옥과 같은 집회를 가리키기 위해서 자주 사용한다.

말가라스 Malgaras
스테가노그래피의 악마들* 중 하나이다.

말라 Malah
말룸*을 보라.

말라코다 Malacoda
단테*의 〈신곡〉 지옥편에 나오는 악마이다. 지옥편 21곡에서 다른 악마들은, 아마도 탐관오리들과 함께 베르길리우스를 끓는 역청 속으로 던지기 위해서, 말라코다에게 베르길리우스를 잡으라고 재촉한다. 베르길리우스는 그를 물리친다.

> 말라코다여, 그대는 내가
> 신의 뜻 없이, 운명의 법칙도 없이
> 그대와 분쟁을 거치면서
> 여기까지 안전하게 왔다고 여기는가?

말라코다는 갈래진 자신의 고문기구를 떨어뜨리고 다른 악마들과 함께 "우리에게는 그를 칠 권리가 없네"라고 한다. 말라코다라는 이름의 의미는 대략 '사악한 꼬리' 정도로 옮길 수 있다. 단테의 악마들*을 보라. 말라코다는 루이지 풀치Luigi Pulci(1432~1484)가 낭만적 풍자시 〈거인 모르간테 IL Morgante Maggiore〉(1482)에 도입한 단테의 악마들* 중 하나였다.

말라파르 Malaphar
발레포르*의 이칭이다.

말라페르 Malapher
발레포르*의 이칭이다.

말레브란케 Malebranche
단테의 악마들* 중 하나로 대략 '사악한 발톱의'라는 뜻을 지닌 이름이다.

말레파르 Malephar
발레포르*의 이칭이다.

말룸 Malum
라틴어 말룸은 '사과'를 뜻하지만, 동시에 '악'을 의미하는 중성 단수형 단어이기도 하다. 창세기 3장에서 뱀이 이브에게 제공한 선악과가 사과라고 추정되는 이유가 여기에 있다. 이 특별한 말룸은 때로 '악마의 과일'이라고 하며 '악마의 악'이라는 뜻을 동시에 지닌다. 마취성 유독식물 맨드레이크*도 때로 악마의 과일이라고 불린다. 왜냐하면 이 식물을, 악마의 자식으로 또는 땅에 묻힌 살인자를 씨앗 삼아 태어났다고 믿었기 때문이다. 히브리 성서에 나오는 슬로브핫Zelophehad의 딸 중 하나인 말라*는 '질병'을 의미하며, '악'을 뜻하는 여성 단수형 라틴어 말라mala와 명백히 관련이 있다. 블레이크*는 말라를 채용해 승리의 여성적 원리와 동등한 여성의 이름으로 사용했다. 블레이크의 말라는, 자기 자매들과 함께 런던을 덮는 죽음의 직물을 짠다(〈밀턴〉 II, 35쪽, 9행).

말리게니 Maligenii
보통 '나쁜 요정'이라고 번역되는 후대의 라틴어 용어이다. 텐타토레스 말리게니*를 보라.

말키다엘 Malchidael

에녹계 악마들* 중 하나로 양자리(Aries)의 지배자라고 한다.

말킨 Malkin

레지널드 스코트*와 〈마녀 The Witch〉(1627)에서 토머스 미들턴Thomas Middleton이
사용했던 악마의 이름이다. 이 이름은 유명한 랭커스터Lancaster의 마녀들에 대
한 재판에서 왔을 것이다. 공식적인 법원 기록에 따르면, 랭커스터 마녀들은 펜
들 숲Pendle Forest의 말킨 탑Malkin Tower이라고 하는 폐허 농가에서 만났을 것이라
고 추정한다. 말킨이라는 단어는 동료를 의미하는 마카*에서 유래했다고 하
지만, 이것은 한때 사람의 이름이었고, 낮은 계급의 여성을 가리키는 일반적인
단어였으며, '허수아비'를 의미하기도 했다. 토끼를 가리키는 데 이 단어가 사
용된 것은, 아마도 악마학을 통하여 마술과 연결되었기 때문일 것이다. 마녀
들이 토끼의 형상으로 여행한다는 믿음은 널리 퍼져 있었다.

말파스 Malpas

때로 말파스Malphas라고도 하며, 솔로몬의 일흔두 영 중 하나로 거대한 검은 새
의 형상으로 나타난다고 한다. 초자연적 수단으로 물건을 만드는 능력이 있
어서 소환되며, 건축가로서 솔로몬에게 도움을 준 악마가 바로 말파스였다는
전설이 있다.

맙 Mab

악마보다는 요정에 사용되었던 맙이라는 이름은 '아기'를 뜻하는 웨일스어 맙
mab에서 왔다고 한다. (아일랜드의 영웅 마본Mabon은 '젊은이'라는 뜻이다.) 맙은 인간
의 두뇌에 꿈을 전달하는 요정들의 산파이기 때문에 이러한 추측은 그럴듯하
다. 맙은 때로 여왕 맙(Queen Mab)이라고 불리나, 고대 영어 퀸quen은 여성을 의
미했다. 마녀에게도 똑같은 이름을 사용했고, 심지어 마녀의 심부름마귀*에도
사용했는데, 이것은 아마도 이 단어의 18세기 의미인 '느슨한 성격의 여인' 또
는 '단정하지 못한 여자'에서 유래했을 것이다.

▲ **말파스** 소환 중에 나타난 악마의 모습. 콜랭 드 플랑시의 1863년판 〈지옥사전〉에서.

망상 Obsession
빙의*와 구마*를 보라.

매어 Mare
고대 영어 매어mare는 원래 귀신(제니우스*)이나 영* 같은 것을 의미했으며, 현대
영어 악몽(nightmare)에 그 흔적이 있다. 토머스 오스월드 코캐인Thomas Oswald
Cockayn은 〈초기 영국의 치료법과 식물 사용술 및 점성술 Leechdoms, Wortcunning, and
Starcraft of Early England〉(1864)에서 우드매어*가 에코(메아리)*를 의미하는 색슨어
였다고 지적한다. 그러나 보통 매어Maere로 나타나는 후대의 형태는 수쿠부
스*를 의미했으며, 악몽이라는 단어가 나쁜 꿈보다는 악마와 연결되는 이유도
여기에 있다. 이러한 정황은, 대중문학에서 매어에 대한 인식이 왜 인쿠부스*

나 수쿠부스와 합쳐지는 경향이 있는지를 명확히 설명해준다. 악몽*을 보라.

매지스텔루스 Magistellus
인쿠부스*를 보라.

맨드레이크 Mandrake
만드라고라*와 말룸*을 보라.

머레이 Murray
마거릿 머레이Margaret Murray. 〈마녀들의 복음서〉*를 보라.

먼지 Dust
악마 관련 구절*을 보라.

메가이라 Megaera
에리니에스*를 보라.

메나디엘 Menadiel
스테가노그래피의 악마들* 중 하나이다.

메두사 Medusa
고르곤* 자매 중 큰언니이다. 그리스 신화에서 메두사는 특별히 사랑스런 머릿결을 지닌 아름다운 여인으로 그려진다. 어느 날 아테네 신전을 모독했기 때문에, 그녀의 머릿결은 끔찍한 뱀의 무리로 변해버렸고, 그녀의 얼굴도 너무 공포스럽게 변해서 보는 이들이 돌로 바뀌었다고 한다. 아테네의 방패로 무장한 페르세우스는, 메두사의 머리를 칠 때 그 얼굴을 반사하게 함으로써 그녀를 죽일 수 있었다. 뱀으로 이루어진 메두사의 머리는 사악한 눈*을 쫓기 위한 부적*으로 자주 사용되었다. 알골*을 보라.

메로닥 Merodach

비케코메스*를 보라.

메리짐 Merizim

때로 메리힘*이라고도 하며 에녹계 악마들* 중 하나로 아리아이 포테스타테스Ariae Potestates의 군주이다. 후기 에녹계 문헌의 저자들은, 바울로가 대기권을 다스리는 지배자를 언급할 때(에페 2, 2) 바로 이 이름을 사용했다고 믿는다.

메리힘 Merihim

메리짐*의 이칭인 것이 거의 확실하다. 바렛*을 보라.

메슬람 Meslam

보통 이 이름은, 악마의 왕 네르갈*이 지배하는 바빌로니아의 지옥(하데스*)에 붙여진다. 때로 아랄루*라고도 한다.

메이파르트 Meyfarth

요한 마타우스 메이파르트 Johann Matthaus Meyfarth는 프랑크푸르트의 루터교 신학 교수로, 재판과 화형식에서 자기가 느꼈던 공포 때문에 마술환상과 악마망상*에 대한 박해를 반대하게 되었다. 증언을 강요받는 상황에서 나온 그의 책 〈그리스도의 경고 Christliche Erinnerung〉(1635)는, 마녀사냥이라는 거대한 독점사업에 반대하는 위대한 문헌들 중 하나였다. 당시 독일에서는 그리스도의 이름으로 박해하기 위해 증오와 불신을 법적으로 강요했으며, 이 바탕 위에서 마녀사냥을 행했다.

메피스토펠레스 Mephistopheles

중세 후기에 "빛을 사랑하지 않는"을 의미하는 상징적인 그리스어에서 만들어졌다고 하는 이 단어는, 초기의 파우스트* 전설과 관련된 악마들을 가리키기 위해서 사용되었다. 메피스토펠레스는 크리스토퍼 말로Christopher Marlowe의 〈파우스투스 박사 Doctor Faustus〉(여기에서는 메포스토필리스 Mephostophilis로)와 괴테의 〈파우스트〉에 복잡한 성격을 지닌 악마로 표현되었다. 그러나 이 이름은 셰익스피어의 〈윈저의 즐거운 아낙네들 The Merry Wives of Windsor〉(I, i, 117)에도 나오며 (메포스토필루스 Mephostophilus로), 존 플레처도 똑같은 철자를 사용해서 언급했다. 인용문* 항목에 있는 '셸리'와, 메피스토펠레스가 아흐리만*이라고 말하는 슈타이너*를 보라.

메호드 Mehod
악마의 알파벳*을 보라.

멘드리온 Mendrion
바울로계 술*을 보라.

멜콤 Melchom
콜랭 드 플랑시*가 1863년판 〈지옥사전〉에서 지옥 공무원의 회계라고 여기는 악마에게 붙인 이름이다.

모도 Modo
셰익스피어의 〈리어왕〉(III, v, 148~149)에 나오는 악마의 이름이다.

    어둠의 왕자는 신사이지,
    모도라고 하며 마후라고도 불리지.

  사악한 마귀*와 마후*를 보라.

모두 All
악마 관련 구절*을 보라.

모락스 Morax

때로 포라이* 또는 포락스*라고도 하며 솔로몬의 일흔두 영 중 하나로, 황소의 머리를 한 인간 형상으로 마법사에게 나타난다고 한다. 미노타우로스* 및 몰레크*와 비교해보라. 모락스는 마법의 돌과 약초에 대해서 가르쳐줄 준비가 되어 있기에 소환되며, 점성술을 비롯한 다른 학문을 가르쳐준다. 마법사들에게 심부름꾼 마귀들을 주기도 한다.

모르보르그란 Morborgran

스코트*가 언급한 나쁜 악마 일곱 중 하나이다. 소환*을 보라.

모르타곤 Mortagon

인장*을 보라.

모이라이 Moirae

운명의 세 여신(파테스)*을 보라.

몰레크 Molech

히브리어 몰레크는 사실 '왕'을 의미하나 성서에서 몰레크는 암몬인의 신이다 (열왕기 상권 11장 7절을 보라). 고대 전승에 따르면 몰레크는 황소 머리를 가진 인간 형상의 청동상으로 만들어졌다고 한다. 속이 빈 형상을 불로 데우고, 희생자들의 울음소리를 감추는 북소리와 심벌즈 소리에 맞추어서, 어린이들을 희생제물로 거기에 던졌다. 악마학 문헌은 어린이들을 희생물로 요구하는 악마적 신 몰레크에 대한 관점을 열렬히 수용했다. 몰레크를 괴물 화덕으로 묘사한 다양한 이미지들이 있으며, 튀니스Tunis 근처에는 몰레크와 관련된 아름다운 토페트*가 악마학*에 흥미를 느끼는 이들을 위한 관광지로 보존되어 있다.

월리엄 블레이크*의 시에서 몰레크는 성서 또는 밀턴*으로부터 취한 중요한 악마이다. 블레이크는 밀턴의 시 〈그리스도 탄생일 아침에 On the Morning of Christs nativity〉의 세 번째 삽화에서 몰레크를 인간 형상으로 만들어진 화덕으로 보여

▲ **몰레크** 암몬인들이 숭배했으나 후에 어린이 희생제물과 연결된 몰레크를 보여주는 17세기 인쇄물이다. 청동상 내부에 있는 동공이, 화로에 불을 붙였을 때 산 채로 태워질 인간들의 감방처럼 이용된다는 것을 보여준다.

준다. 좀 더 개인적인 방식의 상징에서 블레이크는 몰레크를 복잡한 이미지로 된 일곱 개의 "하느님의 눈"에 포함시킨다. 여기에서 '눈'은 루시페르*의 자기중심적인 악마적 상태에서 그리스도의 자유로운 영성으로 나아가는 영적 발전 단계의 특징을 보여준다. 몰레크는 다른 이들을 희생제물로 받는 신 또는 악마이기 때문에, 두 번째 단계에 적합한 상징이다.

몰리토르 Molitor

울리히 몰리토르Ulrich Molitor. 15세기 파도바의 법학 박사이자 콘스탄츠 대학 교수로 마술과 악마학*에 대해 글을 쓴 최초의 작가들 중 한 사람이다. 그의 대화편 〈라미아와 마녀에 대하여 De Lamiis et Phitonicis Mulieribus〉(1489)는 많은 영향을 주었으나, 후대에 나온 비슷한 종류의 문헌과 비교할 때 극도로 제한된 것이었다. 예를 들면, 몰리토르는 마녀집회의 실재를 부정하며 그것은 악마가 수면 중에 꿈속에서 마음에 자국을 남긴 결과라고 주장한다. 이러한 관점은 얼마 지나지 않아서 이단으로 여겨졌다. 이 책에 있는 소박한 목판화들은 요술의 역사에 대한 현대의 대중적인 서적들 안에서도 쉽게 찾아볼 수 있다.

무더기 Lapful
악마 관련 구절*을 보라.

무르무르 Murmur
솔로몬의 일흔두 영 중 하나이자 에녹계 악마들* 중 하나이다. 독수리에 탄 공작公爵으로, 인간 형상으로 나타나며, 냉혹하고 귀에 거슬리는 목소리로 말한다. 철학을 가르치기 위해서 소환되고, 마술사가 상담하기를 원하면 어떤 사령死靈도 불러내는 강력한 강령술의 영이다. 에녹계 문헌에서는 타락한 좌품천사座品天使들 중 하나로 나온다.

무리엘 Muriel
에녹계 악마들* 중 하나로 황도대 게자리(Cancer)의 지배자라고 한다.

문 Door
악마 관련 구절*을 보라.

문신 Tattoo
악마 관련 구절*을 보라.

물의 악마들 Aqueous demons
미카엘 프셀로스*가 묘사한 악마들의 집단이다. 이들은 강이나 호수의 물에 거주하고 분노로 고통을 받으며 광란과 사기로 가득하다고 한다. 엘레멘탈*

의 물의 요정과 혼동하지 말아야 한다.

물키베르 Mulciber
밀턴*의 〈실낙원〉에 따르면 만마전*의 건축가로 여겨지는 이름이다. 밀턴의
악마들*을 보라.

므네 세라핌 Mne Seraphim
엄밀히 말해서 이 이름은 복수형이지만 윌리엄 블레이크*는 〈텔의 책 The Book of
Thel〉(I, 1)에서 단수 명사로 사용했다. 므네 세라핌은 금성의 영적 존재(인텔리
젠시*)의 이름을 므네 세라핌*이라고 기록한 아그리파*에서 유래한다. 아그리
파는 티리엘*과 자젤* 등 다른 악마의 이름도 함께 기록했다.

미노스 Minos
고전 신화에서 미노스는 크레타의 왕으로, 제우스와 에우로페에게서 태어났으
며 라다만투스의 형이었다. 다이달로스에게 미로를 만들도록 명령한 이가 바
로 미노스였으며, 미노타우로스*는 그곳에서 헤맨다. 미노스는 죽은 뒤 하데
스*의 재판관 중 하나가 되었다. 단테*는 〈신곡〉 연옥편과 지옥편에서 하데스
의 재판관인 미노스를 묘사하고 있다.

미노타우로스 Minotaur
고전 신화에서 미노타우로스는 황소와 관계를 맺은 파시파에에게서 태어났으
며, 일부는 인간이고 일부는 황소의 모습을 하고 있다. 미노스*는 다이달로스
가 만든 미로에 미노타우로스를 가두었고, 결국 그곳에서 테세우스는 미노타
우로스를 처단한다. 고전 시대에는 미노타우로스가 악마로 여겨지지 않았으
나, 단테*가 지옥편에서 폭력의 원(제12곡)에 있는 도착된 식욕의 상징이자(아
마도 그의 자연스럽지 않은 탄생을 참조했을 것이다) 악마 파수꾼으로 채택한 이래 미
노타우로스는 악마학 문헌에 자주 등장하게 되었다. 악마 모락스*가 그리프
와르* 전승에 들어오게 된 것은 아마도 미노타우로스에 대한 고전적 인식에서

▲ **미노스** 동생 라다만토스와 함께 있는 지하세계의 최고재판관 미노스. 단테의 〈신곡〉 지옥편(제5곡)에 있는 구스타프 도레의 삽화이다. 그리스 신화에 따르면, 크레타의 미궁에 미노타우로스를 붙잡아둔 이는 미노스이다.

(또는 단테의 시에서) 유래할 것이다. 이 관계에 대해서는 몰레크*를 보라.

미사 Mass

악마 관련 구절*을 보라.

미스란 Misran

〈눅테메론〉*에 나오는 열두 번째 시간의 악마 중 하나로, 박해의 귀신이다.

미즈기타리 Mizgitari

〈눅테메론〉*에 나오는 일곱 번째 시간의 악마 중 하나로, 독수리들의 귀신이다.

미즈쿤 Mizkun

〈눅테메론〉*에 나오는 첫 번째 시간의 악마 중 하나로, 부적*의 귀신이다.

미카엘 Michael

대천사 미카엘의 이름은 악마학 문헌에 자주 등장하지만, 악마와는 거리가 멀다. 15세기 비교 문헌에서 미카엘은 역사의 주기를 결정하는 일곱 대천사 집단인 세쿤다데이*의 지도자로 나온다. 그리스도교와 신비술 체계에서 미카엘은 고양된 태양과 같은 존재로 사탄*의 직접적인 적대자가 된다. 죽음의 천사*를 보라.

미카엘리스의 계급 Michaelis hierarchy

17세기의 구마 사제 세바스티앙 미카엘리스Sebastien Michaelis는 〈놀라운 귀신들림 이야기와 참회한 여인의 회개 Histoire admirable de la Possession et conversion d'une penitente〉(1612)에서 교회가 선호했던 디오니시우스의 천사 계급을 조롱하기 위해 악마 계급을 제시한다. (위계*를 보라.) 그는, 액상프로방스Aix en Provenc에서 마들렌Madeleine 수녀에게 들렸던 발베리트*라는 악마가 자기에게 이 "비밀" 정보를 제공하고 있다고 한다. (말수가 많은 이 악마는 자신을 높은 계급에 올려놓았다.) 미카엘리스는 여러 친숙한 이름들을 제공하나 일부는 그의 풍부한 상상력의 산물이다. 그러나 그것들이 그의 창작은 아니다. 그는 또한 악마들과 싸우는 영적 존재들의 목록도 제시하며 꼼꼼함을 유지하나, 서로 적대하는 두 영적 세계를 늘어놓는 것으로 봐서, 확실히 밀턴*보다는 시적이지 않다. 미카엘리스의 계급을 요약한 것은 [표 기에 있다.

[표 7]

제1계급(지위)	제2계급(지위)	제3계급(지위)
베엘제붑 (치품천사)	카레아우 (능품천사)	벨리아스 (역품천사)
루시페르 (치품천사)	카르니베안 (능품천사)	올리비에르 (대천사)
레비아탄 (치품천사)	오에일렛 (주품천사)	유바르트 (천사)
아스모데우스 (치품천사)	로스테르 (주품천사)	
발베리트 (지품천사)	베리에르 (권품천사)	
아스타로트 (좌품천사)		
베리네 (좌품천사)		
그레실 (좌품천사)		
소네일론 (좌품천사)		

미트라톤 Mitraton

미트라톤은 정통 유대교 전승과 카발라Qabbalah 전승에서 평판이 훌륭하지만, 에녹계 악마* 목록에 들어왔다. 수성의 날 서쪽에서 다스리는 두 번째 하늘의 천사이다.

밀턴 Milton

존 밀턴John Milton(1608~1674)은 비교 악마학적 시 〈실낙원〉(아마도 1663년에 완결했을 것이다) 및 〈복낙원 Paradise Regained〉(1671)의 저자이다. 밀턴은 사탄*과 사탄의 무리에 대해 예술적인 기여를 했지만, 그를 악마학자라고 부르는 것은 불공정한 일이 될 것이다. 그는 악마 애호가로서보다는 시인이자 고전학자로서 글을 더 많이 썼기 때문이다. 그럼에도 그가 비전주의자라는 것은 확실하며, 이러한 사실은 위의 두 서사시 안에 적잖이 드러난다. 악마들에 대한 밀턴의 언급은 상당히 서정적이고, 문학적 상상력과 더욱 관계가 있으며, 세부 사항을 정확하게 묘사하기보다는, 의미와 단어에 대해 뛰어난 솜씨를 보여주고 있다. 하이모나*, 밀턴의 악마들* 및 인용문* 항목을 보라.

밀턴의 악마들 Milton's demons

밀턴의 악마들이 모두 성서 전승에서 유래한다고 말하고 싶을지 모르지만, 전부 그런 것은 아니다. 그들 중 여러 악마가 성서에 나오는 이름들이기는 하나, 성서 주석에서 언급된 의인화한 존재들과 신들을 도입하여 발전시킨 악마학에도 많은 빚을 지고 있다. 마몬*은 성서에 대한 상상적인 해석에서 탄생했지만, 밀턴은 페오르*를 성서가 아닌 성 히에로니무스를 통해서 알았을 것이다. 그의 유명한 물키베르*조차도, 비록 그 문학적 목적은 다르지만, 고전 전승에서 직접 가져온 것이다. 밀턴의 입장에서 본다면, 타락한 악마들의 이름을 주로 실각한 신들과 영웅들로부터 끌어온 것은 과감한 문학적 장치이다. 밀턴은, 서사시 형식의 악마 목록에 반역적인 천사들을 소개하는 〈실낙원〉 1권의 유명한 구절에서, 독창적이고 고전적 암시로 충만한 악마들을 제시한다. 적어도 표면상 그의 악마들은 무척 성서적이지만, 몇몇은 고전적이며 신화적이다. 아래 목록에 나오는 간단한 분석이나 1권에서 취한 인용은 악마와 관련해 특별히 밀턴적인 것이 무엇인지 나타내기 위한 것이다. 여기에 제시하는 자료는 밀턴이 언급한 부분을 더 잘 이해하기 위한 목적으로 마련되었다.

밀턴의 악마들에 대한 가장 뛰어난 그림들은 의심할 나위 없이 블레이크*와 구스타프 도레의 삽화들이다.

다곤Dagon(462행) : 사실 밀턴 이전에는 악마가 아니라 입문 의례의 신으로, 두 세계에서 편안함을 느꼈던 물고기-인간이었다. 다곤이라는 이름은 물고기를 의미하는 히브리어 다그dag와 우상을 의미하는 아온aon에서 유래했다. 필리스티아인들에게는 다곤이 신이었다. 가자와 아슈도드에는 다곤에게 봉헌된 신전들이 있었으며, 다곤은 아시리아의 신 오아네스Oannes와 동일시되었다. 악마로서 다곤은, 신의 현현顯現을 강탈하기 위해 악마화한 오시리스Osiris, 이시스Isis, 호루스Horus 등과 같이 "옛날에 명성을 지녔던" 이들과 함께 밀턴적 동아리에 속해 있다. 예로 들면, 길보아 산에서 사울이 자살한 후 필리스티아인들은 그의 머리를 자르고 다곤 신전에 매달아놓았다(역대기 상권 10장 10절). 다곤에 대해 밀턴이 그린 것 중 상당

부분은 악마라기보다는 역사적 신으로서의 다곤에 대한 언급들이다.

> … 하느님의 궤를 빼앗자
> 그의 금수와 같은 상像의 머리와 두 손이 잘려서
> 자기 신전에 널브러졌고, 그를 숭배하던 자들을 부끄럽게 …
> (458~461행)

이 흥미로운 구절은, "선신"이 "악신"을 파괴하는 이야기가 나오는 사무엘 상권 5장 1~5절에 대한 극적인 언급이다. 그러나 이 사건이 일어난 아슈도드 신전은, 서기전 148년 유다 마카베우스Judas Maccabeus의 형제 요나탄Jonathan이 파괴할 때까지 계속 유지되었다.

마몬Mammon(679행) : 원래 악마가 아니었으며 우상도 아니었다. 단지 '돈'과 '부'를 의미하는 시리아어였다. 마몬은 그리스도의 말씀 속에서 의인화한 존재로 받아들여지면서 악마 목록에 들어왔다. "여러분은 하느님과 마몬을 함께 섬길 수는 없습니다."(마태 6, 24) 그러나 밀턴의 시대에 이르러서 마몬에 대한 이 간단한 언급은 아마이몬Amaimon 또는 마이몬Maymon처럼 훼손된 여러 이름들로 확장되었으며 다수의 악마학 서적에 등장했다. 정확한 정보를 모르던 이들이 마몬을 돈의 악마 또는 돈을 사랑하는 악마로 여겼던 것은 거의 의심할 여지가 없다.

마몬은 시리아어로 '가치'를 나타냈었지만, 밀턴을 통하여 "타락한 천사들 중에서 가장 저속한 영"이 되었다. 이 흥미로운 구절은, 하늘에서조차도 그는 호화스런 포장도로의 황금에 관심을 기울였다는 것을 가리킨다. 밀턴은, 이 악마가 황금 광맥을 찾아내기 위해서 땅의 중심부를 뒤집어놓는다고 묘사한다. "지옥에서 부가 증가한다고 감탄하지 말자. 그 땅이야말로 소중한 파멸에 가장 적합하니."(690~692행) 여기에 나오는 상징은 일반적으로 알려진 것보다 더욱 심오하다. 왜냐하면 땅의 약탈을 통해서 뒷날 인간이 만마전이라고 부른 악마들의 거주지가 생겨났기 때문이다. 이 탐욕스런 채굴에서 놀라울 정도로 짧은 시간에 만마전이 태어났고, 물키베르*라는 타락한 천사가 만마전의 내부를 설계한다고 보았다. 〈실낙원〉 2권에서 마몬은, 하느님이나 그의 대표자인 인간과 전투를 벌이기보다는, 타락한 천사들이 지옥의 부를 개발하기 위해 지옥에 남아야 한다고 주장한다. 마몬은 영혼 없는 물질주의의 대표자로서 이미 낭만파 악마가 되고 있다.

몰로크Moloch(392행) : 〈실낙원〉 1권의 유명한 목록에 나오는 첫 번째 악마이다. 시가 전개되면서 우리는 몰로크가 맹목적인 분노와 전쟁의 악마라는 것을 보게 된다. 몰로크는 "끔찍한 왕"으로 묘사되며, 이 표현은 아마도, 지상의 사회질서에 대한 불유쾌한 패러디를 소개하며 공포스러운 여러 악마들을 왕으로 묘사하는 그리므와르 전승과 관련이 있을 것이다. 그리므와르 전승은 몰로크를 자주 몰레크Molech로 표현한다. 히브리어 '몰레크'는 실제로 '왕'을 의미하나, 성서에서 몰레크는 암몬인의 신, "암몬인들의 혐오스런 우상"이다(열왕기 상 11, 7). 이 암몬인의 신은 유아 번제물을 요구했던 것으로 보이며, 밀턴은 이 전승을 염두에 두고 자신의 시 〈그리스도 탄생일 아침에〉에서 "음침한 몰로크가 달아났다"고 썼다.

> 그의 불타는 우상은 가장 검은 빛,
> 심벌즈의 소리도 헛되이
> 그들은 소름끼치는 왕을 부르네,
> 푸른 용광로 주변에서 음울한 춤을 추면서.
> (206행 이하)

물키베르Mulciber(740행) : 종종 만마전의 건축가로 불리지만, 사실은 이 섬뜩한 도시에 건물들과 탑들을 세운 건축가였다. 용지를 선택하고 굴착한 이는 마몬이었다.

물키베르는 고전 시대에까지 거슬러가는 조상을 가진 소수의 악마들 중 하나이다. '부드럽게 하는 자'를 의미하는 물키베르는, 로마 신화에서 불의 신 불카누스를 나타내는 이름 중 하나였다. 불카누스는 자기 용광로로 금속을 부드럽게 했다. 밀턴이 이 악마의 이름을 채택한 이유는, 불카누스가 대장장이로서 평판이 좋았고, 또 유피테르가 하늘에서 불카누스를 던져서 9일 동안 떨어진 이야기와 병행을 이루는 내용이 물키베르에게 있기 때문인 것으로 보인다. 물키베르는 하늘에서 떨어진 "반역의 무리" 가운데 있으며, "부지런한 패거리와 함께 지옥에 건물을 짓도록 거꾸로 떨어졌다."(1권, 750~751행)

바알림 Baalim(422행) : 아슈타로트의 배우자이지만, 밀턴은 남성의 상징으로 다루었다. 바알*과 바알페오르*를 보라.

베엘제붑 Beelzebub : 밀턴의 지옥인 거대한 강제수용소에서 사탄을 제외하고 가장 높은 자리를 차지하는 베엘제붑은, 그들이 일시적인 평화를 찾을 것인지 아니면 천국과 전쟁을 벌일 것인지 결정하는 지옥 비밀회의에서 연설하기 위해 일어선다. 그는 마치

> 나라의 기둥처럼 보이며, 그의 이마에는 신중함과 공공적 배려가 새겨져 있다…
> (2권, 302행)

베엘제붑의 연설에서 밀턴은 바알(왕)로부터 나오는 악마 이름의 기원에 대해 농담을 던진다. 왜냐하면 베엘제붑은 그들이 천사적 이름을 상실한 것에 대하여 관심을 표현하고 있기 때문이다. 사실상 (고대의 천사 계급의 하나인) 능품천사와 역품천사들은 반란을 일으켰기 때문에 지옥의 왕자들이라고 불러야만 하는가? 농담이란, 타락하여 악마가 되는 선택 속에서 그는 왕보다도 작은 존재가 되었다는 것이다. 베엘제붑은 아마도, 지옥이 그들의 안전한 은신처가 아니라, 하느님이 지배하는 지하 감옥

이 되리라는 것을 이해한 첫 번째 반역 악마일 것이다. 그래서 베엘제붑은 사탄의 제안에 이어서 타락한 천사들이 더 쉽게 사업을 벌일 수 있는 인간 세상을 더 면밀하게 검토해야 한다고 주장한다.

> 한 장소가 있다.
> (만일 천국에 있는 오래되고 예언적인 소문이 틀림없다면),
> 그곳은 또 다른 세상으로, 인간이라는 새로운 종족의 행복한 보금자리,
> 이즈음에 그들은 우리와 비슷하게 창조되었을 것이고,
> 능력과 우수성이 우리보다 떨어져도,
> 하늘에서 지배하는 분의 사랑을 더욱 많이 받는 그들 …
> 그러므로 우리의 모든 생각을 모아
> 어떤 생물이 그곳에 거주하고, 모습이나 실체는 어떠한지
> 무엇을 타고나고, 힘은 어떤지,
> 그리고 그들의 약점은 어디에 있는지, 힘이나 교묘함을 써서
> 어떻게 하면 가장 잘 유혹할 것인지를 알아보자.
> 비록 하늘은 닫히고, 하늘의 높은 심판자는 스스로
> 안전하게 앉아 있지만, 이곳은 노출되어 있고…
> (2권, 345~360행)

베엘제붑은, 하느님에 대한 복수의 방식으로 세상과 인간에 대한 직접적인 공격을 제안하기 때문에, 악마들 중에서도 가장 위험한 악마로 나타난다. 그는 신화학자들이 타락이라고 부르는 곳으로 인간을 이끌었다. (이 주인공이 원래 사탄이든, 아니면 베엘제붑이든 관계없이) 이러한 관념은 밀턴 악마학의 특징이며, 초기의 신화나 성서에도 병행구절이 발견되지 않는다. 베엘제붑*을 보라.

벨리알 Belial (490행) : 악마 목록에서 맨 나중에 오며, "타락한 천사 중에서도 음탕하고, 악덕을 위해 악덕을 더욱 사랑하는 영"이다. 이 이름은 '가치 없

음'이라는 뜻이며, 성서에 나타나는 이름이(예를 들면, 고린토 후서 6, 15) 실제로 적절하지 않다는 견해가 있다. 음탕 및 방종과 관련해서, 밀턴은 그 어떤 성서적 해석보다도 그리므와르 전승의 영향을 더욱 많이 받은 것으로 보인다. 그러나 벨리알에 대한 밀턴의 해석을 조금 이해하게 해주는 판관기 19장 22절, 신명기 13장 13절, 사무엘 상권 2장 12절을 보라. 그렇지만 이 구절들은 "벨리알의 아들들", 곧 "무가치함의 아들들"과 더 관계가 있다. 벨리알은 경솔한 성서 주석에서 탄생한 문학적 소산물에 가까우며, 밀턴은 벨리알의 특성을 길게 드러내는 부분에서 이러한 사실을 즐기는 것 같다.

사탄Satan : 의심의 여지없이 〈실낙원〉에서 가장 무시무시한 거물이다. 어떤 점에서 사탄은, 천사들 중 3분의 1을 유혹하여 하느님으로부터 등지게 할 수 있는 능력과 권위를 가지고 있다는 것을 시를 읽는 독자들에게 확신시켜야만 한다. 2권에서 "죽음"은 이렇게 묻는다.

> "네가 그 모반의 천사인가, 하늘의 평화를 처음 깨뜨리고
> 그때까지 깨어진 적 없던 믿음을 깨뜨린 자가,
> 거만한 반역의 전쟁 속에서,
> 하늘의 아들 3분의 1이 너를 따라서 … ?"
> (689~693행)

시의 전반부 내내 사탄은 반란을 확산시키는 이유를 설명한다. 자기가 무시당해왔고 하늘에서 아들을 지명함으로써 자기의 위신이 손상되었다는 사실 때문이라는 것이다. 이것은 오만함에 근거를 두고 있으며, 아마도 모반의 천사들이 과도하거나 부적절한 오만에 빠졌다는 대중적 인식을 뒷받침해줄 것이다. 그러나 밀턴의 사탄이 비록 오만하고 반항적인 존재라는 것은 의심의 여지가 없지만, 그는 모반의 천사들 가운데서 자기가 거슬러 저항했던 하느님의 힘을 처음으로 인식하고, "엄청난

무기의 힘"을 애도했던 존재이다. 그가 일으킨 반란의 동기가 그저 오만함 때문이라고만 여기는 것은 실수이다. 대천사 가브리엘은 4권에서 보여준 놀라운 연설에서 오만함보다는 어리석음이라는 견지에서 그의 반란을 바라본다. "왜냐하면 사탄은 어리석어서 멸망했다네."(905행) 여기에는 오만함이 개입되어 있을 수 있으나, 반란은 어리석은 행동이다. 윌리엄 블레이크가, 사리사욕을 채우는 존재로 사탄의 내적 본성을 이해한 것은 마땅히 옳은 일이다. 사리사욕은 오만함보다 더한 것으로, 맹목적인 어리석음이며 외부세계의 현실을 인식하지 못하는 무책임한 무능력이다. 사탄이 제시하는 반란의 이유가 보잘것없는 것일 수는 있으나, 밀턴이 반란에 대한 이유를 제시해야 한다는 것은 시의 극적인 구성을 위해서 필요한 일이며, 아들의 지명으로 인한 질투는 다른 이유만큼이나 좋은 이유로 보인다. 그러나 사탄이 전능하다고 알고 있던 신을 거슬러 모반을 일으키도록 그를 인도했던 것은 바로 어리석음이다. 2권에서 베엘제붑이 전개한 "악마적 충고", 곧 악마들은 하늘에 대한 전쟁에서 인간에 대한 전쟁으로 주의를 돌려야 한다는 조언을 처음으로 변론한 이도 사탄이다.

> 인간 종족을 그 뿌리에서 좌절시키고
> 땅을 지옥과 섞어 혼란스럽게 하는 것, 이 모두가
> 위대한 창조주를 괴롭히기 위해서?
> (382~385행)

폭풍으로 하늘을 빼앗을 수 없다는 것을 깨달은 사탄은 더욱 어리석은 짓을 하며, 땅을 그 자신의 지옥에 묶어두려고 결정한다.

아담과 이브를 유혹하는 데 성공한 사탄은, 하늘과 땅 사이의 통행을 더욱 쉽게 하기 위해 카오스 위로 넓은 다리를 놓아서, "죄"와 "죽음"에 지옥의 문을 떠나 세상 속에서 살아가라고 격려한다. 사탄은 승리의 첫 맛을 만끽한다. 그는 만마전의 악마들에게 자기가 땅 위에서 이룬 성취를 뽐내며 "그들의 엄청난 환호와 대단한 갈채를 기대한다." 그러나 악마들은 뱀과 같은 괴물로 바뀌고 그들과 함께 있던 사탄은,

> 얼굴이 오그라졌고, 모나고 빈약해진 것을 느끼며,
>
> 그의 팔은 갈비뼈에 들러붙고,
>
> 그의 다리는 서로 비비 꼬였으며,
>
> 결국 배를 바닥에 대고 엎어져 있는
>
> 괴물과 같은 뱀으로 변해버렸음을 느꼈네.
>
> (10권, 511~514행)

밀턴의 천재성은, 우리가 사탄을 마음속에 그릴 때 뱀의 형상이 아니라, 모든 사람이 동정할 수 있는 이미지인, 반항적인 모반자를 떠올리게 한다는 점이다. 밀턴과 관련되어 자주 인용되는 관점, 곧 밀턴이 반항적인 천사들 편에, 특히 사탄의 편에 있었다는 관점은, 블레이크가 다소 신랄하게 표현하기도 했지만, 조금 혼란스러운 데가 있다. 밀턴은 사탄이 반란의 축이었기 때문에 그를 역동적으로 묘사했다. 밀턴은 자신의 관점에서, 자기 내부에서 인식한 유혹의 견지에서 사탄을 그려낼 수 있었지만, 이러한 사실이 그가 사탄과 동조했다는 것을 의미하지는 않는다. 월독 A. J. A. Waldock은 〈사탄과 타락의 기술 Satan and the Technique of Degradation〉에서, 사탄에 대한 밀턴의 뛰어난 관점과 시의 전개 과정 안에서 사탄의 점진적인 타락을 다루었다. 사탄과 그의 부하들이 마지막에 갔을 때 우리가 접하게 되는 공포가 무엇이든 간에, 우리는 시의 초기 부분에 나오는 이 반역자에게 어느 정도 공감하지 않을 수 없다. 그리고 이것이야말로 모든 시적 허구들 중에서도 밀턴의 사탄을 가장 매력적이고 설득력 있게 만들어주는 것이다.

물론 밀턴의 "괜찮은" 악마들이 〈실낙원〉과 〈복낙원〉에만 나오는 것은 아니다. 〈그리스도 탄생일 아침에〉(1692)는 부분적으로 거의 정화된 악마들을 보여준다.

페오르, 그리고 바알림은

두 번 꺾인 팔레스타인의 신과 함께

그들의 침침한 신전들을 버리고,

달의 아슈타로트,

하늘의 여왕과 모후 모두,

이제는 (앉지 않고) (촛불 든 이의) 거룩한 빛에 둘러싸였네,

리비아의 하몬Hammon은 자기 뿔을 거두고

티로의 처녀들은 헛되이

그들의 상처 입은 타무즈Tamuz를 애도하네.

(197~204행)

이후에 나오는 세 구절에서 밀턴은 몰로크, 이시스, 오루스(호루스), 아누비스Anubis, 오시리스, 티폰 등을 언급한다. 당시 이들은 모두 악마학적 전승에 속해 있었다.

몰로크*, 오시리스*, 티폰*, 사탄*, 만마전* 등을 보라.

아슈타로트Ashtaroth(422행) : 가나안의 이교도 여신이자 바알의 배우자이며 시돈인Sidonian들의 신이다. 판관기 2장 13절에 나오며 야훼를 저버린 유대인들이 숭배했다. 밀턴은 악마학 문헌에 나오는 여러 표기 형태 중에서 이것을 선택했다. 예를 들면, 아스테로트Asteroth, 아스타라트Astarath, 아슈테로트Ashteroth, 아슈토로트Ashtoroth 등이 가장 흔한 형태들이다. 단수형은 아슈토레트Ashtoreth이며, 복수형은 아슈타로트Ashtaroth이다. 그러나 밀턴은 단수형으로 사용해야 적합할 때에도 복수형을 사용한다. 바알과 아슈토레트는 부부로 숭배를 받았지만, 밀턴은 이들을 각각 남성 악마 집단과 여성 악마집단의 우두머리들(바알림과 아슈타로트)로 여긴다. 밀턴의 이러한 선택은, 바알이 초기에 명백히 "지배자"와 동등하게 받아들여졌다는 것을 의식한 결과로 보인다. 그러나 밀턴은, 영들이 하나의 성이나 양성을 취할 수 있다고 기록하고 있다(423~424행).

고대에 아슈타로트를 일컬었던 또 다른 이름은 아스타르테Astarte였다. 밀턴은 아스토레트*를 "페니키아 사람들이 초승달 모양의 뿔을 지닌 하늘의 여왕, 아스타르테"(438행)라고 하여, 다른 여신으로 보고 있지만, 고대 문헌에는 이렇게 나와 있지 않다. 고대 악마학에서 아스타르테는 그저 아슈타로트의 다른 이름일 뿐이었다. 카이사레아Caesarea의 에우세비우스Eusebius는 역사가 산쿠니아톤Sanchuniathon을 인용하면서 아슈토레트가 황소의 머리를 지닌 여성의 형상으로 숭배를 받았다는 취지의 짧은 단편을 남겼다. 비록 밀턴은 자신이 그린 아슈타로트와 아스토레트를 다른 여신으로 보지만, 그가 아스토레트를 "초승달 모양의 뿔을 지닌 하늘의 여왕"이라고 쓸 때 염두에 두었던 것은 이시스Isis가 아니라 에우세비우스가 전해준 형상이었을 것이다.

그러나 그리프와르 전승의 남성 악마 아스타로트와 밀턴의 전승을 혼동해서는 안 된다.

아자젤Azazel(534행) : 만마전 황제의 깃발을 들고 있는 자로, 밀턴은 타락한 지품천사(Cherubim) 중 하나로 보았다. 이 악마적 영은 레위기 16장에 나오는 아자젤Azazel이나 에블리스Eblis와는 무관한 것으로 보인다.

이시스Isis : 밀턴의 오시리스 및 오루스Orus(호루스)와 마찬가지로, "옛날에 명성을 지녔던"(477행)이라는 유명한 구절이 보여주듯이, 이시스도 악마와는 거리가 멀다. 밀턴이 반감을 가지는 것은 어떤 역사적 진실이 아니라, 이 이집트 신들의 "괴물 같은 모습과 요술" 그리고 "잔인한 형상들"로 보인다. 이시스와 호루스가 성모마리아와 아기 예수를 예시한다는 비교 전승을 밀턴이 알고 있었을 것 같지는 않다. 그러나 그리스도교 성모자 이미지의 원형으로 여길 수 있는 많은 이미지들이 존재한다.

케모스Chemos(406행) : 케모스는, 암몬족의 몰레크Molech와 어느 정도 관련이 있었던 모압족의 신 케모쉬Chemosh와 같은 신일 가능성이 높다. 몇몇 학자들은, 몰레크가 "왕"을 의미한다는 것을 근거로, 둘이 실제로 동일한 신이라고 주장한다. 성 히에로니무스는 케모쉬를 바알페오르*와 똑같다고 강조한다. 밀턴은 아마 성 히에로니무스의 구절을 염두에 두고서 페오르*가 케모스의 다른 이름이라고 말했을 것이다(412행). 밀턴이 케모스에 대해 전개한 내용은 케모쉬가 모압의 "혐오스러운 우상"이라고 한 열왕기 상권 11장 7절과 관련이 있다.

ㅂ

바글리스 Baglis
〈눅테메론〉*에 나오는 두 번째 시간의 악마들 중 하나로, 척도와 균형의 귀신
이다.

바두 Baduh
메시지의 신속한 전달을 관장한다는 셈족의 영이다. 봉투나 소포에 이 이름을
구성하는 아라비아 숫자 넷(8, 6, 4, 2)을 써서 현대에도 그의 이름은 부적처럼
사용된다.

바드 Bad
폭풍우를 관장한다고 하는 페르시아 정령 진*의 이름이다.

바드리엘 Vadriel
바울로계 술*을 보라.

바디올 Badiol
그리프와르* 전승의 악마들 중 하나이다.

▲ **바렛** 프랜시스 바렛. 〈마법사〉(1801)의 저자로, 신비술사이자 악마술사, 점성술사였다.

바라스 Baras

그리므와르* 전승의 악마들 중 하나이다.

바라트론 Baratron

스코트*가 언급한 악한 악마 일곱 중 하나이다. 소환*을 보라.

바렛 Barret

프랜시스 바렛 Francis Barrett(1832년 사망?). 신비술사이자 대중적 악마학자이며
그의 저서 〈마법사 The Magues〉 또는 〈천상의 지혜전달자 Celestial Intelligencer〉(1801)
로 알려졌다. 다소 상상력이 떨어지는, 손으로 그린 그의 악마 삽화들 목록은

현대 대중적 신비술 전승의 상투적인 요소가 되었지만, 그의 관점이 인간의 삶 속에 있는 악마의 역할에 대한 전통적인 관점을 어떻게 강등시켰고 약화시켰는지에 대해서는 충분히 연구되지 않았다. 바렛은 그 자신에게 가장 잘 알려졌다는 이유로, (예를 들면) 빈스펠트*가 언급한, 악마가 7대 죄악을 지배한다는 전통을 바꾸고 오염시켰다. 바렛은 마몬*을 악마들의 왕으로, 아스모데우스*를 사악한 복수의 왕으로, 사탄*을 남을 속이는 자들의 왕으로, 그리고 베엘제붑*을 거짓 신들의 왕으로 보았다. 벨리알*은 죄악을 저지르는 이들의 왕이 되며(그러나 카드와 주사위 놀이를 하는 악마 정도로 나타난다), 메리힘*은 역병을 가지고 오는 영들의 왕이 되고, 아밧돈*은 사악한 전쟁의 왕으로 그려진다. 아스타로트*는 고발자와 심문관의 왕이고 파이토*는 거짓말의 왕이 된다.

바루논 Varoonon
아우스타틱코파울리가우르*를 보라.

바루카스 Baruchas
스테가노그래피의 악마들*을 보라.

바르기니엘 Barginiel
바울로계 술*을 보라.

바르꾸 Barqu
바르쿠*를 보라.

바르르구라 Bar-Lgura
지붕에서 사람들에게 건너뛴다고 하는 셈족계 악마의 이름이다.

바르마 Barma
바르만*과 혼동하지 말아야 한다. 레지널드 스코트*는 세 영을 소환하는 방법에서 바르마를 언급한다. 바틴*을 보라. 타락한 치품천사 세라핌 계급의 유력자로, "그의 특성은 마술사나 마술사가 원하는 자를 변신시켜 다른 나라로 이동시킨다."(〈마술의 발견〉 15권, 3장, 1584년) 페이몬*을 보라.

바르만 Barman

스코트*가 언급한 악한 악마 일곱 중 하나이다. 소환*을 보라.

바르미엘 Barmiel

스테가노그래피의 악마들* 중 하나이자, 그리므와르* 전승의 악마들 중 하나이다.

바르바로트 Barbarot

에녹계 악마들* 중 하나로, 두 번째 하늘의 천사이며 수성의 날(수요일) 동쪽에서 활동한다고 한다.

바르바리치아 Barbariccia

단테의 악마들* 중 하나이다. 어떤 학자들은 이 단어의 뜻이 '악의를 지닌'과 비슷하다고 한다. 현대 이탈리아어에서 동사 바르바레지아레 barbareggiare는 '조잡한 방식으로 쓰거나 말하다'를 의미한다.

바르바손 Barbason

셰익스피어를 통해 대중의 역사 안으로 들어온 악마의 이름이다. 〈윈저의 즐거운 아낙네들〉(II, ii)에서는 루시페르* 및 아마이몬*과 함께 '악령의 이름들' 중 하나로 언급되며, 〈헨리 5세 Henry V〉(II, i, 52)에서 님Nym은 "나는 바르바손이 아니야, 자네는 나를 소환할 수 없어"라고 외친다. 셰익스피어는, 사자의 형상으로 나타나는 악마 마르바스*의 가명이 바르바스*라고 했던 레지널드 스코트*로부터 이 이름을 가져왔을 수 있다. 중세 점성술에서 사자는 태양(Sol)의 짐승이기 때문에, 님과 피스톨 Pistol이 앞선 대화에서 '홀로'(solus)라는 단어를 두고 놀이를 한 것에는 어떤 익살이 들어 있다.

바르바스 Barbas
레지널드 스코트*가 마르바스*의 가명으로 붙인 이름이다. 바르바손*을 보라.

바르자벨 Barzabel
인텔리젠시* 항목에서 악마 난을 보라.

바르바토스 Barbatos
그리므와르* 전승의 악마 백작 또는 공작으로, 군대의 선두에서 사냥꾼의 형상으로 나타난다(지옥의 30군단을 통솔한다고 한다). 바르바토스는 과거와 미래의 숨겨진 보물과 지식을 찾는 데 소환된다. 솔로몬의 일흔두 영 중 하나이자 에녹계 악마들* 중 하나로, 문헌에는 "새들의 노래와 개들이 짖는 소리, 수소들의 울음소리와 모든 조물의 목소리를 이해하는" 대공 大公(great duke)이라고 한다. 악마들의 본성에 대한 논쟁에서 중세의 스콜라 철학자들은 바르바토스를 타락한 천사의 하나라고 주장했다.

바르비엘 Barbiel
에녹계 악마* 목록에서 전갈자리와 관련된 악마. (아그리파* 항목의 [표 13]을 보라.) 에녹계 문헌에서 바르비엘은 28수 중 하나를 다스린다.

바르카얄 Barkayal
첫 번째 에녹 문학 전승에 나오는 에녹계 악마들* 중 하나로, 사미아사*의 인도로 지상에 왔다. 바르카얄은 인간에게 점성술의 비밀을 가르쳤다고 한다.

바르카이알 Barkaial
바르카얄*의 다른 이름이다.

바르쿠 Barku

때로 바르꾸*라고도 하며, 철학자들의 돌의 비밀을 관장한다는 악마이다. 그러나 그리므와르* 전승에서는 많은 악마들이 완벽한 연금술 지식을 가지고 있는 것으로 알려졌다.

바르쿠스 Barcus

〈눅테메론〉*에 나오는 다섯 번째 시간의 악마들 중 하나로, 다섯 번째 원소의 귀신이다. 엘레멘탈*을 보라.

바르키엘 Barchiel

〈알마델〉*에 따르면, 네 번째 고도의 영적 존재들 중 하나이다.

바르톨로메오 스피나 Bartolommeo Spina

바르톨로메오 스피나(1475?~1546)는 트렌토 공의회(Council of Trent)의 의미를 고찰하도록 교황으로부터 임명받았던 중요한 신학자였다. 요술 망상의 위대한 지지자였던 그는 중요한 〈마녀에 대한 조사 Quaestio de Strigibus〉(1532)를 저술했고 악령 들림, 악마와의 성교, 야간 비행 등과 같은 것을 믿었으며, 그가 보급한 요술, 악령 들림 등에 대한 많은 이야기들은 통속적 악마학 전승에 들어오게 되었다. 바르톨로메오 스피나는 동시대인 알폰수스 데 스피나*보다 젊었어도 가끔 그와 혼동되기도 한다.

바르파스 Barfas

그리므와르* 전승의 악마들 중 하나이다.

바리엘 Bariel

바울로계 술*을 보라.

바리올 Bariol
그리므와르* 전승의 악마들 중 하나이다.

바바 야가 Baba Yaga
베넷트 J. G. Bennett가 우스펜스키*의 저작 〈악마와의 대화 Talks with a Devil〉 서문에서 언급한 여성적 악마 조물이다.

바바니 Bhavani
베다 신화에 나오는 동양의 악마로 그의 외양은 고르곤 메두사*의 모습에 영향을 끼쳤다고 한다. 바바니는 시바Siva의 부인 파르바티Parvati의 현현이다. 종종 해골 목걸이를 걸친 모습으로, 때로 시체 귀걸이를 한 모습으로 그려진다. 그러나 고르곤*의 고전적인 이미지에 영향을 끼친 것은 그녀의 돌출된 눈이다.

바밤 Vabam
악마의 알파벳*을 보라.

바벨 Babel
에녹계 악마들* 중 하나이며, 두 번째 하늘의 천사로 수성의 날(수요일)을 다스리고 남쪽에서 활동한다고 한다.

바비우스 Bavius
레테*를 보라.

바사 이니키타티스 Vasa iniquitatis
'불공평한 그릇들'을 의미하는 라틴어로, 천사 마법 문헌에서 세 번째 악마 위계에 붙여진 이름이다. 이들은 "진노의 그릇들"(Vessels of Wrath)로 불리기도 하며, 해악과 모든 사악한 기술의 발명자들이라고 한다. 이들의 군주는 벨리알*이다. 마술 전승 기록자 러드* 박사는 "플라톤은 이 사악한 악마들 중에서 연

▲ **바실리스크** 왕관을 쓴 뱀 바실리스크가 인간을 삼키고 있다. 성 루카 성당 정면에 있는 입문 의례 상징이다.

극과 주사위와 카드놀이를 가르친 테우투스*라는 악마를 언급한다"고 적고 있다. 황도대 악마들*을 보라.

바스트 Bast
아이니*를 보라.

바시엘 Baciel
아마도 바키엘Bachiel의 다른 이름이겠지만, 에녹계 악마* 목록은 그가 네 번째 하늘의 천사로 동쪽을 다스린다고 한다.

바실리스크 Basilisk
머리에 왕관을 쓴 뱀으로 여러 신비술 이미지에 나타난다. 종종 사악한 눈*의 힘을 나타낸다는 의미에서만 악마적이다. 이 개념은 바실리스크가 한 번 바라보는 것만으로도 살아 있는 것을 죽일 수 있다는 고대의 믿음에서 유래한다.

바싸고 Vassago

솔로몬의 일흔두 영 중 하나이며, 특히 마술사들이 과거·현재·미래의 사건에 대한 지식을 포함해 자신들에게 무지한 분야를 배우고자 할 때 바싸고를 소환한다.

바아발 Baabal

그리므와르* 전승의 악마들 중 하나이다.

바알 Baal

원래 바알은 셈족의 풍산신들 중 하나였다. 여신 벨레트*를 상대하는 신이었을 수 있고, 하늘의 여왕 아스토레트*의 배우자였던 것은 분명하다. 밀턴*은 이들을 아슈타로트*와 바알림*이라 불렀는데 이 둘 사이의 결합에 대해서는 밀턴의 악마들*을 보라. 또한 블레이크*도 보라. 초기에 바알(때로 벨)이라는 이름은 '주인'을 나타내기 위해 '소유주'라는 의미에서 채택되었으나, 여러 역사적 이름들의 접두어로 사용되었다. 하스루발 Hasrubal(바알의 도움자)과 한니발 Hannibal(바알의 은혜)도 여기에서 유래한다. 파리대왕을 의미하는 바알제붑 Baal-Zebub이 베엘제붑*의 진짜 어원이라는 주장이 있다.

종종 있는 경우지만, (이집트 람세스 2세 치하에서도 숭배되었던) 이 위대한 신의 이름은 후대에 한 악마를 지칭하기 위해서 사용되었고, 유럽 중세의 그리므와르* 전승에서 바알은 모든 악마 왕들 중에서도 가장 강력한 악마의 명칭이다. 에녹계 악마* 문헌에서 유래한 민간 악마 전승에서는, 보통 바알이 바엘* 또는 바엘르*라는 이름 아래 소환되면 고양이나 두꺼비 머리를 한 인간으로, 때로는 인간의 머리를 한 모습으로 나타난다고 한다. 때로는 한 몸에 머리 셋을 단 모습으로 나타날 수 있다. 바알은 모든 형태의 지식을 수여하고 모든 탐욕을 만족시켜줄 수 있는 것처럼 보인다. 솔로몬의 일흔두 영 중 하나이기도 하다. 악마학 전승 내부에서 레지널드 스코트*는 바알을 바엘르라고 부른다. 바엘*을 보라.

바알림 Baalim

바알*과 밀턴의 악마들*을 보라.

바알베리트 Baalberith

발베리트*의 다른 이름들 중 하나이다.

바알제폰 Baalzephon

바이어*에 따르면 지옥의 보호와 파수를 맡은 악마 수장이다.

바알페오르 Baal-Peor

원래 이스라엘 사람들이 야훼를 배반하고 숭배한 모압족 신의 이름으로(민수기 25, 1~9), 그 결과 2만 4천 명이 죽었다. (증거가 희박하기는 하지만) 바알페오르 숭배는 방탕한 행동과 연관되었다는 주장이 이따금씩 제기된다. 바알페오르는 때로 페오르*라고도 알려졌는데, 페오르에 대해서는 밀턴의 악마들* 항목에 있는 '케모스'를 보라. 벨페오르*도 보라.

바엘 Bael

바알*의 여러 이름 중 하나라는 것이 분명하지만, 에녹계 악마* 목록에서는 '동쪽의 권력을 통솔하는 왕'이라고 하며, 바알 항목 아래에 대중이 상상한 머리 셋을 가진 모습으로 묘사된다. 바엘이라는 이름은, 바이어*가 〈악마들의 거짓 군주국〉*에서 바엘이 지옥의 첫 번째 군주라고 설명한 데서 대중화되었다.

바엘르 Baell

바알*을 보라.

바울로계 術術 The Pauline Art

웨이트*가 옳게 묘사하듯이, 복잡한 성격을 지닌 그리므와르* 계열의 문헌으로, 다양한 천사들을 소환하기 위한 의례들로 구성되어 있다. 각 시간의 지배자들의 이름은 사마엘*, 아나엘*, 베구아니엘*, 바크미엘*, 사즈키엘*, 사밀*, 바르기니엘*, 오사게비알*, 바드리엘*, 오리엘*, 바리엘*, 베라티엘* 등이다. 이들 아래에는 덜 중요한 악마들이나 천사들의 주인이 있다. 각 시간의 또 다른 지배자들인 감비엘*, 파리스*, 사르쿠아미엘*, 제피스카*, 아바스다론*, 자조나쉬*, 멘드리온*, 나르코리엘*, 나코리엘*, 주스구아린*, 다르다리엘*, 사린디엘* 등은 덜 중요한 악마들의 군단도 지배한다. 열두 표징의 천사들 이름은 네 원소와 관련해서 붙였다.

불

양자리 = 아이엘 Aiel

사자자리 = 올 Ol

궁수자리 = 시자자셸 Sizajasel

공기

쌍둥이자리 = 기엘 Giel

저울자리 = 자엘 Jael

물병자리 = 아우시울 Ausiul

물

게자리 = 카엘 Cael

전갈자리 = 소솔 Sosol

물고기자리 = 파시엘 Pasiel

흙

황소자리 = 투알 Tual

처녀자리 = 보일 Voil

염소자리 = 카수조이아 Casujoiah

바이부 Vaivoo

아우스타틱코파울리가우르*를 보라.

바이블 Bible

악마의 바이블에 대해서는 악마 관련 구절* 항목에서 '책'을 보라.

바이어 Weyer

요한 바이어Johann Weyer(1515~1588)는 자주 (라틴화된 그의 여러 이름 중 하나인) 비에리우스*라 불리며 요술에 대한 열광과 마녀사냥이 유행했던 16세기에 요술의 타당성에 질문을 던졌던 최초의 박식한 저술가였다. 인도주의자이자 신비술사였던 코르넬리우스 아그리파*의 제자인 그가 신비술 전승에 대한 스승의 심오한 지식을 수용했다는 것은 의심의 여지가 없다. 실제로 바이어는, 영향력 있는 그의 저서 〈악마의 망상에 대하여〉(1563)에서 악마와의 계약*이 관련된 진짜 요술과, 직업적인 마녀사냥꾼들에게 붙잡힌 수많은 무지한 사람들과 종종 ("늙고, 투옥이나 고문 때문에 발광한") 무지한 여성들의 가짜 요술을 진지하게 구분하고자 했다. 그는 각기 6666명의 악마들이 있는 1111개 사단이 있으며 마왕*은 7백만 이상의 악마를 지배한다고 추정했다.

바이올린 활 Fiddlestick

악마 관련 구절*을 보라.

바카나엘 Bachanael

에녹계 악마들* 중 하나이며, 첫 번째 하늘의 천사로 서쪽에서 활동하며 월요일을 다스린다고 한다.

바카비엘 Vacabiel

상툼 렉눔* 의례에서 바카비엘은 황도대의 물고기자리(Pisces)를 지배하는 것과 관련이 있다.

바크미엘 Vachmiel

바울로계 술*을 보라.

바키엘 Bachiel

때로 바르키엘*이라고도 하며 물고기자리와 연관이 있는 악마이다. (아그리파*

항목의 [표 13]을 보라.) 에녹계 악마들* 가운데에서는 바르키엘로 불리며 물고기자리를 지배한다.

바트라알 Batraal

첫 번째 에녹 문학 전승에 나오는 에녹계 악마들* 중 하나로, 사미야사*의 인도로 지상에 왔다.

바틴 Bathin

때로 바팀*, 마팀*, 또는 마르팀*이라고도 하며, 레지널드 스코트*가 "세 영, 페이몬*, 바틴, 바르마*를 불러내는 방법"(《마술의 발견》 15권, 3장, 1584년)에서 거명하는 악마 중 하나이다. 스코트는 에녹계 악마* 목록이나 솔로몬의 영*들 중에서 이 이름을 얻은 것이 거의 확실하다. 바틴은 뱀 꼬리를 지니고 청백색 말 위에 앉은 강한 남자의 형상으로 나타나는 대공大公이라고 한다. 특히 약초와 보석의 효능에 대한 지식을 가지고 있다. 바틴은 "불의 원천 안에 있는 더욱 깊은 곳에 있으며, 루시페르*의 측근이고, 지옥 전체 계급에서 민첩성과 붙임성이 그보다 좋은 동료가 없다"고 한다. 페이몬*과 바르마*를 보라.

바팀 Bathym

바틴*을 보라.

바포메트 Baphomet

바포메트는 마치 악마와 동의어인 양, 또는 특별한 종류의 악마인 양 중세 후기의 여러 문헌에서 나타난다. 바포메트는 모함메드Mohammed가 변질되어서 나온 단어일 가능성이 크며, 중세에 중동 및 이슬람과 접촉했던 단체들(예를 들면, 성전 기사단) 가운데서 출현했다는 사실은 이 단어의 유래를 입증한다. 이단사상과 연결된 이 단어가, 이 단어를 사용한 사람들의 마음에 어떻게 악마신앙의 공포를 일으켰는지도 설명한다. 자신들의 사회·정치적 동기 때문에 성전 기사단을 공격했던 사람들은, 성전 기사들이 '마우메트*'나 '마홈스트'mahomst라고

▲ **바포메트** 엘리파 레비는 이 이미지를 '멘데스의 바포메트' 또는 '안식일 염소'라고 불렀다. 이것은 악마를 공상적으로 묘사한 것으로, 레비가 끌어낸 낭만적 신비술의 가장 대표적인 형상들 중 하나이다. 뿔 사이의 별과 다리 사이의 뱀 지팡이(카두세우스), 그리고 (하나는 어둡고 다른 하나는 밝은) 두 개의 달은 특정한 신비술 맥락에 있는 깊은 상징들이며, 비록 레비가 〈초월 마술〉(영어판, 1896)에서 이 상징들을 끌어들인 이유를 길게 설명하기는 하지만, 이 악마적 맥락 안에서는 무의미한 것들이다.

불리는 바포메트 형상이나 바포메트 머리를 숭배했다고 주장한 기록들이 있다. (마우메트와 마홈스트는 '이단의 우상'과 같은 의미인 양 사용됐다.) 그러나 이러한 주장에 대한 증거는 없다. 말콤 바버Malcolm Barber의 뛰어난 연구가 명확히 보여주듯이, 성전 기사단은 악마숭배나 이단숭배에 탐닉하지 않았다. 대중적인 마술 역사에서 중요한 '바포메트의 머리'는 상상력의 소산으로 드러났다. 바포메트를 숭배했던 사람들의 음울한 행태에 대한 이야기는 전적으로 극심한 고문을 통해서 끌어낸 고백 때문이다. 성전 기사단이 숭배했던 머리가 위그 드 파앵Hugues de Payns의 성유해라는 설이 있으나, 사실이 무엇이건 간에, 희생자들의 금으로 자기들의 금고를 채우기 위해 성전 기사단이 몰락하기를 바랐던 이들 때문에 진실은 모호해졌다.

'바포메트'에 대한 현대적 정의는 사이크스Sykes가 바포메트를 "신비술사들의 안식일 염소"라고 한 데서 나왔다. 안식일 염소는, 말하자면 마녀들이 숭배한 악마이다. (신비술사들이 숭배한 악마가 아니라는 점에 주의해야 한다.) 그러나 사이크스는 이 단어를 그리스어 바페메투스baphemetous에서 가져오며, 이는 별 모양에 붙여진 이름들 중 하나이다. 별 모양이 '안식일 염소'의 악마적 형상들에 사용된다는 사실은 흥미로운 기원을 말해주지만, 그러한 형상들은 '바포메트'라는 단어가 처음 나타난 중세 악마학들보다는 19세기 낭만적 악마학의 결과이다.

많이 사용된 이 단어에 대해 호기심을 끄는 수많은 유래들이 있으나 대부분 어원학적 가치가 없다. 다만 하늘을 뜻하는 중세 라틴어 바푸스baphus가 변질된 것일 수 있다는 의견은 눈여겨볼 만한 가치가 있다.

바풀라 Vapula
〈레메게톤〉* 사본에서 나온 것이 분명한 악마. 솔로몬의 영*을 보라.

바하무트 Bahamut
이슬람 전승에서 바하무트는 거대한 물고기의 이름으로 그 위에는 거대한 황소 쿠자타Kujata가 서 있고, 황소의 등에는 거대한 루비가 있으며, 루비 위에는 지구를 들고 있는 천사가 서 있다. 베헤못*이 이 이름에서 나왔을 것이라는 추정 때문에 악마학자들은 이 이름에 관심을 가진다.

박스터 Baxter
리처드 박스터Richard Baxter(1615~1691). 장로교 전도사로 영향력 있는 저서 〈영들의 세계의 확실성 Certainty of the World of Spirits〉(1691)을 저술했다. 이 책은 사라져가는 마술환상을 지지했던 악마학적 성향을 지닌 마지막 책들 중 하나이다.

반그리스도 Antichrist

그리스도의 재림에 앞서 나타난다고 하는 악마적 존재의 이름으로, 테살로니카 후서 2장과 요한 묵시록 13장에서 유래한 개념이다. 그러나 이 두 본문 모두 '반그리스도'라는 이름을 언급하지는 않는다. 테살로니카서에서 바울로는 하느님께 반대하는 '죄인'(man of sin)과 '멸망하는 자'(son of perdition)를 언급한다. 요한 묵시록은, 성도들을 상대로 전쟁을 벌이고 모든 언어와 백성에 대한 권세를 지닌, 머리가 여럿 달린 짐승인 신성 모독자를 묘사하고 있다. 8절에 그리스도에게 충실하지 않은 자들만 이 짐승의 지배를 받을 것이라고 명시되어 있다. 반그리스도라는 이름에 관한 성서적 권위는 이 이름을 다섯 차례 언급한 사도 요한에게 있다. 요한은 이 이름을 복수형으로도 한 차례 언급한다 (1요한 2, 18). 이러한 사실은, 원래 반그리스도라는 개념이 적어도 그리스도와 같은 의미의 배타성을 지니지 않았다는 것을 가리킨다. 요한복음의 저자가 이단이나 그리스도의 메시지를 반대하는 사람을 표현하기 위해서 이 용어를 사용한 것처럼 보인다. 테르툴리아누스Tertullian를 비롯하여 여러 초기 교부들이 이러한 관점을 수용했으나, 반그리스도에 대해 강력한 악마적 존재처럼 묘사하는 많은 자료들이 쏟아져 나오는 것을 막지는 못했다.

후대의 주석과 학문적 해석들은 이 세 개의 다른 모습들을 합병하고, 성 요한의 묵시적 환시가 반그리스도를 언급하는 것이라고 해석해서, 그리스어 전치사 안티anti가 '반대'의 의미만 있는 게 아니라 '대리'라는 뜻을 지니고 있다는 사실을 망각했다. 그 결과 그리스도를 보편적인 구세주로, 그리고 반그리스도를 보편적인 적대자로 여기는 일반적인 믿음이 생기게 되었다.

비록 초기의 저자들이 반그리스도를 악마적 존재로 보는 생각에 의문을 가졌지만, 반그리스도를 개별적 존재로 여기는 관념에 동조하는 후대의 작가들 중에서 반그리스도가 인간의 형상으로 나타날 것임을 의심하는 이들은 거의 없어 보인다. 네로에서 나폴레옹까지, 실제로 몇몇 유명하거나 악명 높은 사람들이 이미 이 악마적 호칭의 짐을 짊어졌다. 그리고 반교황주의자들은 여러 교황들을 이 이름으로 불렀다. 세 성서적 자료의 혼란과 병합은 그리스도교 역사 초기부터 일찍 시작되었으나, 아마도 초기 저자들 중에서 반그리스도가

▲ **반그리스도** 미하엘 볼게무트는 〈세계 연대기〉에서 예상되는 반그리스도의 영향을 다룬다. 그림 왼쪽에 있는 인물이 인간 형상을 한 반그리스도이며, 대중에게 설교를 하고 있다. 부리를 가진 악마는 그의 귀에 소곤대고 있다. 오른쪽의 두 설교자는 진짜 그리스도의 변모를 목격한 에녹과 엘리야이다. 공중에도 전형적인 중세의 반그리스도 모습이 보이며, 악마들과 (위에서 칼을 들고 있는) 성 미카엘 사이에서 최근 죽은 영혼을 두고 싸우고 있는 모습을 보여주고 있다. 이 투쟁은, 자기가 하느님이라는 것을 보여주기 위해서 날아가려고 하는 반그리스도의 모습을 보여준다고 전해지지만, 그림을 보는 사람들은 악마들이 공중 싸움에서 도움을 주지 않는다는 인상을 받는다.

악마에게서 탄생할 사람이라고 주장한 이는 아마도 성 히에로니무스뿐일 것이다. 다른 저자들은 반그리스도가 어떤 인간보다 악마적일지라도 인간에게서 태어날 것이라고 강조한다.

때로 반그리스도와 혼동되는 (성서에서 유래한) 짐승의 숫자 666*은 방대한 해석을 낳았는데, 그것들 중 비교秘敎의 관점에서 가장 흥미를 끄는 것은 루돌프 슈타이너*가 했던 일련의 강연집으로, 현재 〈성 요한의 묵시 The Apocalypse of St John〉라는 이름으로 출간되어 있다. 참고문헌을 보라. 짐승*도 보라.

16세기 후반에 미카엘리스는 반그리스도가 베엘제불*에 의해 임신될 것이라고 저술했다. (그리고 루시페르*가 그의 할아버지가 될 것임을 강조함으로써 있을 수 없는 악마 가계도를 만들었다.) 반그리스도는 지상에서 가장 사악한 인물이 될 것이고, 그리스도교인들을 지옥의 저주받은 자들로 취급할 것이라고 한다. 그리고 반그리스도가 날아다니는 능력을 가지게 될 것이라고 한다. 미카엘리스의 계급*을 보라.

요한복음서의 저자가 누구든 그리스도를 반대하면 반그리스도라고 믿었던 것처럼 보이듯이, 윌리엄 블레이크*도 이 모호한 존재를 그리스도의 내적 메시지에 반대하는 사람이라고 믿었다. 블레이크*는 비교 전승에 대한 인식을 드러내는 인상 깊은 구절에서 반그리스도를 "장엄한 자아 이미지"라고 했다(〈예루살렘〉, 89쪽, 9행). 블레이크는, 지옥의 문에서 끔찍한 라다만투스*와 함께 죄인들에 반대하여 천국의 문을 닫아버릴 이들이 아니라면, 반그리스도가 무엇이냐고 묻는다. (블레이크*를 보라.)

반시 Banshee
스코틀랜드 고지대나 아일랜드 가정에 있는 영들 중 하나로, 가족 구성원이 죽을 때 통곡을 한다고 한다. 반시는 대중적인 의미에서 때로 악마의 일종을 나타내지만, 북유럽 민간전승에서는 항상 자애로운 모습으로 그려진다. '반시'라는 단어는 요정의 여인을 뜻하는 옛 아일랜드어 벤시데ben sidhe에서 유래했을 것이다.

반지 Ring
악마 관련 구절*을 보라.

발라누 Valanu
스코트*가 언급한 선한 악마 일곱 가운데 하나이다. 소환*을 보라.

발라이 Balay
에녹계 악마들* 중 하나로, 달의 날(월요일) 북쪽에서 활동하는 첫 번째 하늘의
천사라고 한다.

발라크 Valac
솔로몬의 일흔두 영 중 하나이자 에녹계 악마들* 중 하나이다. 머리가 둘 달린
용을 타고 작은 날개를 단 소년의 모습으로 나타난다고 한다. 파충류를 지배
하며 숨겨진 보물을 찾으려고 할 때 소환된다.

발란 Balan
발람*을 보라.

발람 Balam
때로 발란*이라고도 하며, 인간의 머리 하나와 짐승의 머리 둘을 함께 지닌 모
습으로 나타나는 그리프와르* 전승의 악마이다. 에녹계 악마* 목록에서 발람
은 황소, 인간, 숫양의 머리에 뱀 꼬리와 불타는 눈을 가지고 사나운 곰을 타
고 다니며, 손목에는 사냥매가 있다고 한다. 발람은 과거와 미래에 대한 모든
지식을 준다. 솔로몬의 일흔두 영 중 하나이다.

발레포르 Valefor
때로 말레파르*라고도 하며, 솔로몬의 일흔두 영 중 하나이자 에녹계 악마들*
의 일원이기도 하다. 사자의 형상이나 복합적인 생물로 나타난다고 한다. 에

녹계 문헌을 포함한 일부 자료는 발레포르가 "도둑의 얼굴"을 가지고 있으며 "도둑들을 교수대에 데려갈 때까지 그들과 매우 친하게 지낸다"고 한다(레지널드 스코트*). 그러나 다른 악마학자들은 좀더 부드럽게 묘사하는데, 발레포르가 마술사들에게 모든 비밀을 알려줄 것이고, 신비적 의학지식을 지니고 있으며 인간을 동물로 변형시키는 방법을 안다고 기록하고 있다.

발리데트 Balidet
에녹계 악마들* 중 하나로, 악마왕 마몬*(아마이몬*)의 대신이며, 토성의 날을 지배하고 서쪽에서 활동하는 공중의 천사라고 한다.

발리사르곤 Ballisargon
스코트*가 언급한 악한 악마 일곱 중 하나이다. 소환*을 보라.

발베리트 Balberith
때로 바알베리트*라고 하며, 타락한 케루빔의 왕자들 중 하나로, 악마학자 미카엘리스에 따르면, 인간을 유혹하여 살인하고 신성을 모독하게 하는 힘을 가지고 있다고 한다. 발베리트의 영적 원수는 바르나바스Barnabas라고 한다. 미카엘리스의 계급*을 보라. 바이어*는 발베리트가 지옥 문서고의 감시원이라고 한다. 그러나 몇몇 악마학자들은 바알베리트와 발베리트가 다른 존재라고 주장한다.

발킨 Balkin
레지널드 스코트*가 설명한 소환* 방법에 있는 한 악령의 이름이다. 발킨은 루리단*과 글라우론*의 왕으로 1500지역을 관장하며, 북쪽 산의 주인이었다. 스코트의 설명에 따르자면, 발킨은 작은 염소를 탄 바쿠스처럼 카멜레온을 탄 수많은 난쟁이들 다음에 나타난다.

마법사가 영에게 조회하고 흥미로운 질문들을 던져 영이 만족하면, 영의 무리들 가운데서 작은 에티오피아인처럼 한 뼘 길이의 작은 영이 나타날 것이다.

위대한 왕 발킨은 이 영을 구마사에게 인도하여 그가 살아 있는 동안 계속 그의 시중을 들 수 있도록 한다(〈마술의 발견〉 15권, 9장, 1584년).

발타조 Baltazo
1566년 프랑스의 랑Laon에서 니콜 오브리Nicole Aubry에게 들렸던 것으로 추정되는 악마의 이름이다. 이 이름은 보댕*의 법정 보고서에 기록되었다.

밤의 마녀 Night hag
악몽*을 보라.

밧줄 Rope
악마 관련 구절*을 보라.

백 오네일스 Bag o'Nails
악마 관련 구절*을 보라.

백작 Earl
중요한 위치에 있는 사람을 뜻하는 고대 영어 올eorl에서 유래한 단어이며 영국의 세 번째 귀족 계급에 적용된다. 많은 그리므와르*들은 특별한 지위의 타락한 천사들을 나타내기 위해 이 단어를 채택하였다. 예를 들면, 안드로말리우스*가 공작이자 백작인 반면, 강력한 비프론스*는 백작이다. 시간*을 보라.

뱀 Serpent
대중 전승에서 창세기의 유혹하는 뱀은 모든 악마들에게 명령을 내리는 마왕*이다. 요한 묵시록에 따르면, 그는 또한 늙은 뱀이며 사탄*과 똑같다. 윌리엄 블레이크*의 시적 비전 속에서 뱀은 미묘한 위선을 나타내며, 자연 숭배의 상징이다. 똬리를 튼 뱀의 형상은, 물질주의에 빠지거나 착각을 일으키는 자연의 올가미에 빠진 인간의 영적 생활이 덫에 갇힌 모습을 나타낸다. 신비술사 블

▲ **가르고일** 유럽에서 가장 인상적인 중세의 괴물 석상들은 파리 노틀담 성당에 있는 것들로, 대부분 13세기 후반의 디자인이다. 그러나 이곳의 모든 악마들이 기괴하거나 괴물과 같은 것은 아니다. 노틀담의 비교적(秘敎的) 상징은 본질적으로 연금술적 상징들이기에(실제로 한 석상은 연금술사의 이미지이다) 일부 신비술사들은 이 괴물 석상들이 인간의 내적 자질들을 표현한다고 주장했다. 이들은 그리스도교 교리의 목적이 인간 안에 있는 악마적 요소를 구원하는 데(또는 연금술적으로 변형하는 데) 있다고 주장한다. 이러한 가설의 틀 안에서 악마적 형상들은, 마치 타락한 천사의 반전된 모습처럼, 구원을 받거나 천상적으로 고양될 인간 안에 있는 악마적 요소들을 표현하고 있다. 엄밀히 말해서 노틀담에 있는 몇 개의 악마들과 그로테스크들은, 그것들이 배수관으로 만들어지지 않았던 것처럼, 괴물 석상들이 아니다.

▶ **기호** 주로 화성의 악마학 및 천사학을 다루고 있는 그리므와르 문헌 사본에 컬러 잉크로 기호들이 그려져 있다. 기호들은 왼쪽 위부터 벨리알, 베파르, 삭스, 모락스를 표현하고 있으며, 오른쪽 화성 인장 아래에 있는 기호는 나베리우스에게 사용되는 여러 형태 중 하나이다. 그리므와르에서 기호의 전승은 한때 이름의 전승만큼이나 중요하게 여겨졌다. 기호나 이름 모두 악마 소환에 쉽게 사용되었고, 기호는 이름을 그림으로 표현한 것이었기 때문이다.

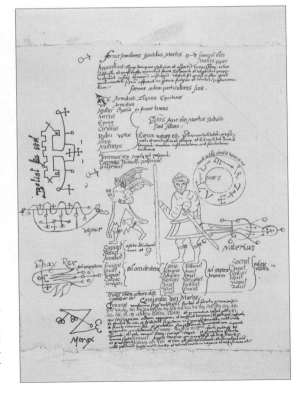

▲ 라미아   그림 왼쪽에서 방패를 든 이가 아름다운 뱀의 몸을 지닌 여자 라미아다. 라미아는 젊은 남자들의 피를 먹기 위하여 그들을 유혹한다. 이것은 여성 안에 있는 악마적 요소를 편의상 보여주는 이미지이다. 고전 시대의 원래 라미아는 라위스트리고 네스의 부인으로 신화에 뿌리를 두고 있으나, 중세에는 악마가 되었고, 반은 뱀이고 반은 인간이었기에 입문 의례의 상징적 의 미를 지닌 모습으로 나타나기도 한다. 니콜라우스 프레포시투스의 〈향료상을 위한 조제법〉(1517)에 나오는 이 삽화는 실제로 한 인쇄업자의 도안이지만, 나무를 키우는 분수에 꼬리가 잠긴 라미아는 비교의 상징을 상기시키며, 이 중요한 책의 내용과 관련해 서 확실히 의미가 있다. 이 책은 식물에서 채취한 약의 특성 및 제조법과 관련이 있으며, 이는 중세 시기의 가장 중요한 약품 조 제를 나타내고 있다. 여기에는 다수의 최면제와 마취제 조제법도 들어 있다. 밀턴은 〈실낙원〉에서 라미아 형상을 죄의 상징으로 채택했다.

Ronwe.

▲ **론웨** 콜랭 드 플랑시가 1863년판 〈지옥사전〉에서 묘사한 지옥의 후작. 이 론웨의 이미지는 전통적인 악마학 자료에 대한 플랑시의 전형적인 접근 방식을 보여준다.

▲ **루시페르** 페이 포머런스가 그린 루시페르의 오른손의 창조. 이 그림에 대한 간단한 설명은 본문에서 루시페르 항목을 보라.

▲ **마귀** 이 마귀 그림은 피사의 캄포 산토에 있는 14세기의 거대한 프레스코화이다. 뿔이 달린 짐승의 얼굴과 입 모양에, 몸에는 여러 개의 눈(또는 염증?)의 흔적들이 있는 고전적인 마귀의 모습이다. 이 이미지는 아마도 피렌체의 성 요한 세례당 천장에 있는 지옥 모자이크 그림에서 영향을 받았을 것이다. (본문 118쪽을 보라.) 피렌체의 지옥 모자이크 그림은 중세의 가장 충격적인 악마 이미지일 것이며, 13세기 말에 쓰인 단테의 신곡에서 영향을 받았다.

▶ **마귀카드** 18세기 프랑스 타로카드 세트에 있는 마귀카드. 날개 달린 마귀가 그의 받침대에 묶인 두 작은 마귀들을 위협하는 자세로 서 있다. 왼쪽 악마가 위쪽을 가리키고 오른쪽 악마가 아래를 가리키고 있는 것은 그리스도교 악마학에 내재하는 이원론의 상징이다. 악마들의 타락에 대한 그리스도교의 공식적 이해는 그들이 한때 천사들이었다는 것을 강조한다. 그리스도교 신학에는 천사들이 어떻게 형태를 바꾸었는지에 대해서 만족할 만한 설명이 없지만, 밀턴은 〈실낙원〉에서 이를 시적으로 묘사하고 있다. 이 타로카드에서 마귀의 오른쪽 손에 든 것은 아마도 불타는 나무일 것이다. 마녀들이 모여서 여는 광란의 파티에서 이런 불을 밝혔을 것이라는 믿음을 보여준다.

▼ **마이몬** 머리가 둘 달린 마이몬 임금이 악마처럼 생긴 용 옆에 서 있다. 15세기 그리므와에서. 악마 주위에 있는 채색기호들은 후대에 덧붙여진 것들이나, "더 작은 열쇠"와 관련된 솔로몬계 그리므와르 전승에서 유래한다.

▲ **베엘제붑** 파리대왕 베엘제붑의 가장 대중적인 이미지들 중 하나로, 콜랭 드 플랑시의 1863년판 〈지옥사전〉에 있는 채색 목판화이다. 베엘제붑이라는 이름은 '파리대왕'이라는 뜻과 거의 유사한 히브리어에서 왔다고 하지만, '높은 차원의 왕'을 뜻하는 아시리아어에서 유래했을 수도 있다. 초기 그리스도교 시기에는 "지하세계의 왕"으로 번역되었고, 마태복음서 12장 24절에는 "마귀 우두머리"라고 나와 있다.

A Deceiver

Apollyon

Vessels of Iniquity

Belial

▲ **벨리알** 프랜시스 바렛의 〈마법사〉(1801)에 있는 악마 "진노의 그릇"의 수채 목판화. 아래 그림이 벨리알이고 위의 것은 아폴 뤼온이다. 바렛이 악마들을 묘사하기 위해 사용한 의인화한 이미지들은 그리므와르 문헌에 있는 설명들과 부합하지 않는다. 레 지널드 스코트는 〈마술의 발견〉에서 벨리알이 "불의 전차에 앉아 있는 아름다운 천사"로 나타난다고 하지만, 때로 루시페르 바 로 다음에 창조된 악마라고도 하며, 중세 그리므와르 마법서에는 무시무시한 악마로 묘사되었다. 19세기 후반 대중 신비술에서 빠른 속도로 발전한 "악마들의 건전화 작업"은 바렛이 처음 시작한 것으로 보인다.

라바츠키*는 〈이집트 사자의 서 Egyptian Book of the Dead〉에 나오는 현혹시키는 뱀이 자기 형제 오시리스*를 죽인 세트 Set라고 한다. 그는 하늘에서 전투를 벌이는 "모반의 아들들"의 지도자이다. 그러므로 이집트의 악마 뱀과 그리스도교의 사탄*이 대응한다는 것은 명확하다. 밀턴*의 〈실낙원〉에서 루시페르*는 서사시의 끝에 이르기 전에는 뱀의 형상을 취하지 않는다. 그 전에는 타락한 천사의 형상으로 나타난다.

실제로 다양한 문화의 여러 악마들은 뱀의 형상을 취한다. 그리스의 피톤* 이미지는 흔히 뱀의 형상으로 나타난다. 이집트의 아페프*는 〈이집트 사자의 서〉에서 뱀으로 그려지며, 에키드나* 역시 뱀의 형상을 가지고 있다. 신비술에 익숙하지 않은 이들은, 이러한 뱀의 상징이 악마신앙과 분명하게 연결되면서도, 가급적 악마신앙을 제거한 비교적秘敎的 입문 의례의 상징이 또한 뱀이라는

▼ 뱀 지혜로운 조물로서의 뱀 상징은, 영혼 인도자였던 신 메르쿠리우스의 지팡이 카두케우스 주변을 감싸서 휘감은 뱀의 모습으로 현대에도 지속되었다. 빅토리아 시대 공동 건물 부조는 뱀을 강조하여 묘사하고 있다. 이집트의 호루스의 날개, 세계를 나타내는 주춧대 위의 구, 지혜의 뱀 등 아주 상이한 세 개의 비교적인 이미지가 함께 있다.

LAPSVS HVMA- NI GENERIS :·

▲ **뱀** 사탄이 늙은 뱀의 모습으로 이브를 유혹하고 있으며, 이브는 열매를 막 먹으려고 한다. 한스 발둥의 창세기 삽화(1511년).

사실에 혼란을 느낀다. 입문 의례의 여러 이미지들이 뱀과 인간을 조합하고 있는데, 예를 들면 바실리스크*가 한 남자나 여자를 삼키는 모습으로 묘사될 수 있다. 이러한 뱀 이미지들은 사실상 '물고기인간'과 같은 반인#人으로, 인간의 세계에서뿐만이 아니라 더욱 높은 세계(교활한 뱀의 영역)에서도 살아갈 수 있는 비전秘傳 전수자들을 상징한다. 이러한 입문 의례 이미지들이, 뱀이나 용의 형상을 조합한 악마적 이미지들과 혼동되어선 안 된다. 후자는 인간의 질 낮은 특성을 묘사하려는 데 그 목적이 있다.

뱀의 또 다른 형상은 용이다.

베구아니엘 Veguaniel

바울로게 술*을 보라.

베라티엘 Veratiel

바울로게 술*을 보라.

베르델레트 Verdelet

지옥 궁정 의례의 담당자이며, 마녀들의 비행을 맡아서 마녀를 집회에 데려다 주는 악마라고 한다. 마녀집회에서 베르델레트는 아주 많은 이름을 취한다고 하며, 여자를 더 쉽게 유혹하려는 이유로 그 모든 이름들이 듣기에도 좋다고 한다. "녹색 악마"(the green one)라는 이름은 녹색 인간*과의 관계를 암시할 수 있다.

베르무테스 Bermoothes

이 이름은 17세기에 마녀들이나 악마들의 섬을 나타내는 데 자주 사용됐으며, 당시 발견된 버뮤다 제도에서 유래했다. 셰익스피어는 "폭풍우에 시끄러운 소리를 내는 베르무테스"라는 표현을 썼다(〈템페스트 The Tempest〉 1막 2장 229). 식민지인 이 섬은 요새와 감옥으로 사용되었고, 이 섬의 "끔찍한 해안"은 선원들에게 유명했다. 존 플레처는 (1620년에 썼으나 1647년에야 발간된) 〈여성의 기쁨〉

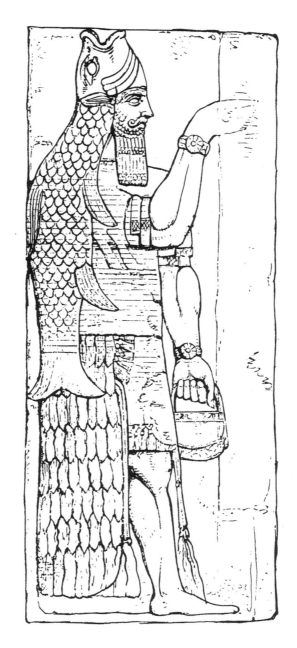

▲ **뱀** 바빌로니아의 물고기인간 오아네스의 비교적인 이미지. 이러한 반어半魚 인간 이미지는, 그가 영적 바다의 영역에서 수영할 수 있고 평범한 물질적 영역에서도 적절하게 활동할 수 있는 비전 전수자라는 것을 가리킨다.

에서 베르무테스를 악마와 연결시킨다.

> "악마는 달걀 껍데기를 구입하는 것에 대해 생각해야 한다,
> 베르무테스로 마녀를 옮기기 위해서는."
> (1막 2장)

베르바인 Vervain

신성한 풀 또는 헤르바 사크라*라고 하는 베르바인은 고대에 거의 모든 독물을 해독하거나 전염병을 치료하고, 특정한 요술과 마술을 풀어주는 것으로 높이 평가받았다. 로마인들과 드루이드교[고대 켈트족의 종교] 성직자들이 구마*에 사용했다.

베르비스 Berbis

그리므와르* 전승의 악마들 중 하나이다.

베르키엘 Verchiel

에녹계 악마들* 중에서 베르키엘은 황도대 사자자리를 지배한다고 한다. 황도대 악마들*을 보라.

베리트 Berith

때로 베알*, 볼프리*, 보피*라고도 하며 그리므와르* 전승에서 지옥의 공작이다. 붉은 말을 타고 황금 왕관을 쓴 모습으로 나타난다. 에녹계 악마들* 중 하나로 붉은 말을 탄 붉은 전사이다. 베리트는 겉과 속이 완전히 다르다고 알려졌지만, 엄명을 받고 과거와 미래에 대한 지식을 계시해줄 수 있다. 또한 변성과 관련된 연금술 능력을 가지고 있다. 솔로몬의 일흔두 영 중 하나이다.

베알 Beal

베리트*를 보라.

베알파레스 Bealphares

에녹계 악마들* 중 하나로, 불의 지역 대공大公이다. 기호*를 보라.

베엘제불 Beelzeboul

베엘제불은 윌리엄 블레이크*의 시에서는 베엘제붑*의 명확한 이름이다. 밀턴*의 〈실낙원〉에서처럼 베엘제불은 사탄*과 손을 잡는다. 블레이크는 화려한 환상 속에서 유령들을 위해 죽음과 절망의 형상을 직조하도록 하기 위해서 에니타르몬Enitharmon이 만든 옷에서 풀린 두 개의 실을 보여준다(〈네 조아들 The Four Zoas〉, 밤 VIII). 유령*을 보라.

베엘제붑 Beelzebub

파리대왕의 모습으로 모든 악마를 지배하는 군주에게 붙여진 이름 중 하나이다. 그리스 악마학자 프셀로스*는 히브리의 베엘제불(하늘의 신)이 변조해서 베엘제붑(퇴비의 신)이 되었다고 하며, 무시무시한 괴물 파리의 이미지는 파리들이 증식하는 퇴비에서 유래한다. 이 악마의 이름이 바알제붑이라고 하는 이들이 있지만(바알*을 보라), 이 의미가 "높은 집의 주"이며 솔로몬에게 (그의 성전과 관련해) 잘못 붙여질 수도 있기 때문에, 유대인들은 이 이름을 "파리대왕"으로 바꾸었다.

이러한 어원 설명들이 정확할 수는 있지만, 악티움 신전에서 아포뮈오스*('파리들을 기피하는 자'라는 뜻)라는 이름으로 제우스에게 제물을 바쳤다는 기록이 있으므로, 파리대왕이라는 개념은 고전적인 것이다. 플리니우스Pliny는 로마와 시리아의 신전에 있는 파리들에게 제물을 바쳤다고 기록한다. 아코르*라고 불렸던 이 신 또는 악마는 몇몇 자료에서 파리대왕으로 불리기도 한다. 어떤 학자들은 베엘제붑이 팔레스타인과 인근 국가에서 숭배했던 바알*과 동등한 신이었으며, 후대에 타락한 신들의 대표자가 되었다고 한다. 마태오 복음서 12장 24절에는 "귀신 두목 베엘제불"이 언급되며 이 별명은 계속 남아 있게 되었다. 그 예로, 밀턴*은 베엘제불이 "죄에서는 사탄* 다음에 오는 자"라고 한다(〈실낙원〉 1권, 79행).

가장 두드러진 베엘제붑의 형상은 콜랭 드 플랑시*가 묘사한 거대한 파리로, 날개들에 해골이 새겨져 있다. 바렛*의 개인적이며 역사적으로 오류가 있는 악마학에서 베엘제붑은 거짓 신들의 왕이 된다. 미카엘리스의 계급*에서 베엘제붑은 열여섯 악마들의 지도자로, 타락한 "세라핌의 왕이자 루시페르* 다음가는 자"이며 교만을 통해서 유혹하는 자이다. 그의 영적 적수는 성 프란치스코이다. 베엘제불*을 보라.

현대의 신비가 구르지예프*는, 끊임없이 "상호 파괴의 주기"에 붙잡힌 "지구의 두발 동물"의 진화 이야기를 자기 손자에게 말하는 외계의 존재가 베엘제붑이라고 한다. 이 베엘제붑은 본질적으로 심오한 지식을 가진 신비 입문자로, 건전한 많은 것을 마니교에서 물려받은 러시아 악마학에서 볼 수 있다. 러시아 악마학에서 악마들은 모반을 일으킨 신들의 편에 인간이 서지 않는 한, 기본적으로 인간에게 적대적이지 않다. 악마들은 기술의 진보를 책임진다. (고대의 많은 악마학과 신화에 이러한 개념이 표현되었다.) 그러나 기술적 진보는 인간을 천사와 신으로부터 더욱 멀리 소외시키는 교활한 장치이다. '교활한 자'를 뜻하는 러시아어 단어 루카비lukhavi*는 악마를 일컫는 이름 중 하나이다.

베엘제붑 이야기 Beelzebub's Tales
베엘제붑*과 구르지예프*를 보라.

베엘페고르 Beelphegor
벨페고르*의 여러 이름 중 하나로 레지널드 스코트*가 사용했다.

베카르드 Bechard
그리므와르 문헌 〈호노리우스〉*에서 베카르드는 금요일에 소환되는 악마이다.

베커 Bekker
목사인 발타자르 베커 박사The Reverend Dr Balthasar Bekker(1634~1698)는 〈마법에 걸

린 세계 De Betoverde Weereld〉(1691)의 저자이며 그의 시대에 마녀와 악마망상*에 이의를 제기한 용기 있는 인물이었으나, 그 결과 네덜란드 개혁교회의 성직을 박탈당했다. 그는, 악마의 힘에 대한 믿음이 이런저런 이유로 그리스도교에서 환영받아온 이단적인 흐름이라는 것을 명확히 이해했다. "어떤 이가 하느님을 두려워하고 또 악마를 두려워하는 것이 이제는 신심으로 인정받는 지경이 되었다. 만일 악마를 두려워하지 않는다면, 그는 두 하느님, 곧 선한 하느님과 악한 하느님을 생각할 수 없기 때문에, 하느님을 믿지 않는 무신론자로 여겨진다."

베토르 Bethor
올림피아의 영들* 중에서 목성의 지배자이다.

베트넬 Bethnel
에녹계 악마들* 중에서 베트넬은 28수의 지배자이다.

베파르 Vepar
때로 세파르*라고 하며, 솔로몬의 일흔두 영 중 하나이다. 소환되면 인어의 형상으로 나타나며 물과 관련된 모든 것의 수호자이다. 바다를 지배하는 힘을 가지고 있으며, 마술사가 명령하면 폭풍을 일으키고 배를 침몰시켜 사람들을 익사시키며, 배의 환영幻影을 만들기도 한다. 레지널드 스코트*는 베파르가 "상처를 부패시키고 구더기가 생기게 만들어서 3일 안에 사람들을 죽인다"고 한다.

베헤못 Behemoth
성서와 성서 주해에 나오는 악마의 이름이다. 이 이름은 욥기 40장 15~16절에 나와 있다. "보아라 저 베헤못을, 황소처럼 풀을 뜯는 저 모습을, 내가 너를 만들 때 함께 만든 것이다. 저 억센 허리를 보아라. 뱃가죽에서 뻗치는 저 힘을 보아라."

"송백처럼 뻗은 저 꼬리, 힘줄이 얽혀 터질 듯하는 저 굵은 다리를 보아라.

청동관 같은 뼈대, 무쇠 빗장 같은 저 갈비뼈를 보아라. ……

강물이 덮쳐 씌워도 꿈쩍하지 아니하고 요르단 강이 입으로 쏟아져 들어가도
태연한데

누가 저 베헤못을 눈으로 홀리며 저 코에 낚시를 걸 수 있느냐?"

(욥기 40장 17~24절)

블라바츠키*는 베헤못이 사탄*의 다른 이름으로 어둠의 원리라는 것을 의심
하지 않으나, 흠정역 성서 난외주석은 단지 "몇몇 사람들이 생각하듯이, 코
끼리"라고 언급한다.

이 단어가 이슬람 전승의 거대한 물고기 '바하무트*'에서 유래한다는 주장이
있지만, 더욱이 이 두 이름이 공동의 기원을 가질 수 있지만, 베헤못은 물고기
가 아니다.

유럽 악마학, 특히 그리므와르* 전승에서 베헤못은 한 악마로 명확히 설정
되어 있고, 실제로 인간에게 폭식을 유발하는 자라고 한다. 영향력 있었던 앙
리 보게*는 베헤못을 직접 사탄과 연결시키며, "지상에서는 베헤못과 비길 수
있는 힘을 지닌 자가 없다고 하느님께서 말씀하신다"라고 함으로써 성서를
잘못 읽고 있다(〈마녀 연구 An Examen of Witches〉 42장).

그렇다 하더라도, 베헤못이 코끼리 머리에 큰 배를 가진 괴물로 그려지게
된 원인은 성서의 난외주석 때문일 것이다. 비록 영국의 시인 제임스 톰슨James
Thomson이 〈사계절 The Seasons〉(1726~1730)에서 베헤못을 코뿔소처럼 보았고, 그
래서 윌리엄 블레이크*가 엄니를 가진 하마처럼 이 짐승을 그리는 데 영향을 끼
쳤다. 물론 욥기 40장에 묘사하는 조물을 이렇게 그릴 수도 있지만, 원래 성
서에서 언급한 베헤못은 하마처럼 여겨졌다. 블레이크는 욥기 40장 19절 "(베
헤못은) 맨 처음에 하느님이 보인 솜씨다……"를 거의 놀란 듯 인용하면서, 시
적 상상력을 사용하여, 무의식의 개념들이 통용되기 오래전에 있었던, 무의식
에 있는 악마적 힘의 개념과 아주 가까운 것으로 베헤못과 레비아탄*을 묘사
한다.

벤소지아 Bensozia

콜랭 드 플랑시*는 나체 여성의 부조가 새겨져 있는 고대 신전의 발견을 기록하면서 그것을 벤소지아 숭배와 관련시킨다. 벤소지아는 12세기와 13세기에 안식일을 조직하고 관리했던 것으로 추정되는 여성 악마이다. 마술과 관련해서는 벤소지아 숭배가 거의 나타나지 않았지만, 정령과 결부된 이교도들의 축제 및 의례와 연결되었던 것으로 보인다.

벨 Bel

바알*을 보라.

벨라 Belah

악마의 알파벳*을 보라.

벨레트 Belet

바알*을 보라.

벨렐라 Belelah

레지널드 스코트*가 아주 상세하게 논의한 악마 루리단*의 다른 이름이다.

벨렛 Beleth

때로 빌렛*(드물게는 빌레트Byleth)이라고도 한다. 싫어서 마지못해 지상으로 오게 될 그리므와르* 전승의 악마왕으로, 지상에 나타나면 그제야 오케스트라와 함께 격분할 것이라고 한다. 벨렛은 에녹계 악마* 목록에 있으며, "청백색 말을 탄 위대하고 끔찍한 왕"이다. 벨렛을 소환하는 자는 왼손 토성 손가락(중지)에 부적* 은반지를 특별히 준비해야만 한다고 한다. 이러한 소환*의 어려움이 있음에도 남녀 사이의 화목을 유도하기 위해 벨렛이 소환된다. 벨렛은 솔로몬의 일흔두 영 중 하나이다. 중세 학자들은 벨렛이 타락한 좌품천사(트로니*) 중 하나라고 주장했다. 벨렛은 때로 에녹계 악마*인 빌렛이나 빌레트Bilet*

202

와 혼동되기도 한다.

벨리아르 Beliar
특히 초기의 유대계 그리므와르* 문학에서 사용한 벨리알*의 다른 이름이다.

벨리아스 Belias
미카엘리스 악마학에서 벨리아스는 타락한 천사들의 왕이라고 하며, 인간을
거만함에 빠져들도록 유혹하는 역할을 지닌다고 한다. 미카엘리스의 계급*을
보라.

벨리알 Belial
벨리알이라는 이름은 '무가치한 자'라는 뜻의 히브리어에서 나왔다(1사무 10,
27; 2코린 6, 15). 신학자들은 이러한 언급을 논의하면서 "사악한 존재"인 사탄*
의 여러 얼굴 중 하나로만 벨리알을 이해하려는 경향이 있었다. 판관기 19장
22절과 같은 언급은, 벨리알을 단지 음탕함의 수호 영 정도로 인식하도록 이
끌었다. 확실히 현대 악마학에서 벨리알은 적어도, 만마전*에서 가장 외설적인
악마이고 나태함을 대표하는 존재로, 밀턴*이 상상한 벨리알의 모습과 어울리
게 변화되었다. (밀턴의 악마들*을 보라.) 중세 학자들 가운데는, 벨리알이 (증거는
빈약하나) 타락한 천사 중 하나라고 주장하는 이들이 있었다.

　대중 악마학에서 벨리알은 루시페르* 다음에 바로 창조되었다고 한다. 벨리
알은 불의 전차에 있는 천사로 나타나지만, 그를 소환하는 이들을 포함해 모
두를 속이려고 한다. 자기가 제공하는 봉사에 대한 보상으로 벨리알이 요구
하는 제물은 〈솔로몬의 열쇠〉*에 설명되어 있다. 에녹계 악마들* 중 하나인 벨
리알은 "아름다운 천사로 나타나고… 공정하게 말하며, 고위직을 부여하는
왕"으로 그려진다.

　현대에 자주 사용되는 "벨리알의 아들들"은 무법자들이나 반항적인 사람들
을 의미하며, 아마도 신명기 13장 14절에서 언급하는 이들일 것이다. 윌리엄
블레이크*의 시에서 벨리알은, 특별히 소돔과 고모라의 공포와 연결된 신으로

남아 있으며, "뇌물과 비밀 암살의 모호한 악마"로 묘사함으로써 그리므와르*
전승의 인기 있는 이 악마에 대해 다소 개인적인 견해를 보여준다.

벨제쿠 Belzecue

세이어스가 단테*의 〈신곡〉을 번역하면서 제8원 다섯 번째 도랑에 있는 악마
들의 수장을 가리킨 이름이다. (지옥*을 보라.) 단테는 이 악마를 말라코다*라고
했으며, 그 의미는 '사악한 꼬리'이다. (단테의 악마들*을 보라.)

벨티스 Veltis

성녀 마르가리타St. Margaret가 축출한 영이 자신을 칭한 이름이다. 전해오는 이
야기에 따르면, 이 악마는 솔로몬의 영*들 가운데 하나로 나타난다. 이 이야
기는 분명히, 죄 없는 마르가리타가 안티오키아의 총독 올리브리우스Olybrius의
손아귀에 빠졌다는 초기 전설에서 발전한 것이다. 마르가리타가 그의 성적 유
혹을 거절하자 그는 그녀를 지하 감옥에 던져버렸고 악마는 그녀를 시험하기
위해 용의 형상을 하고 찾아온다. 용이 마르가리타를 삼키는 순간에 그녀는
십자가 표시를 만들었고 그 십자가는 용을 찢어놓았다. 용이 찢어지는 이미지
는 비교적 입문 의례 상징에 채택되었다. (뱀*을 보라.)

벨페고르 Belphegor

이 악마의 이름은 아시리아의 신 바알페오르*에서 유래하였고, 중세 그리므와
르*들이 만들어지던 시기에 가장 유명한 악마들 중 하나가 되었다. 중세 전설
에 따르면, 결혼한 이들의 행복과 같은 것이 지상에 정말로 존재하는지 알아
보게 하려고 다른 악마들이 벨페고르를 지옥에서 파견했다고 한다. 결혼한 이
들의 행복에 대한 소문은 이미 악마들에게 퍼져 있었으나, 그들은 사람들이 화
목하게 살도록 만들어지지 않았다는 것을 알고 있어서 그러한 화목이 세상을
더럽히고 있지 않다는 것을 확인하고자 했다. 벨페고르는 탐색하는 동안 했
던 경험과 그가 보았던 결혼한 부부 사이에서 벌어진 많은 일들을 통해서, 그
소문이 근거가 없다는 것을 확신하게 되었다.

이 악마의 이름은 평범한 특징을 지닌 몇몇 이야기들을 통해서 대중문학으로 들어왔다. 그중에서 주목할 만한 것은 1662년 발간된 아이티(I. T., 아마도 존 테이텀John Tatham일 것이다)의 희곡 〈그림, 크로이돈의 갱부, 또는 악마와 그의 부인 Grim, Collier of Croydon or the Devil and his Dame〉이다. 이 저술의 주제는 마키아벨리의 〈벨페고르 Belphegor〉에서 취한 것이다. 같은 악마를 다룬 존 윌슨John Wilson의 〈벨페고르, 또는 악마의 결혼 Belphegor, or the Marriage of the Devil〉(1691)도 있다. 테이텀의 희곡에는 "검은 지옥의 끔찍한 심판관들"을 비롯해 (벨페고르의 종) 아케르코크*, 플루토*, 미노스*, 아이아쿠스Aeacus, 라다만투스* 등 많은 악마들이 등장하지만, 의사로 변장한 벨페고르가 "지옥 출신의 아내를 고르는" 방법을 중심으로 펼쳐지는 줄거리에서는 "검은 지옥의 심판관들"과 아케르코크만 중요한 역할을 맡는다. 테이텀의 희곡에서 벨페고르는 악마로 나타나지만 그 다음에는 인간의 형상으로 변장한다.

콜랭 드 플랑시*는 벨페고르에게 아주 공상적인 모습을 부여하는데, 앞에서 논의한 문학 전승과 친숙하지 않은 모습을 보여준다.

대중은 벨페고르라는 이름을 때로 인간 혐오자나 음탕한 사람에게 적용하였다. "벨페고르의 탐색"이라는 구절이 지금은 한물간 표현이지만, 원래 이 말은 불가능한 임무를 암시하는 냉소적인 음조를 띠고 있었다. 레슬리 셰퍼드는 기이하게도 벨페고르를 "항상 젊은 여인의 모습으로 나타난다"고 하는데, 이는 완전히 터무니없는 말이다.

벨페오르 Bel-peor
원래 이름은 바알페오르*이며, 음란한 방탕함을 통해서 숭배를 받았던 모압족 신이다. (페오르*를 보라.) 중세의 벨페고르*는 이 이름의 외형을 취한 것처럼 보인다.

병 Sick
악마 관련 구절*을 보라.

보게 Boguet

앙리 보게Henri Boguet(1550~1619)는 프랑스의 법률가이자 영향력 있던 판사로, 그의 〈마녀론 Discours de Sorciers〉(1600)은 당대 악마학의 표준적인 저서였다. 이 책은 몬태규 서머스*가 편집하여 〈마녀 연구〉라는 현대판으로 영역되었다. 요술을 반대하는 모든 저작 중에서 악마의 성격에 대한 태도와 믿음을 가장 흥미롭고 신랄하게 기록하고 있다. 늘 그렇듯이, 요술과 귀신 들림에 대한 심문에는 극단적인 형태의 고문이 들어 있고, 그의 희생자들 중 많은 이들은 화형을 당하기 전에 교살당하지 않았다고 한다. 보게의 책은 당시 지식인들에게 받아들여졌으나, 사실 세련된 객관성으로 포장된 미신과 공상으로 가득 찬 것이다. 보게는 성수를 뿌리는 것에 악마를 제거하는 마력이 있다고 보았다.

> "우리가 악령에 들린 이들에게 성수를 뿌릴 때, 왜 악마들은 개처럼 킹킹거리며 짖어대는가? 이 성수가 그들에 대한 가장 큰 징벌 중 하나라고 그들이 느끼지 않는다면, 왜 그들은 '불타고 있다, 불타고 있다'고 그렇게 자주 외치겠는가?" (〈마녀론〉, 56)
>
> "악마들은 그녀의 입에서 민달팽이 형태를 하고 나왔다. … 악마가 사람의 몸에서 떠날 때에는 보통 어떤 징후를 드러낸다. 가장 흔한 징후는, 그가 벗어나려고 하는 장소가 터무니없이 부풀어 올라서 크게 된다는 것이다. … 악마에 들린 사람들의 몸을 떠날 때 그들은 종종 파리, 거미, 개미, 도마뱀과 같은 동물이나 이와 비슷한 다른 짐승의 모습으로 나타난다. 팔라디우스Palladius는 심지어 한 젊은 남자에게서 나온 악마의 모습이 7큐빗[1큐빗은 43~53cm]이나 되는 용이었다고 말한다. …" (〈마녀론〉, 60)

무서운 것은, 이러한 관찰들이 롤랑드 뒤 베르누아Rollande du Vernois라는 35세 여성에 대한 매우 끔찍한 재판 기록에 정말로 존재한다는 것이다. 그녀는 고문을 받으면서 마녀집회에 참석했다고 고백했고, 그래서 악마에 들린 것으로 여겨졌다. 추가 고문을 당한 후에는, 악마와 육체적 관계를 가졌고 그의 정액이 차가웠다고 시인했다.

206

"그러나 악령이 새롭게 공격하여 그녀의 입을 막고 그녀로부터 한 마디도 얻지 못하도록 했기 때문에, 그녀가 이 대답을 빨리 했던 것은 아니다. 그리고 그녀에게 질문을 반복하며 계속 추궁하자 그녀는 자기 머리와 두 손가락으로 사탄이 그녀의 몸을 두 번 가졌다는 표시를 했다. 그리고 마치 한 마리 개처럼 비명을 지르며 울부짖었다. …" (《마녀론》, 52)

그녀에게 들렸던 악마는 결국 "저녁 7시에서 8시쯤 그녀의 입에서 나왔고 … 검은 민달팽이처럼 생긴 그것은 땅 위를 조금 기어 다니다가 사라져버렸다. 그러나 거기에는 '고양이'라고 불리는 또 다른 악마가 있었다." 이 악마는 꼬박 3일 동안 그녀를 벙어리로 만들어 그 기간에 그녀에게서 어떤 정보도 끄집어낼 수 없게 만들었다. 그녀는 몇 차례 더 고문을 당했다.

"그녀는 항소를 제기했다. 그러나 법정은 그녀를 고문하라는 명령과 함께 이를 무효화했고, 새로운 판결을 내려 고등법원의 사형집행인이 항소인을 처형장으로 데리고 가게 했으며 거기에서 그녀는 묶인 채로 화형을 당했다. 1600년 9월 7일에 일어난 일이었다."

독자들은 이런 말도 안 되는 일이 여기서 끝나기를 바라겠지만, 이 황당한 인간은 계속 이어간다.

"그러나 그들이 그녀를 감옥에서 끌어냈을 때, 바깥은 두꺼운 구름 때문에 곧 어두워졌고, 엄청나게 광폭한 비가 쏟아졌다. 이제 불을 붙여 그녀를 태워 죽이는 일은 아주 어려워졌다. 이 갑작스런 비는 사탄이 일으킨 것이었을 가능성이 크며, 사탄은 그녀에게 불태워지지 않을 것이라는 확신을 주었을 것이다. …"

보게는 그녀를 단죄한 이유를 요약하면서, "오래전부터 그녀를 반대하는 좋지 않은 소문이 있었다. … 그녀에 대한 많은 것들은 그저 악마의 탓으로만 돌릴 수 없는 것이었다. 그녀는 눈물을 흘리지 않았고, 악마와 육체적 관계를 가졌다. … 이러한 이유 때문에 그녀의 탄원은 거의 주목받지 못했다."(〈마녀론〉, 59)

보그 Bwg
부그*를 보라.

보기 Bogy
때로 보게이Bogey라고도 하는 장난꾸러기 요정에게 붙여진 여러 이름 중 하나이다. 비록 어떤 전문가들은 이 단어가 웨일스어 버그Bug에서 유래했다고 주장하고, 하느님을 의미하는 슬라브어 보그Bog에서 유래했다는 이들도 있으나 아마도 스코틀랜드어 보글Bogle이나 보가트Boggart에서 유래했을 것이다.

보댕 Bodin
장 보댕 Jean Bodin(1530~1596). 툴루즈 대학의 로마법 교수이자 법률가이며 〈마녀들의 빙의 De la Dénomomania des Sorciers〉(1581)의 저자이다. 엄밀히 말해서 악마학자라기보다는 마녀사냥을 지원한 저자로, 마녀 판결을 옹호하기 위해 가혹한 고문을 법적으로 지원했다. 그는 마녀를 "(하느님의 법을 알면서도) 악마적 수단을 사용해 어떤 행동을 하려고 시도하는 자"라고 하여 마녀에 대해 법적 정의를 내리려고 처음 시도했던 인물이라고 한다. 그러나 요술에 대한 법적 정의는 이전 세기에도 많이 있었다. 악마들에 대한 보댕의 저작들은 당시 법적 견해에 확고하게 뿌리박은 것이었다. 그는 악령이 어떻게 인간과 교섭할 수 있는지 보여주며, 선한 영들과 악령을 구분하는 방법을 알리는 곤란한 문제의 해결을 시도하고, 사람이 늑대인간이 되거나 잠자는 사람을 덮치는 악마들과 육체적 관계를 즐길 수 있는 실습과 주술을 설명한다. 보댕의 동시대인인 프랑스 법률주의자 보게*가 악령에 사로잡힌 것에 대해 무시무시한 언어로 묘사하고 법의 나약한 희생자들에게 잔인했던 것과 꼭 마찬가지로, 우리는 그의 책을 통해서 그가 지나치게 이런 묘사를 즐기고 있다는 것을 감지할 수 있다.

여러 곳에서 보댕의 악마학은 어쩔 수 없이 요술에 더 적합한 개념들과 혼합되는데, 왜냐하면 그는 악마와 맺는 계약*의 개념을 마녀집회의 개념과 혼동하고 있기 때문이다. 마녀비행은 그 도착 장소에 악마들의 모임이 있을 때에만 벌어진다. 박학한 악마학자 레지널드 스코트*는 보댕에 대해서 이렇게 비꼬았다. "나는 낮의 악마들과 밤의 악마들이 있다는 것을 성서에서는 보지 못했지만 보댕에게서는 보았다. 보댕은 데베르*가 밤에 해를 끼치는 악마의 이름이고, 켈레브*는 낮에 해를 끼치는 악마라고 말한다."

스코트는 〈마술의 발견〉(3권, 5장, 1584년)에서 보댕의 전형적인 "도덕적" 이야기를 인용하여 심한 악평을 내리고 이에 대해서 상당히 분개하고 있다. 밤중에 연인의 침대를 떠난 리옹의 아가씨가 있었다. 그녀는 몸에 연고를 문지르고 몇 마디 말을 하고서 비행해서 멀리 가버렸다. 그녀를 지켜본 그녀의 연인도 연고를 바르고 (그러나 마법의 말을 하지 않아서!) 마녀들의 모임이 있던 로랭으로 옮겨졌다. 이 수상한 침입자를 보고 전체 무리는 그를 완전히 알몸으로 남겨둔 채 사라져버렸고, 그는 그 상태로 리옹으로 돌아갔다. 그러나 그는 정직한 인간이었기 때문에(이것이 보댕의 관점이다) 자기 애인을 고발했고 결국 그녀는 화형을 당한다. 그러나 스코트가 비꼬아 지적하듯이, "그의 간통에 대해서" 보댕은 "그렇게 많이 비난하지 않고 있다."

보댕은 주요 저술에서 사악한 눈*과 마법과 악마와의 계약을 어떻게 방지하고 취소할 수 있는지에 대해 긴 부분을 할애하고 있다. 그는, 요술과 악마와의 계약이 광기*이거나 그저 어리석은 짓일 뿐이라는 바이어*의 악마학 이론의 정당성을 완전히 부정한다.

보라스 Boras
그리므와르* 전승의 악마들 중 하나이다.

보라키엘 Borachiel
〈알마델〉*에 따르면 제1고도의 영적 존재들 중 하나로, 모든 것을 풍요롭게 한다.

보랄림 Boralim

레지널드 스코트*는 루리단*의 소환에 대한 설명에서 보랄림이 남쪽의 악령이라고 한다. 고전 신화에서 남쪽 바람이 의인화한 이름은 보레우스Boreus이다.

보르들롱 Bordelon

로랑 보르들롱Laurent Bordelon. 17세기 후반의 프랑스 작가로 마술환상과 악마망상*의 적대자들 중 하나였다. 유명한 저서 〈우플 씨의 괴상한 공상 이야기 Histoire des Imaginations Extravagantes de Monsieur Oufle〉(1710)에서 특별히 랑크르*의 저작을 조롱하고 있다.

보베트 Bovet

리처드 보베트Richard Bovet(1641~1710?). 악마학자이자 열다섯 악마와 유령 이야기를 담고 있는 〈만마전 Pandaemonium〉(1684)의 저자이다. 책의 삽화는 마법의 원*, 요정의 원, 마녀 비행, 소환*, 심부름마귀*, 마녀들의 일원이 되는 여인 등과 같이 악마와 관련된 일반적인 개념을 보여준다.

보엘 Boel

세나토르*를 보라.

보일 Voil

바울로계 술*을 보라.

보티스 Botis

지옥의 총재로(단지 백작이라는 이들도 있다), 끔찍한 뱀으로 나타나며, 명령을 받았을 때에는 큰 이빨과 두 개의 뿔을 지닌 좀 더 인간적인 형상으로 변하기도 한다. 이것은 물론 중세 목판화 악마학에서 가장 대중적인 형상 중 하나이지만, 에녹계 악마* 목록에는 보티스가 스물여섯 군단을 다스리는 거대하고 끔찍한 공작으로 나온다. 그는 미래와 과거에 대한 지식을 가지고 있다고 한다.

솔로몬의 일흔두 영 중 하나이기도 하다.

보피 Bofi
베리트*를 보라.

볼턴 Boulton
리차드 볼턴Richard Boulton. 그다지 중요하게 평가받지 않는 영국의 악마학자로 마녀와 악마 빙의* 환상을 옹호하는 책을 썼다. 그의 저서 〈온전한 마법의 역사 A Complete History of Magic〉(1715)는 전혀 신뢰할 수 없다.

볼프리 Bolfry
베리트*를 보라.

부그 Bug
마귀 또는 악령을 일컫는 고전적 이름이나, "유령"과 비슷한 뜻을 지닌 웨일스어 보그bwg*에서 나온 말이라는 것이 거의 확실하다. 보기*를 보라.

부네 Bune
그리므와르* 전승의 악마 공작으로, 소환되면 머리 셋(사람 머리와 애완견 머리와 개의 머리)을 지닌 짐승이나 용으로 나타난다. 언변 능력과 지혜 획득과 죽음의 주문을 지배한다고 한다. 솔로몬의 일흔두 영 중 하나이며, 에녹계 악마* 목록에는 "죽은 자들의 장소를 바꾸고 그들의 무덤에 마귀들을 결집시키는 자"라고 나와 있다.

부니엘스 Buniels
그리므와르* 전승의 악마들 중 하나이다.

부다리즘 Budarijm
그리므와르* 전승의 악마들 중 하나이다.

부데르 Buder
그리므와르* 전승의 악마들 중 하나이다.

부디엘 Budiel
그리므와르* 전승의 악마들 중 하나이다.

부리엘 Buriel
스테가노그래피의 악마들* 중 하나로, 트리테미우스*가 말하듯이 "확실히 대단한 군주이긴 하지만 심술궂고 무가치하다." 다른 모든 악마들을 혐오하며, 여성의 머리를 가진 뱀의 형상으로 주술사에게 나타날 것이다. 트리테미우스는, 광대로 나타나는 부리엘의 조력자들이 뜀뛰고 노는 "놀라운 유령"이라고 한다.

부알 Vual
때로 부알Vuall이라고도 하며, 솔로몬의 일흔두 영 중 하나이자 에녹계 악마들* 중 하나이기도 하다. 끔찍한 낙타의 형상으로 나타나지만, 더 인간적 형상을 취할 때에는 낮은 목소리로 이집트어 같은 언어로 말한다. 이러한 이유로 부알은 때로 이집트의 영이라고도 한다. 특히, 어떤 여성의 사랑도 구할 수 있는 능력 때문에 소환되지만, 과거와 미래에 대한 지식도 가지고 있다.

부에르 Buer
악마 장관으로 처음에는 불가사리의 형태로 나타난다고 한다. 부에르는 철학과 논리학에 대한 지식을 준다. 에녹계 악마들* 중 하나이나, 질병을 고칠 수 있는 악마로 기록되어 있다.

부적 Amulet
사악한 눈*을 보라. 아폴로니우스 〈눅테메론〉에서 부적들의 악마 지배자는 미즈쿤*이라고 한다. (실제로는 귀신이다.)

부카피 Bucaphi
〈눅테메론〉*에 나오는 열 번째 시간의 악마들 중 하나로, 마녀들의 귀신이다.

부타타르 Butatar
〈눅테메론〉*에 나오는 세 번째 시간의 악마들 중 하나로, 계산의 귀신이다.

부파르 Bufar
그리므와르* 전승의 악마들 중 하나이다.

불 Fire
악마 관련 구절*을 보라.

불의 영 Igneous spirits
아이트니쿠스*를 보라.

불의 호수 Lake of Fire
성서적 의미에서 불의 호수는 악마와 타락한 천사들과 부정한 인간들을 위해 마련된 영원한 불구덩이이다(마태 13, 42; 25, 41). 이 "불가마"에서 그들은 "울부짖으며 이를 갈게" 될 것이다. 그리고 이곳은 "악마와 그의 심부름꾼(천사들)을 위해 마련된 영원한 불"이기도 하다. 천사*를 보라. 요한 묵시록 19장에는 "유황이 타오르는 불의 호수"가 나온다. 짐승과 거짓 예언자와 짐승의 우상을 경배한 자들이 이 불의 호수로 던져진다. 포스터 데이먼 S. Foster Damon에 따르면, 윌리엄 블레이크*는 이 불의 호수를 "지옥, 또는 잠재의식"과 동일시했다. 블레이크는 그렇게 하면서, 많은 부분을 야콥 뵈메 Jacob Boehme의 저작에서 가져온 윌리엄 로William Law의 〈야콥 베멘의 저작 The Works of Jacob Behmen〉(1764)에 나오는 상상력을 따른다. 그러나 언제나 그렇듯이 블레이크의 이미지에는 묵시록의 슬픈 광경을 넘어서 전달하는 구원의 요소가 있다. 그에게 불이란, 불순물이 타서 없어지고 미래에 사용할 새로운 금속을 얻는 연금술적 작용보다 더욱 중요한 것이기 때문이다. "영원히 불타는 로스Los의 호수….."(〈밀턴〉, 39쪽 10행)

브네 세라핌 Bne Seraphim
'세라핌의 아들들'을 의미하는 히브리 단어의 복수형으로 15세기 신비술사 코르넬리우스 아그리파*가 (단수와 복수의 의미로 모두) 금성의 악마들 목록에 올리면서 유럽 악마학에 들어왔다. 마방진* 항목에 있는 [표 5]를 보라. 윌리엄 블레이크*는 개인적인 그의 악마학에서 이 이름을 브네 세라핌*에 채용했다.

브룩사이 악마 Bruxae demons
알폰수스 데 스피나Alphonsus de Spina는 늙은 여인들이 마녀집회에 날아갈 수 있다고 믿는 환상에 빠지도록 한 사기꾼 악마 집단으로 이들을 묘사한다. 브룩사이 또는 소르기나이xorguinae라고도 한다. 브룩사이라는 용어에 대해서는 알려진 바가 거의 없으나, 특별한 빗자루를 의미하는 중세 말엽의 라틴어 브루스쿠스bruscus에서 유래했을 가능성이 있다. 아마도 마녀들이 빗자루를 타고 비행한다는 인식의 기원은 여기에 있을 것이다.

브리아레우스 Briareus
쉰 쌍의 손을 가진 괴물 거인 또는 악마이다. 호메로스는 〈일리아드 Iliad〉 1권, 403행에서 신들에게는 브리아레우스로, 인간들에게는 아이기온*으로 불리는 두 이름을 가진 괴물로 언급한다. 단테*가 〈신곡〉 연옥편(7곡, 28~32행)에서 이 이름을 언급하면서 현대 악마학과 관계를 맺게 된다. 단테는, 브리아레우스가 그를 성서의 루시페르*와 같은 이교도적 원형처럼 만드는 신들을 굴복시키려 했다고 믿는 듯 보이며, 브리아레우스에 앞서 루시페르를 언급한다.

블라바츠키 Blavatsky

헬레나 페트로브나 블라바츠키Helena Petrovna Blavatsky(1831~1891). 러시아의 비전주의자이자 신학 논객으로 19세기의 주목할 만한 신비술사 중 하나이다. 1875년 뉴욕에서 헨리 올코트Henry Olcott와 함께 신지학회를 창립하였고, 그녀가 저술한 여러 신비술 책 중에서 〈베일을 벗은 이시스 Isis Unveiled〉(1877)와 〈비밀 교리〉(1888)가 유명하다. 악마와 결부된 블라바츠키의 통찰과 형이상학적 논의는 현대의 신비술에서 가장 광범위한 것 중 하나로 꼽힌다. 그녀의 기탄없는 발언에서 우리는 특이한 악마학을 얻을 수 있는데, 불행하게도 그것은 19세기 기존 신학 및 교회에 대한 신랄한 공격과 섞여 있다. 19세기 신학에 대한 그녀의 견해를 이해하지 않고서 블라바츠키 악마학을 평가하는 것은 불가능하다. 그녀는 "현재 우리의 싸움은 철저히 신학과의 싸움"이라고 쓰고 있다. "신학자들은 자기들의 신과 그 신의 대천사들, 그 대천사들의 사탄*과 사탄의 천사를 로고스 및 그의 보좌관들과 함께 만들었으며, 이들은 모두 이교도 만신전에 등장하는 신들이다." 그들은 "원래의 특성을 교묘하게 왜곡했고 철학적 의미를 곡해했으며," "모든 상징을 풀리지 않는 혼란 속으로 던져버렸다."(〈비밀 교리〉 2권, 475~476쪽)

이 모든 것 중에서 하나의 "사악한 성취"는 신의 또 다른 자아를 신학자들의 기괴한 사탄*으로 변화시킨 것이었다. 블라바츠키는 "처음에는 존재하는 모든 것의 창조주로 여겨졌던 지혜 — 신이 뿔 달린 두발짐승으로, 반은 염소이고 반은 원숭이 모습으로, 발굽과 꼬리를 지닌 터무니없는 악의 천사로 바뀌도록 이끈" 근본 개념의 전개 과정을 추적한다. 실제로 그녀는 그리스도교의 악마를 칼데아-유대인Chaldeo-Judaean의 신화에서 해적질해 재판한 것이라고 한다. 그녀는, 현대에 와서 오해하게 되었지만 고대에는 자비로우면서도 해를 주는 (인과응보의 견지에서) 징벌하는 신, 그럼에도 천사들의 편이었던 바빌로니아의 네부Nebu를 통해서 변질의 역사를 추적한다.

블라바츠키가 사용하는 전문 용어와 독자들에게 전달하는 학식 및 비교秘敎 지식은, 악마의 성격에 대한 그녀의 주장을 요약하기 어렵게 만든다. 그러나 그녀의 주된 관점은, 특히 우리의 영적 생활의 수호자들인 신학자들이 주로 악마들의 우주적 기능을 오해했기 때문에, 악마들은 혹평을 심하게 당했다는 것이다. 교회의 신학은 빈약하게 이해된 천사 숭배에 참여했고, 인간의 개인적인 유혹자 이외의 다른 역할을 악마들에게 부여하는 데 실패했다고 그녀는 보았다. 더욱이 신학자들은 성서 구절에 대해 잘못된 낭만적 해석을 따름으로써, 완벽한 존재로 고려되는 천사들이 어떻게 타락할 수 있었는지에 대한 아무런 합리적 해설도 제공하지 않고, 악마들을 — 타락한 천사들로서 — 태고에 하늘에서 벌어진 우주적 전쟁의 부랑자로 보려는 경향이 강했다. 어떤 천사나 천사 집단이 자신들의 천상적 생득권을 포기해야만 할 이유가 있는가? 그것은 단지 위대한 밀턴*이 말하는 교만의 문제인가? (루시페르*를 보라.) 악마를 이해하는 것에 대한 신학자들의 어려움은 분리된 두 혼란에서 발생했다. 첫째, 원래의 본문에 대한 전반적인 오독과, 블라바츠키에게는 아주 친숙했던 수많은

▲ **블라바츠키**   블라바츠키가 메피스토펠레스와 마거리트를 그린 그림. 1862년 4월 7일, 티플리스Tiflis라고 쓰여 있으며, 러시아 가수의 부인에게 헌정되었다. 아디아르의 신지학회 문서고에 있는 스케치북에서.

비교秘教 작품과 일차 자료에 대한 인식이 부족했다는 점이다. 둘째, 목적론적 배경에서 악마를 이해하지 못하는 무능력이다.

블라바츠키는 신비술 전승에 담겨진 진실들이 다가올 시대에 적합하다는 것을 명확하게 보았으며, 망설임 없이 초기의 비교秘教 자료들과 카발라와 오리엔탈 전승을 언급함으로써, 아직 대중문화 안에 흡수되지 않았지만 신비술 집단에서 더욱 광범위하게 채택되고 있던 악마학의 관점을 선언하였다. 이 관점은 악마들이 진화 과정에서 꼭 필요한 부분이라는 것을 상정한다. 악마들은 인류의 진화 과정에서 천사들과 똑같이 중요한 목적을 가졌다는 것이다. 블라바츠키는 이렇게 쓰고 있다.

> 인간이 만들어낸 악마 이외의 악마 또는 악이란 존재하지 않는다. 악은 현시된 우주에 필요한 것이며 그 우주의 지탱자들 중 하나이다. 낮의 생성을 위해 밤이 필요하듯이, 그리고 생명의 생성을 위해 (인간이 영원히 살 수 있도록) 죽음이 필요하듯이, 악은 진보와 진화를 위해 필요하다. (〈비밀 교리〉 2권, 389쪽)

악마와 관련된 블라바츠키의 여러 흥미로운 관측 중 하나는, 성 바울로의 "천공에 있는 영"(prince of the Air)을 악마가 아니라, 사실은 비교에서 말하는 "영적 세계의 빛"의 효과로 본 것이다. 그녀는 독특한 방식으로 요한 묵시록을 해석하여, "하늘 별들의 삼 분의 일"을 (인간의 에고인) 거룩한 모나드monads와 관련시켜 이들이 지상에서 육화의 전체 주기를 이행할 것으로 보았다. 그리고 신학자들이 보통 악마와 악마의 "번갯불과 같은 추락"을 언급하며 취하는 문장은, 인간의 에고가 하강하여 재탄생의 주기로 들어가는 것이라고 주장했다 (〈비밀 교리〉 2권, 485쪽).

악마의 특성에 대한 블라바츠키의 통찰에 대해서는 그녀가 사탄과 동일시하고 "죽음의 천사"라고 불렀던 사마엘*을 보라. 그리고 다음 항목들도 보라. 아키벨*, 아마자라크*, 아메르스*, 아사라델*, 아수라*, 아자지엘*, 아자젤*, 바르카얄*, 이스킨*, 케찰코아틀*, 라후*, 적룡*, 타미알*, 타라카*, 티폰*.

블레미에스 Blemmyes

중세의 민간전승에서 머리가 없다고 하는 에티오피아의 한 유목 부족에 붙여진 이름 중 하나이다. 이들은 보통 눈과 입이 가슴에 달린 모습으로 그려진다. 이들은 물론 악마가 아니지만, 독특한 외양이 전형적인 중세의 지옥 악마 이미지와 결부되었기 때문에 악마학자들의 관심을 받는다.

블레이크 Blake

윌리엄 블레이크William Blake(1757~1827). 영국의 예술가, 시인, 신비가. 악마학과 관련해 문학과 예술에 몇 가지 중요한 개념과 이름들을 소개했지만, 전통적 의미의 악마학자로 보기는 어렵다. 블레이크의 악마들은 기본적으로 성서적 전승에서 유래한 것이지만, 어느 정도는 야콥 뵈메, 파라켈수스, 밀턴*의 저작에서 영향을 받았고, 적어도 세 악마의 이름은 아그리파*에게서 유래한 것이다. 대체로 그의 신학은 건전하며, 그는 자신의 신학 안에서 구원을 기다리는 타락한 영들로 악마들을 이해한다. 그러나 어떤 경우에는 하느님이 창조한 존재들로 서술하기도 한다. 예를 들어, 그가 욥기 삽화에 새긴 기묘한 베헤못*은 인간과 함께 창조된 존재로 그려진다. 블레이크는 개인적인 용어 체계를 만들고 일반적인 악마 일대기들을 채택하고 있기에, 그가 사용한 악마나 천사의 이름이 전통적인 그리므와르*들의 특성과 부합한다고 가정하는 것은 정확한 이해가 아니다. 블레이크는 성서적이거나 역사적 인물들을 악마로 변환하는데, 그 예로, 민수기 13장 33절의 아나킴Anakim은 〈네 조아들〉과 〈밀턴〉에서 한 조를 이루는 네 악마들 중 하나가 된다. 〈천국과 지옥의 결혼 The Marriage of Heaven and Hell〉에서는 타락한 천사들이라는 신학적으로 수용된 악마관을 벗어나는 것처럼 보이며, 어떤 악마들을 현대의 비평가 포스터 데이먼이 "원래는 귀신들"이라고 했던 것으로 상정한다. 몇몇 경우에 블레이크의 악마적 존재들은 확실히 관습에 매이지 않는 귀신들, 사회적 또는 영적으로 거부된 자들, 이런 저런 방식으로 생각이나 말이나 행위로 기존의 사물 질서를 전복시키는 자들이다. 이와 대조적으로 천사들은 정통적이며 세속적이다. 예언적 시 〈유럽 Europe〉에서 인간은 물질주의에 굴복하기 때문에 천사가 되는 것으로 그려진다. 그는 이러한 귀신들이 생기는 지옥을 뵈메의 용어로 이해하여, 우리가 지금 무의식이라고 부를 것과 동일한 것으로 바라본다. 블레이크는 야콥 뵈메의 책을 장식했던 삽화를 잘 알고 있었으며, 그것은 지옥과 인간의 불타는 내면 사이의 관계를 묘사하고 있다.

블레이크가 영들을 소환하는 데 직접 참여했다는 것은 잘 알려진 사실이며, 그 자리에는 가끔 그의 친구 발리Varley도 함께 있었다. 블레이크는 이 영들을 악마로 보았다. 벼룩 유령(The Ghost of a Flea) 그림에 대한 이야기는 현대의 많은 신비술 저작에 (실제로는 종종 잘못) 소개되어 있다. 이 영들이 일상적인 시야에 들어온 것인지, 아니면 환시적 차원에서 블레이크에게 아주 선명하게 드러났던 것인지에 대해서는 논쟁의 여지가 있다.

천사와 악마에 대한 블레이크의 논법이 조직적이지는 않았지만, 우리는 그가 그의 영웅 밀턴에 대해 말한 것과 그 자신의 시가 진실하다는 것을 느낄 수 있다. "밀턴이 천사들과 하느님에 대해서 쓸 때 답답하게 썼고, 악마들과 지옥에 대해서 쓸 때 자유롭게 쓴 이유는, 그가 참된 시인이었기 때문에 그리고 스스로도 알지 못하는 사이에 악마의 일당이었기 때문이다."(〈천국과 지옥의 결혼〉) 어떤 의미에서 블레이크는, 의식적으로 선을 억제하면서 구원을 기다리는 악마적 특성을 간파했기에, 스스로 악마의 일당이었다는 것을 알고 있었다고 볼 수 있다. 오직 이러한 축복받은 이해의 상태에 있는 인간만이 〈천국과 지옥의 결혼〉에 있는 "기억할 만한 공상 A Memorable Fancy"과 같은 시를 쓸 수 있을 것이다.

지옥의 화염 속을 걸어갔을 때, 천사들에게는 고통과 광기처럼 보일 악령
(Genius)의 기쁨으로 나는 즐거웠네…
오감五感의 심연 위에 있는 집으로 돌아왔을 때…
나는 보았네, 바위 표면에서 배회하며 검은 구름 속에 포개진 용감한 악마를
침식하는 불과 함께 그는 이렇게 썼지…
당신은 어떻게 아는가 모든 새가 공중의 길을 지나가는지,
광대한 기쁨의 세계가 당신의 오감으로 닫혀 있는 게 아닌가?

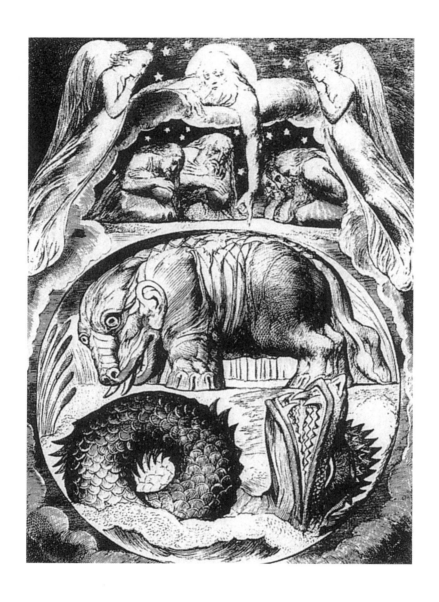

▲ **블레이크** 욥기 삽화에 블레이크가 형상화한 악마들인 베헤못과 레비아탄, 1825년. 하마처럼 생긴 것이 (종종 코뿔소처럼 여겨졌지만, 이 이름의 의미는 "거대한 짐승"과 비슷한) 베헤못이고, 휘감긴 뱀이 레비아탄이다.

블레이크의 (타락하거나 그렇지 않은) 천사들에 대한 상상력은 기묘한 것이었다. "섭리의 천사들"은 진부한 도덕적 이미지와 다를 바 없는 존재들로, 포스터 데이먼이 말하듯이, "병상 옆에서 자연스런 기쁨을 가져오는 요정들을 몰아내지만, 천사들이 떠나면 요정들은 돌아오고 환자는 회복된다." 신비술사들은, 천사들의 역할에 대한 블레이크의 관점이 어쩌면 틀에 박힌 것은 아니더라도, 그럼에도 정확히 비교 전승과 일치한다는 것을 이해할 것이다. 그는 "자연사로 죽는 모든 유아가 사실은 천사에게 살해당하는 것이 아닌가?"라고 기술하고 있다.

블레이크가 오용된 에너지의 부산물과 같은 것으로 지옥을 이해했다는 것은 의심의 여지가 없으며, (에너지는 거룩한 것이지만 죄는 인습과 결부된다.) 지옥의 형벌이라는 환상도 삶의 고통과 같은 것에 지나지 않은 것으로 보았다. "존재의 유령들을 영원한 생명으로부터 분리해 포박하기 위하여, 영원한 불과 영원한 사슬이 있지 아니한가?"(〈알비온의 딸들의 환상 Visions of the Daughters of Albion〉) 지옥에 대한 블레이크의 견해는 비참한 것이다. "그들은 엄청난 고통 속에서, 모든 것을 태워버리는 광포한 불꽃 속에서, 꺼지지 않는 불에 둘러싸인 지하 감옥에서 쇠사슬에 묶여, 죽음의 구덩이와 소굴과 그림자* 속에서, 고통과 비애에 찬 모습으로 소리 지르며 몸부림친다."(〈네 조아들〉, 밤 IX, 749행 이하.) 지옥은 "영원한 죽음의 땅"이다. 블레이크는 비록 몇몇 시에서 이러한 장소의 궁극적인 현실을 부정하기는 하지만, 그가 보는 지옥은 밀턴과 단테*와 고전적 신학에서 나타나는 모습이다.

이러한 관찰은, 블레이크가 악마들을 논의하는 데 관습에 얽매이지 않았으며 기이했다는 것을 명확히 보여준다고 하겠다. 그는 자기가 채택한 거의 모든 상징체계 안에 너무도 깊이 머물러 있어서, 그의 조합들을 우리가 이해하는 "악마들"이라고 부르는 게 정당한 일인지 의심이 갈 정도이다. 심지어 그가 악마들이라고 명기한 아나크*, 옥*, 시혼*, 사탄*은 일반적으로 악마라고 여기지 않는다.

블레이크가 사용한 악마적 이름들은 완전히 개인적인 것이다. 예를 들면, 그는 바알*과 아슈타로트*(아스토레트*)를 부부로 연결시키지만, 강등된 이 신들은 신화와 악마학적 조류에서 서로 다른 전통에 속한다. 이러한 사실은, 그의 방법과 통찰과 복잡한 사상에 대한 이해가 없이는, 종종 블레이크를 읽기 어렵게 만들며 그의 개인적인 비교秘教 사상을 이해하는 게 어렵다는 것을 의미한다. 여기에서 우리는 다만 그의 명목상 악마들과 그가 만들어낸 것으로 보이는 악마적 실체들을 검토하는 것으로 그칠 것이다. 블레이크가 창조한 것들과 언급한 것들은 전통적인 악마학 조류에서 너무 떨어져 있기에, 이를 명확히 하기 위해서는 각 실체의 추가 정보와 함께 요약 목록을 제시하는 게 가장 나을 것이다. [표 8]은 블레이크의 저작에 나오는 악마적 실체들의 이름과, 그가 이름과 이미지를 어디에서 얻었는지 보여주는 출처, 그리고 악마나 영의 특성에 대한 간단한 묘사이다. 이 세 요소는 관련된 개별 항목에 더 상세히 나와 있다.

[표 8]

악마 / 영	주요 원천	특성
아나크	성서	거대한 악마로 옥 0g과 함께 감옥을 지배한다
반그리스도	성서	장엄한 자아 이미지
아폴뤼온	성서	거짓(Falsehood)에게 육체를 준다
아슈타로트	밀턴	바알의 배우자
베엘제불	밀턴	(해당 표제어를 보라.)
베헤못	성서	레비아탄과 함께 무의식
벨리알	성서	뇌물과 암살의 악마
지키는 커룹	성서	인간을 영원성에서 저지한다
용인간	?	짐승과 관련 있다
이짐	스베덴보리	외면화된 자기애
라미아	고전	유리젠의 고통으로 나왔다
레비아탄	성서	휘감긴 바다뱀
릴리트	성서	전통과 마찬가지로 아담과 연결된다

루시페르	전통	교만해서 자기 책임을 저버렸다
마몬	성서	전통적으로 돈이 악마화한 것
므네 세라핌	아그리파	텔 Thel의 부모
몰레크	밀턴	전통적으로 아이들의 희생제를 요구한다
옥	성서	거대한 악마로, 철비늘을 가지고 있다
오르크	(해당 표제어를 보라.)	억제된 감정의 지배자
라다만투스	베르길리우스	엄하고 잔인한 연옥의 판관
린트라	?	분노
살라만드린	파라켈수스?	분노의 인간
사탄	성서	과오, 거대한 자아
뱀	성서	미묘한 위선
환영(幻影)	뵈메?	환상, 억압된 욕망
시혼	성서	4인조 악마 중 하나
유령	?	사탄의 별칭, 자아
티리엘	아그리파	물질주의의 의인화
자젤	아그리파	영원한 반란

비네 Vine

솔로몬의 일흔두 영 중 하나이다. 검은 말을 타고 독사를 손에 쥔 사자의 형상으로 나타난다. 마술사를 위해 거대한 보호탑을 세워주고, 폭풍을 일으켜 다른 이들이 세운 벽을 파괴시킨다. 과거나 미래에 대한 비밀 지식을 모두 가지고 있으며, 다른 마술사들과 마녀들과 소환자들의 이름을 드러낼 준비가 되어 있는 유일한 영이라고 한다.

비디엘 Bidiel

때로 바이디엘Bydiel이라고 한다. 스테가노그래피의 악마들*을 보라.

비밀 중의 비밀 Secret of Secrets

때로 〈참된 흑마술〉*이라고 불리는 이 그리므와르* 문서는 솔로몬이 그 지은이라고 주장하는 프랑스 책들 중 하나로 다양한 마법 부적과 문자를 제시하고 있다. 이 책은 1750년에 출판되었을 것이다. 이 문헌에 대한 연구에 대해서는 참고문헌에 있는 웨이트*의 저작을 보라. 그리므와르*를 보라.

비에리우스 Wierius

바이어*를 보라.

비케코메스 Vicecomes

자카리우스 비케코메스Zacharius Vicecomes는 16세기 가톨릭교회 구마술의 권위자이며, 그의 〈구마술 보완 Complementum Artis Exorcistiae〉은 구마*에 대한 중요한 논문집 〈끔찍한 구마와 소환의 보고〉(1608)에 수록되어 있다. 많은 성직자들처럼 그는 악령에 들린 것이 진짜인지 거짓인지 식별하는 방법과 구마술을 언제 시행할 것인지에 대한 방법을 보여주고자 했다. 그가 악령에 들린 사람들에게서 가장 자주 만난다고 제시한 악마 목록은 마치 고전적 그리므와르*에 있는 목록 같다. 다음은 그들의 이름이다. 아카론Acharon, 아도니데스Adonides, 아세로트Aseroth, 아시마Asima, 아스모다이우스Asmodaeus, 아스타로트Astaroth*, 아스타르테Astarte, 바알Baal*, 바알림Baalim*, 베아이모트Beaemot, 벨페고르Beelphegor*, 베엘제붑Beelzebub*, 벨Bel*, 벨레Bele, 벨리알Belial*, 베타게Bethage, 카모Chamo*, 코즈비Cozbi, 다곤Dagon*, 제로바알Jerobaal*, 레비아탄Leviathan*, 루시페르Lucifer*, 모하메트Mahomet, 멜콘Melchon, 메로닥Merodach*, 몰로크Moloch, 네바즈Neabaz, 네르갈Nergal*, 넥스로트Nexroth, 포고르Phogor*, 사탄Satan*, 소코트베노트Socothbenoth*, 타르타크Tartach*.

비코른 Bicorn

때로 바이코른Bycorne이라고도 하며, 악마와 관련된 신비적 조물이다. 중세 문학에서는 장수하는 남편들의 육체를 먹고살면서 살을 찌우는 짐승으로 언급된다. 여성인 치체바체*와 흡사하다.

비트루 Bitru
시트리*의 이름 중 하나이다.

비프론스 Bifrons
악마 백작 중 하나로, 모습을 변화시키라는 특별한 명령을 받을 때까지 항상
괴물로 나타난다. 그는 점성술과 마법의 약초, 마법의 돌, 마법의 나무들을 가
르칠 것이다. 실제 강령술에서 유용하다고 한다. (그가 죽은 자들의 무덤 위에서 송
장 불꽃이라는 불을 켠다는 것이 이에 대한 통속적인 설명이다.) 솔로몬의 일흔두 영 중
하나이자 에녹계 악마*이기도 하며, 문헌에 "그는 죽은 자들의 무덤 위에서 촛
불을 켜는 것 같다"고 나와 있다.

빈스펠트 Binsfeld
페터 빈스펠트Peter Binsfeld(1540?~1603). 독일 예수회 회원이자 악마학자이며 〈마
녀들과 사악한 일을 행하는 자들의 고백에 대한 보고서 Tractatus de Confessionibus
Maleficorum et Sagarum〉(1589)의 저자이다. 악마에 대한 그의 관점은 중세적이고 마
술의 특성과 힘에 대해 만연했던 편견과 법적 인식에 기초를 두고 있다. 실제
로 로빈스가 제시하듯이, 그를 '마녀론자'(witch-logist)라고 불러야 더 정확한
표현일 것이다. 남아 있는 빈스펠트의 해설 중 하나는 사람들에게 7대 죄악을
종용하는 일곱 악마의 목록이다. 이 목록은 원래의 개념과는 아주 다르며, 대
표적인 죄에 대한 그의 선택은 악마학 역사에 대해 상당히 무지했다는 것을 보
여준다. 그러나 그의 의견은 대중적 그리므와르*에 계속 반영되었다. 그에 따
르면, 교만은 루시페르*의 영역이고, 탐욕은 마몬*의 영역이며, 음욕은 아스모
데우스*의, 분노는 사탄*의, 폭식은 베엘제붑*의, 질투는 레비아탄*의, 게으름
은 벨페고르*의 영역이다.

빌레트 Bilet
에녹계 악마들* 중 하나로, 몇몇 자료에는 악마왕 아르칸*의 장관이라고 한
다. 벨렛*을 보라.

빌렛 Bileth
벨렛*의 이름 중 하나이다.

빙의(憑依) Possession
전문적으로 빙의는, 악마적 힘이 어떤 사람을 너무 강하게 지배하여 악마가
그 사람의 몸 "안에 들어앉을" 수 있는 상태를 말한다. 이 단어는 '손아귀에 넣
다'를 의미하는 라틴어 포시데레possidere에서 유래한다. 악마학자들은 이 단어
와, 악마가 외부에서부터 사람을 사로잡아 통제하는 '강박'(obssession)이라는
단어를 구별하여 사용한다. '향하여'를 뜻하는 라틴어 옵ob은 외부의 어떤 것
을 암시한다. 빙의 개념은 이미 고전 시대 이전에 확립되었으나, 그 영향에 대
해서 사막의 교부들보다 더 직접적으로 쓴 사람은 없을 것이다. 4~5세기의 은
둔자들이었던 그들은 악마학과 요술 이론을 세우는 데 지대한 공헌을 하였으
며, 그 이론은 그로부터 거의 1천 년 후 유럽을 괴롭히게 된다.

　실제로 악마학 문헌에서는 빙의를 표현하기 위해 에네르구메누스*라는 단
어를 더 자주 사용하였다. 이 단어는 '악마에게 사로잡힌'을 의미하는 그리스
어 단어에서 유래한다. 악마학자 마녀사냥꾼 구아초*는, 어떤 사람이 정말로
악마에게 사로잡혔는지 아니면 사로잡힌 체하는 것인지에 대해 사제가 결정
하는 방식을 설명하면서 이 단어를 쓴다. 사로잡힌 사람의 영은 악마의 뜻을
따르며, 때로 그 사람의 목소리가 변하고 외양까지 변한다는 것이 기저에 깔
린 개념이다. 몸은 발작을 일으키고, 이상한 물체나 심지어 생물이 인체의 구
멍을 (주로 입과 항문을) 통과한다고 한다. 빙의와 관련된 이상한 행동을 보인다
하더라도, 때로는 그것이 실제로 사로잡힌 것인지, 아니면 단순한 괴벽인지 결
정하는 일이 가능하지 않았다. 그러나 전문적인 마녀검사원들과 이 사안의 전
문가로 자처하는 이들은 사실상 이 둘을 거의 구별하지 않았다.

　이와 관련된 교회의 태도는, 성스런 이미지나 단어나 상징에 대한 반응이 빙
의 여부를 드러낸다는 믿음에 널리 뿌리를 두고 있었고, 가장 예리한 고통을
느끼는 신체의 일부를 악마가 존재하는 곳이라 여겼다. 예를 들면, 구토는 악
마가 배 속에 있다는 표시이며, 목을 조이는 것과 같은 감각은 목구멍에 악마

가 들어 있다는 표시였다. 빙의의 사실과 빙의하는 장소가 결정되면 사제는 구마 의례를 시도할 수 있다. 이 의례에서 악마는 보통 입을 통해서 빠져나가는 것으로 알려졌다. 구마*를 보라.

뻔뻔한 짐승 Blatant Beast
에키드나*를 보라.

뼈 Bones
악마 관련 구절*을 보라.

사과 Apple
악마 관련 구절*을 보라.

사기꾼 Dodger
악마 관련 구절*을 보라.

사단 Sathan
사탄*의 이칭이다. 프라이스티기아토레스*를 보라.

사라나나 Saranana
〈알마델〉*에 따르면, 세 번째 고도의 영적 존재들 중 하나이다.

사라이엘 Saraiel
상툼 렉눔*에서 쌍둥이자리(Gemini)와 연결되는 영이다.

사라쿠얄 Sarakuyal
에녹계 악마들*을 보라.

사라히엘 Sarahiel
상툼 렉눔*에서 양자리(Aries)와 연결되는 영이다.

사령술(死靈術) Necromancy
네크로만시*를 보라.

사르치엘 Sartziel
상툼 렉눔*에서 전갈자리(Scorpius)와 연결되는 영이다.

사르쿠아미엘 Sarquamiel
바울로계 술*을 보라.

사리티엘 Saritiel
상툼 렉눔*에서 궁수자리(Sagittarius)와 연결되는 영이다.

사린디엘 Sarindiel
바울로계 술*을 보라.

사마엘 Samael
이 천사의 이름이 그리므와르* 문헌에 나타나기는 하지만, 사마엘은 서구의
헤르메스 신비주의 전승에 나오는 악마가 아니라 화성과 연결된 세쿤다데이*
중 하나이다. 그러나 블라바츠키*는 사마엘이 창세기의 유혹하는 뱀인 사탄*
과 같은 것이며 때로 붉은 용으로 불린다고 한다. 블라바츠키는 사마엘이 죽
음의 천사*라는 것을 강조한다. 루시페르*와 바울로계 술*을 보라.

사메벨 Samevel
에녹계 악마들*을 보라.

사미야사 Samyasa

에녹의 묵시록에서 사미야사는 에녹계 악마들*의 지도자라고 한다. 에녹계 악마들에게는 후대의 그리므와르 목록과 구별하기 위해서 첫 번째 문헌 전승의 에녹계 악마들이라는 이름이 붙여졌다. 이스킨*을 보라.

사밀 Samil

바울로계 술*을 보라.

사부락 Saburac

사브나크*를 보라.

사브나크 Sabnak

때로 사브낙Sabnack, 사브나케Sabnake, 사부락*, 살막*이라고도 하며 솔로몬의 일흔두 영 중 하나이다. 청백색 말을 타고 사자의 머리를 한 사나운 전사의 모습으로 나타난다고 한다. 전쟁 능력과 축성술 때문에 소환되지만, 사브나크와 상처의 관계에 대해서는 다소 논란이 있다. 일부 문헌은 사브나크가 치유할 수 없는 상처를 낸다고 주장하는 반면, 다른 문헌은 그가 모든 상처를 치유할 수 있다고 주장한다. 레지널드 스코트*는 "사브나크는 사람들에게 썩고 구더기가 꽉 찬 상처를 30일 동안 입힌다"고 말한다.

사브루스 Sabrus

〈눅테메론〉*에 나오는 일곱 번째 시간의 악마들 중 하나로, 레비*에 따르면 자양분을 주어 부양하는 귀신이다.

사악한 눈 Evil eye

사악한 눈은, 사악한 성질을 지닌 특정한 인간들이 옮긴다고 추정되는 마술적 힘으로, 그들이 흘끗 봄으로써 세상에 주입된다고 한다. 초기에는 눈의 광선과 같은 것, 모든 인간의 눈에서 발산되는 영적인(astral) 영향과 다소 비슷한 것이 있다고 믿었다. 사악한 사람이 발산하는 영향은 그 자체로 사악한 것이었고, 정말로 사악한 지향을 가진 사람들이 인간이나 동물들에게 이러한 시선을 던짐으로써 세상에 혼란을 일으키며, 자기들의 시선을 조작하고 강하게 할 수 있다고 여겼다. 악마적인 사악한 눈에 대한 고전적 사례는 고르곤 메두사*의 눈으로, 그녀의 눈은 너무도 끔찍해서 눈을 한 번 마주치면 돌로 변해버렸다고 한다. 사악한 눈의 영향에 맞서기 위해 많은 부적들이 고안되었으나, 우리의 관심을 끄는 것은 악마적 성격과 관련된 것들이다.

사악한 눈의 역사에 관한 전문가 엘워시는 사악한 눈의 힘을 빗나가게 하는 부적*의 방식이, 웃음이나 질투 또는 공포 등을 통한 것이었다고 주장한다. 사악한 눈은 오직 마녀나 흑마술사의 첫 시선을 통해서만 영향을 발휘한다는 인식이 있는데, 만일 이 시선이 어떤 방식으로든 빗나간다면, 눈길을 받는 이는 해를 당하지 않는다고 한다.

사악한 시선을 피하는 데 가장 유력한 형상은, 악마적 괴물의 머리와 같이 기괴하거나 흉측한 디자인으로 된 것이었다. 이는 공포라는 수단을 통해서 사악한 일을 행하는 자의 관심을 끌려고 했던 것으로 보인다. 특정한 악마적 부적들을 '파시나'fascina로 불렀던 이유가 바로 여기에 있다. 부적들은 사악한 마법을 펼치려는 시선을 사로잡으려는 데 목적이 있는 것이다. ('사로잡다'(fascinate)는 원래 '묶다'(bind)를 의미하며, '넋을 빼놓다'를 뜻하는 라틴어 '파시나레'fascinare에서 유래한다.) 이러한 목적을 위해서 고안한 악마적 부적들은, (디자인의 형태에 따라서) 때로 고르고네이온이나 키메라, 또는 그릴리*라고 불렸으며, 다소 차이는 있지만 모두 흉측한 악마의 머리 이미지로 만든 경우가 많았다. 가끔 눈의 형태로 된 단순한 부적들이 있지만 이것들도 사악한 시선을 방해하려고 고안한 것이며, 주로 고전적인 도자기에서, 심지어는 지중해 현대식 배의 뱃머리에서도 발견된다.

페르세우스에게서 잘려나간 메두사*의 머리가 합쳐졌다고 하는 아테나의 방패는 방향을 바꾸는 부적과 같은 장치였다. 이와 같이, 사악한 것이 사악한 것의 방향을 틀면, 악마적 힘은 선한 일을 하도록 변환되거나, 그렇지 않을 경우에는 적어도 악마적 힘을 제자리로 돌려놓는 일을 하게 되었다. 아주 많은 고대의 방패들이 이러한 아테나의 원리에 따라서 고안되었지만, 사실상 초기의 모든 방패들이 본질적으로 부적의 역할을 한다는 주장이 있다. 판키롤라 Pancirola는 〈고관명부 Notitia Dignitatum〉(1608)에서 많은 방패들을 연구했다.

때로, 특히 호부護符들의 경우, 기괴하거나 악마적인 머리들 대신에 악마들의 기호*나 인장*들을 사용했고, 이를 반영하는 고대의 많은 장치들이 현재까지 남아 있다. 소환 마법에서 이러한 기호와 인장을 사용하여 마법의 원 바깥 둘레에 시각적인 기호를 그리는 것은, 실제로 마법사가 악마와 타협하는 동안 일시적으로 보호하기 위해 고안한 장치들이라고 주장하는 사람들도 있다.

사악한 마귀 Foul Fiends
셰익스피어의 〈리어왕〉에는 광인으로 변장한 에드거Edgar인 "불쌍한 톰"에게 붙은 네 마귀의 이름이 나온다. 이들은, 플리베르티기베트*, 스물킨Smulkin*(편집자가 이 이름을 스눌북 Snulbug*으로 수정하는 경우도 있다), 모도*, 마후*이다. 이 이름들은 전부 새뮤얼 하스넷의 〈가톨릭의 엄청난 사기에 대한 고백 Declaration of Egregious Popishe Impostures〉(1603)에서 나온 것이다. 하스넷은 "프라테레토*, 플레베르디기베트Fleberdigibet, 호베르디단케 Hoberdidance, 토코바토* 들이 춤을 추는 네 악마"라고 썼다. 존 서클링 경의 〈고블린〉(1638)도 이 목록에서 영향을 받은 것으로 보인다.

사악한 자 Evil One
악마(Devil)나 아흐리만*을 칭하는 일반적인 이름이다. 조로아스터교의 사악한 원리인 아흐리만*을 본격적으로 현대 신비술 사상에 도입한 사람은 루돌프 슈타이너*이다.

사이르 Sair
〈눅테메론〉*에 나오는 다섯 번째 시간의 악마들 중 하나로, 현인들의 스티비움 stibium의 귀신이다. 이 용어는 잃어버린 연금술적 개념과 관련이 있을 것이다. 중세 말엽에 스티비움은 안티몬을 이르는 검은 납, 또는 웨이트*가 그의 연금술 용어 사전에 기록하듯이, "은광에서 발견되는 어떤 광석"이었다.

사자의 서 Book of the Dead
한 이집트 문서의 대중적인 제목으로, 사실은 "낮에 나타나는 책"(The Book of Coming Forth by Day)이라고 해야 더 적합하다. 이 책은 사후 상태 및 악마와 천사와 영적 존재들의 미로를 통해 최근에 죽은 이들을 인도하는 일 등과 관련된 마법적 주문, 의례, 찬가, 지침 등에 대한 고대의 전문 서적이다. 이집트의 신 토트가 중요한 역할을 담당하기는 하지만, 알리스터 크로울리*가 쓴 〈토트의 책 Book of Thoth〉(1944)과 혼동하지 말아야 한다. 크로울리의 책은 지극히 기묘한 상징적 방식으로 타로카드를 다루며, 이와 관련된 모든 주장은 토트나 이집트의 상징주의와는 아무런 관계도 없다.

사즈키엘 Sazquiel
바울로계 술*을 보라.

사크루프 Sachluph
〈눅테메론〉*에 나오는 두 번째 시간의 악마들 중 하나로, 식물의 귀신이다.

사타나스 Satanas
히브리어 사탄에 해당하는 라틴어 명칭이다. 디아볼로스*를 보라.

사탄 Satan
대중 악마학에서 사탄은 악마 무리들의 우두머리인 대악마이다. 그러나 대중적 이해는 사탄에 대한 그 어떤 진지한 해석이 암시하는 것보다 훨씬 단순한데, 사탄의 진정한 성격을 찾는 탐구는, 존 피터 John Peter가 1970년에 "사탄의 모습은 마치 햄릿의 모습처럼 엄청난 주석 속에 거의 사라져버렸다"고 썼던 것처럼 덫에 포위되어 있다. 사탄에 대한 그리스도교의 가장 초기 언급은 후대의 혼란과 주석에 일부 책임이 있다. 요한 묵시록 12장 9절에는 악마, 사탄, 용,

▲ **사탄** 모든 악마들이 한때 천사들이었다는 신화를 극적으로 설명하는 구스타프 도레의 목판화. 밀턴의
〈실낙원〉에 나오는 삽화로, 사탄과 그의 모반 천사들의 멸망을 묘사하고 있다. "전능하신 그분은 그를 불에
태우고 무구한 천상에서 무시무시한 파멸을 가하여 거꾸로 내동댕이치셨다. 철석같은 사슬에 묶여 불의 형
벌 속에서, 바닥없는 지옥에 거주하도록."

뱀이 하나이며 똑같고, 하늘에서 땅으로 내동댕이쳐졌다고 나온다.

> 그 커다란 용은 아주 오래된 뱀으로서 디아볼로스 또는 사탄이라고도 불리며 온 세상을 유혹하는 자인데, 그자는 땅으로 내던져졌고 그자의 천사들도 함께 내던져졌다.

그러나 용*, 뱀*, 디아볼로스*, 사탄이라는 용어들에 대한 연구는, 이 성서 구절 이미지에서 발생한 혼란에 대해 밝혀주어야 한다. 이러한 언급에 더하여, 일부 대중적 설명처럼, 하늘에서 추락하기 전에 사탄은 루시페르*라고 불렸으며, 자주 사용되는 사탄의 이름이 악마(devil)라는 관념을 고려한다면 사안은 더욱 복잡해진다.

사탄이라는 이름은 '반대하는 것' 또는 '박해하는 것'을 뜻하는 히브리어 샤타나shatana에서 유래한 것으로 보인다. 사탄은 가끔 "적수"라는 호칭으로 불리는데, '인간의 적수'라기보다는 '하느님의 적수'를 의미한다. 그러나 이 두 의미는 때로 형편에 따라서 거의 동일하게 여겨질 수 있다. 현대의 비교秘敎 악마학에서 중대한 적수는 신에게 반대하고 부분적으로는 루시페르에게도 반대하는 아흐리만*이다. 현대의 비교 전승은 대중 악마학이나 낭만적 악마학과 달리, 사탄(아흐리만)과 루시페르를 혼동하지 않는다.

사탄은 타락한 천사들의 지도자로 여겨지며, 밀턴*의 표현에 따르면 "하늘의 평화를 처음으로 깨트리고 거만한 반역의 전쟁 속에서 천사들 3분의 1을 나락으로 인도한 모반의 천사"이다. 밀턴이 〈실낙원〉(2권, 689행 이하)에서 제시한 당당하고 비극적인 사탄의 모습에 대해서는 밀턴의 악마들* 항목에서 다루었다. 블레이크*의 시적 비전에서 사탄은 오류가 의인화한 사람과 같은 존재가 아니다. 그는 "죽음의 상태이지 인간 존재가 아니다."(〈예루살렘〉, 49쪽, 67행) 인간이 더 타락하는 것을 막으려고 그리스도가 창조한 "불투명한 한계"이다. 그는 개인 안에 있는 철저한 자기중심적 원리, "거대한 자아"이다(〈예루살렘〉, 43쪽, 15행). 블레이크의 비전은 사탄을 신 자신처럼 중심과 주변에 있는 존재로 묘사하며, 중심에서 우주의 주변으로 빛을 방사하는 네 방향의 네 각도에 이 이미지를 고정시킨다. 상상력의 혼돈은 북쪽이고 감정의 죄는 동쪽이며, 몸의 죽음은 서쪽이고 이성의 밤은 남쪽이다. 우주에 투영된 것은 인간의 영적 부분이기도 하다.

　단테*와 밀턴의 천재성은 대중적 사탄 이미지를 형성하는 데 기여했다. 단테의 비전을 표현한 구스타프 도레의 삽화는, 사탄을 얼음호수에 있는 기괴하고 음울하며 날개 달린 조물로 묘사했다. 영적 공간에 있는 이미지 중에서는 피렌체 세례당의 팔각형 돔이 강렬한데 거기에는 악마들에 둘러싸여 불로 목욕하는 희비극적 사탄 이미지가 있다. 이원론적 영지주의에 뿌리를 둔 현대의 비교 악마학 견지에서 보면, 사탄(아흐리만)은 추위 및 어둠과 관련이 있고, 루시페르는 열기 및 빛과 관련이 있기 때문에, 대조적인 이미지는 그 자체로 흥미롭

▼ **사탄** 얼음호수의 사탄이 지옥에서 고문을 당하는 이들을 노려보고 있다. 오른쪽 얼음 바위 위에는 단테와 베르길리우스가 있다. 구스타프 도레의 〈신곡〉 삽화.

다. 그러나 이러한 관점을 가장 훌륭하게 표현하고 있는 것은, 루시페르와 아흐리만에 대한 슈타이너*의 주석과 강연이다. 그는 아흐리만(사탄)을 물질주의의 어두운 영으로 이해하고 루시페르를 영성의 영으로 이해한다.

하지만 모든 비전주의자들이 슈타이너의 견해에 동의하는 것은 아니다. 예를 들어, 블라바츠키*는 〈비밀 교리〉에서 사탄은 "그저 자연 안에 있는 모든 것의 반대 또는 극반대를 형이상학적으로 표현한다"고 말하고 있다. 이러한 비교적 관점은 판에 박힌 라틴어 인용구 "악마는 전도된 신이다"(Diabolus est Deus inversus)와 아주 가깝다.

사탄의 교회 Church of Satan
〈사탄의 성서〉*를 보라.

사탄의 머리 Satan's Head
악마의 항성 알골*은 사탄의 머리라고 불렸다. 고르곤*을 보라.

사탄의 성서 The Satanic Bible
1969년 라베이A. S. Lavey가 출간한 〈사탄의 성서〉는 1966년 라베이가 샌프란시스코에 설립한 사탄의 교회*의 견해를 공식적으로 제시한 책이다. 사탄의 교회는 반그리스도교적이고 쾌락주의적이며 낮은 차원의 자아의 욕망을 충족시키는 것을 지향했다. 에녹의 호출*과 〈마녀들의 복음서〉*를 보라.

사탄의 이름 Satan's name
알골*을 보라.

사탄의 책 Book of Satan
〈사탄의 성서〉*를 보라.

사티로스 Satyr

그리스어 사티로스는 반인반수의 조물로(보통 염소의 뿔과 발굽과 귀를 지니고 있다) 숲과 산에 거주하면서 아주 게으른 생활을 하며 억제되지 않은 "자연적" 충동의 상징으로 여겨진다. 그리스 신화에서 사티로스들은 나이에 따라 구분되는데, 나이가 많은 사티로스들은 실렌티*, 나이 어린 사티로스들은 사티리스키satyrisci라고 불렀다. 사티로스의 형상과 판*의 이미지가 연결된다는 것은 부인할 수 없으며, 그리스도교의 악마 이미지를 형성하는 데 기여했다. 시에 나오는 악마적 이미지에 대해서는 이짐*을 보라. 올드 스크래치*도 보라.

사판 Xaphan

콜랭 드 플랑시*의 1863년판 〈지옥사전〉에 따르면, 사판은 두 번째 계급의 악마이며 창의력이 풍부한 마음을 가지고 있다. 하늘에 불을 쏘아서 천사적 군대에 대항해야 한다고 반란의 천사들에게 제안했던 이가 바로 사판이었다. 반

▲ **사판** 두 번째 계급의 악마. 콜랭 드 플랑시의 1863년판 〈지옥사전〉에서 사용된 목판화.

란이 실패했기 때문에 지하세계에서 그의 역할은 연옥*의 아궁이에 풀무로 불을 피우는 일이 되었다.

산호 Coral
돌*을 보라.

살라만데르 Salamander
엘레멘탈*을 보라.

살라만드리네 Salamandrine (불도마뱀)
"살라만드리네 인간"은 16세기 초반의 연금술 문헌에 언급되며, 지속적인 분노의 상태에서 살아간다고 한다. 이 분노는 과도한 열기와 동일시되기에 불의 정령(Elemental of Fire)인 살라만데르*와 연관된다. 블레이크*는, 윌리엄 로가 편집한 야콥 뵈메의 저작집 삽화를 사용했는데, 거기에는 인간 하반신 내부에서 타오르는 지옥의 불꽃을 보여준다. 자신의 저술에서 이 용어를 사용했던 블레이크는 파라켈수스로부터 이 단어를 취했을 가능성이 있다.

살레오스 Saleos
때로 잘레오스*라고도 하며 솔로몬의 일흔두 영 중 하나이다. 악어를 탄 사나운 전사의 모습으로 나타나며, 사람들 사이에 사랑을 가져다주는 유별난 능력을 가지고 있다.

살리루스 Salilus
〈눅테메론〉*에 나오는 일곱 번째 시간의 악마들 중 하나로, 문을 열어놓는 귀신이다.

살막 Salmac
사브나크*를 보라.

삼류작가 Hack

악마 관련 구절*을 보라.

상툼 렉눔 Sanctum Regnum

엘리파 레비*의 저작에서 유래한 의전 마술* 체계에 붙여진 이름이다(콩스탕*을
보라). 레비는 이 체계의 틀을, 대천사의 주기적인 역사 지배와 관련이 있는 세
쿤다데이*에 대한 수도원장 트리테미우스*의 저작 후대판(1567년) 사본에서 발
견했다고 주장한다. 그러나 레비*의 텍스트 자체는 세쿤다데이와 거의 관련
이 없는 매우 개인적인 주석으로, 점술적인 타로카드에 느슨하게 기대면서 의
전 마술이라는 형태를 부여한 것이다. 그의 글은 원래의 타로카드와도 아무런
관련이 없는 마술 도해, 천사 목록, 카발라 본문들과 상징적 해석들로 가득하
다. 이 텍스트는 자칭 신비적인 황금의 여명회(Order of the Golden Dawn)를 창설

[표 9]

상툼 렉눔의 영	황도 12궁	중세 지배자
사라히엘 Sarahiel	양자리 (Aries)	말키디엘 Malchidiel
아자지엘 Azaziel	황소자리 (Taurus)	아스모델 Asmodel
사라이엘 Saraiel	쌍둥이자리 (Gemini)	암브리엘 Ambriel
파키엘 Phakiel	게자리 (Cancer)	무리엘 Muriel
세라티엘 Seratiel	사자자리 (Leo)	베르키엘 Verchiel
스칼티엘 Schaltiel	처녀자리 (Virgo)	하말리엘 Hamaliel
카다키엘 Chadakiel	천칭자리 (Libra)	주리엘 Zuriel
사르치엘 Sartziel	전갈자리 (Scorpius)	바르비엘 Barbiel
사리티엘 Saritiel	궁수자리 (Sagittarius)	아드나키엘 Adnachiel
세마키엘 Semaquiel	염소자리 (Capricornus)	하나엘 Hanael
차마키엘 Tzakmaqiel	물병자리 (Aquarius)	감비엘 Gambiel
바카비엘 Vacabiel	물고기자리 (Pisces)	바르키엘 Barchiel

하는 데 참여했던 사람들로부터 높은 평가를 받았고, 거룩한 왕국을 의미하는 그 이름과는 전혀 걸맞지 않은 오명으로 주목을 받았다. 악마학과의 관계는 상툼 렉눔에 나온 '천사들' 목록과 마법 지팡이의 구조 및 축성 등에 기초해 있다. [표 9]의 목록은 이 영들과 황도 12궁의 대응을 보여준다. 비교를 위해서, 아그리파*가 선호하고 널리 채택되었던 중세 체계의 대응 영들도 제시해놓았다.

상툼 렉눔 텍스트는 윈 웨스트코트Wynn Westcott가 〈상툼 렉눔의 마법 의례 The Magical Ritual of the Sanctum Regnum〉(1896)라는 제목으로 처음 출간했고 지금도 복간본을 구입할 수 있다. 상툼 렉눔에 대한 좀 더 학문적 접근은 웨이트*의 〈의전 마술의 책〉* 5장에 나와 있다.

생각 Thoughts
〈악마의 생각〉*을 보라.

샥스 Shax
때로 스콕스* 또는 챡스*라고도 하며, 솔로몬의 일흔두 영 중 하나로 소환하면 새의 형상으로 나타난다고 한다. 그러나 레지널드 스코트*는 더 구체적으로 "쉰 목소리를 가진 황새처럼" 나타난다고 말한다. 샥스는 소환자를 대신해서 돈을 훔칠 준비가 되어 있고, 그런 명령을 받으면 사람을 귀머거리나 벙어리 또는 장님으로 만든다. 숨겨진 보물을 찾을 준비가 되어 있어서 총애를 받는다. 스코트는 "샥스가 소환자에게 어떤 일에서건 순종을 약속하지만, 그렇게 하지 않는다. 그는 거짓말쟁이*"라고 한다.

서머스 Summers
몬태규 서머스Montague Summers. 현대의 마녀사가인 그는 다수의 책을 저술했으며 그중에서 〈요술의 역사와 악마학 History of Witchcraft Demonology〉(1926)은 주목할 만한 가치가 있다. 서머스는 시니스트라리*의 〈악마의 본성 Demonality〉(1927), 슈프렝어와 크래머의 〈마녀들의 망치〉*(1928), 보게의 〈마녀 연구〉

(1929), 구아초*의 〈마녀들의 책〉(1929), 레미*의 〈악마숭배〉(1930), 스코트*의 〈마술의 발견〉(1930) 등 악마학 관련 분야의 책들을 현대판으로 편집했다.

성령의 신지 Theosophia Pneumatica
〈작은 열쇠들〉*과 그리므와르*를 보라.

성수 Holy water
악마 관련 구절*을 보라.

세나토르 Senators
13세기 학자 마이클 스콧*은 일곱 천계의 일곱 책임자(rectors) 또는 원로원 (senators)을 열거하고 있다. 그들은 오르피멜*, 팅그라*, 다프나엘*, 카부라*, 아시노르*, 타스카르*, 보엘*이다.

세라티엘 Seratiel
상툼 렉눔*에서 사자자리(Leo)와 연결되는 영이다.

세마키엘 Semaquiel
상툼 렉눔*에서 염소자리(Capricornus)와 연결되는 영이다.

세에레 Seere
솔로몬의 일흔두 영 중 하나로, 날개 달린 말을 탄 긴 머리 남자의 모습으로 나타난다고 한다. 눈을 한 번 반짝이는 것만으로도 어떤 일도 할 수 있는 능력을 지니고 있다고 한다.

세자르빌 Sezarbil
〈눅테메론〉*에 나오는 열 번째 시간의 악마들 중 하나로, 레비*는 "악마적, 또는 적대적 귀신"으로 묘사했다.

세케트아아루 Sekhet-aaru

이집트 신화에서 아멘티Amenti가 지배하는 지역인 갈대의 장소(Place of Reeds)에 붙여진 이름이다. 일부 학자들은 '아아루'aaru라는 단어를 바빌로니아의 '아랄루*'와 연결시킨다.

세쿤다데이 Secundadeians

일곱으로 이루어진 천사 집단으로, 원래는 면밀하게 규정한 구도에 따라 역사의 특정 기간에 대한 지배권을 부여받은 대천사적 존재들이었다. 악마학적 맥락에서 이들을 다루어야 하는 주요 이유는, 이들이 의심스러운 평판을 지닌 마술 문서에 들어왔으며, 레비*가 이들을 다룬 결과, 19세기 후반 낭만적 신비술 전승에도 가끔씩 출현해서이다. 세쿤다데이라는 이름은 15세기 말엽 수도원장 트리테미우스*로부터 유래했을 가능성이 높지만, 이들의 이름과 지배권에 대한 자료는 15세기 이전의 아랍어 문헌 및 중세 유럽 문헌에도 나온다. 일곱 천사의 이름은 오피엘*, 자카리엘*, 사마엘*, 미카엘*, 아나엘*, 라파엘*, 가브리엘*이며, 토성(오피엘*)에서 달(가브리엘*)에 이르는 행성 영역의 지배권도 이 순서와 대응한다. (점성술의 악마*를 보라.) 트리테미우스*와 그의 학파에서 유래한 후기 전승에서는 세쿤다데이들의 지배권이 행성들 자체와 혼동되었다. 이들은 한 번에 354년에 이르는 반복적인 역사 기간을 차례로 지배하며 그 기간에 각자가 자신의 "천구층적"(spherical) 영향력을 부여한다고 한다. 우리 시대는 태양의 대천사 미카엘*이 지배하고 있으며, 1881년부터 현재를 지배하기 시작했다고 한다. (트리테미우스*의 숫자는 정확하지 않기 때문에 다양한 해석들이 따른다.)

세파르 Separ

악마 베파르*의 이칭 중 하나이다.

셀렌 Sellen

〈눅테메론*〉에 나오는 열두 번째 시간의 악마들 중 하나로, 위인들의 총애의 귀신이다.

셰올 Sheol

대략 하데스*에 해당하는 히브리어이지만 종종 지옥과 같은 뜻으로 잘못 쓰인다.

셸 Shells

히브리 악마학에서 셸은 우리 지구의 일곱 영역에 거주하는 악마이다. 이들의 군주를 사마엘*이라고 부른다. 루시페르*를 보라.

소굴 Den

악마의 소굴에 대해서는 악마 관련 구절*을 보라.

소네일론 Soneillon

미카엘리스의 계급*에 나오는 악마의 이름이며 타락한 좌품천사로, 인간이 원수를 반대하여 중오를 품도록 유혹하는 역할을 맡았다. 소네일론의 영적 적수는 성 스테파누스이다.

소라트 Sorath

중세 악마학에서 소라트는 마법의 숫자가 666*인 다이몬*이나 악마 또는 태양이다. (마방진*을 보라.) 루돌프 슈타이너*는 1908년 6월 뉘른베르크에서 행한 성 요한의 묵시적 환시에 대한 11번째 강연에서, 숫자 666*을 지니고 뿔이 둘 달린 짐승의 비교秘教적 신비를 숭고한 비교 세계와 연관시켜 다루었다. 슈타이너*는 인간의 영적 존재를 나타내는 히브리어의 네 알파벳 사메크Samech, 바우Vau, 레쉬Resh, 타우Tau에 해당하는 숫자를 합치면 666*이 되고 소라트의 자음이 된다는 것을 보여준다. 슈타이너*는 묵시록에 나오는 뿔이 둘 달린 짐승인 소라트가 그리스도의 적수라고 한다.

소블라 Xoblah

악마의 알파벳*을 보라.

소솔 Sosol
바울로게 술*을 보라.

소코트베노트 Socothbenoth
비케코메스*를 보라.

소환 Conjuration
죽은 자들의 영이나 악마들을 저승에서 불러내는 방법이다. (네크로만테이온*을 보라.) 마치 소환에는 항상 속임수가 개입된 것인 양, 현재 이 단어는 오락을 위한 교묘한 속임수의 의미로 더 널리 사용된다. 그러나 과거에 소환은 지옥에 대한 지식을 (그리고 몇몇이 가정하듯이 천상에 대한 지식도) 타진하기 위해 수행하는 가장 진지한 실행 중 하나로 여겨졌다. 방대한 양의 그리므와르* 참고문헌이 악마를 안전하게 소환할 수 있는 방법을 전하며, 악마나 그 하인들의 현존을 불러내기 위한 수천 가지의 비법과 형식들이 중세 이후부터 실제로 존재했다. 소환술은 끔찍한 형상의 악마들을 불러내는 것에만 관련이 있는 게 아니라, 악마를 복종시켜 결국 그가 불려온 마술세계에서 떠나게 하는 것과도 관련이 있다. 구마 의례는 이러한 마지막 단계 소환술의 그리스도교적 방식이며, 여기에서 사제는 어떤 사람이나 장소에서 악마를 쫓아내기 위해 반드시 있어야 하는 의례와 형식을 아주 상세하게 보여준다.

천사 마법(angel magic)을 다루는 책에서 설명하는 소환술은 때로 의전 마술*이라고도 하지만, 천사와 악마 사이의 차이점은 심지어 가장 그리스도교적인 책으로 보이는 것들 안에서도 대개 아주 희미하다.

신비술 책들과 그리므와르들은 악마 소환을 위해서 시간과 장소를 어떻게 준비해야 하는지에 대한 방법들로 채워져 있다. 악마는 적절한 날 적절한 시간에 소환해야만 한다. 그 예로, 웨이트*가 언급한 〈솔로몬의 열쇠〉*에는 행성의 날과 부합하게 일곱 악마를 소환해야 한다고 나와 있다. [표 10]을 보라. 악마들의 이름은 히브리어가 변질된 것이다.

[표 10]

히브리 이름	그리므와르 이름	행성	날
샤바타이 Shabbathai	솔다이	토성	토요일
체데크 Tzedek	제덱스	목성	목요일
마딤 Madim	마디메	화성	화요일
셰메쉬 Shemesh	제멘	태양	일요일
노가 Nogah	호고스	금성	금요일
코찹 Cochab	코카오	수성	수요일
레바나 Lebanah	제베악	달	월요일

여러 그리므와르들에 담겨 있는 표들과 그리스 로마 점성술 원고에서 발견되는 행성 관련 표들에 따르면, 반드시 적절한 시간에 악마를 소환해야 한다. 예를 들어 악마 솔다이*를 소환하는 시간은 토요일 여덟째 시간이 될 것이다. 그러나 표들은 다른 시간 등록 방법을 가지고 있었던 모임들에 기원을 두고 있으며, 이것은 오늘날 사용하는 것과 다른 순서로 낮과 밤을 시작하기 때문에, 그리고 표들이 이러한 변화를 고려해서 변경되지 않은 것으로 보아서, 소환하는 이들이 그토록 강조하는 적절한 시간이라는 것이 사실은 그렇게 중요하지 않았음을 추론할 수 있다. 어떻든 몇몇 그리므와르들은, 소환되는 악마의 소속 행성이 있음에도, 대체로 소환하기 좋은 특정한 시간에 대해서 (특히 토성과 화성의 시간에 대해서) 말하고 있다.

대부분의 소환 의례는 소환의 서곡으로 다양한 기도를 하고 천사들의 이름을 부르며, 소환 의례를 합당하게 수행하는 데 필요하다고 여겨지는 마법의 칼, 막대, 검, 지팡이, 바늘, 낫 등과 같은 여러 의례 도구들을 준비한다. 19세기 중엽 이후 유럽을 휩쓴 낭만적 신비술은 의례와 관련해 도구의 준비를 더욱 복잡하고 상세히 제공하고 있지만, 이러한 정교함이 그리므와르 전승 자체에 있는 것은 아니다. 전통적인 자료는 다양한 정화방식과 도구들에 그리거나 새긴 기호*들을 제한했던 것처럼 보인다. 그러나 그리므와르들은 그 지침이 다양하다. 예를 들면, 〈참된 그리므와르〉*는 오직 칼과 조각칼과 수술용 칼만 사용할 필요가 있다고 강조한다.

의식용 서류를 쓰는 데 사용하는 펜과 잉크도 구마 의례를 행하고 훈증소독 해야 하는 기도의 대상이다. 어떤 경우에는 새의 어느 깃털을 사용해서 깃펜으로 쓸 것인가를 정확하게 명시하기도 한다. 한 그리므와르는 "수컷 거위 오른쪽 날개의 세 번째 깃털"이라고 강조하고 있다. 잉크는 흑마술 영역에서 사용하는데, 때로 희생된 동물이나 새의 피로 된 것이어야 한다. 양초 역시 보통 양초가 아니라 새로운 밀랍을 사용해 손으로 만든 것이어야 한다. 악마 소환에 대한 몇몇 문헌은 피의 희생을 강조한다. 때로 어린양이나 새끼염소가 희생되

▲ **소환** 레지널드 스코트가 〈마술의 발견〉 1665년판에서 언급한 선한 악마의 기호들. 맨 위의 것은 호전적인 천사 주반라다케, 가운데 것은 악한 악마들의 공격에 대항하여 거룩한 부적을 주는 야흐리야흐, 마지막 것은 마법과 마술에 대한 지식을 가르치는 날갑의 기호이다.

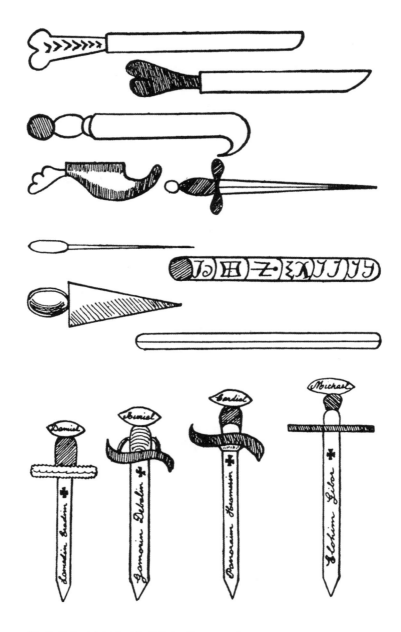

▲ **소환** 칼, 단검, 지팡이, 낫, 막대, 삽 등의 소환 도구들 모음이다. 초기의 논문과 그리므와르들에서 이러한 것들은 훈증소독, 기도, 특별한 마법 주문을 위해서 특별하게 준비되었다. 웨이트의 〈의전 마술의 책〉(1911)에서 유래하지만, 사실은 〈솔로몬의 열쇠〉에서 온 것이다.

[표 11]

선한 악마들	특징
주반라다케	"항상 불타는 칼을 지니고" 투구를 머리에 쓰고 있다.
야흐리야흐	"처녀들을 동반한다."
날갑	"지옥의 마술을 실행하는 방법"을 가르친다.
마이놈	"어린양과 함께 있는 암양"과 닮았다.
가오님	"제자를 비가시적으로 만든다."
발라누(마술)	"시행 교본을 가르치는 자"
라마우미	"카발라 마술을 가르치는 자"

악한 악마들	특징
파날카르프	"악어와 비슷하고, 머리가 둘"이다.
바라트론	"사제복을 입은 마술사와 같은"
손데나트	"사냥꾼과 비슷한"
그리에스모달	"스패니얼 개와 닮은"
발리사르곤	추종자들이 파괴될 때까지 "엄청난 도둑질을 유혹하는 자"
모르보르그란	"특히 봉사하는 사람으로 나타난다."
바르만	"자기를 추종하는 자들의 영혼을 소유한다."

었는데, 마술사 자신이 직접 처단해야 했다. 〈솔로몬의 열쇠〉*는 "네가 더 쉽게 베어낼 수 있도록, 너의 새끼염소를 목구멍이 위로 가게 해서 블록 위에 두어라. 그리고 소환하기를 바라는 영의 이름을 부르면서 너의 칼로 단번에 베어라"라고 밝힌다.

중요한 악마의 이름과 기호 목록이 여러 흑마술 소환 문서에 나와 있다. 가장 유명한 것은 솔로몬의 영*이라는 항목에 있지만, 레지널드 스코트*의 〈마술의 발견〉 두 번째 책(1665년판)에는 소환될 가능성이 거의 비슷할 것으로 추정되는 선한 악마 일곱과 악한 악마 일곱의 목록이 있다. [표 11]을 보라.

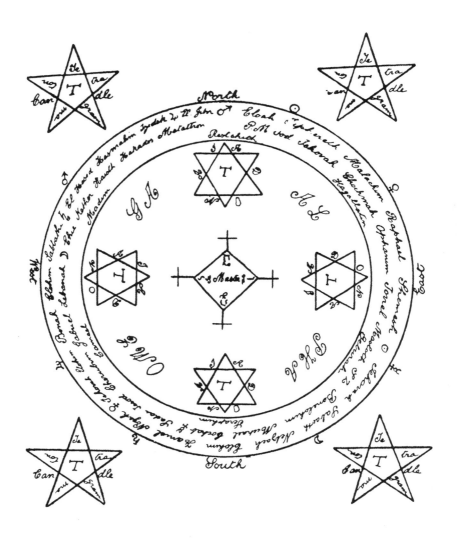

▲ **소환** 그리므와르 문서 〈솔로몬의 더 작은 열쇠〉에 나오는 마법의 원. 마술사는 마법의 원 안에서 솔로몬의 영이 채택한 악마를 소환해야 한다.

적절한 기호들과 함께 정확히 그리고 도입해야만 하는 엄청나게 많은 인장*, 삼각형, 수호하는 기능을 지닌 마법의 원과 같은 것들이 있다. 이들 중 아주 많은 것들이 그리므와르와 천사 마법에 대한 책들에 게재되어 있다. 몇몇 경우에 마법의 원들은 마술사를 보호하기 위해 만들며, 또 다른 경우에는 마술사가 소환한 악마를 쫓아낼 때까지 그 악마를 가두려는 목적으로 만들기도 한다.

의전 마술*과 그리므와르 전승의 관계를 다루는 문헌에 대한 총괄적인 연구는 웨이트*의 책 〈의전 마술의 책〉*에 나와 있다. 소환 문헌에서 다루는 복잡함은 〈마녀들의 망치〉*와 같은 문헌을 통해서 의심을 받았는데, 이 책은 나타나기 원하는 악마의 이름을 그냥 부르기만 하면 된다는 것을 강조한다. 다양하고 복잡한 소환술에 대해서는 마법의 거울*을 보라.

속이다 Cheat
'악마를 속이다'에 대해서는 악마 관련 구절*을 보라.

손가락 Fingers
악마 관련 구절*을 보라.

손데나트 Sondennath
스코트*가 언급한 일곱의 악한 악마 중 하나이다. 소환*을 보라.

솔다이 Solday
토성(토요일)의 악마이다. 소환*을 보라.

솔라스 Solas
스톨라스*의 이칭이다.

솔레비엘 Soleviel
스테가노그래피의 악마들* 중 하나이다.

솔레우이엘 Soleuiel
스테가노그래피의 악마들* 중 하나이다.

솔로몬 Solomon
솔로몬계 문헌*과 솔로몬의 영*을 보라.

솔로몬계 문헌 Solomonic Literature
중세 초기부터 여러 악마학 문헌과 성서의 솔로몬을 연결시키는 것은 흔한 일이었다. (그러나 더 진정성이 있는 고대 전승에 대해서는 에녹계 악마들*을 보라.) 13세기 마이클 스콧*의 저작에서 볼 수 있는 것들은 악마의 기능과 이름과 소환 의례 등을 철저히 다룬 〈솔로몬의 이데아와 엔톡타 Idea Salomonis et Entocta〉와(마지막 단어 엔톡타는 에우톡타 Eutocta가 맞는 것 같지만, 16세기까지 다양한 철자로 나타난다) 제목과는 달리 아담 Adam이 지었다는 〈솔로몬의 술에 대한 천사의 책 The Angelic Book of the Art of Solomon〉이 있다. 그러나 일반적으로 솔로몬을 인용하는 대중 문서들은 〈레메게톤〉* 형태의 문헌을 따르고 있다. 솔로몬의 영*을 보라.

솔로몬의 열쇠 The Key of Solomon
이 그리므와르*는 악마 소환을 목적으로 집필된 문헌들 중에서 가장 널리 사용된 것들 중 하나이다. 고대의 문헌이라는 주장이 있고, 역사가 웨이트*도 14세기의 원고 형태로 존재하고 있었다고 암시하기도 하지만, 17세기 중엽 이전에는 출간되지 않은 것으로 나타난다. 이 책의 의례에는 희생제의적인 흑마술이 포함되어 있고, 웨이트가 "과장되고 엉뚱한 것들의 괴상한 조합"이라고 묘사한 여러 주문과 소환*을 담고 있다. 보통 〈레메게톤〉*이라고 하는 〈솔로몬의 더 작은 열쇠〉는 이보다 훨씬 수준이 높다.

솔로몬의 영 Spirits of Solomon

보통 〈레메게톤〉*이라 불리는 솔로몬 왕의 위작 문헌에 기재된 일흔두 악마에 대한 총칭이다(솔로몬계 문헌*과 그리므와르*를 보라). 전설에 따르면, 솔로몬이 일흔둘의 모반적인 악마 왕들을 한데 모았는데, "그 우두머리는 빌렛*, 두 번째는 벨리알*, 세 번째는 아스모다이*"였다(레지널드 스코트*). 그는 황동 그릇에 그들을 담고 깊은 호수로 던져버렸다. 바빌로니아인들은 엄청난 보물을 얻으려는 희망 속에 그 그릇을 깨뜨렸고 악마들을 탈출시켰다. 그들은 이 탈출한 무리 중에서 가장 강력한 벨리알*을 숭배했으며 그에게 기도와 희생제물을 바쳤다. 이 책은 일흔두 악마를 각기 그 이름 아래 개별적으로 다루고 있기에 여기서는 개괄적인 묘사만으로도 충분할 것이다. 〈레메게톤〉은 악마의 이름, 가장 흔한 기호*, 인장* 또는 특성, 소환* 때 나타나는 외양, 악마가 소유한 다양한 능력 순으로 아주 단순하게 기술되어 있다. 이런 종류의 문헌에 대한 설명과 솔로몬계 사본의 고대성 논의에 대해서는 그리므와르*를 보라.

72라는 숫자가 인간 신체의 혈류속도(맥박수) 및 춘분점세차春分點歲差 (precession of the equinoxes)와 연결되어 있는 비교秘敎적 숫자이긴 하지만(태양은 별들을 배경으로 72년에 1도씩 역행한다), 이 경우 숫자 72는 마술적 지향을 지닌 게 아니라 아마도 악마들이 12궁도의 72페이스face(별자리를 5도씩 구분한 것)와 연결되었던 시대, 또는 이 악마들이 12궁도의 지배자로 지정되었던 시대에 대한 반영일 것이다. 점성술에서 한 페이스는 5도의 원호로, 황도 12궁의 별자리를 각각 6등분한 결과 전체 72페이스를 얻는다. 현존 자료에 대한 연구는 이 이론을 지지하지만, 원래의 지배자 목록은 유실되었다. 현존하는 지배자 목록에 나오는 이름들 대다수는(이 지배자들은 때로 신과 천사이다) 10분각(decanate) 체계와 관련이 있다. 10도 체계에서는 12궁 별자리를 각각 3등분한 결과 전체 지배자의 수는 36이 된다. 노보트니는 이러한 지배자 목록 여덟 개를 (이집트에서 그리스와 로마를 경유하여) 전해주고 있지만 이들 이름 중에서 서양 악마학 전승에 채용된 것은 거의 없다. 10분각 체계의 목록과 솔로몬의 영*들 사이에 존재하는 조화는 우연적인 것일 가능성이 크다.

악마들 태반이 짐승이나 괴물의 형상으로 나타나지만, 고모리*만큼은 아름다운 여성의 형상으로 나타나며 아스타로트*와 프로켈*은 천사로 나타난다. 목록이 혼합적이라는 사실은, 잘 알려진 악마들이 성서와 신화 등 다양한 원천에서 왔다는 것으로 확인된다. 성서의 벨리알은 유일하게 산 제물을 요구한다는 점에서 원래의 경향을 지니고 있으며, 피닉스*는 "달콤한 혀를 가진 아라비아의 새"에서 유래한 것이 확실하다. 모락스*는 아마도 신화의 미노타우로스*나 악마적 신 몰레크*에서 왔을 것이다.

솔로몬의 영들이 특별히 그리므와르 전승에서 잘 알려지게 된 것은 그들의 기호 때문이며, 많은 기호들은 무척 흥미롭고 아름답기까지 하다. 그러나 그리므와르의 다른 여러 영들도 똑같이 흥미로운 기호들을 지니고 있으며, 이 특정한 악마의 영들이 19세기와 20세기의 자칭 소환 단체들로부터 왜 그토록 많은 관심을 받았는지 그 이유를 밝히는 것은 쉽지 않다.

특정 악마의 이름과 기호에 대한 지식을 갖춘 소환자는 의례에서 악마를 불러낼 수 있다고 여겨졌다(소환*을 보라). 그러나 소환자가 특별한 정보나 능력을 요구할 경우에는 그 악마의 특별한 속성에 대한 지식도 필요했다. 일흔두 악마의 목록은 이러한 속성들을 제공하고 있다. 그러나 그들 중 많은 영들이 몇 가지 능력을 가지고 있으며, 성공적인 소환 의례에서 그것들을 선보일 수 있다는 것은 확실하다. 대다수의 영들이 약초와 돌이 지닌 의료적·영적 가치와 같은 땅의 비밀을 가르치는 데 반해, 일부는 비가시성을 부여한다. 적어도 열두 악마는 미래에 관한 지식을 주고, 열 악마는 소환자를 위해서 사랑이나 육욕을 충족시키는 역할을 맡는다. 소환자들 사이에서 아몬*이 인기 있는 이유는 한 번의 소환으로 두 가지를 모두 제공해주기 때문이다. 소환자들이 많이 찾는 것 중 한 가지는 부富이다. 여섯 악마는 돈이나 부를 직접 제공하며 (적어도 부를 얻을 수 있는 비밀을 가르쳐준다.) 아홉 악마는 숨겨진 보물이 어디에 있는지 드러낼 준비가 되어 있다. 대다수의 악마들은 소환자를 위해 (동물 형상이나 비가시적인 심부름꾼 영으로) 심부름마귀*를 제공하는데, 다섯 악마가 이 분야의 전문가들이다. "외국어의 비법" 역시 악마에게 요구하는 인기 항목이다. 다섯 악마가 소환자에게 이 능력을 줄 수 있다. 거의 동등한 인기를 누리는 것은 점성술과 연금술을 포함하는 비술秘術에 대한 지식이다. 오리아스*는 눈 깜빡

할 사이에 복잡한 점성술을 가르쳐주어서 특별히 주목을 받는다. 일부 악마는 다른 전문지식을 가르치지만, 피닉스는 시와 문학을 가르치고 사브나크*는 전쟁의 부상을 치료하는 힘을 제공하고 (또는 반대로 끔찍한 상처를 입힌다.) 가미귄*은 소환자와 상담하기 위해 죽은 영들을 일으키는 전문가여서 사령술 악마들 중에서 가장 큰 인기를 누린다. (가미귄이 일흔두 영 중 유일한 사령술 악마는 아니다. 무르무르*도 수시로 이 괴상한 능력을 발휘한다.) 베파르*는 바다와 관련된 악마로, 때로 폭풍이나 난파, 익사 등을 일으키기 위해 소환된다. 그러나 솔로몬의 악마들 중 다수가 지진과 폭풍을 일으킨다. 벨티스*를 보라.

일흔두 악마의 철자와 이름의 변화는 아주 다양하며 각 악마를 설명한 개별 항목에서 다루었다. 다양한 판본들이 다양한 이칭들을 제시하기에 아래의 목록에는 일흔두 영보다 더 많이 포함되어 있다. 이들 중 많은 영들이 에녹계 악마들*을 묘사한 문헌에도 나오며 하나의 공동 원천에서 유래한 것일 수 있다.

아가레스*	베리트*	글라시알라볼라스*	프로켈*
아이니*	비프론스*	고모리*	푸르손*
알로켄*	빌렛*	구시온*	라움*
알로케르*	보티스*	하보림*	로노베*
아마이몬*	부에르*	하겐티*	사브나크*
암두스키아스*	부네*	할파스*	살레오스*
아몬*	카임*	이포스*	세에레*
아미*	키메리에스*	레라지에*	샥스*
안드라스*	단탈리안*	말파스*	스톨라스*
안드레알푸스*	데카라비아*	마르바스*	시트리*
안드로말리우스*	엘리고르*	마르코시아스*	발라크*
아스모다이*	플라우로스*	모락스*	발레포르*
아스타로트*	포칼로르*	무르무르*	바풀라*
바알*	포라스*	나베리우스*	바싸고*
발람*	포르네우스*	오리아스*	베파르*

바르바토스*	푸르카스*	오로바스*	비네*
바틴*	푸르푸르*	오세*	부알*
벨렛*	가프*	파이몬*	자간*
벨리알*	가미귄*	피닉스*	제파르*

수르가트 Surgat

때로 아쿠이엘*이라고도 하며 호노리우스의 그리므와르*에 따르면 일요일에 소환된다고 한다. 이 그리므와르는 "수르가트가 당신의 머리카락을 원하겠지만 대신에 그에게 여우의 털을 주고 그가 그것을 가지고 가는지 확인하라"고 전한다.

수사보 Susabo

〈눅테메론〉*에 나오는 여섯 번째 시간의 악마들 중 하나로, 항해의 귀신이다.

수쿠부스 Succubus

남자들이 잠들었을 때 육체적 지식을 얻기 위해서 여자의 형상을 취하는 악마의 이름이다. 인쿠부스*와 비교해보라.

수클라구스 Suclagus

〈눅테메론〉*에 나오는 아홉 번째 시간의 악마들 중 하나로, 불의 귀신이다.

수플라투스 Suphlatus

〈눅테메론〉*에 나오는 다섯 번째 시간의 악마들 중 하나로, 먼지의 귀신이다.

숟가락 Spoon

악마 관련 구절*을 보라.

술집 간판 Pub signs

(과거에 여러 신문사가 있던) 플리트 스트리트Fleet Street 지역에 있는 몇 개의 술집에는 악마의 이름이 붙여졌고 그 지역의 위치는 "인쇄소의 악마"*와 관련이 있다는 것을 암시한다. 인쇄소의 악마라는 말은 비교적 최근까지도 구식 인쇄기의 얇은 판 때문에 잉크로 더럽혀진 인쇄소 심부름꾼을 가리키기 위해 사용되었다. 그러나 악마의 이름이 붙은 현대의 일부 술집 간판들에는 성 던스턴St Dunstan이 악마의 코를 붙잡고 있는 모습이 있는데, 이것은 그가 악마를 이겼다는 것을 보여주는 중세 이야기와 관련이 있다.

새뮤얼 로울리Samuel Rowley의 희곡 〈한밤중의 대결 A Match at Midnight〉(1632)에서는, 한 인물이 다른 인물에게 "악마에게 가라"는 소리를 들으면 이것은 단지 그가 악마의 간판이 있는 데로 가야 한다는 뜻임을 설명하면서, 거기에는 한 성인이 악마의 코를 붙잡고 있기에 악마가 상처를 입힐 수 없을 것이라고 말한다. 링컨 시*에 있는 블랙 고우츠Black Goats라는 술집 이름은 악마가 흑염소의 형상으로 숭배를 받았던 마녀집회와 관계가 있는지 모르지만, 여기서 고우츠goats는 배수구(gowts)에서 유래하기에, 지금은 이 도시에 존재하지 않는 배수장치와 관련이 있을 것이다.

백 오네일스*는 확실히 악마학과 관련이 있으나, 바쿠스의 신도들을 가리키는 '바카날스'bacchanals에서 와전된 것이다. '철의 악마'(Iron Devil)라는 단어도 제비를 뜻하는 프랑스어 이롱델hirondelle에서 와전된 말이다. 십자군에서 유래한 '사라센의 머리'(Saracen's Head)는, 템플 기사단의 재판 과정에서 그들과 연결된 마우메트*에 대한 언급일 수 있다.

쉬폐 Spee

프리드리히 폰 쉬폐Friedrich von Spee(1591~1635)는 예수회 철학자이자 신학자이며 인도주의자이다. 그는 독일의 요술 재판을 직접 경험함으로써 악마의 힘과 요술의 효력 및 요술을 근절하기 위해 만든 독점체제에서 하느님의 이름으로 행한 잔악행위 등이 망상*이라고 인식했고, 〈범죄의 경고 Cautio Criminalis〉(1631)에서 이것들에 반대하여 경고했다. 그는 "더 이상 하느님이나 자연이 모든 것에 책임을 지지 않지만, 마녀들에 대해서는 책임진다"고 썼다.

슈타이너 Steiner

루돌프 슈타이너Rudolf Steiner(1861~1925)는 비전주의자, 철학자, 인지학회 창립자였으며, 의심할 여지없이 20세기의 가장 뛰어난 신비술사였다. 슈타이너의 강연과 저술 및 기록된 통찰은 물질적 세계와 영적 세계의 신비적 특성, 문화적 삶과 그것의 향상, 예술과 역사와 철학 등 사실상 실제적이고 영성적인 의미에서 인간 삶의 거의 모든 국면에 대한 포괄적인 연구를 제공하고 있다. 슈타이너는 단순한 악마학자 이상의 인물이지만, 악마와 악마학에 대한 그의 견해는 혁명적인 것이고, 의학에서 예술, 농경에서 점성술에 이르는 여타의 모든 것에 대한 그의 견해와 마찬가지로, 놀라운 통찰로 가득하다. 악마이론과 특정 악마들의 활동에 대한 슈타이너의 여러 언급은 출간된 강연록과 저술들 곳곳에 흩어져 있기 때문에, 그의 악마학을 아주 간단하게 살펴보는 것 이외의 탐색은 지극히 어려운 일이다. 아마도 행성의 악마들과, 아흐리만*과 루시페르*의 이원론적 상호작용 연구에 대해 슈타이너가 크게 기여했던 부분으로 논의를 제한하는 게 최선일 것이다.

슈타이너는 1908년 베를린 강연에서 행성의 악마들을 언급하며 〈영적 존재들이 인간에게 미치는 영향 The Influence of Spiritual Beings upon Man〉 영어판(1961년)에서 풍부하게 다루었지만, 다른 강연들과 여러 저술에서도 자주 언급하고 있다. 슈타이너는 "화성과 달과 금성의 자비로운 존재와 악의를 지닌 존재" 그리고 "토성의 창의적인 존재와 거친 존재"에 대해서 묘사하며, 이 영들의 (전통적인 행성의 악마들과 혼동하지 말아야 한다) 활동을 인간의 신체 조직 및 인간의 활동과 관련시킨다. 심원한 악마학 지식을 통하여 슈타이너는 "인간이 하는 모든 일은 미지의 존재들의 소환과 같다"고 주장하기에 이르렀다. 악의를 지닌 존재들에 대한 인간의 방어는 에고 안에 나타나며, 에고는 혈액 안에서 스스로 표현방식을 찾는다. 악의를 지닌 존재들은 인간 조직에서 기생하며 혈액 안에서 영적 본질을 갈구한다. 만일 인간이 자신의 에고를 강화하기 위해서 (강하고 활발한 의지를 발휘하여) 지속적으로 주의를 기울이지 않는다면, 이들 중 일부가 인간의 피에 기쁘게 들러붙어 큰 악을 낳게 할 것이다. 또 일부는 유미乳糜(chyle)와 림프액 같은 몸의 체액을 통해서 일하기도 하는데, 슈타이너의 훌륭한 악마학은 무척 흥미로우며 고대의 네 기질 이론과 깊은 관계가 있다는 것을 알 수 있다.

슈타이너는, 행성의 악마 첫 집단은 아스트랄계(astral plane)에서 발견되며 영적 난쟁이의 모습을 하고 있으며, 악의를 지닌 작은 악당이라고 한다. 이들은 어느 정도 "달의 악마들"이라고 할 수 있다. (그러나 내가 아는 한 슈타이너는 이 용어를 사용하지 않았다.) 이들에게는 엄청나게 강력한 포효를 만들어낼 수 있는 능력이 있다. 지상에서 그들은 환영幻影과 광기*의 기질이 있는 사람들에게 들러붙고, 정신병원이나 강령회降靈會와 같은 곳에서 조장되는 분위기와 풍경을 좋아한다. 조금 더 온순한 영들은 화성의 더 고차원적인 아스트랄계와 연결된다. 이들은 지극히 영리하고 언변이 부드러운 존재로 그려진다. 지상에서는 인도주의적 원리가 전개되는 장소를 좋아한다.

(슈타이너가 신지학 용어로 '데바카닉'devachanic(신들이 거주하는)이라고 정의한) 금성의 영적 대기에서는 영리하고 부드러운 기질의 영들이 살아간다. 그러나 이 똑같은 영적 영역에는 "광포한 생명력"을 지닌 두 번째 집단도 있는데 이들은 서로 약탈하고 전투를 벌인다. 데바칸 영역(devachanic realms)에 있는 더 고차원적 지역들은 "토성의 존재들"의 장소이다. 이들은 본질적으로 창조적 지혜의 영적 화신들이며 인간의 간장肝臟을 통해서 일한다. 지상에서 이들은 창조적인 기술과 창조성이 펼쳐지는 장소를 좋아한다. 토성의 존재들에게는 또한 어두운 짝이 있으며 이들은 인간 안에 있는 관능적 탐욕과 제한되지 않은 욕망을 악마계(demonic plane)에 나타낸다.

악마학에 대한 슈타이너의 가장 뛰어난 견해는 1908년 뉘른베르크 강연에서 나타나며, 영어판도 〈성 요한의 묵시〉(1958)로 나와 있다. 이 책에서 슈타이너는 묵시록에 나오는 일곱 봉인의 상상 속에 들어 있는 신비적 지혜를 상세하게 연구한다. 그는 이러한 맥락에서 소라트*의 본성과 숫자 666*의 신비술적 신비에 대해 놀라운 통찰을 보여주고 있으며, 아비스(심연)*와 도래할 인간 종족의 신비술적 개념에 대한 연구 배경도 제공하고 있다.

▲ **슈타이너**　루돌프 슈타이너가 1923년경 〈신지학〉의 표지를 위해 그린 초크화. 슈타이너의 다른 그림들에 대한 연구를 통해서 추정해보면, 위에 있는 얼굴은 루시페르를, 아래에 있는 것은 아흐리만을, 가운데는 인간의 얼굴을 표현하는 것으로 볼 수 있다. 원본은 도르나흐의 괴테아눔에 있다.

슈타이너의 강연록과 여러 저술에는 영적인 "악마적" 존재들인 아흐리만과 루시페르에 대한 언급이 산재되어 있는데, 이들은 항상 인간에게 있는 두 측면의 영적 균형으로 제시된다. 슈타이너는 일류 예술가였으며 그의 많은 드로잉과 책표지 디자인 및 그림들은, 어떤 수직적 균형 양식으로, 인간 아래 있는 어두운 아흐리만과 인간 위에 있는 루시페르의 이원론을 반영하고 있다. 아흐리만에 대한 개념은 조로아스터교 이원론에서 직접 유래한다. 아흐리만은 한때 앙그라 마이누*라고 불렸으며, 비슷한 다수의 명칭을 지닌, 어둠과 거짓의 고대 악마였다. 거짓말의 악마 아흐리만은, 아마도 정확히 물질주의적이라고 묘사할 수 있는 마음 상태로 인간을 몰아넣으려고 추구한다. 아흐리만은, 영적인 사항들을 모두 희생하고 물질적 세계와 거기에서 유래하는 육체적 욕망만이 가장 중요한 것이라는 거짓말을 인간이 믿도록 설득할 때 자신의 목적을 거의 달성한다. 그래서 아흐리만은 거짓말의 군주이고 어둠의 왕자이며 유령과 같은 지상의 왕이다. 아흐리만의 특성은 16세기 유대인 학자 노스트라다무스의 환시를 떠올리게 한다. 노스트라다무스는 미래 세계를 지배하는 "공포의 대왕"을 보았는데, 이 구절의 의미는 부분적으로 "공포"를 뜻하는 'terre'가 땅을 의미하는 프랑스어라는 사실에서 유래한다. 슈타이너는 아흐리만이 메피스토펠레스*라고 말하며, 1914년 스위스 도르나흐에서 했던 세 차례의 강연에서(영역본은 〈세상과 인간, 루시페르와 아흐리만의 균형 The Balance in the World and Man, Lucifer and Ahriman〉(1977)) 특별히 서구 문화에 잠입한 어떤 악마적 상징체계를 언급하면서 이러한 관점을 전개하고 있다.

아흐리만은 거의 모든 활동 영역에서 루시페르와 충돌한다. 슈타이너 악마학의 근원인 조로아스터교 이원론에서 루시페르는 태양신 아후라 마즈다*였다. 아흐리만이 물질주의 및 어둠과 관련이 있다면, 루시페르는 영성 및 빛과 관련이 있다. 루시페르의 영역은 세련된 예술의 세계로 여기에서 문학, 음악, 그림과 모든 문화적 충동이 일어난다. 아흐리만이 인간을 땅에 묻는 것과 마찬가지로, 루시페르는 인간을 땅에서 떨어진 완전한 영적 상태로 들어 올린다. 그러나 슈타이너는 이러한 일의 위험성을 지적하며, 인간은 적어도 현재의 육체적·영적 조건 안에서 반드시 건전한 방식으로 땅과 관계를 맺어야지, 루시페르의 유혹에 이끌려 땅과 무관한 환경과 관계를 맺지는 말아야 한다고 강조한다. 그렇다고 슈타이너가 문화와 예술을 혐오한다는 의미로 이 말을 해석해서는 안 된다. 이것은 다만 모든 인간이 자기 안에서, 본질적 인간성으로부터 떼어놓으려는 두 세력의 균형을 추구해야 한다는 것을 의미한다.

슈타이너의 악마학을 이 자리에서 공정히 평가하기란 사실상 불가능한데, 그의 악마학적 통찰은 20세기의 가장 심오한 것으로 평가받을 것임에 틀림없다. 슈타이너는 (엘레멘탈*과 같은) 다양한 종류의 악마들을, 비록 다른 진화의 도정에 있지만 악마들처럼 육체를 지니지 않으며 초기 진화 단계에서 나온 "낙오자들*"로 이해한다. 어떤 영적 존재가 한 세계의 주기 안에서 자신의 잠재력을 펴는 데 실패하면, 다음 세계의 주기에서 그것은 "낙후자" 또는 "낙오자"가 되며 종종 새로운 세계 주기에서 개화되기를 추구하는 영적 존재들의 근심거리가 된다. 이렇게 모든 악마들이 실제로는 진화에서 낙후된 "낙오자들"이며, 그들의 추락은 하늘로부터의 추락이라기보다는, 자신들의 내적 잠재력을 발전시키지 못한 추락이다. 이러한 의미에서 악마학에 대한 슈타이너의 견해는 뛰어난 것이며, 그 안에서 다양한 악마들의 수많은 종족을 세계 진화의 형태와 연계시키려고 한다. 진화 과정의 적대자들인 낙오자 악마들의 출현이 큰 비중을 차지하는, 이러한 진화 과정에 대한 포괄적 견해는 슈타이너의 독창적인 저서 〈신비학 Occult Science〉에서 찾아볼 수 있다. 참고문헌을 보라.

스눌북 Snulbug
사악한 마귀*를 보라.

스물킨 Smulkin
사악한 마귀*를 보라.

스카르미글리오네 Scarmiglione
단테의 악마들* 중 하나로 대략 '해로운'이라는 뜻을 지닌 이름이다.

스카크릴 Schachlil
〈눅테메론〉*에 나오는 아홉 번째 시간의 악마들 중 하나로, 태양 광선의 귀신이다.

스칼티엘 Schaltiel
상툼 렉눔* 문헌은 스칼티엘을 처녀자리(Virgo)의 영이라고 한다.

스케드바르스케모트 Schedbarschemoth
마방진*을 보라.

스케딤 Schedim
히브리 전승에서 악마들을 일컫는 일반적인 이름이다. 어느 고대 전승에 따르면 스케딤과 마지킴*은 아담과 릴리트*의 자녀로 이브가 배우자로부터 분리되었던 1백 년의 기간 동안에 태어났다. 또 다른 전승은 신이 여섯째 날 끝에 마지킴을 직접 창조했다고 한다. 신은 자신의 일을 끝마칠 시간이 없었기 때문에 마지킴은 반은 인간, 반은 영의 형태로 남았다. 이들은 결코 천사가 된 적이 없기에, 다른 여러 악마들처럼 이들을 타락한 천사로 묘사하는 것은 잘못이다. 이들은 개별적으로 이름 붙여진 여러 악마들과 달리 강등된 고대의 신도 아니며, 분명히 사악한 본성을 지닌 피조물이다.

스케탈림 Schethalim
악마의 알파벳*을 보라.

스켈레스 Sceles
울토레스 스켈로룸*을 보라.

스켈루스 Scelus
울토레스 스켈로룸*을 보라.

스켈리엘 Scheliel

에녹계 악마들* 중 하나로 28수를 지배하는 임무를 가진다.

스코트 Scot

레지널드 스코트Reginald Scot(1538?~1599)는 영국인 학자로 한때 뉴롬니New Romney의 의회 의원이었고(1588~1589) 〈마술의 발견〉(1584)이라는 뛰어난 책의 저자이다. 이 책은 요술의 힘과 악마의 실재를 조직적으로 부정한 영어권 최초의 서적이다. 스코트는 1582년 켄트Kent의 세인트 오시트St Osyth 마을에서 많은 마녀들이 처형된 사건을 통해서 요술 신앙의 무용성을 공격하기로 결심했다고 한다. 이 공격은 오늘날에도 지성적으로 건전하게 평가받는 신조에 뿌리를 둔 것이었다. 곧 요술이란 자기중심적 마녀들의 기만이나 정신장애 또는 관찰자의 마음에 있는 선입견에서 발생하는 망상*이라는 것이다. 스코트는, 보통 사람들의 맹신, 특히 요술 혐의를 자주 받는 사람들뿐만 아니라, 판사들과 요술에 대해 글을 쓴 저자들 등 "권위자"들의 협잡을 설명함으로써 자신의 주제를 정교하게 다듬었다.

마녀들에 대한 스코트의 태도는 악마학에까지 확장되어 책의 4분의 1을 차지하고 있지만, 그의 책에서 풍자와 보도를 구분하는 게 때로는 어렵다. 본문은 읽기 쉽고 창의적이고 유머가 풍부하며 풍자와 재미있는 그림들로 가득 채우고 있으면서도, 동시에 여러 요술 전승과 초기 저자들에서 유래한 악마학을 성공적으로 담고 있다.

악마학자들에게 특별히 관심을 끄는 것은 스코트가 제공하는 악마 목록인데, 15권, 2장은 "악마와 영들의 이름, 모양, 능력, 관할구역, 효력 등의 목록과 그들의 기호*와 계급, 읽을 가치가 있는 기묘한 담화"를 제공하고 있다. 예순아홉의 악마 목록은, 이름과 속성이 모두 솔로몬의 일흔두 영과 관련이 있기 때문에, 철자와 별명이 다소 다르더라도 〈레메게톤〉* 사본에서 나온 것임에 틀림없다. 이들의 이름은 아가레스*, 알로케르*, 아마이몬*, 암두스키아스*, 아몬* 또는 아에몬Aemon, 아미*, 안드라스*, 안드레알푸스*, 아스타로트*, 아임* 또는 하보림Haborim, 바엘르*, 발람*, 바르바토스*, 바틴*, 벨리알*, 베리트* 또는 베알*(별명은 볼프리*), 비프론스*, 빌렛*, 보티스* 또는 오티스Otis, 부에르*, 부네*, 카임*, 키메리에스*, 데카라비아* 또는 카라비아, 엘리고르* 또는 아비고르*, 플라우로스*, 포칼로르*, 포라스* 또는 포르카스Forcas, 포르네우스*, 푸르카스*, 푸르푸르*, 가프*(별명은 타프Tap), 가미긴*, 글라시아라볼라스 또는 카크리놀라스*(별명은 코아시몰라Coassimolar), 고모리*, 구소인Gusoin 또는 구시온*, 하아겐티Haagenti, 할프하스*, 이포스* 또는 아이포로스*, 레라이에 Leraie 또는 오라이Oray, 말파스*, 마르바스* 또는 바르바스*, 마르코시아스*, 모락스* 또는 포라이*, 무르무르*, 나베리우스* 또는 케레부스*, 오리아스*, 오로바스*, 오세*, 파이몬*, 피닉스*, 프로켈Procell, 푸르손*, 라움* 또는 라임*, 로노베*, 사브나케Sabnacke 또는 살막*, 살레오스*, 샥스* 또는 스콕스*, 시도나이*(별명은 아스모다이*), 시트리* 또는 비트루*, 스톨라스*, 발라크*, 발레파르 Valefar 또는 말레파르*, 바풀라*, 베파르* 또는 세파르*, 비네*, 부알*, 자간*, 제파르*이다. 비꼬는 글쓰기가 잘 준비된 이라서 악마의 이름들을 새로 지었을 가능성이 있고 그들 중 일부는 발음이 불확실하지만, 더 이른 시기에 나온 사본 전승에서 취한 것들도 분명히 있다. 발킨*, 베알파레스*, 글라우론*, 루리단*을 보라.

스코트의 논문은 제임스 왕이 단죄를 내렸음에도 너무도 인기가 많아서 세 번째 판(1665)에는 누군가 추가로 〈악마와 영들에 대한 담화 A Discourse Concerning Devils and Spirits〉라는 책을 덧붙이기도 했다. 이 책에는 스코트가 원래 지니고 있던 문학적·해학적 특성이 전혀 담겨 있지 않지만, 영들과 악마들의 성격에 대한 신앙을 잘 요약하고 있으며, 일부분만 제외하면 저자 자신이 능란한 신비술사라는 점이 확실히 드러난다. 다음은 인용할 만한 가치가 있는 부분들이다.

… 마법사의 상상력과 감정은 정말로 사악한 본질, 또는 악마를 창조한다. (II, 1, iii)

영의 성격은 그것이 천상의 영이든 지옥의 영이든, 자기들이 원하는 대로 크게 팽창하거나 좁게 수축한다. 그들은 한순간에 둘레가 이 세계의 일백 배 크기

만큼이나 크게 존재할 수 있고, 별안간 원자 크기로 축소될 수 있다. (II, 1, iv)

그리고 정말 두려워해야 할 것은, 심부름마귀와 교제를 즐기는 것처럼 가장하거나 그 관계를 즐긴다고 주장하는 이들이다. 이러한 모든 심부름마귀들이 어둠의 왕국에 속한다는 것을 나는 크게 의심한다. 왜냐하면 그런 것들은 지나치게 호의적이고 죽을 수밖에 없는 인간의 타락한 욕망에 시중들 준비가 되어 있기 때문이다. 반면에, 천사들 또는 선하고 거룩한 수호자들과의 소통은 성공하기 어렵지만, 만약에 진실이라고 해도 그런 예는 지극히 드물다. (II, 2, x)

이 익명의 작가는 일곱의 선한 천사들 또는 선한 다이몬들*의 이름을 목록으로 만든 후 셋에게 기호*들을 부여한다. 이들은 주반라다케*, 야흐리야흐*, 날갑*, 마이놈*, 가오님*, 발라누*, 라마우미* 등으로, 마이몬*으로 써야 올바른 마이놈을 제외하면, 모두 만들어낸 이름일 것이다. 이 "천사들"은 마술적 목적을 위해 소환될 수 있기 때문에, 고전적 의미의 악마들로 여겨야 한다. 그러나 저자는 이 선한 "다이몬"과 대조하기 위하여 "악한 다이몬" 일곱을 제시한다. 이들의 이름은 파날카르프*, 바라트론*, 손데나트*, 그리에스모달*, 발리사르곤*, 바르만*, 모르보르그란*이다. 바르바손Barbason*의 바르Bar와 아라트론Aratron*을 합쳐서 바라트론*을 만든 것처럼, 진짜 악마 이름에서 두 부분을 대충 합쳐 이름을 짓기는 했지만, 이 이름들 역시 만들어낸 이름들이다.

니콜슨Nicholson은 자신이 주를 단 〈마술의 발견〉 1886년판에서, 셰익스피어와 미들턴이 스코트의 책에서 악마적 이름과 용어를 취한 것으로 보았다. 바턴*을 보라.

스콕스 Scox
샥스*를 보라.

스콧 Scott
마이클 스콧Michael Scott 또는 스코트Michael Scot(1175?~1234?)는 스코틀랜드 출신

의 점성술사·수학자·마술사로, 신성로마제국 황제 프리드리히 2세의 뛰어난 궁정에 관여하였다. 그의 전기 작가 린 손다이크에 따르면, 스콧은 "13세기 초반 서부 유럽의 탁월한 지성인"이었다. 그의 저서 중 연금술과 관련된 〈태양과 달에 대하여 De Sole et Lune〉는 1622년 출간되었고, 1209년에 저술한 〈자연의 비밀에 대하여 De Secretis Naturae〉는 1546년 출간되었으며, 그의 주저 〈서론 Liber Introductorius〉은 1500년 이전에 20판 정도 나온 것으로 보이며, 지금도 출간되지 않은 몇몇 원고들이 있다.

악마에 대한 스콧의 관점은 때로 독창적이고 때로는 매우 고전적이다. 그는 지옥을 "우리를 지탱하는 대지 한가운데" 위치시키며, 네 강과 일곱 심연이 있는 것으로 묘사한다. 거기에는 산과 바위로 둘러싸인 원형 불가마 또는 화덕이 있고, 입구는 하나 있으나 출구가 없으며, (고전적인 묘사처럼) 출구에서 유황 연기와 악취가 쏟아진다. 이 고통의 장소는 타락한 천사들이 통제한다. 스콧의 악마들은 매우 비인간화되어서 음악소리나 새들의 노래를 참지 못한다. 그는 베로나Verona의 경기장에서 영들을 불러내고 악마들을 소환하는 것에 대해 처음 언급한 사람이었다.

단테*는 〈신곡〉 지옥편 제8원 20곡에서 미래를 엿보려는 욕망 때문에 그들의 발과 머리가 반대 방향으로 뒤틀린 마술사들 중 하나로 스콧을 배치한다. 뒤틀린 발과 머리는, 합당한 목적을 위해 적절한 방향으로 돌려져야 할 에너지가 오용된, 뒤틀린 마술의 성격을 상징한다. 여기에서 단테는 스콧의 저작을 비판하는 게 아니라, 통속적 전통이 이해하는 스콧을 비난하고 있다(그를 흑마술사로 그리고 있다). 왜냐하면 스콧은, 마술이 "부당하고 사악한 모든 것의 정부情婦로, 종종 마술 실행자의 영혼을 속이고 유혹하며 그들의 몸에 해를 가한다"고 주장하기 때문이다.

그렇다 하더라도, 마술의 힘으로 악마를 불러낼 수 없다는 것을 스콧이 믿지 않았다거나, 그가 지옥 또는 악마적 힘을 믿지 않았다고 생각하지는 말아야 한다. 그는 뒷날 교황 실베스테르 2세가 된 프랑스 최고의 흑사령술사黑死靈術士 제르베르Gebert가 그에게 점성술과 천체관측기인 아스트롤라베astrolabe 사용법을 가르쳐주기 위해서 어떻게 소환한 악마들을 이용했는지 말하고 있다.

스콧은 소환*의 힘을 믿었고, 오늘날 우리가 자연적인 것으로 묘사하는 구름이나 폭풍 등의 배후에 악마적 지향이 있다고 이해했다. 그는 특히 소환에 사용되는 악마의 이름 목록을 제공하고 있으며, 가장 교활한 악마들은 "어떤 별자리" 안에 거주한다고 주장한다. 악마들은 (천사들과 마찬가지로) 공기나 영기(ether)로 된 몸을 취할 수 있다. 스콧이 언급하는 일곱 행성의 천사들은 사실상 천구층天球層의 책임자 또는 원로들로, 프톨레마이오스 우주관에서의 모비토리Movitori이며, 악마들과 혼동되곤 했다. 이들의 이름은 아시노르*, 보엘*, 다프나엘*, 카부라*, 오르피멜*, 타스카르*, 팅그라*이다. 스콧의 독특한 악마 이론은, 아스트롤라베를 사용하는 소환의 위험성에 대한 그의 견해에 표현되어 있다. 별들 자체는 "악을 행사할 능력을 지니고 있지 않지만, 그 표면에는 교활한 영들이 악의를 지니고 어떤 활동을 하도록 파견되었기 때문에" 마술사들이 별들의 이름을 자유롭게 만들어 악을 자행하는 경우, 교회가 그러한 마술을 금지시킨 것은 정당하다고 강조했다.

마이클 스콧은 월터 스콧Walter Scott의 〈마지막 음유시인의 노래 Lay of the Last Minstrel〉(1805)에서 역사적 인물로 되살아났다. 이 책에서 윌리엄 들로레인 경 Sir William Deloraine은 멜로즈 수도원에 있는 마이클 스콧의 무덤이라고 추정되는 곳에서 마술사의 비밀의 책을 발견한다. 이 낭만적 이야기에서는 스콧이 엘던 Eldon 언덕을 쪼갰고 트위드Tweed 강을 돌로 막았다고 하기 때문에, 그는 고대 브리튼의 거인족과 연결된다. 곡*을 보라.

스크라트 Scrat
스크래치*를 보라.

스크래치 Scratch
악마를 가리키는 또 다른 이름은 올드 스크래치*, 또는 올드 스크라트Old Scrat 이다.

▲ **스크루테이프** 뿔을 지닌 악마의 모습을 한 스크루테이프의 초기 모습. C. S. 루이스의 〈스크루테이프의 편지〉에 그려진 파파스의 삽화.

스크루테이프 Screwtape

클라이브 스태플스 루이스Clive Staples Lewis(1898~1963)의 재치 있고 기교 넘치는 연속 서한 〈스크루테이프의 편지 The Screwtape Letters〉에 나오는 고참 악마의 이름이다. 이 편지에서 스크루테이프는 직업훈련을 받는 부하 악마 웜우드*에게 지침을 내리고 있다. 루이스는 서문에서 이렇게 쓰고 있다. "악마와 관련해서 우리가 빠질 수 있는 두 가지 정반대 오류가 있다. 하나는 그들의 존재를 믿지 않는 것이고, 다른 하나는 악마들을 믿고 느끼며 그들에 대해 과도하고 불건전한 관심을 갖는 것이다. 이들은 두 가지 오류를 통해서 똑같이 스스로 기뻐하며 물질주의자나 마술사에게 똑같은 기쁨의 환호를 보낸다." 이 편지들은 〈가디언 Guardian〉지에 처음 실렸다가 1942년 파파스Papas의 뛰어난 삽화와 함께 개정판으로 출간되었다. 파파스의 삽화는 스크루테이프가 편지를 쓰는 과정에 따라 점차로 변화하는 모습을 보여주고 있다.

▲ **스크루테이프** 괴물과 같은 벌레로 변한 스크루테이프의 후기 모습. 이렇게 변해서 결국 자기 편지에도 서명을 할 수 없게 되자, 그의 비서 토드파이프가 그 일을 맡았다. C. S. 루이스의 〈스크루테이프의 편지〉에 그려진 파파스의 삽화.

스키에크론 Schiekron
〈눅테메론〉*에 나오는 네 번째 시간의 악마들 중 하나로, 짐승 같은 사랑의 귀신이다.

스타빌리 Stabili
체코 디스콜리*를 보라.

스탐파 Stampa
페트루스 안토니우스 스탐파Petrus Antonius Stampa의 〈사탄의 탈주〉는 구마*에 큰 영향을 끼쳤던 논문 모음집 〈끔찍한 구마와 소환의 보고〉에 실려 있다.

스테가노그래피의 악마들 Steganographic demons

요하네스 트리테미우스*의 문헌은 영들에 대한 언급으로 채워져 있으며, 그들 중 다수가 천사보다는 악마 계급에 속한다(천사*를 보라). 가장 비교秘教적인 목록은 세쿤다데이 항목 아래 전해지지만, 〈스테가노그래피아 Steganographia〉에 있는 목록은 더욱 광범위하고 악마학 전승과 긴밀하게 연결되어 있으며, 여기에 나오는 존재들은 마술사 자신의 욕망을 충족시키려는 소환*의 관점에서 기술되어 있다. 본문에는 이 존재들이 "어둠의 영들을 패주시키는" 능력을 가지고 있다고 강조한다. 그러나 일부 영들은 여인들의 사랑을 다루고, 구덩이와 동굴에 머무는 부리엘*은 "빛을 피하는 자"로 나오며 (아마도 중세의 푸테우스*를 오해한 언급일 것이다) 악마들의 온갖 극적인 모습을 지닌 채, 소녀의 머리를 한 뱀의 형상에 무서운 뱀의 소리를 내며 나타나기에 천사의 모습이라고 보기는 어렵다.

맥린은 1982년 테이트Tait와 업턴Upton과 월든Walden의 뛰어난 〈스테가노그래피아〉 번역본을 출간했는데(참고문헌을 보라) [표 12]는 그 책을 기초로 만든 것이다. 트리테미우스*가 부여한 방위들은(소환 전승에서 중요하다) 라틴어로 되어 있지만 [표 12]에서는 현대어로 번역했다. 심부름꾼의 숫자는 밤이냐 낮이냐에 따라서 다른데, 여기에 있는 것은 낮에 일하는 심부름꾼의 숫자다. 트리테미우스*는 많은 심부름꾼의 이름과 역할을 부여하고 있으나 여기서는 생략했으며, 복잡한 소환 주문도 마찬가지로 집어넣지 않았다. 이 표에 있는 우리엘*을 대천사 우리엘과 혼동하지 말아야 한다.

스테노 Sthenno

고르곤*을 보라.

스톨라스 Stolas

솔로몬의 일흔두 영 중 하나이며, 까마귀의 형상으로 나타난다고 한다. 약초와 돌의 효력을 가르치는 능력과 점성술에 대한 지식을 가지고 있어서 소환된다.

[표 12]

영	방위	기호	심부름꾼 숫자	역할
아메나디엘	서쪽		300	비밀을 서쪽에 알린다.
아르마디엘	북쪽		100	비밀을 통보한다.
아셀리엘	남동쪽		40	여인들의 사랑을 다룬다.
아시리엘	서쪽		20	군주들의 비밀을 계획한다.
바르미엘	남쪽		10	군대를 양도한다.
바루카스	?		10	비밀을 전달한다.
부리엘	구덩이		100	빛을 피한다.
바이디엘	?		20	신비술의 비밀을 전달한다.
카바리엘	남과 북 사이의 바람		50	변절자를 폭로한다.
카무엘	남동쪽		10	자비.
카르네시엘	동쪽		1,000	비밀을 동쪽에 알린다.
카스피엘	남쪽		200	비밀을 남쪽에 알린다.
데모리엘	북쪽		400	비밀을 북쪽에 알린다.
도로티엘	?		40	?
에모니엘	방위 부정不定		100	청하면 무엇이든.
게디엘	남서쪽		20	위험 경고.

영	방위	기호	심부름꾼 숫자	역할
게라디엘	모든 곳		200	비밀을 알린다.
히드리엘	물		100	물의 유입과 유출을 알린다.
이코시엘	대기		100	개인적인 심부름꾼 영이 된다.
마카리엘	?		40	비밀을 안전하게 전달한다.
말가라스	서쪽		30	친구들의 비밀.
마세리엘	서쪽		60	철학, 마술, 사령술.
메나디엘	?		20	비밀을 안전하게 전달한다.
파디엘	동쪽		10,000	비우호적이고 신뢰할 수 없는.
파메르시엘	?		100	?
피리키엘	불		?	불과 불꽃에 관련된 것.
라이시엘	북쪽		50	비밀을 알려준다.
솔레비엘	?		200	비밀을 전달한다.
시미엘	?		10	?
우리엘	?		10	메시지를 전달한다.
우시엘	남과 북 사이의 바람 밑		40	매장된 보물.

▲ **스톨라스** 마법의 원에서 소환자들과 대면할 때 기묘한 새 형상을 취한 스톨라스. 콜랭 드 플랑시의 1863년판 〈지옥사전〉에서.

스틱스 Styx

고대 하데스*에 있던 강들 중 하나이다. 스틱스는 어둠의 강이지만('캄캄하게 어두운'을 의미하는 영어 'stygian'은 여기서 유래한다) '증오하다'를 의미하는 그리스어 스투게인stugein에서 왔다. 밀턴*이 〈실낙원〉 2권에서 지옥의 강을 "죽음 같은 증오가 넘치는 혐오스런 강"이라고 표현했던 것도 여기에서 왔을 것이다.

스프리테 Sprite

영*을 가리키는 옛날 방식의 용어이지만, 보통 요정이나 노메*, 호브고블린* 등과 같은 네 원소의 영들(elemental spirits)을 지칭한다. 셰익스피어에 따르면 퍽*은 스프리테였다.

스피리투스 멘다키오룸 Spiritus mendaciorum (2)

'거짓 신'을 의미하는 라틴어로, 천사 마법 문헌에서 두 번째 악마 위계에 붙여진 이름이다. 이들의 군주는 피톤*이다. 황도대 악마들*을 보라.

시간 Hours

에녹계 문헌은(에녹계 악마들*을 보라) "주요 영들이 구속되거나 소환되거나 상처를 주지 않는 시간"을 설정하며 다음의 정보를 준다. 아마이몬*, 코르손*, 지니마르*, 가프* 등의 왕들은 세 번째 시간부터 정오까지, 그리고 아홉 번째 시간부터 저녁까지 구속된다. 후작侯爵들은 아홉 번째 시간부터 마침기도 시간까지, 그리고 마침기도 시간부터 그날의 끝까지 구속된다. 공작公爵들은 날씨가 맑을 때 첫 번째 시간부터 정오까지 구속된다. 고위 악마들은 아무 때에나 구속된다. 기사*들은 새벽부터 태양이 떠오를 때까지, 또는 저녁부터 해가 질 때까지 구속된다. 총독은 그를 지배하는 왕이 소환할 때를 제외하면 언제든 구속되지 않는다. 이 일은 "저녁이 끝나가는 시간에는" 시행하지 말아야 한다. 백작伯爵들은 "인간이 잘 가지 않는 숲이나 지역에 있을 수 있도록" 언제든 구속될 수 있다.

시노키티스 Synochitis

돌*을 보라.

시니스트라리 Sinistrari

루도비코 마리아 시니스트라리Ludovico Maria Sinistrari(1622~1701)는 프란치스코회 수도자로 아비뇽 대주교의 총대리가 되었으며, 로빈스에 따르면 "레미*와 보게* 등의 이단심문적 전통을 잇는 악마론자들 중 마지막" 인물이다. 그의 〈악마본성론 De Daemonialitate〉이 당대에는 〈죄와 형벌 De Delicitis et Poenis〉(1700)의 일부로 부분적으로만 알려졌는데, 완전한 사본은 1875년에 가서야 발견되었다. 이 책에서 시니스트라리는 인쿠부스*와 수쿠부스*들이 사실 악마는 아니지만, 실제로는 디아카*처럼 유령과 같다는 가설을 제시했다. (시니스트라리는 디아카*

라는 용어를 사용하지 않고 구어체인 폴레티*와 두엔데스*를 사용했다.)

시도나이 Sidonay/Sydonay
악마 아스모다이*의 이칭 중 하나이다. 아스모데우스*를 보라.

시미엘 Symiel
스테가노그래피의 악마들* 중 하나이다.

시빌리아 Sibillia
러드* 박사에 따르면 "요정들의 부드러운 동정녀"의 이름으로, 아마도 요정 여왕일 것이다. 기호*를 보라.

시세라 Sisera
〈눅테메론〉*에 나오는 두 번째 시간의 악마들 중 하나로, 욕망의 귀신이다.

시슬라우 Sislau
〈눅테메론〉*에 나오는 두 번째 시간의 악마들 중 하나로, 독약의 귀신이다.

시아룰 Sialul
〈눅테메론〉*에 나오는 일곱 번째 시간의 악마들 중 하나로, 번영의 귀신이다.

시자자셀 Sizajasel
바울로계 술*을 보라.

시코락스 Sycorax
때로 악마로 불리기도 하지만 셰익스피어의 〈템페스트〉에서는 마녀로 나온다. 아리엘*을 보라.

시트리 Sytry

때로 시트리Sitri 또는 비트루*라고도 하며, 솔로몬의 일흔두 영 중 하나이자 에녹계 악마*이기도 하다. 여러 다양한 야생동물의 머리에 날개 달린 인간의 형상으로 나타난다고 한다. 에녹계 문헌은 "표범 머리에 그리핀Griffin의 날개를 단 모습"으로 묘사한다. 시트리는 사랑과 욕정에 대한 모든 문제를 마술적으로 통제할 수 있다고 여겨지며, 어떤 여성이라도 소환자 앞에 알몸으로 나타나게 할 수 있는 능력을 지녔다고 한다.

시혼 Sihon

윌리엄 블레이크*의 저작에 나오는 악마들 중 하나로 성서에서 유래하며, 성서에는 아모리인의 왕으로 묘사되어 있다. 시혼은 옥*, 아나크*, 사탄*과 더불어 사악한 4인조 악마를 구성하며, 인간의 영적 진보를 지연시키고 방해하는 목적을 가지고 있다.

신부크 Sinbuck

〈눅테메론〉*에 나오는 첫 번째 시간의 악마들 중 하나로, 재판관이다.

신의 원숭이 God's ape

악마를 가리키는 이름이다. 영어 속담 "악마는 하느님의 원숭이"는 같은 뜻의 라틴어 "Diabolus est Dei simia"를 번역한 말로, 2세기 후반의 그리스도교 호교론자 테르툴리아누스에게서도 그 흔적을 발견할 수 있다. 중세와 중세 후기 예술에서는 악마를 상징화하기 위하여 원숭이 이미지를 사용하는 경우가 무척 많았다.

실렌티 Silenti

그리스 신화의 나이 많은 사티로스들*을 실렌티라고 불렀다. 이들 중 가장 잘 알려진 이는 판*의 아들 실레노스Silenus이며 그의 속성인 포도주 부대 및 디오니소스와의 관계는 술고래인 그의 명성을 알려준다. 그는 보통 너무 취해 있어

▲ **심부름마귀** 엘리자베스 플레처가 마녀집회의 일원이었다는 혐의로 재판을 받는 것과 관련해 케일리의 마일스 게일 신부가 그렸다는 그림이다. 이 마녀집회는 1621년 내러스보로의 숲에서 에드워드 페어팩스의 자녀들을 마법에 걸리게 했다고 한다. (이 스케치에는 플레처의 다양한 꼬마도깨비, 심부름마귀 들이 묘사되어 있다.) 꼬마도깨비들은 아마도 상상의 산물일 것이다. 마녀재판에서 가장 흔한 심부름마귀는 고양이나 개였다.

서 다른 사티로스들의 부축을 받거나 당나귀를 타야 한다. 실레노스와 악마 신앙의 관계는 아주 미약한데, 이것은 사티로스 이미지와 대중적 악마 이미지 사이에 맺어진 일반적인 관계 때문이다.

실베스트레스 Silvestres
엘레멘탈*을 보라.

실카르데 Silcharde
호노리우스의 그리므와르*에서는 목요일에 소환된다고 한다. 인간에게 행복을 주고 숨겨진 보물을 드러내준다.

실프 Sylph
엘레멘탈*을 보라.

심부름마귀 Familiar
'하인'을 뜻하는 라틴어 파물루스famulus에서 유래한 이 단어는, 악마학이나 요술 전승에서 심부름꾼 영을 나타내며, 가끔 인간의 형상을 취하기도 하지만, 보통 짐승이나 악마적 형상에 더 가깝다. 전통적인 마녀 심부름 영은 고양이나 개이지만, 산토끼나 꼬마도깨비도 악마적인 심부름마귀로 여겼다. 때로, (특히 꼬마도깨비나 악마들의 경우) 심부름마귀는 그 주인 눈에만 보인다. 고전적인 요술 문헌들은, 심부름마귀가 변장한 악마이며 악마숭배 때 마녀의 인도에 따라서 사악한 종으로 들어와 마녀에게 주어진다고 강조한다. 예로, 그리말킨*을 보라.

아가레스 Agares

때로 아가로스Agaros라고도 한다. 악마학자 바이어*에 따르면 지옥 동쪽 지역의 '대공大公 악마'라고 한다. 그를 불러내는 사람들에게 악어나 다른 거대한 동물을 타고 있는 인간 형상으로 나타난다. 그에게 호소하는 이들에게 언어의 지식을 주며, 지진으로 그의 파괴적인 힘이 작용한다. 솔로몬의 일흔두 영 중 하나이다.

아가론 Agaron

그리므와르*와 〈라지엘의 책〉*을 보라

아가토다이몬 Agathodaemon

선하다는 뜻의 그리스어 아가토스agathos에서 유래한 은혜로운 악마이다. 2세기 알렉산드리아의 지도 제작자 이름이기도 하다.

아가티온 Agathion

하인 악령인 심부름마귀에게 붙여진 이름이나, 때로 악마와 혼동하여 사용된다. 한낮에만 나타난다고 하며, 인간이나 괴물이나 짐승의 형상을 하고 있다. 진*의 한 종류처럼 병(bottles) 속에서 살거나, 부적 금속 또는 마법 반지 안에 박힌다고 한다.

아갈리아렙트 Agaliarept

〈그랑 그리므와르〉*에서 지옥의 두 번째 지역 지휘관으로 언급된 악마이다. 법정이나 의회의 숨겨진 비밀을 드러내는 힘을 가진 것으로 알려졌다.

아고르 Agor

그리므와르* 전승의 악마들 중 하나이다.

아그난 Agnan

레지널드 스코트*가 1584년 "아메리카에서 영향력을 지닌 악마"로 기록한 악마(〈마술의 발견〉 17권, 21장). 스코트는 테베트Thevet에게서 정보를 얻은 것처럼 보인다. (참고문헌을 보라.)

아그라 Agra

그리므와르* 전승의 악마들 중 하나이다.

아그리파 Agrippa

하인리히 코르넬리우스 아그리파 폰 네테샤임 Heinrich Cornelius Agrippa von Nettesheim(1486~1535). 독일의 의사, 연금술사, 신비술사, 악마학자, 백과사전 편집자이며, 주로 그의 저서 〈비술 철학에 대하여 De Occulta Philosophia〉(1510년 저술, 1531년 출간)로 알려졌다. 이 책은 중세 마법 전승을 혼합주의적으로 요약한 것이다. 이 책에는 그리스도교-플라톤적 관념과 카발라적 개념이 섞여 있으며, (선명하게 표현되지 않았지만) 신과 자연의 이해에 도달하려는 수단으로서 자연 마법을 방어하기 위해 중세 신비술 사본 전승에서 정보를 끌어냈다. 악마학에 대한 (그리고 사실상 신비술 전반에 끼친) 아그리파의 공헌은, 어떤 중요한 내용을 창작한 데 있기보다는 중세 전승을 수집한 그의 노력에 있다. 그가 기록한 많은 악마들의 이름과 상징, 기호* 들이 (오류와 결점을 그대로 지닌 채) 유럽 전승에 전달되었고, 본 작업에도 포함되어 있다. 사람들이 종종 주장하는 것처럼 아그리파가 수도원장 트리테미우스*의 학생이었을 가능성은 거의 없다. 아그리파는 이 수도원장의 비교秘敎적 악마학과 천사학의 어떤 부분들에 대해서는 전혀 알지 못했지만, 적어도 그를 알고 있었으며 그와 서신을 교환했다.

칼 노보트니는 중세 자료를 통해 아그리파와 그의 관계에 대한 뛰어난 연구를 남겼다. (참고문헌을 보라.)

[표 13]은 아그리파가 작성한 황도대 악마들 목록으로, 그는 종종 영들을 천사들과 같은 것들로 부른다. 그의 12궁 조합 목록은 원형들과 형상의 세계, 천상계, 원소들의 세계(평범한 물리적 세계), (황도대 이미지로서의 인간인) 작은 세계 등을 결합시킨 긴 목록이다. 현재 맥락에서 흥미로운 것은 별자리들 사이의 연결이다. (아그리파는 황도대의 궁이라고 부르지만 별자리 이름을 목록으로 만들었다.) 열두 천사가 궁과 열두 마법의 돌과 천상계 열두 계급의 영들을 지배한다. 아그리파는 디오니시우스 아레오파기타Dionysius Areopagite가 작성한 아홉 지위에 신학적으로 인식되는 세 존재(무고한 자들, 순교자들, 고백자들)를 덧붙여 단지 필요

▲ **아그리파** 신비술사 코르넬리우스 아그리파의 초상, 그의 저서 〈비술 철학에 대하여〉에서.

한 열둘을 만들었기 때문에, 뒤의 목록은 다소 만족스럽지 않다. 아그리파는 언제나 라틴어 이름을 사용했으며, 괄호 안에 있는 이름들은 필자가 그리스-비잔틴식으로 현대화한 것들이다.

아그리파는 또한 행성의 악마들(사실상의 악마들)과 지적 존재들과 함께 그것들에서 파생된 기호들 및 마방진*과 함께 그들의 목록을 보존하고 있다. 이에 대해서는 다이몬*, 인텔리젠시*, 기호*들과 마방진*을 보라.

[표 13]

황도 12궁(별자리)	영	마법의 돌	천상 품계
양자리	말키디엘	붉은줄무늬 마노	치품천사
황소자리	아스모델	홍옥수	지품천사
쌍둥이자리	암브리엘	황옥	좌품천사
게자리	무리엘	옥수	주품천사 (퀴리오테테스Kyriotetes)
사자자리	베르키엘	벽옥	능품천사 (뒤나미스Dynamis)
처녀자리	하말리엘	에메랄드	역품천사 (엑수시아이Exsusiai)
천칭자리	주리엘	녹주석	권품천사 (아르카이Archai)
전갈자리	바르비엘	자수정	대천사
궁수자리	아드나키엘	풍신자석	천사
염소자리	하나엘	녹옥수	무고한자
물병자리	감비엘	수정	순교자
물고기자리	바르키엘	사파이어	고백자

아글라 Agla

카발라 문학에서 유래한 용어이며 악마학 문헌에서 구마*의 힘이 있는 단어로 널리 사용했다. 이 단어는 옛 그리므와르*들에 많이 나오며, 레지널드 스코트* 가 주술과 구마*에 사용된 의례용 칼과의 관련 속에서 언급한 것처럼 대중적인 맥락에서도 발견된다. 이 단어는 히브리어 'Athah gabor leolam, Adonai'(주님

▲ **아글라** 주술을 위해 칼의 한쪽 면에 새겨지는 마법 단어. 레지널드 스코트의 〈마술의 발견〉 1584년판
에서.

당신은 전능하시고 영원하나이다)의 머리글자로 만들어졌다. 아글라오포티스*를
보라.

아글라스 Aglas

그리므와르* 전승의 악마들 중 하나이다.

아글라오포티스 Aglaophotis

때로 악마의 이름으로 사용되지만, 사실은 아라비아 사막에서 자란다고 하는
신비의 약초에 붙여진 이름이다. 악마를 불러내고 머물게 한다는 특성이 있는
것으로 알려져 많은 이들이 이 약초를 찾아 나섰다고 한다. 이름의 첫 네 글자
는 기원을 가리킨다. (아글라*를 보라.) 그러나 이 단어는 부적*이나 호부護符, 마
법의 원 등에서 꽤 최근까지 사용되었고, 중세 후기에는 〈엔키리디온〉* 등에서
사용하도록 권고했다. 악마학자 레지널드 스코트*는 이 약초가 때로 사이노
스파스투스cynospastus라고 불린다고 기록하고 있으며, '악령에 들린 사람에게서
악마를 쫓아내는' 힘을 가지고 있기 때문에, 구마*에서도 사용한다고 적고 있
다(〈마술의 발견〉 16권, 15장, 1584년).

284

아기몬 Agimon

체코 다스콜리*를 보라.

아기엘 Agiel

토성의 지적 존재 이름이다. 중세 전통에서 마법의 숫자 45는 아기엘의 것이라고 하며 악마 자젤*과도 관련이 있다. (마방진*을 보라.) 비밀스런 '천사들의 알파벳 또는 천상의 저술과 언어'에서 문자 A에 아기엘이 주어졌으며, 이는 악마 문학에서 널리 통용되었다. (악마의 알파벳*을 보라.)

아나네 Anane

첫 번째 에녹 문학 전승에 나오는 에녹계 악마들* 중 하나로, 사미야사*의 인도로 지상에 왔다.

아나뉘자프타 Ananyzapta

때로 아나니자프타Ananizapta라고도 한다. 마력을 지닌 주문으로, 때로 악령을 제거하는 마력이 있다고도 하며, 부적*이나 반지나 마법 장치 등에 자주 사용된다. 보통 '그리스도의 치유의 힘이, 거룩한 삼위일체의 양육의 힘으로 축성된 음식과 잔으로부터 독의 해를 없앤다'는 뜻의 다음 라틴어 구절 머리글자를 취해서 사용한다. Antidotum Nazareni auferat necem intoxicationis sanctifice alimenta pocula trinitatis alma. 이 주문은 그것을 소지한 이들을 음식이나 음료의 독으로부터 보호하기 위해 그리스도에게 호소하는 것이므로, 악령 제거 마력과는 큰 관련이 없다. 그러나 이 단어는 일부 악마의 돌*에 나타난다. (돌*을 보라.)

아나니아 Anania

지오반니 로렌조 아나니아Giovanni Lorenzo Anania. 〈악마의 본성에 대하여 De Natura Demonum〉(1589)를 저술한 이탈리아의 군소 악마학자들 중 하나이다.

아나라젤 Anarazel

묻힌 보물에 대한 권리를 가지고 있고 그것을 지킨다는 악마이다. 가지엘*과 페코르*는 그의 동료 악마들이다.

아나멜렉 Anamelech

아시리아인들 중 일부가 숭배했다고 하는 악마이다. 메추라기로 나타난다고 하며, 달(moon)과 관계가 있다고 한다. (안드라멜렉*을 보라.)

아나엘 Anael

바울로게 술*을 보라.

아나크 Anak

윌리엄 블레이크*의 저작 안에 나오는 악마들 중 하나로 성서 자료에서 유래 했다(헤브론의 창시자 아르바의 아들). 옥*과 함께 감옥의 지배자들 중 하나로 묘사되지만, 사탄*이 거주하는 곳에서 산다고 한다. 옥*, 사탄*, 시혼*과 더불어 4인조 악마를 이루며, 인간의 영적 진보를 막거나 방해하는 역할을 수행한다.

아나키티두스 Anacithidus

돌*을 보라.

아나키티스 Anachitis

돌*을 보라.

아누비스 Anubis

자칼 머리를 한 고대 이집트의 신 이름으로, 방부처리술을 관장하며 최근 죽은 영혼들을 심판의 장소로 호송한다고 한다. 그곳에서 아누비스는 죽은 영혼들의 심장을 잰다. 아누비스와 관련된 모든 것이 죽음 이후의 상태 및 심판과 연결되기 때문에 사실상 그는 일반적 의미의 악마는 아니다. 초기 그리스도교 시

▲ **아누비스** 자칼 머리를 한 이집트의 신이 최근 죽은 인간의 심장 무게를 재고 있다. 그림 왼쪽은 우푸아 우트이다. 〈이집트 사자의 서〉에서.

대에 아누비스는 그의 영혼인도자 역할로 인해서 메르쿠리우스Mercury와 연결되었고, 이집트 십자가 앙크ankh 대신에 뱀 두 마리가 감겨 있고 끝에는 날개가 있는 지팡이 카두케우스caduceus를 지닌 모습으로 묘사되었다.

아다드 Adad
때로 앗두*라고도 하며, 바빌론과 카시테와 히타이트의 폭풍 신이다.

아다마스토르 Adamastor
날씨가 험한 희망봉의 수호 영에 붙여진 이름으로 추정되며, 희망봉 넘어 인디아로 항해하는 사람들을 위해 재난을 예언한다.

아단크 Addanc
때로 아바크* 또는 아반크*라고도 한다. 켈트의 마비노기 신화에서 페레두르에게 죽임을 당한 바다의 괴물 악마이다.

아담의 책 The Book of Adam
〈라지엘의 책〉*을 보라.

아드나키엘 Adnachiel
중세 악마학에 따르면, 궁수자리의 신호를 지배하는 영 또는 악마의 이름이다. 아그리파*를 보라. 아드바키엘*과 동일하게 나타나는 악마이다.

아드라멜렉 Adramelech
때로 아드라멜레크Adrameleck라고도 하며, 근대의 그리므와르*들에서는 악마에게 붙여진 이름이나, 역사적으로 아시리아의 신이며, 유아들을 이 신에게 봉헌했을 것으로 추정된다. 바이어*는 지옥의 대재판관이라고 기록하며, 어떤 그리므와르들에서는 지옥 평의회의 수장으로 나온다. 주술 후에 사람이나 공작이나 노새로 나타난다고 한다. 기묘한 어원에 심취했던 악마학자 레지널드 스코트*는 아드라멜렉이 '왕의 망토나 권력'이기 때문에 그렇게 불렸다고 한다.

아드리엘 Adriel
에녹계 악마들* 가운데서, 28수를 지배하는 악마들 중 하나이다.

아드바키엘 Advachiel
에녹계 악마들* 중 하나로 궁수자리의 지배자이다. 아드나키엘*을 보라.

아드함알갈 Adham-'Algal
대중 서적들에서 종종 이슬람교의 저승으로 붙여지는 이름이다. 사악한 사람들이 천사 문키르Munkir와 네키르Nekir에게 고문을 당한다.

아라디아 Aradia
〈마녀들의 복음서〉*를 보라.

아라리엘 Arariel
지구의 물을 담당하는 천사의 이름이다. 어부들이 이 천사에게 기원한다.

아라운 Arawn
켈트 신화에 나오는 지하세계의 왕이다. (켈트 신화에서는 안눈*이라고 부른다.) 청백색 말을 타고 붉은 귀를 가진 지옥의 사냥개들과 함께 사냥꾼의 모습으로 지구를 순찰한다고 한다.

아라타소 Arathaso
나무에 거주하는 것으로 알려진 버마의 악령 종족 이름이다.

아라트론 Aratron
올림피아의 영들* 중 하나로 토성을 지배한다. 살아 있는 유기체를 돌로 만들 수 있다고 하며, 석탄을 보물로 변환하고 인간들에게 땅속 영들에 대한 지배권을 준다고 한다. 마술사에게 사물에 대한 힘(연금술의 비밀과 돌로 치유하는 의술), 물리적 육체가 보이지 않게 하는 지식을 준다.

아랄루 Aralu
바빌로니아 악마학에 나오는 지옥으로 지하세계의 주 네르갈*과 그의 부인 에레쉬키겔*이 다스린다. 아랄루로 가는 길을 찾는 영혼들은 먼지와 흙을 먹는다. 이슈타르*를 보라.

아르닷릴레 Ardat-Lile
인간과 결혼한다고 하는 셈족계 마녀의 이름이다.

아르데시엘 Ardesiel

에녹의 악마들* 중에서 28수의 지배자들 중 하나이다.

아르마디엘 Armadiel

스테가노그래피의 악마들* 중 하나이다.

아르메르스 Armers

첫 번째 에녹 문학 전승에 나오는 에녹계 악마들* 중 하나로, 사미아사*의 인도로 지상에 왔다.

아르몬 Armon

〈알마델〉*에 따르면 제2고도의 영적 존재들 중 하나로, 모든 것을 풍요롭게 한다.

아르밀루스 Armilus

〈눅테메론〉*에 나오는 열 번째 시간의 악마들 중 하나로, 물욕의 귀신이다.

아르바텔 Arbatel

때로 〈입문서〉*라 불리는 〈마법의 아르바텔 The Arbatel of Magic〉은, 비록 역사가 웨이트*가 악마들의 영역보다는 천사들의 영역으로 인도하는 참된 초월적 문학의 특성을 보유하고 있는 책으로 여기기는 했지만, 보통 그리므와르* 문헌에 속하는 것으로 묘사되는 텍스트이다. 아르바텔이라는 이름은, 이 자료를 지상으로 가져왔을 것이라고 추정되는 천사의 이름을 지칭하는 것일 수 있다. 불행하게도 이 책은 불완전한 형태로 남아 있으며, 여덟 부분이 분실된 것으로 보인다. 이것들은 가장 완벽한 형태의 마법술 모음이라 알려졌는데, 여기에는 모든 계급의 천사와 악마와 요정들에 대한 부분, 아폴로니우스와 은둔 문학의 마법술도 포함되어 있기 때문이다. 실제로 이 책은 우주의 196영역을 지배하는 올림피아의 영들*과 관련된 일련의 격언, 기호*, 전승을 제공하고 있다. (이 숫자에 관한 주해는 웨이트*의 참고문헌을 보라. 첫 〈아르바텔〉은 186영역이라고 한다.)

아르칸 Arcan
〈에녹서〉의 목록에 나타나는 악마로, 여섯 번째 표(목성)에 악마 발리엘Baliel과 함께 나온다.

아리그노테 Arignote
로마의 작가 루키아누스가 옛 문헌에서 취한 이야기에 나오는 이름이다. 아리그노테는, 그에게 처음에는 개로, 다음에는 황소로, 마지막에는 사자로 나타난 악마를 축출한, 코린토의 악마학자이다. 이 이야기에 대한 현대의 해설들은 종종 죽은 사람의 유령이라고 잘못 전하고 있지만, 전통적인 관점에서 볼 때 악마들은 자기들의 모습을 바꾸는 데 반해, 유령들은 이런 방식으로 모습을 바꾸지 않는다.

아리엘 Ariel
토마스 헤이우드Thomas Heywood의 〈복된 천사들의 계급 Hierarchy of the Blessed Angels〉(1635)에 따르면 물의 영들 중 하나가 인격화한 이름이다. 그러나 〈템페스트〉에서 이 이름을 대중화시킨 셰익스피어는 아리엘을 공기의 요정이나 대기의 영으로 만들고 있다. (아이리알스*와 엘레멘탈*을 보라.) 희극에서 마녀 시코락스*는 아리엘을 노예로 만든 다음 자기 아들 칼리반의 고통받는 노리개로 만들었다. 결국 마법사 프로스페로가 그를 자유롭게 해준다.

아리옥 Arioch
밀턴*의 〈실낙원〉에 나오는 타락한 천사들 중 하나이다. 이 이름은 다니엘서 2장 14절에 나오는 사람의 이름에서 유래하며 히브리어로 '광폭한 사자'라는 뜻이다. 아리옥은 복수의 악마들 중 하나라고 한다.

아리지알 Arizial
첫 번째 에녹 문학 전승에 나오는 에녹계 악마들* 중 하나로, 사미야사*의 인도로 지상에 왔다.

아리톤 Ariton
〈아브라멜린〉* 문헌에서 언급하는 악마 지배자들 중 하나이다.

아마이몬 Amaimon
때로 아메이몬*, 아모이몬*, 마이몬Maimon, 마이몬* 등으로 불리는 지옥 동쪽 지역의 악마왕이다. (마몬*과 네 방향의 악마*를 보라.) 에녹계 악마들* 중 하나이다. 바르바손*도 보라.

아마자라크 Amazarak
첫 번째 에녹 문학 전승에 나오는 에녹계 악마들* 중 하나로, 사미야사*의 인도로 지상에 왔다. 인간에게 마법사가 되는 방법을 가르쳤다고 한다. 이스킨*을 보라.

아메나디엘 Amenadiel
스테가노그래피의 악마들* 중 하나이다.

아메르스 Amers
블라바츠키*의 악마학에 나오는 일곱 이스킨* 중 하나이다. 아메르스는 최초의 인간들에게 마법의 문제들과 관련된 해결책을 가르쳤다고 한다. 에녹계 악마들*을 보라.

아메마이트 Amemait
이집트 신화에서는 때로 아멘트*라 불리며, 악어와 하마와 사자의 모습을 갖춘 괴물 악마로 나온다. 아메마이트는, 아누비스*가 죽은 이들의 심장을 저울로 재서 단죄하면 그들의 심장을 먹어치운다.

아메이몬 Amaymon
아마이몬*을 보라.

아멘트 Ament
아메마이트*를 보라.

아모이몬 Amoymon
지옥 동쪽 지역의 악마 왕인 아마이몬*의 또 다른 이름이다. (마몬*을 보라.)

아몬 Amon
지옥의 한 후작의 이름이다. 때로 큰 새의 머리를 하고 나타난다는 사실은(일

▲ **아몬** 콜랭 드 플랑시의 〈지옥사전〉(1863)에 나오는 매우 개성적인 악마의 모습이다.

293

부 자료는 올빼미의 머리라고 한다) 이집트의 신 아문Amun의 악마화된 형상이 바로 아몬이었을 가능성이 높다. 악마의 왕을 마이몬*이라고 부른 것도 아몬의 후대 이미지에서 유래했을 것이다. (마몬*을 보라.) 아몬은 과거와 미래에 대한 지식을 주며 사랑의 비밀을 가르친다. 솔로몬의 일흔두 영 중 하나이다.

콜랭 드 플랑시*가 1818년 〈지옥사전〉을 썼을 즈음에는 이집트에서 기원하는 흔적들이 없었다. 1863년판에서 플랑시는 이 악마가 늑대의 몸에 독사의 꼬리를 지닌 것으로 묘사한다. 마술사가 아몬에게 인간의 형상으로 나타나도록 설득한다면 그렇게 될 것이지만, 입에서는 여전히 불을 뿜을 것이다.

아무티엘 Amutiel
에녹계 악마들* 가운데서, 28수를 지배하는 악마들 중 하나이다.

아미 Amy
지옥의 최고 수장에게 부여된 이름들 중 하나이다. 출생지인 하데스*에 거처할 때에는 완전히 불꽃 속에 싸여 있지만, 마법사의 요청으로 인간 세상에 나타나는 동안에는 매력적인 인간 형상을 취한다고 한다. 점성술 및 다른 기술을 가르쳐서 인간 영혼의 생명력과 교환한다. 솔로몬의 일흔두 영 중 하나이다.

아바스다론 Abasdarhon
바울로계 술*을 보라.

아바크 Abac
아단크*를 보라.

아반크 Avanc
아단크*를 보라.

아밧돈 Abaddon

(요한 묵시록 9장 11절에 이름이 나오는) 지하구렁*의 악마왕이다. 천사*와 짐승*을 보라. 악마들을 다스리는 아밧돈은 하늘에서 다섯 번째 나팔소리와 함께 출현하는 왕이라고 한다. 그들은 말처럼 생겼고 머리는 금관 같은 것을 썼고 얼굴은 마치 사람 얼굴을 했다. (여자의 머리칼과 사자 이빨을 가졌다.) 날개가 달렸으며, 날개 소리는 마치 전장에서 달리는 전차 소리를 냈다. 그리고 이들의 '전갈 같은 꼬리' 끝에는 침이 달렸다. 아밧돈이라는 이름은 히브리어 아바드abad('그가 멸망했다')에서 유래한다고 하지만, 전통적인 악마론에서는 '파괴자'라는 뜻으로 자주 번역된다. 이것은 아마도 아밧돈의 그리스어 이름인 아폴뤼온이 '파괴자'를 의미하기 때문일 것이다. 이 단어는 때로 지하구렁*의 악마 지배자라는 의미보다는, 지하구렁* 자체와 같은 뜻으로 쓰인다. 아밧돈은 때로 아바톤abaton과 혼동하여 잘못 쓰이기도 하는데, 아바톤은 고대 그리스의 출입 금지 구역, 또는 닿기 어려운 지역을 의미한다. 아비스(심연)*를 보라.

아베르누스 Avernus

고대에 이탈리아 푸테올리Puteoli 근처의 바닥이 없다고 여겨졌던 호수에 붙여진 이름이다. 지하세계로 가장 쉽게 들어갈 수 있는 입구들 가운데 하나라고 하며, 현대에는 베르길리우스가 〈아이네이스〉(VI, 26)에서 인용한 구절 때문에 알려졌다.

> 아베르누스의 하강은 쉽다네,
> 음울한 (지하세계의 신) 디스*의 문은 밤낮으로 활짝 열려 있지,
> 그러나 그 발자국들을 다시 더듬고 높은 곳으로 탈출하는 일,
> 여기에 그 임무가 있네, 이것은 고역이라네.

아브라멜린 Abra-Melin

아브라멜린 사본 〈유대인 아브라함이 그의 아들 라멕에게 전해준 아브라멜린의 거룩한 마법의 책 The Book of the Sacred Magic of Abra-Melin, as delivered by Abraham the Jew unto his son Lamech〉은 히브리어에서 베꼈든가 아니면 유대인 연금술사이자 마술사인 아브라함Abraham(1362?~1460?)에게 기원을 둔다. 프랑스어로 된 이 사본은 마법과 악마학을 다루고 있으며 현재 파리의 아스날 도서관에 보관되어 있다. 마치 개인적인 관점에서 쓴 듯하며, 사본의 앞쪽 3분의 1 정도는 아브라함이 이집트에서 어떻게 아브라멜린에게서 마법을 배웠는지 묘사함으로써 15세기 초반 유럽 역사에 영향을 끼칠 수 있었다. 사본의 나머지 3분의 2 분량은, 악마들에 대한 설명과 함께 마법 비결 및 활용법을 안내함으로써 후대 그리므와르*의 양식을 정한 것처럼 보인다. 그러나 이 사본이 오래된 것에서 베낀 것일 수는 있으나, 사본 자체는 17세기 후반 이후의 것일 가능성이 크다.

〈아브라멜린〉 본문 안에서 벨리알*, 레비아탄*, 루시페르*, 사탄* 등 '네 왕자들'(타락한 천사들)은 주요 악마 집단을 이끈다. 이들 밑에는 각각 거대한 수행원을 데리고 있는 여덟 악마가 있다. 그들은 아마이몬*, 아리톤*, 아스모디(아스모데우스*), 아스타로트*, 벨제붓(베엘제붑*), 마고트, 오리엔*, 파이몬* 등이다.

아브라함은 흑마술 또는 사령술*과 관련된 마법(고에티아*)이나 사악한 목적을 위해서는 마법을 사용하지 말아야 한다고 강조한다. 그러나 주석가들은 그가 마녀 비행, 미래 예언, 자기 변형, 동물 변형, 악령들을 일으켜서 제의에 결합시키기, 폭풍 일으키기, 마술적 치유, 환상 소환하기 등과 같이 마법의 위험한 경지들이 포함된 많은 의식법과 목표들을 묘사했다고 지적했다. 하지만 표면적으로만 보자면 그의 의식들은 유대교와 그리스도교의 전례를 거의 완벽하게 결합한 것이다.

〈아브라멜린〉 본문은 자칭 맥그리거 마더스MacGregor Mathers라는 이가 1898년 〈마법사 아브라멜린의 거룩한 마법의 책〉으로 출판했고, 최근에 재판되었다.

아브락사스 Abraxas

때로 아브라카스Abracax라고도 하며, 영지주의 단어로 원래는 바실리데우스 계열의 사람들이 최고의 존재에 부여했던 이름이었을 것이다. 그러나 결국 아브락사스는 종종 부적*으로 사용하기 위해 보석이나 돌에 새겨지는 특수한 악마로 강등되었다. 악마적 피조물로서의 아브락사스는 수탉 머리에 반은 뱀의 형상이고 채찍과 방패를 든 모습으로 자주 묘사된다. (뱀*을 보라.) 때로 부적들은 아브락사스 돌이라고 하며, 이 악마신의 형상을 담지 않은 부적들도 그렇게 불린다.

아브리나엘 Abrinael
에녹계 악마들* 가운데서, 28수를 지배하는 악마들 중 하나이다.

아비고르 Abigor
대중적인 그리므와르* 전승에서, 주로 미래를 예언하고 군대를 지원하는 능력 때문에 소환되는 악마의 이름이다. 바이어*는 아비고르를 하데스*의 대공大公이라 칭한다. 호감이 가는 양식으로 나타나는 소수의 악마들 중 하나로, 보통 홀笏을 든 잘생긴 기사* 모습을 하고 있다.

아비스 Abyss (심연)
비의종교秘義宗敎적 문학 안에서 악마학에 첨가된 아비스는 (틀림없이 악마적인) 진화 과정의 막다른 곳에 붙여진 명칭으로, 인간들(또는 특정한 인간들)이 결국 떨어지게 되는 곳이다. 실제로 아비스는 영원한 형벌 장소인 지옥 개념을 야기시킨, 원래의 용어로 보인다. 루돌프 슈타이너*는 〈성 요한의 묵시〉(참고문헌을 보라)라는 제목의 묵시록 강의에서 이 개념을 훌륭하게 다루었다. 이 개념은 묵시록의 비의적 해석에 핵심이 되는 개념이다.

신비술에서 아비스라는 이름은 몇 가지 다른 개념들을 나타내기 위해 사용되며, 이들 모두가 악마학과 관련된 것은 아니다. 유대교 신비주의자들(카발리스트)의 아비스 개념은(마사크 마브딜*이라고 하며 세피롯 체세드Sephiroth Chesed와 다쓰 Daath 사이에 있는 실패의 장소) 그리스도교 묵시 문학의 아비스와 정확히 일치하지 않으며, (아밧돈*을 보라) 이 둘 모두 야콥 뵈메가 신성한 유출을 그의 우주적 도표에 구체화한 장미십자회 문학의 아비스와도 동일하지 않다.

아사라델 Asaradel

블라바츠키*의 악마학에 나오는 일곱 이스킨* 중 하나이다. 아사라델은 달의
운행의 비밀을 인간들에게 가르쳤다고 한다.

아셀리엘 Aseliel

스테가노그래피의 악마들*을 보라.

아수라 Asura

가장 초기의 기록들에서 아수라들은 (때로 아후라*라고도 했다.) 다이바 Daiva 또
는 데바*들과 함께 신들로 나오지만, 베다 시대에 이르러 역할이 분리되어 아
수라들은 사악하고 데바들은 선하다고 여겨졌다. 곧, 아수라들은 인간의 진
보를 가로막고 데바들은 인간을 위해 일한다고 인식되었다. 조로아스터교 이
원론에서는 이들의 역할이 바뀌어서 데바들은 사악한 존재로, 아수라들은 친
절한 존재로 그려졌다. 현대 신비술에서 이 용어들은 산스크리트어의 용례
에서 유래하여 아수라들은 대개 악마적 존재로 그려진다. 그러나 슈타이너*
는 성 요한의 묵시록을 다루면서 아수라를 천사적 존재로 여기며, 아르카
이 Archai(권품천사) 영적 계급과 결부시킨, 비교秘敎적 흐름을 지적한다. 블라바
츠키*는 〈비밀 교리〉(1888)에서 아수라들이 "높은 신들이었다가 우주의 악마
로 강등되었다"고 말한다. 높은 신으로서 아수라들은 "위대한 존엄과 순결을
지닌 이들로 판테온의 돈후안적 신들에게 치욕의 근원이" 되었던 듯하다. 블라
바츠키는 아수라들의 역사를 끝까지 고수했을 것이다.

> 비교적으로 볼 때 아수라들은 비밀스런 지혜의 신들이지만, 악령과 저급 신들
> 로 변해서 위대한 신들과 영원히 싸우게 된다. 리그베다의 가장 오래된 부분에
> 서 아수라들은 영적이고 신성하며, 아수라라는 용어는 최고의 영을 지칭할 때
> 사용되고 조로아스터 교도들의 위대한 아후라와 동일시되는 존재로 나타난
> 다. …… 인드라와 아그니와 바루나와 같은 신들이 아수라에 속했던 시절이
> 있었다.

아슈타로트 Ashtaroth

블레이크*가 아스토레트*를 지칭하며 사용한 이름이다. 그는 아슈타로트를 바알*의 부인으로 만들고 자신이 작성한 아시아의 열두 신들의 목록에 둘을 포함시켰다. 그러나 그의 작품에서 아슈타로트는 여전히 악마로 남아 있으며, 사악한 몰레크*의 공주들을 위해 유해한 베일을 짠다. 밀턴의 악마들*에 나오는 '아슈타로트'를 보라.

아슈타르트 Ashtart

가끔 아스타르테Astarte, 아쉐라Asherah, 아타르가티스*라고도 한다. 원래는 바빌로니아의 이슈타르*와 그리스의 아프로디테Aphrodite와 동일시된 셈족의 풍산 여신이다. 악마학자들이 이 이름을 채택하게 된 것은 이 여신의 이집트 이미지 때문이다. 이집트에서 이 여신은 아스토레트*로서 암사자의 머리를 한 여자의 몸으로 네 말이 끄는 전차를 운전하는 전쟁 여신이었다. 아슈타르트의 가장 유명한 악마적 기원은 아스토레트이다.

아슈토레트 Ashtoreth

아슈타로트*를 보라.

아스모다이 Asmodai

아스모데우스*의 여러 이름 중 하나라는 것은 의심의 여지가 없으며, 에녹계 악마들* 중 하나로 달의 영(lunar spirit)이라고 한다. 맥런이 번역한 〈에녹서〉에는 이렇게 나와 있다. "아스모다이는 무리엘이라고 불리는 형상(Idea)을 가지고 있으며, 그것은 낮에는 포풀루스Populus, 밤에는 비아Via라고 불리고, 흙점에 두 모습이 포함되어 있다." 무리엘*, 흙점의 악마들*, 기호*를 보라.

아스모데우스 Asmodeus

악마학의 몇몇 조류 중에서 중요한 악마이다. 이 악마의 이름의 기원에 대해서는 아이쉬마*를 보라. 용을 타고 머리 셋을 지닌 왕의 모습으로 나타나는데,

▲ **아스모데우스** 의인화한 '진노의 그릇'을 묘사하고 있는 위쪽 오른편 그림이 아스모데우스이다. 바렛의 〈마법사〉(1801)에서.

첫 번째는 황소 머리, 두 번째는 사람 머리, 세 번째는 숫양의 머리이다. 대중 악마학에서 아스모데우스는 산술과 투명술을 비롯해 굉장한 보물을 찾는 방법 등 많은 것을 가르쳐주는 악마로 알려져 있다. 〈솔로몬의 성약 The Testament of Solomon〉에서 아스모데우스는 신혼부부들을 거슬러 '동정을 지키는 이들을 이간질하고 그들의 마음을 쇠약하게 하기 위해서' 그들에게 음모를 꾀하는 악마로 자신을 드러낸다. 날아다니는 아스모데우스에 대한 관념은 문학에서 유래한 것이다. 알랭 르사주의 〈절름발이 악마〉에서 아스모데우스는 마술을 써서 돈 클레오파스라는 사람을 밤에 날게 한다. 그는 한 마을에서 집들의 지붕을 제거하고 클레오파스에게 사생활의 비밀을 보여준다. 두 지팡이를 짚은 악마*를 보라. 아스모데우스의 다른 이름들 중 하나인 아스모데이*는 솔로몬의 일흔두 영 중 하나이다. 탈무드에서 아스모데우스는 쉐딤 Shedim(마귀)의 왕에게 부여된 이름이다. 미카엘리스의 계급*에 따르면, 타락하기 전의 아스모데우스는 치품천사 세라핌의 왕자들 중 하나였으며, 세례자 요한과 대적하는 바람둥이들의 왕자라고 한다. 프랜시스 바렛*의 미약한 악마 전승에서 아스모데우스는 사악한 복수자들의 왕자가 된다.

아스모데이 Asmoday
아스모데우스*를 보라.

아스모델 Asmodel
아그리파*가 황소자리(Taurus)의 지배자라고 한 황도대의 영 또는 악마의 이름이다. 에녹계 악마들*을 보라.

아스타로트 Astaroth
때로 아스토레트*나 비슷한 이름으로 불린다. 배경 전승에 대해서는 이슈타르트*를 보라. 천사의 형상으로 지상에 오는 악마이지만, 항상 그런 모습으로 그려지는 것은 아니다. 뱀이나 용을 탄 모습으로 나타나며 과거와 미래에 대한 지식을 준다. 아스타로트는 솔로몬의 일흔두 영 중 하나이다. 미카엘리

▲ **아스타로트**　콜랭 드 플랑시가 1863년판 〈지옥사전〉에서 시각화한 악마.

스의 계급*에서 아스타로트는 타락한 천사들의 군주들 중 하나로, 나태한 생
활을 열망해서 인간들도 그처럼 게으른 방향으로 가도록 설득한다. 영적인 세
계에서는 성 바르톨로메우스와 대적한다고 한다. 에녹계 악마들* 중 하나로,
40군단을 통솔한다. 〈호노리우스〉*라는 그리므와르에서 아스타로트는 수요
일에 소환된다고 한다. 밀턴의 악마들*에 나오는 '아슈타로트'를 보라.

아스토레트 Astoreth
때로 아슈토레트*나 이와 비슷한 이름으로 불린다. 배경 전승에 대해서는 아
슈타르트*를 보라. 이 중요한 풍요 여신은 그리스도교 시대에 악마의 지위로
강등되었다. 그러나 밀턴*의 시 〈그리스도 탄생일 아침에〉에서는 달 및 풍요
와 연관성을 지니는 아슈타로트*로 나타난다. 밀턴의 악마들* 항목에 있는

'아슈타로트'를 보라.

아스피도만시 Aspidomancy
인도 제국諸國에서 행해진다는 (악마들을 수단으로 이용하는 것처럼 보이는) 점술의 한 형태이다. 점술사는 마술적인 원 안으로 악마들을 불러내서 미래의 일을 알고 난 다음, 원에서 나올 때 제자들에게 이것을 전해준다.

아시노르 Asinor
세나토르*를 보라.

아시라 Asiras
'머리가 없는'을 의미하는 산스크리트 용어로 머리 없는 엘레멘탈*을 표현할 때 사용한다. 비록 아시라족이 물질적 의미의 머리와 몸을 갖지 않은 육체 없는 존재들이기는 하지만, 초기의 일부 인간 종족은 이 이름으로 불렸다.

아시리엘 Asyriel
스테가노그래피의 악마들* 중 하나이다.

아시엘 Asiel
황도대 물병자리와 연관된 영들 중 하나이다. 에녹계 악마들*에서 물병자리의 지배자는 밤비엘이다.

아쓰 Ass
악마 관련 구절*을 보라.

아아몬 Aamon
아몬*을 보라.

아엘로 Aello
하르피*를 보라.

아우그네바우가우벤 Augne-Baugauven
페르시아의 불의 신으로, 아우스타틱코파울리가우르* 계급의 악마라고 한다.

아우스타틱코파울리가우르 Austatikco-Pauligaur
세상의 여덟 방위를 지배한다고 하는 페르시아 악마들의 계급 이름(19세기 형태)이다. 아우그네바우가우벤*, 에멘*, 에사우니엔*, 구베렌*, 인디렌*, 네루디*, 바이부*, 바루논* 등이 그들이다.

아우시울 Ausiul
바울로계 술*을 보라.

아울드 Auld
스코틀랜드어 아울드auld(old)로 시작하는 악마의 이름이 몇 있는데, 이것은 아마도 친숙함이 아니라, 오래된 악마의 관념과 더 밀접한 관계가 있을 것이다. 이 악마는 아울드 키엘Auld Chiel, 아울드 클루티Auld Clootie, 아울드 해리Auld Harry, 아울드 닉Auld Nic, 아울드 니크Auld Nick, 아울드 샌디Auld Sandy 등으로 불린다. 올드 닉*을 보라.

아이글룬 Aeglun
〈눅테메론〉*에 나오는 열한 번째 시간의 악마들 중 하나로, 번개의 귀신이다.

아이기온 Aegeon
브리아레우스*를 보라.

아이니 Aini

때로 아임*이라고 하며, 솔로몬의 일흔두 영 중 하나이다. 독사의 몸에 머리가
셋(뱀, 고양이, 인간) 달린 모습으로 나타난다고 한다. 하보림*은 주로 방화 악
마와의 관계 안에서 나타나지만, 아이니는 가끔 이 이름으로 불리기도 한다.
아이니의 타는 횃불과 세 머리는 그가 이집트 신들에게까지 거슬러간다는 것
을 암시한다. 고양이 머리를 한 이집트의 바스트*는, 후대에 마후*를 통해서
악마학 문헌에 등장하는 불과 암사자 여신 세크메트Sekhmet처럼, 방화와 관련
이 있다.

아이리아이 포테스타테스 Aeriae potestates

대기의 권세자들(Aerial Powers)은 에녹계 문헌에서 여섯 번째 악마 위계를 차지
한다. 에녹계 악마들*을 보라. 그들은 천둥과 번개를 가져와서 악한 일을 하
며, 전염병을 비롯한 악질을 가져와서 공기를 더럽힌다. 이 위계의 군주는 메리
짐*이다. 황도대 악마들*을 보라.

아이리알스 Aerials

프셀로스*가 묘사한 악마 집단에 붙여진 이름이다. 대기에 거주하면서 지옥*
과 끊임없이 소통한다고 한다. 대기의 물질에서 육체를 형성하는 능력을 가지
고 있으며, 그래서 인간에게 가시적으로 나타날 수 있다. 특히 폭풍과 사나운
비바람을 관장하며 배를 조난시킨다. 현대 신비술에서 대기의 원소들은 악마
적 존재로 여겨지지 않으며, 공기의 요정(실프*)이라 불린다. 프셀로스의 분류
는 에녹계 문헌의 아이리아이 포테스타테스*와 스테가노그래피(심층 암호) 전
승에 나오는 주거지가 없는 악마들*의 기원이 되었을 것이다.

아이쉬마 Aeshma

때로 아이스마Aesma라고도 한다. 적어도 3천 년의 역사를 지닌 악마이다. 아이
쉬마는 페르시아 전승의 털이 많고 작은 악마였으며, 사람들이 파괴하고 잔인
한 행동을 하도록 유도하는 힘을 가지고 있었다고 한다. 근대의 어떤 자료에

서는 분노의 악령으로 나오며, 근대의 분노의 영인 키슴*과 연관되어 있다. 아이쉬마라는 이름에서 육체적 욕망의 악마인 페르시아의 아이쉬마 데바Aeshma Deva가 나왔다. (데바*를 보라.) 악마 아스모데우스*는 아이쉬마 데바에서 그 이름을 취했다. 구약성서 토빗기에서(6~8장) 아스모데우스는 사라Sarah를 괴롭히고 그녀의 일곱 구혼자를 죽였지만, 결국 토비아가 그를 쫓아냈다. 그러나 중세 이후에 토빗기의 아스모데우스는 전형적인 악마로 묘사된다. 콜랭 드 플랑시*가 아스모데우스라는 이름으로 그린 머리 넷 달린 괴물 같은 악마는 공상적인 표현이다. 그러나 문학적인 자료에서는 색욕의 악마나 파괴의 악마로 나온다.

아이엘 Aiel
바울로계 술*을 보라.

아이와스 Aiwass
마술사 크로울리*가 1904년 실론에 머물고 있었을 때 접촉했다는 영의 이름이다. 크로울리는, 아이와스가 마법에 대한 그의 저서 〈법의 책 Liber Legis〉을 받아 쓰게 했으며 마술사로 살아가도록 이끌었다고 한다.

아이트니쿠스 Aethnicus/Aethnici
연금술사들은 아이트니쿠스가 불의 영역에 살고 있으며 실제로 도마뱀처럼 생긴 불도마뱀이라고 강조하긴 하지만, 이 이름은 때로 불의 악마를 표현하기 위해 사용된다. 센디보기우스Sendivogius는 "공포스런 불꽃이나 횃불 등 다양한 형상과 형태로 나타나는" 영으로 묘사한다. 레지널드 스코트*가 묘사한 불의 영들*은 거의 다 아이트니쿠스이다.

아이테니안스 Aeteneans
엘레멘탈*을 보라.

아이티리스 Aethyrys
엘레멘탈*을 보라.

아이페오스 Aypeos
이포스*를 보라.

아이포로스 Ayporos
이포스*를 보라.

아일 Ayil
궁수자리(Sagittarius)와 관련이 있는 영의 이름이다.

아임 Aym
아이니*를 보라.

아자라델 Azaradel
첫 번째 에녹 문학 전승에 나오는 에녹계 악마들* 중 하나로, 사미야사*의 인
도로 지상에 왔다. 아자라델은 인간에게 달 운행의 비밀을 가르쳐주었다고 전
해진다.

아자리엘 Azariel
에녹계 악마들* 중에서 28수의 지배자이다.

아자엘 Azael
반역의 천사들 중 하나로, 사막의 날카로운 돌에 묶여 있다고 한다. 그러나
중세 악마학자들은 이 무시무시한 악마의 이름을 4원소의 하나인 물과 연결
시킨다. 밀턴의 악마들* 항목 아래에 있는 '아자젤*' 및 이 악마와 자주 혼동하
는 아자젤*을 보라. 우자*도 보라.

아자젤 Azazel

아그리파*가 중세 악마학에서 뽑아내 4원소의 하나인 공기와 결부시킨 악
마의 이름이다. 밀턴*은 이 이름을 반역의 천사들 수장이라고 한다(⟨실낙원⟩
1권, 534행). 그러나 이슬람계 악마학에서 아자젤(때로 아자질Azazil)은 정령(진*)
이다. 아자젤은 다른 모든 천사들과 함께 아담을 숭배하라는 명령을 받았을
때, 연기 없는 불(곧, 천사)의 아들은 먼지의 아들에게 굽혀서는 안 된다는 이유
를 들어 이를 거부한다. 이러한 불순명의 결과 그는 하늘에서 쫓겨나고 그의
이름은 에블리스*로 바뀌었다고 한다.

대중적인 그리므와르* 전승에서 아자젤은 염소의 수호신이라고 하는데, 이
는 아마도 일곱 번째 달 열 번째 날에 거행되는 히브리 속죄양 의례와 관련된
이름이 같았기 때문일 것이다. 속죄양은 실제로 아자젤에게 바쳐졌지만, 때로
속죄양 자체를 아자젤이라고 부르기도 했다.

블라바츠키*는 자신의 악마학에서, 서로에게 충성을 맹세함으로써 결합하
고 아르몬 산에 내려온, 범죄한 천사 우두머리들 중 하나라고 쓰고 있다. 이스
킨*을 보라. 이스킨 아자젤의 역할 중 하나는 인간들에게 무기와 방패와 칼 등
을 만드는 방법과 거울을 주조하는 방법을 가르치는 것이라고 한다. 블라바
츠키*는 후자의 '기술'이 실제로 마법 거울의 사용과 관련되었다는 것을 암시
한다(⟨비밀 교리⟩ 2권, 376쪽).

아자지엘 Azaziel

아자젤*의 다른 이름 중 하나이다. 황소자리와 관련된 거룩한 왕국(상툼 렉눔*)
의 영이다.

아제루엘 Azeruel

에녹계 악마들* 가운데서 28수의 지배자들 중 하나이다.

아제우프 Azeuph

⟨눅테메론⟩*에 나오는 열 번째 시간의 악마들 중 하나로, 어린이들을 파괴하

는 귀신으로 여겨진다.

아즈라엘 Azrael
이슬람에서 유래한 죽음의 천사*를 일컫는 이름들 중 하나이다. (코란, 수라 32, 11절을 보라.)

아즈라엘의 날개 Wings of Azrael
죽음의 천사*를 보라.

아즈킬 Azkeel
첫 번째 에녹 문학 전승에 나오는 에녹계 악마들* 중 하나로, 사미야사*의 인도로 지상에 왔다.

아지다하카 Azidahaka
조로아스터교 악마학에서 첫 번째 인간(아담이 아니라 홍수에서 살아남은 노아)을 둘로 쪼갬으로써 그를 파멸시킨 뱀의 악마이다.

아지벨 Azibeel
첫 번째 에녹 문학 전승에 나오는 에녹계 악마들* 중 하나로, 사미야사*의 인도로 지상에 왔다.

아지엘 Aziel
에녹계 악마들* 가운데서 28수의 지배자들 중 하나이다.

아케론 Acheron
슬픔의 강 또는 '기쁨 없는 강'을 지칭하는 그리스어 명칭이다. 플레게톤*과 코키투스*로 흐른다. 에드먼드 스펜서의 시에는 다음과 같이 나와 있다.

그들은 지나가네

많은 영혼들이 앉아서 비참하게 울부짖는 곳,

아케론의 쓰라린 파도를,

저주받은 영혼들은 고통 속에서 까맣게 타고 있지만,

플레게톤의 격렬한 홍수가 다가온다네,

〈요정 여왕〉 I, v, 33)

　호메로스도 아케론에 대해 언급한다. 특히 오디세우스가 죽은 친구의 영혼을 일으키고 자기 어머니의 영혼을 만난 네크로만테이온*은 역사적 사실에 기초한 고고학적 탐사에 의해 밝혀졌다. (네크로만테이온*을 보라.) 아케론이라는 명칭은 때로 전체 지옥세계 자체를 나타내기도 한다. 아케론의 사공은 카론*이다.

아케르코크 Akercock
벨페고르*의 부하 악마.

아코로바 Acoroba
그리므와르* 전승의 악마들 중 하나이다.

아코르 Achor
파리들의 왕으로 나타나는 악마 베엘제붑*과 관련된 시리아의 신 이름이다.

아쿠이엘 Aquiel
수르가트*를 보라.

아클라하이르 Aclahayr
〈눅테메론〉*에 나오는 네 번째 시간의 악마들 중 하나로, 운동의 귀신이다.

아키벨 Akibeel

첫 번째 에녹 문학 전승에 나오는 에녹계 악마들* 중 하나로, 사미야사*의 인도로 지상에 왔다. 인간에게 징조와 표징의 의미를 가르쳤다고 한다. 이스킨*을 보라.

아타나톤 Athanaton

레지널드 스코트*가 루리단*의 소환을 설명하는 것에 따르면, 아타나톤은 동쪽 세력의 악마적 지도자이다. 아마도 스코트는, 신비술 전승에서 죽음의 지역과 관련된 서쪽 방향의 반대를 표현하기 위해서 그리스어 아타나시아 athanasia(죽음-없음)를 가지고 말놀이를 했을 것이다.

아타르가티스 Atargatis

아슈타르트*를 보라.

아탈리엘 Ataliel

에녹계 악마들* 중에서 28수의 지배자들 중 하나이다.

아텔 Atel

에녹계 악마들* 목록에 따르면 아텔은 다섯 번째 하늘의 천사이다.

아트로포스 Atropos

운명의 세 여신(파테스)*을 보라.

아페프 Apep

때로 뱀의 신으로 불리는 이집트의 악마이지만 어둠의 지배자들 중 하나이다. 태양신 라Ra가 헬리오폴리스의 신성한 나무 발치에서 아페프를 죽였다고 한다. 아페프는 사실 티폰*의 초기 형상인 세트Set의 현현이며, 유럽의 악마 이미지에 큰 영향을 주었을 것이다.

아포뮈오스 Apomyios

제우스의 여러 그리스식 이름 중 하나로 '파리들을 기피하는 자'라는 뜻의 성姓이다. (알라스토르*를 보라.) 악티움 신전에서는 이 신에게 해마다 황소를 희생제물로 바쳤다. 이 의례는 파리들의 왕인 베엘제불*과도 관련이 있을 수 있다.

아폴로니우스 악마들 Apollonian demons

이 용어는 때로 〈눅테메론〉*에 나오는 악령들(genii)이나 악마들을 표현하기 위해 사용되는데, 이는 일부의 사람들이 예수와 동시대인인 티야나의 아폴로니우스가 〈눅테메론〉을 지었다고 잘못 생각했기 때문이다. 제니우스*를 보라.

아폴뤼온 Apollyon

아밧돈*의 그리스식 이름으로, '파괴자'를 의미한다. 이 이름은 존 번연John Bunyan의 〈천로역정 Pilgrim's Progress〉을 통해서 현대 문학에 널리 퍼졌다. 이 끔찍한 존재는 기괴한 모습으로 나타나는 것으로 유명한데, 그 모양이 너무도 기괴해서 정당한 방법으로 그를 불러내는 이들조차도 놀라서 죽을 수 있다고 한다. 윌리엄 블레이크*가 지하구렁*의 천사를 일반적인 평가보다 더욱 깊은 차원에서 이해했던 것은 아폴뤼온에게서 구원의 요소를 보았기 때문이다. 그는 아폴뤼온의 역할이 "영원히 던져버릴 수 있는 거짓을 육체에게 주는 것"이라고 로스Los를 빌어서 말하고 있다(〈예루살렘〉, 12쪽, 13행).

아프리트 Afrit

아프레트Afreet, 아프리테afrite 등 다양한 철자로 표기되는 이슬람계 악마이다. 진*을 보라.

아하주 악마 Ahazu demon

셈족계의 강탈하는 악마로, (특히 밤에) 살아 있는 것들을 빼앗는 악마에게 붙여진 이름이다.

아후라 Ahura
아수라*를 보라.

아후라 마즈다 Ahura Mazda
조로아스터교 이원론에서 앙그라 마이누*와 맞서는 빛의 창조적인 영이다. 현대의 비교秘敎에서는 루시페르*로 불리며, 아흐리만*과 대적한다. 슈타이너*를 보라.

아흐리마네스 Ahrimanes
아흐리만*의 다른 이름이다.

아흐리만 Ahriman
현대 신비술 이원론에서 거짓말의 왕자*이자 어둠의 군주이다. 조로아스터교 이원론의 앙그라 마이누*에서 유래하였고, 루시페르*와 대립한다. 아흐리만은 때로 아흐리마네스*라고 불리기도 했지만 이 이름은 현재 거의 쓰이지 않는다. 이 악마의 본성에 대해 많은 정보를 제공한 슈타이너*는 멤피스토펠레스가 아흐리만과 똑같다고 한다. 디아볼로스*와 죽음의 천사*를 보라.

악마 Demon
아주 단순하게 정의를 내리자면 악마는 인간에게 해로운 형체 없는 영, 또는 인간의 미래를 파괴하는 데 전념하는 무형의 영이라고 할 수 있다. 이 단어의 기원에는 모든 역사가 숨겨져 있다. 데몬Demon은, '빛나다'를 의미하는 산스크리트어 어근 디브div에서 출발하여 그리스어 다이몬daimon을 거치면서 생성된 단어이다. 참으로 인간의 미래 발전에 관심을 기울이는 형체 없는 영들의 집단이라고 할 수 있는 데바deva*라는 단어도 똑같은 어근을 가지고 있다. "빛나면서" 은혜로운 존재들과 연결되었던 한 단어가, 어떻게 해서 우리가 지금 악마라고 부르는 지옥의 어두운 존재들을 표현하게 되었는지에 대한 이야기가 짧은 악마학의 역사이다.

거의 모든 악마들(적어도 악마적 이름들)은, 현재는 사라진 문명의 신들(이거나 신들의 이름)이었다. "악마는 전도된 신이다."(Diabolus est Deus inversus)라는 신비술의 금언에는 신의 적대자들, 아마 실제로는 인간의 적대자들로 살아가는 악마들이 마왕의 지배하에 있다는 인식이 들어 있다. 그러나 성서 본문들은 심지어 더욱 구체적인데, 70인역 성서 시편 95장 5절은 "이교도들의 모든 신들이 악마"라고 나와 있다. 예를 들어 중세의 악마 벨페고르*라는 이름은 (만일 그의 속성이 아니라면) 벨페오르*라는 신에게 기원을 둘 수 있고, 이것은 적어도 한때 신들이었던 영적 계급의 악마였음을 가리킨다. 때로 대중적인 그리프와르들*은 (밀턴*의 화려한 묘사도 그렇듯이) 모든 악마들이 한때는 은총의 상태에 있던 타락한 천사들이라고 설명한다. 고대 세계에서는 남성과 여성들이 (오늘날 우리가 개인의 천사라고 부를 만한) 은혜로운 영 및 (우리가 개인의 악마라고 부를 만한) 유혹하는 영과 일생 내내 함께 지낸다는 것을 거의 의심하지 않았다. 세상에는 이와 다른 은혜로운 영들과 유혹하는 영들이 있었으나, 유혹하는 악마들은 특별히 인간에게 집착하는 영들이었다. 은혜로운 영이 종종 단순하게 다이몬*으로만 언급되는 반면에(가끔 착한 영(아가토다이몬*)으로도 언급된다), 유혹하는 영은 나쁜 영이었다. 그리스어로 '카코스 다이몬' kakos daimon이라고 한다. 불행하게도 다이몬 daemon이라는 단어는 점차 데몬 demon과 동의어가 되었고 그 의미가 완전히 변해버렸다. 그렇다 하더라도, 서기 1세기에 다이몬들에 대해 글을 쓴 포르피리오스 Porphyry는 이렇게 주장했다.

그들은 보통 자기들의 욕망을 만족시키기 위하여 지상에서 가장 가까운 장소들을 배회한다. 그들이 저지를 수 없는 범죄는 없으며, 신들에 대한 참된 지식에서 우리를 멀어지게 하기 위하여 온 힘을 기울이고 자기들에게 봉사하도록 우리를 부추긴다. 그들은 인간을 유혹하기 위하여 위대한 신들의 형상을 취하며, 자기들의 욕망을 불태우고 자신들을 신들처럼 고양시키는 일을 멋지게 수행한다.

포르피리오스는 그리스도교인이 아니었으나, 그가 쓴 글은 중세 후기의 문

314

헌에서 취한 것처럼 보일 정도로, 이후 1,500년 동안 악마학에서 확고히 자리를 잡았다. 아그리파*와 같은 수집가와 교정자들이 중세 후기의 악마 목록을 편찬할 무렵에는 악마들과 다이몬들(영들)의 전체 범위가 혼란스러웠다. 심지어 이어지는 다음 세기들에도 소환*을 목적으로 악마들의 이름을 기록한 사람들마저 악마적 존재들을 표현하기 위해, 비록 타락한 천사들이기는 했으나, "천사"라는 용어를 사용했다. 그러나 이것은 그리 놀랄 일이 아니다. 왜냐하면 블라바츠키*가 주장하듯이 〈에녹서〉에 있는 원래의 이야기가 비교秘教적이었다는 게 그럴듯하더라도, 에녹계 악마들*을 다루는 전체 문헌은 타락한 천사들에 대한 인식에 뿌리를 두고 있기 때문이다. 이것이 바로 악마학 문헌이 왜 그토록 혼란스러운지를 설명하는 한 가지 이유가 되며, 악마학 문헌은 사탄*이 지배한다고 하는 혼돈 자체를 그 형식 안에 담고 있다.

"천사 마법"을 다루는 문헌은 종종 경건하게 보이는 악마학 논문들과 별 차이가 없는데, 이런 문헌은 특별한 목적을 위해서라면 천사들도 부를 수 있고 인간의 목적을 위해 봉사하게 할 수 있다고 주장한다. 한때 영들(다이몬)이었던 것들이 악마들이 된 이유는 그들이 인간의 에고를 만족시키는 데 사용됐기 때문이다. 밀턴*이 악마들의 소굴을 나타내기 위해 만마전*이라는 단어를 조합했을 때, 그는 그리스어 다이몬*을 성서적 의미로 사용하고 있었다. 다이몬*을 보라.

현대의 비전주의자 애덤 맥린이 중세 후기의 자료에서 편집한 뛰어난 책 〈천사 마법에 관한 논문〉은 에녹계 문헌에서 유래한 복잡한 "천사" 목록을 제시하고 있으나, 다른 문헌에서는 똑같은 이름들이 악마로 나타난다. 원래는 복잡한 천체들을 회전시키는 원동자(모비토리Movitori)였던 위대한 영적 존재들(인텔리젠시*)조차도 악마적 지위로 강등되었고, 마술적인 상징과 기호*와 숫자 및 악마적 속성을 지닌 것으로 여겼다. 위대한 영적 존재들이 악마적 차원이나 지옥의 유용물로 전락하게 된 이유 중 하나는, 악마학을 구축하는 사람들이 꾸준히 이와 관련된 활동을 했기 때문인 것으로 보이며, 이것은 자기들이 이해하지 못한 이미지를 두려워하던 사람들이 옛 종교의 신이나 세계관의 신을 흉하게 묘사하는 것과 비슷하다. 손상시키고 강등시키려는 이러한 충동이야말로

현대에 남아 있는 악마학에 왜 그토록 많은 혼란이 존재하고 있는지를 설명해준다. 악마학을 주입받은 신비술 이론에 따르면, 인류를 혼란시키는 것이 언제나 악마들의 목적이었으며, 이 사전에서 발견되는 악마들의 다양한 이름들과 모순들에서도 확실히 알 수 있듯이, 개별 악마들의 이름을 다루고 그들을 분류하는 것보다 더 혼란스러운 영역은 없다. 마왕*을 보라.

악마 관련 구절 Devil Phrases

영어에서 (그리고 다른 많은 언어에서도) 악마는 자신의 명성을 단어와 구절, 지형과 이름 등에 새겨 넣었다. 알파벳순으로 된 아래의 용례는 우리가 자주 마주치는 것들이며, 지형은 영국제도(the British Isles) 안에 있는 것으로 제한했다. 영문학에 나오는 악마와 그의 부하들을 언급하는 인용구들도 가장 잘 알려진 구절과 격언을 제시했다.

가마 Limekiln : 악마의 가마는 브리스틀 해협 런디Lundy 섬에 있는 바다로 난 구렁이다.

가마솥 Cauldron : '악마의 가마솥'(Devil's Cauldron)은 스코틀랜드 퍼스셔Perthshire, 레드녹Lednock 강에 있는 협곡이다.

거짓말쟁이 Liar : 악마가 말하는 것은 무엇이든 믿지 말아야 할 것으로 여겨지며, 그리므와르 전승조차도 소환한 영들이 진실을 말하도록 특별히 주의해야 한다고 끊임없이 경고하고 있다. 루이스는 〈스크루테이프의 편지〉에서 "독자들은 악마가 거짓말쟁이라는 것을 기억하라"고 권고한다. (스크루테이프*를 보라.)

◀◀ **악마** 사티로스의 하반신과 갈라진 굽을 지닌 악마의 목조상. 베리 세인트 에드먼즈의 콘힐이 내려다보이는 현대 건축물에 있다. 몇몇 역사가들은 이곳이 16세기에 마녀들이 교수형을 당했던 광장이라고 하지만, 다른 이들은 처형 장소가 옛 수도원 근처였다고 한다.

▶▲ **악마** 미사에 참석한 신자들의 주의를 산만하게 만들려고 시도하는 악마들. 알브레히트 뒤러의 목판화(1498년).

▶▼ **악마** 13세기 보헤미안 사본의 채색화. 스톡홀름 왕립도서관 소장.

검은색 Black : "악마는 모두 검은색이 아니다" 또는 "악마는 칠해진 것처럼 검지 않다"라는 구절은 주어진 상황이나 어떤 인물에게 좋은 점이 조금은 있다는 뜻이다.

게으른 자 Idle hands : "흔히 할 일 없는 자들이 나쁜 짓을 한다"(The Devil finds work for idle hands)라는 속담은 오래된 것이지만, 성 히에로니무스는 "당신이 바쁘다는 것을 악마가 항상 볼 수 있도록 어떤 일을 계속 하시오"라는 말을 남겼다. 지오프리 매던Geoffrey Madan의 〈열두 성찰들Twelve Reflections〉(1934)에 나오는 부분과 비교해보라. "악마는 게으름을 모르는 사람들에게 어떤 해를 끼치려고 더욱 노력한다."

계단 Staircase : 휘그타운 글렌루스Glenluce 근처에 악마의 계단이 있고, 글렌코Glencoe에서 킨로모어Kinlochmore로 가는 산길에도 있다.

고리 Quoits : 윌트셔 케네트Kennet 근처에 있는 거대한 세 개의 바위들은 "악마의 고리"(Devil's Quoits)라고 불린다. 옥스퍼드셔 스탠턴 하코트Stanton Harcourt에도 악마의 고리가 있다.

골짜기 Dyke : '악마의 골짜기'(Devil's Dyke)는 이스트서식스 브라이턴Brighton 북쪽에 있는 협곡이다. 이것은 악마의 작품이라고 하는데, 촛불을 든 성 쿠트만St Cuthman에게(성 쿠트만이 아니라 늙은 여인이라고 하는 이야기들도 전해온다) 속아서 완성하지 못했다고 한다. 그러나 악마의 골짜기들은 영국 내 여러 곳에 존재한다.

광기 Madness : 악마는 (신처럼) 한 인간을 파괴하기 전에 그를 미치게 만드는 것으로 유명하다. 아테나고라스Athenagoras가 인용한 에우리피데스의 말이 이 개념과 관련해 가장 오래된 것이다. "그러나 악마는, 인간에게 어떤 사악한 일을 제안할 때, 먼저 그의 마음을 나쁜 길로 이끈다네."

구덩이 Pit : 악마의 구덩이는 콘월 서쪽 캐드귀스Cadgwith 근처에 있는 62미터 정도 깊이의 구덩이이다.

구멍 Hole : 더비셔의 최고봉 동굴(Peak Cavern)을 때로는 "악마의 구멍"이라고 부른다.

굴뚝 Chimney : 글로스터셔 첼터넘Cheltenham 근처의 렉햄프턴Leckhampton에 있는 악마의 굴뚝은 15미터 정도 되는 석회암으로 채석과 부식의 산물이다. 아가일셔 페난Pennan 근처에는 '지옥의 절구'(Hell's Lum)라고 부르는 굴뚝이 있다.

그루터기 Stump : 아래의 '채찍'을 보라.

기계 Machine : 아래의 '먼지'를 보라.

기도 Prayer : 악마의 기도는 거꾸로 암송하는 주기도문이다. 아래의 '주기도문'을 보라.

기만 Cheating : '악마를 속이는' 사람은 자신의 이익을 위해서 악한 일을 하는 사람이다. 현명한 계략 때문에 악마가 기만을 당하는 옛 이야기들이 많이 있다.

꼬리 Tail : 아래의 '당기다'를 보라.

꼴찌 Hindmost : 아래의 '뒤떨어진 자를 잡아간다'를 보라.

다리 Bridge : 웨일스 카디건셔Candiganshire에 있는 악마의 다리는 미나크Mynach의 깊은 골짜기를 가로지르는 3중 다리이다. 아래쪽에 있는 것이 12세기에 지어진 수도승의 다리이다. 나이 든 여성이 이 장소에서 악마를 속였다고 해서 이러한 이름으로 불린다는 게 일반적인 설명이다.

담 Dam : "악마와 그의 담"(The Devil and his dam)은 '악마와 그의 어머니' 또는 '악마와 그의 아내'를 뜻한다. (담은 귀부인, 여주인을 뜻하는 데임Dame의 옛 형태이다.) 일반적으로 이 구절은 '악마와 나쁜 어떤 것'을 의미한다.

당기다 Pull : "악마의 꼬리를 당기다"라는 구절은, 심지어 악마가 할 수 있는 최악의 것을 따라 하면서까지 불행을 거슬러 쉬지 않고 싸운다는 것을 의미한다고 한다. 그러나 위험한 계획과 같은 뜻으로 쓰일 수 있다. 이와 비슷한 중국어 표현 "호랑이 꼬리를 밟다"는 일반적인 상황에서 행하는 현명하지 못한 일을 나타낸다.

대로 Highway : "악마의 대로"는 서리의 백셧Bagshot을 가로지르는 로마 시대의 도로이다.

더블린 시 Dublin City : "더블린의 악마"(the Devil in Dublin City)라는 구절은 로버트 번스Robert Burns가 유명하게 만들었지만, 18세기 이전에 이미 있었던 말이며 하나의 말장난이었다는 것이 거의 확실하다. 더블린이라는 명칭은 스칸디나비아 말로 디벨리나Divelina이며, 작은 악마와 발음이 유사하다. 더블린Dublin과 데블린Devlin이라는 명칭의 기원은 '검은 웅덩이'를 뜻하는 게일어 드훌린dhu linn이다.

덕목 Virtue : "악마의 덕목"은 성 히에로니무스가 〈요비니아누스 반박 Contre Jovimen〉에서 이중적 의미에 붙인 모욕적인 언사이다. "악마의 덕목은 허리에 있다."(The virtue of the devil is in the loins.)

도랑 Ditch : "악마의 도랑"(Devil's Ditch)은 웨스트서식스의 치체스터Chichester에서 2마일 정도 북쪽에 있는, 선사 시대에 만들어진 흙으로 된 방어용 보루이다. 전체 10마일 중에서 가장 오래된 것은 4미터 정도 넓이에 2.8미터 깊이의 도랑이다. 캠브리지에 있는, 리치Reach에서 디턴Ditton 숲으로 향해 뻗어 있는 선사 시대 흙 도랑에도 같은 이름이 붙었다. 위의 '골짜기'를 보라.

돌 Stones : 영국 내 많은 선사 시대 입석들과 돌로 이루어진 원들을 "악마의 돌"이라고 부른다. 아래의 '화살'을 보라.

동굴 Cave : '악마의 동굴'(Devil's Cave)은 피페Fife의 콜린스버러Colinsburgh 남동쪽 3마일 거리에 위치한 킨크레이그Kincraig 언덕에 있다.

두 지팡이 Two Sticks : 아래의 '지팡이'를 보라.

두 지팡이를 짚은 악마 Devil on Two Sticks : 아래의 '지팡이'를 보라.

두드리기 Tattoo : 탁자나 다른 딱딱한 물건에 반복해서 손가락으로 두드리는 것을 때로 "악마의 소리를 낸다"고 한다. 이런 것은 의식적 또는 무의식적으로 듣는 사람을 미치게 만들려는 목적이 있다.

둑길 Causeway : "악마의 둑길"(Devil's Causeway)은 하드리아누스 성벽에서 하트번Hartburn을 통과해 노섬벌랜드의 롱프램링턴Longframlington까지 이어진 로마 시대 도로이다. 위의 '대로'를 보라.

뒤떨어진 자를 잡아간다 Catch the hindmost : 브루어Brewer에 따르면, "악마는 가장 뒤떨어진 자를 잡아간다"라는 속담은 중세 마술에서 유래했다고 한다. 악마가 톨레도(또는 살라만카)에 학교를 가지고 있었는데 거기에서 실력이 향상된 학생들은 지하에 있는 강당을 뛰어서 통과해야 했다. 악마는 경기에서 꼴찌한 학생을 잡아가서 자기 종으로 삼았다고 한다. 현대의 격언은 이러한 기묘한 이야기를 거의 언급하지 않지만, 그 의미는 매우 분명하다. 꼴찌가 혼난다는 것이다. 이 구절은 인기 있는 속담임에 틀림없지만, 존 플레처가 비극 〈본두카Bonduca〉(1614) 4막 2장에서 사용했다.

듀스 Deuce : "악마"(the duece)는 털 많은 나무 악마를 일컫는 켈트식 이름 두스dus에서 유래한 것으로 추정된다.

디아볼로 Diabolo : 오래된 팽이 놀이 이름이다. 아래의 '지팡이'를 보라.

딸 Daughter : "악마의 딸"은 잔소리가 심한 여자를 가리킨다.

링컨 시 Lincoln City : "악마가 링컨 시를 보고 있다"라는 표현은 링컨 대성당 위에 있는 괴물상이나 그로테스크에 대한 언급일 것이다. 존 헤이우드John Heywood는, 아마도 이러한 괴물상이 존재했던 1562년(이 괴물상은 부풀린 배를 가졌던 것으로 보인다) 그의 〈격언집 Proverbs〉에 이 구절을 기록했다.

우리의 링컨을 응시하는 악마처럼 배가 부풀어 오른 저를 보시지요.

지금도 성당 서쪽에는 흥미로운 악마 상들이 있다. 링컨의 작은 악마*를 보라.

마차 말 Coach horse : "반날개"(rove beetle. 로브 딱정벌레)는 "악마의 마차 말"이라고 불린다.

마차 바퀴 Coach wheel : "실젓가락풀"(corn crowfoot)은 "악마의 마차 바퀴"라고 불린다.

먼지 Dust : "악마의 먼지"는 재생한 모직 털실이다. 아마도 오래된 누더기에서 재생 털실을 만들었던 (악마라고 불리는) 기계의 이름에서 유래했을 것이다.

멍청이 Ass : "악마는 멍청이"(The Devil is an Ass)는 벤 존슨Ben Jonson의 희극 제목으로 당시의 사기꾼, 마녀 발견자, 거짓으로 귀신 들린 이들을 드러내거나 조롱했으며 1616년 초연되었다.

모두 All : "악마와 모두"(The Devil and all)는 '모든 것'을 뜻하며, 때로 사악한 모든 것을 의미하기도 한다.

목구멍 Throa : 노퍽의 크로머 베이Cromer Bay를 때로 "악마의 목구멍"이라고 부르며, 콘월 아스파라거스 섬 위에 있는 동굴도 이 이름으로 불린다. 아래의 '풀무'를 보라

몫 Due : "악마에게 그의 몫을 주다"(To give Devil his due)는 '평판이 나쁜 누군가를 믿는다' 또는 '어떤 사안에서 악마를 믿는다'는 뜻도 된다. 이 개념과 자주 비교해서 인용되는 속담 중에는 "악마를 실망시키는 것은 죄이다"라는 말이 있다. 이 구절은 셰익스피어의 〈헨리 4세〉에 나오지만, 사실 그 의미는 다르다.

> 왕자: 존 경은 자신의 말을 지키며, 악마는 흥정을 할 것이다, 왜냐하면 그는 결코 약속을 파기해본 적이 없기 때문이다. 그는 악마에게 정당한 몫을 줄 것이다.

이러한 의미에서 위 구절은 단지 악마는 자기에게 약속된 것을 받는다는 것을 의미한다.

무더기 Lapful : "악마의 무더기"는 노섬벌랜드의 체비엇 힐스Cheviot Hills, 킬더Kielder 동남서쪽 1마일 거리에 있는 신석기 시대와 청동기 시대의 돌무덤을 합쳐서 부르는 이름이다. 그러나 악마의 무더기라고 불리는 돌무덤들은 이외에도 많이 있다.

문 Door : "악마의 문"은 교회의 북쪽 벽에 있는 문이다. 이 문은 햇빛을 받지 못했고, 보통 '악마가 빠져나가기 위해서' 열어둔다고 한다. 교회 건물 규칙에는 이러한 개념이 없다. 그러나 중세 초기만 해도, 악마적 힘이 진입하는 것을 막기 위해서 교회를 짓기 전에 정해진 관례를 행해야 한다고 강조한 법률이 있었다. 어떤 악마의 문들에는 용을 주제로 한 그림들이 새겨져 있다.

문학의 악마 Literary devil : 아래의 '삼류작가'를 보라. 현대에 이 표현은 '독설로 가득한 비평'을 가리킨다.

물 Water : "악마의 물"은, 더람Durham 근처에서 시작해서 노섬벌랜드Northumberland 헥삼Hexham 동쪽 2마일 거리의 타인Tyne으로 흘러드는 강이다.

미사 Mass : "악마의 미사"란 욕설과 악담이 넘치는 격론이다.

바이올린 활 Fiddlestick : "악마가 바이올린 활을 탄다"(the Devil rides on a fiddle-stick)라는 구절에는 몇 가지 뜻이 숨어 있다. 브루어가 그 의미를 "공연한 법석"이라고 한 것은 틀렸을 가능성이 크다. '바이올린을 연주한다'와 '속이다'라는 뜻을 지닌 피들fiddle의 이중적 의미가 초기 기록에 암시되어 있다. 악마가 (그의 앞잡이 마녀들처럼) 지팡이를 타고 공중을 날아다닐 수 있다는 개념을 언급하는 자료도 있다.

반지 Ring : "악마의 반지"는 서포크 입스위치Ipswich 동쪽 5마일 거리의 브라이트웰 히스Brightwell Heath에 있는 청동기 시대의 묘지 이름이다. 슈롭셔 마켓 드레이턴Market Drayton 북동쪽 3마일 거리에 있는 (지금은 벽에 포함되어 있는) 신석기 시대의 돌 두 개는 "악마의 반지와 손가락"이다. 하나는 180센티미터 정도의 곧게 선 돌이고, 다른 하나는 큰 구멍이 뚫려 있는 알파벳 디D 모양의 돌이다. 둘 모두 긴 무덤의 일부였을 것이다.

발자국 Footprint : 위그타운의 위트혼Whithorn 성당 바위와 카디건셔의 라나트Llanarth 교회, 켄트의 뉴잉턴Newington 교회에 악마의 발자국이 새겨져 있다고 한다.

밧줄 Rope : "악마의 밧줄"은 존 레이John Ray가 〈영국 속담 모음집 Compleat Collection of English Proverbs〉(1742)에서 인용한 속담 "악마에게 밧줄을 넉넉히 주라, 그러면 스스로 목을 맬 것이다"와 관련이 있다.

방앗간 Mill : "악마의 방앗간"은 데번의 크룩Crook 서남서쪽 1마일 거리에 있는 데번 강의 폭포들 중 하나이다.

백 오네일스 Bag o'Nails : 보통 숙소들을 가리키는 명칭이며, 때로 "악마와 백 오네일스"처럼 실제 여관 이름으로 사용하기도 한다. 이 구절은 바쿠스 신의 신도들을 일컫는 바카날스가 와전된 것이라고 한다.

법 Law : 악마는 특별히 법과 연결되어 있다. 예를 들어, 상관을 위해 직업적인 일을 하는 하급 변호사를 "악마"라고 하기도 한다. 아래의 '악마의 옹호자'와 '소유'를 보라.

변기 Stinkpot : 아래의 '양초'를 보라.

별 Star : "악마의 별"은 페르세우스 자리에 있는 별 알골*이다.

병 Sick : "병든 악마는 수도승이다"라는 표현은 선한 의지를 가지고 있는데 역경에 처했다는 것을 가리킨다. 이 구절은 토마스 어커터 경 Sir Thomas Urquhart과 피터 모퇴 Peter Motteux가 중세 속담과 연결된 라블레 Rabelais의 책을 상상력을 발휘해 번역한 데서 유래한다.

"악마가 아프면, 악마는 수도자가 되고,

악마가 나으면, 수도자가 악마가 된다."

(존 레이의 〈영국 속담 모음집〉에서.)

불 Fire : "악마를 위해서 불을 붙인다"는 악마에게 제물을 봉헌하는 개념, 곧 악마의 사악한 활동이나 의도에 참여한다는 것을 가리킨다.

불붙이다 Kindle : 위의 '불'을 보라.

비프터브 Beef Tub : '데빌스비프터브' Devil's Beef Tub는 스코틀랜드 모펏 Moffat 북서쪽 5마일 거리에 있고 주변이 절벽으로 된 구덩이이다. 훔친 고기를 숨겨 놓는 장소로 사용되었다고 한다.

뼈 Bones : "악마의 뼈들"은 주사위이다. 운에 맡기는 게임에서 사용하는 주사위들은 원래 뼈로 만들었다.

뿔 Horn : 아래의 '양초'를 보라.

사과 Apple : "악마의 사과"(Devil's apple)는 마취성이 있으며 유독한 여러해살이풀 맨드레이크에 붙여진 이름이다.

사기꾼 Dodger : "악마 사기꾼"(Devil Dodger)은 위선자, 때로는 고함치는 설교자를 뜻한다.

산책 Walk : 〈악마의 생각〉*과 〈악마의 산책〉*을 보라.

삼류작가 Hack : 삼류작가를 때로는 "악마"나 "문학의 악마"라 부른다.

생각 Thoughts : 〈악마의 생각〉*을 보라.

선교사 Missionary : 볼테르는 "악마의 선교사"로 불렸다.

선한 Good : "악마는 기쁠 때 선하다"라는 말은 파머J. S. Farmer의 〈다섯 개의 이름 없는 희곡 Five Anonymous Plays〉(1908)에 나온다. 이 표현에는 이중적 의미가 있다. '모든 일이 잘 풀려 나가면 악마는 자기 목적을 (그것이 아무리 사악하더라도) 달성하는 중이다.' '일이 잘 풀려 나가서 기쁠 때에는 심지어 악마와 같은 존재도 선하다.' (곧, 진짜로 사악한 일에 참여하지 않는다.)

섬 Island : "악마의 섬"은 프랑스령 기아나 연안에서 떨어진 작은 세 개의 섬들 중 하나의 이름으로, 원래는 프랑스의 유형 식민지였다. 킬라니의 토크 호수에도 악마의 섬이 있다.

성서 Bible : 아래의 '책'을 보라.

성수 Holy water : "악마가 성수를 사랑하는 것처럼" 사랑한다는 표현은, 악마를 몰아내는 데 성수를 사용하기 때문에, 전혀 사랑하지 않는다는 뜻이 있다.

소굴 Den : "악마의 소굴"은 윌트셔 말보로Marlborough 근처의 장형분 長形墳(신석기 시대의 긴 토총) 잔해이다. 많이 복구되었지만 원래의 것은 5,000년 전 무렵 축조되었다.

소송사건 Law case : 아래의 '하얀 악마'를 보라.

소유 Own : "악마의 것=무척 어려운 것(일)"(The Devil's Own)은 제88 보병연대인 코노트 레인저스Cannaught Rangers의 한 별명이다. 1809년에서 1814년 사이에 있었던 반도전쟁 뒤에 이 연대의 용맹함을 보고 픽턴Picton 장군이 붙였던 이름 같다. 지금은 해산된 법무연대(Inns of Court Regiment)에도 똑같은 이름이 붙여졌는데, 이 연대는 주로 법률가들 중에서 모병했고 전통적으로 악마 관련 이름들을 사용했다.

손가락 Fingers : 불가사리는 때로 "악마의 손가락"이라 불린다.

수도승 Monk : 아래의 '환자'를 보라.

숟가락 Spoon : "악마와 함께 홀짝이는 사람은 긴 숟가락이 필요하다"(He how sups with the Devil needs a long spoon)라는 표현은, 어려운 상황에 있는 사람은 특별히 조심해야만 한다는 뜻이다. 초서Chaucer는 〈캔터베리 이야기

The Canterbury Tales〉에서 "그러므로 악마와 함께 먹으려면 긴 숟가락이 필요하다"라고 썼다.

신전 Temple : "악마의 신전"은 로버트 버턴이 〈우울의 해부 The Anatomy of Melancholy〉 (1621)에서 기록한 오래된 속담과 관련이 있다. "신이 신전을 가지는 곳에 악마는 예배당을 갖는다."

십이 Dozen : "악마의 십이"라고 할 때 실제 숫자는 십삼이다. 이것은 아마도, 그리스도의 열두 제자와 그리스도를 엉터리로 모방한, 열세 명의 악한들로 구성된 집회, 또는 열두 명의 마녀 또는 마술사들과 악마로 구성된 마녀집회에 대한 언급일 것이다.

악마가 돌봐줄 거야 Devil may care : 의도적으로 무모한 일을 하는 사람을 표현하기 위해 사용된다.

악마가 재촉하다 Devil drives : "악마가 재촉하면 꼭 해야 한다"(Needs must when the Devil drives)라는 구절은, 대안이 없을 때(꼭 해야 할 때)에는 하지 않을 수 없다는 뜻이다. 〈악마가 재촉할 때 When the Devil Drives〉는 비범한 탐험가이자 언어학자였던 리처드 버턴 경 Sir Richard Burton의 가장 적절한 전기 제목으로 사용되었다.

악마를 말하다 Speak of the Devil : 아래의 '악마를 이야기하다'를 보라.

악마를 이야기하다 Talk of the Devil : 원래의 표현은 "악마에 대해 말하면 악마가 진짜로 나타난다"(talk of the Devil, he's sure to appea. '호랑이도 제 말 하면 온다'는 뜻)이다. 오래된 '이름 마법'(name magic)의 유물 중 하나로, 정령숭배 마법의 중요한 요소 중 하나였다. 똑같은 표현으로 "악마의 이름을 부르면, 꼭 나타난다"(name the Devil, and he'll surely appear)가 있다.

악마를 창피하게 만들다 Shame the Devil : 악마를 창피하게 만드는 사람은 좋은 일을 하는 사람이다. "진실을 말하고 악마를 창피하게 만들라"는 자주 사용되는 구절이다.

악마에게 가라 Go to Devil : 사실 이 구절은 설명이 필요 없다. '지옥에나 가라'는 뜻이다. 그러나 영문학에는 술집들에 악마 관련 이름이 붙은 유명한 몇몇 구절이 있으며, 어떤 경우 "악마에게 가다"는 단지 특정한 술집으로 간다는 것을 의미할 뿐이다. 이런 종류의 술집 중 가장 유명한 곳은 템플 바Temple Bar에 있는 '악마의 선술집'(Devil's Tavern)으로 법률가들이 많이 찾았다.

악마의 성서 Devil's Bible : 아래의 '책'을 보라.

악마의 술집 Devil's Tavern : 위의 '악마에게 가라'를 보라.

악마의 아들 Son of the Devil : 사악하거나 잔인한 사람. 13세기 이탈리아 비첸차Vicenza 시의 악명 높은 영주 에첼리노Ezzelino는 "악마의 아들"로 불렸다.

악마의 옹호자 Devil's advocate : "악마의 옹호자"란 모든 의견 대립에서 악마를 대신해 논쟁하는 사람이지만, 때로 이 표현은 반대편 비평가를 은근히 나타내기 위해 사용된다. 역사적으로 '악마의 옹호자'(Advocatus Diaboli) 라는 법적 직함이 있었다. 이 직함은, 어떤 인물을 시성해야 한다는 '하느님의 옹호자'(Advocatus Dei)의 제안에 대해 반대 논쟁을 펴도록 교황청 재판소가 임명한 사람에게 부여한 이름이다. 새뮤얼 버틀러Samuel Butler는 〈비망록 Notebooks〉에서 이렇게 쓰고 있다. "악마를 위한 변론: 우리가 기억해야만 하는 것은, 하느님께서 모든 책을 쓰셨다고 우리가 일방적으로 듣기만 했다는 것이다."

악마의 이름을 말하다 Name the Devil : 위의 '악마를 이야기하다'를 보라.

양초 Candle : "악마에게 촛불을 켜다"는 잘못된 어떤 것을 도와준다는 뜻이다. 아랍인들은 발광 식물인 맨드레이크를 '악마의 촛불'이라 부른다고 한다. 위의 '사과'를 보라. (남근 향이 나는) 말뚝버섯은 때로 "악마의 촛대"나 "악마의 뿔" 또는 "악마의 변기"라고 불린다.

어머니 Mother : "악마의 어머니"는 갈웨이 북서쪽에 있는 해발 650미터 되는 산이다. "악마와 그의 담"에 대해서는 위의 '담'을 보라.

언덕 Humps : 악마의 언덕들은 웨스트서식스의 치체스터 북쪽 5마일 거리에 있는 (서기전 1500년경) 청동기 시대 묘지 잔해로, 종 모양의 무덤들이다.

에이프런풀 Apronful : "데빌스 에이프런풀" Devil's Apronful은 웨스트요크셔 와피데일Warfedale의 사이몬스 시트Simon's Seat 근처에 있는 한 무리의 바위에 붙여진 이름이다.

연기하다 Play : "악마를 연기하다"(To play the Devil)는 화가 났다는 뜻이다. 일부 문헌은 똑같은 구절을, '어떤 것을 완전히 엉망으로 만들다'라는 뜻으로 기록하고 있다.

오래된 악마 Old Devil : 악마는 인류와 마찬가지로 오래되었다. 릴리트*를 보라. 악마의 또 다른 이름인 '올드 스크래치'Old Scratch는 한때 튜턴족의 악마나 괴물로 사용됐던 스크라트Scrat에서 왔다고 한다. 스크라트는 사티로스Satyr를 뜻했던 스크라티Scrati와 관련이 있으며, 이 단어 또한 '올드 스크래치'의 유래이기도 하다.

옷 Livery : 악마의 옷은 검정색과 노란색으로 되어 있다고 한다. 검정색은 죽음을, 노란색은 격리를 의미한다.

옹호자 Advocate : 위의 '악마의 옹호자'를 보라.

왕국 Kingdom : 밀물과 썰물 사이에 뻗은 해변이나 바위들을 "악마의 왕국"이라고 부르는 사람들이 있다. 몇몇 문학적 상상에서 악마의 왕국은 바로 이 세상인데, 이것은 아마도 마니교의 주기적 생존에서 유래한 개념일 것이다.

의자 Chair : 여러 악마의 의자들 중 가장 유명한 것은 저지Jersey 북서쪽 방향 플레몬트 포인트Plemont Point에 있는 바위이다.

인쇄소의 악마 Printer's devil : 인쇄소에서 인쇄하는 젊은이들에게 붙여진 이름으로, 인쇄하는 과정에서 종종 잉크를 묻히게 되기에 농담으로 이들을 "젊은 악마들"이나 "악마들"이라고 부르게 되었다. 후대에 기계가 인쇄용지 추출을 담당하면서 이 이름은 인쇄소가 채용한 젊은 심부름꾼들에게 적용되었다.

장님 Blind : "악마가 보지 못할 때"라는 구절은 '결코 그렇지 않다'를 뜻하는 익살스러운 완곡어법이다. '그리스식 초하룻날에' 지켜야 할 고대의 약속과 같은 것으로, 그리스력에는 초하루가 없으므로 결코 지키지 않겠다는 뜻이다.

재단사 Tailors : "재단사들 가운데 악마가 있다"(the Devil is among the tailors)라는 구절은 싸움이나 욕지거리를 하는 대결이 있다는 뜻이다. 이 표현은 의복 재단과 관련된 것에 기원이 있는 게 아니라, 나무로 만든 사람(재단사)들 가운데서 돌아가는 팽이(악마)에 채찍을 휘두르면서 그들을 쓰러뜨리는 게임에서 유래한 듯하다. 1830년에 실제로 있었던 재단사들의 봉기에서 이 말의 기원을 찾는 사람들이 있으나, 이 표현은 그보다 더 오래되었다.

재촉하다 Drives : 위의 '악마가 재촉하다'와 〈악마의 생각〉*을 보라.

점프스 Jumps : "악마의 점프스"(Devil's Jumps)는 웨스트서식스 미드허스트의 남서쪽 4마일 거리에 있는 (서기전 1500년경) 청동기 시대 무덤들에 붙여진 이름이다. 직경 35미터 정도에 이르는 종 모양의 큰 무덤 다섯 개로 이루어져 있다.

주기도문(우리아버지) Paternoster : "악마의 주기도문(우리아버지)을 바치다"(to say the Devil's paternoster)는 악마의 기도를 한다는 의미로, 문자 그대로 '우리 아버지'(pater noster)가 아니라 악마에게 기도를 바친다는 뜻이다. 이러한 기도는 보통 거꾸로, 언어상 반대 방향으로 드렸다. 그러나 이 구절은 일반적으로, 건설적이고 긍정적인 상황에서 부정적인 삶의 관점을 조장하는 사람에게 불평하는 의미를 담고 있다.

지불 Pay : "악마에게 바로 지불해야 한다"(The very Devil to pay)는 혼란스럽고 어려운 상황을 의미한다. 그러나 준비되지 않은 상태를 가리키는 구절, "악마에게 지불할 뜨거운 피치가 없다"(the devil to pay and no pitch hot)는 조선술造船術 용어에서 유래했다고 한다. "지불하다"는 말은 '피치로 덮다'는 뜻이고, "악마"는 '뜨거운 피치로 메워야 할, 배 외부에 생긴 틈'이다.

지점 Point : "악마의 지점"(Devil's Point)은 케언곰Cairngorms에 있는 바위이다. 애버딘셔 케언 타울Cairn Toul 산 남동쪽 끝 봉우리의 이름이기도 하다.

지팡이 Sticks : 〈두 지팡이를 짚은 악마 The Devil on Two Sticks〉(1768)는 새뮤얼 풋Samuel Foote이 당시 의료 행위를 풍자한 익살극이다. 이 구절은 오래된 디아볼로 게임에서 유래하는데, 이 게임의 경기자는 "악마"라고 불리는 팽이 두 개를 막대에 매달고 그것의 도움을 받아 똑바로 선 "인간들"을 쓰러뜨린다. 〈영국의 두 지팡이를 짚은 악마 The Devil on Two Sticks in England〉 (1790)는 알랭 르사주의 〈절름발이 악마〉를 윌리엄 콤 William Combe이 이어 받은 것이다. 〈절름발이 악마〉는 클레오파스 잠부요 Cleofas Zambullo가 병 에서 풀어준 악마 아스모데우스를 그리고 있다. 이 악마는 클레오파스 가 그의 연인 세라피나를 얻도록 도와준다.

진리 Truth : 위의 '악마를 창피하게 만들다'를 보라.

채찍 Whip : "그루터기 주변의 악마를 채찍질하다"(To whip the Devil around the stump)라는 구절은, 대가 없이 사악한 행동의 결과를 즐긴다는 뜻으로, 부정직한 방식으로 어려움을 피하거나 교묘한 책략으로 성공을 이룬다 는 의미를 나타내는 미국식 표현법이다.

책 Books : '악마의 책' 또는 '악마의 그림책'은 일종의 카드놀이 세트다. '악마 의 성서'도 같은 것이다. 거니 베넘 Gurney Benham은 카드놀이를 "52장으로 된 성서"라는 네덜란드의 비유를 기록하고 있다. 어떤 의미에서 그리프와 르들은 악마의 책들이다.

촛대 Candlestick : 위의 '양초'를 보라.

춤 Dance : "악마의 춤을 이끌다"는 '분쟁을 일으키다', 악마적인 춤에서 '음악의 주연이 되다, 또는 춤의 주역이 되다'라는 뜻이다.

치즈링 Cheesewring : "악마의 치즈링"(Devil's Cheesewring)은 콘월 미니언스 Minions 근처 보드민 Bodmin 황무지 끝에 있는 풍화된 돌무더기를 말한다. 악마가 여기에서 치즈를 짜냈다고 한다. 다른 전설도 있는데, 이른 아침에 치즈 링을 보는 사람은 맨 위의 돌이 돌아가는 것을 볼 것이며, 그 순간에 소원 이 이루어지거나 악마가 나타날 것이라고 한다. (어느 이야기를 아느냐에 달 려 있다.)

침대 Bed : "악마의 침대와 베개"(Devil's Bed and Bolster)는 윌트셔 트로브리 지 Trowbridge 남서쪽 4마일 거리에 있으며, 원래 26미터 정도 되는 방이 있 는 무덤이다. 5,000년 정도 되었다.

침대기둥 Bedpost : "악마의 침대기둥"(Devil's Bedpost)은 트럼프 카드의 네 클럽 을 말한다. 위의 '책'을 보라.

카드 Card : "악마의 카드"는 카드 점에 사용되는 타로카드의 22패(아투atouts) 중 하나이다. 그러나 "카드는 악마의 기도서"라는 표현은 그냥 일반적인 카드를 가리킨다. 이것은 원래 독일 속담으로 카드놀이에 이런 표현을 사용했다. "Kartenspiel ist des Teufels Gebetsbuch."(카드놀이는 악마의 기도서이다.)

코담뱃갑 Snuffbox : 주머니버섯을 "악마의 코담뱃갑"이라고 부른다.

콧구멍 Nostrils : 셰틀랜드 제도 본토에 바위기둥으로 분리된 두 개의 동굴이나 자연 구조물들은 "악마의 콧구멍"이라고 알려져 있다.

팔꿈치 Elbow : "악마의 팔꿈치"는 알리트Alyth에서 브레머Braemar로 가는 도중에 그램피언스Grampians로 넘어가는 길에 있는 긴 굴곡 부분이다.

펀치볼 Punchbowl : "악마의 펀치볼"(Devil's Punchbowl)은 연영방 지역 내 몇 개의 자연적인 분지를 가리키기 위해 사용되는 용어이다. 가장 유명한 것은 와이트섬Isle of Wight에 있는 청동기 시대 원형무덤이다. 서리 해슬미어Haslemere의 하인드헤드 힐Hindhead Hill 근처에도 하나가 있고, 또 다른 것

▲ **악마의 치즈링** 보드민 황무지에 있는 악마의 치즈링은 악마와 관련된 많은 전설의 주제가 되었다.

▲ **악마카드** 19세기 오스왈드 워스가 디자인한 악마카드로 488쪽에 있는 전통적인 이미지와 비교해보면 흥미롭다. 워스는 14세기 후반 대중 신비술이 요구한 개인적인 신비 이미지를 따르는 경향이 있었다. 악마의 은밀한 부위에 있는 메르쿠리우스 기호, 이마에 있는 별 모양, 연금술과 관련된 팔에 새겨진 라틴어 등 타로와 아무런 관련이 없는 상징들이 원래의 카드 디자인에 덧붙여졌다. 악마들에게는 성별이 없다는 것을 전통이 강조하던 시기에, 남성 악마와 여성 악마를 도입함으로써 원래 악마들의 이원론을 고통스럽고 명백하게 그리고 있다.

은 사화산의 일부로 보이는 깊은 호수로, 케리 켄메어 Kenmare 동쪽 4마일
거리 맹거턴 Mangerton 산 정상 부근에 있다.

포-포스터 Four-poster : 휘스트 카드놀이에서 클럽 네 개를 쥔 이를 '포-포스터'
라고 한다. 위의 '침대기둥'을 보라.

푸른 바다 Blue sea : "악마와 깊고 푸른 바다 사이"라는 말은 대략 '똑같이 나
쁜 두 가지 중에서'라는 뜻이다. 이 말의 기원은 모호하지만, 브루어는
루가복음 8장 26~34절을 암시한다고 한다.

풀무 Bellows : "악마의 풀무"(Devil's Bellows)는 콘월, 리자드헤드 Lizard Head 앞바
다의 아스파라거스 섬 근처에 있는 깊은 바위틈에 붙은 이름이다. 위의
'목구멍'을 보라.

프라이팬 Frying Pan : "악마의 프라이팬"은 콘월 캄본 Camborne 남쪽에 있는 선
사 시대의 매장용 방이다. 원래 (서기전 3000년경) 흙으로 덮여 있었던 무덤
이었고, 곧게 뻗은 세 돌 위에 관석冠石이 있다. 때로 '거인의 고리'(Giant's
Quoit), 또는 '악마의 고리'(Devil's Quoit)라고도 한다.

하얀 악마 White Devil : 하얀 악마는, 16세기 말엽 이탈리아의 여자 살인자
인, 브라치아노 Brachiano 공작의 배우자 비토리아 코롬보나 Vittoria Corombona
에게 붙여진 이름이다. 존 웹스터 John Webster는 1608년 〈하얀 악마 The
White Divel〉라는 제목으로 이 여성의 술수와 살인사건들과 죽음을 극화
했다(1612년 출간). 스칸더벡 George Kastrioti Skanderbeg(1403~1467)은 왈라키
아 Wallachia의 하얀 악마라고 불린 오스만제국에 맞서 싸운 알바니아의
독립 영웅이다.

행운 Luck : "악마의 행운"이란 엄청나게 운이 좋은 것을 뜻한다.

협곡 Glen : 악마의 협곡은 위클로의 라트뉴 Rathnew 북서쪽 4마일 지점에 있는
계곡으로 바트리 Vartry 강에서 발원하는 폭포가 있다. 아길셔 Argyllshire에
도 악마의 협곡이 있다.

화살 Arrows : "악마의 화살"(Devil's Arrows)은 요크셔 보로브리지 Broughbridge의
서남쪽에 나란히 서 있는 세 바위로, 가장 큰 것은 6미터 70센티미터 정
도이다.

악마 관련 속담 Devil proverbs
인용문* 항목을 보라.

악마 교점(交點) Demonic points
교점*을 보라.

악마 알파벳 Demonic alphabet
악마의 알파벳*을 보라.

악마 연구 Demonography
악마학*을 보라.

악마 연구 저술가 Demonographer
악마학*을 보라.

악마 지배 Demonocracy
악마들의 지배. 위계*를 보라.

악마가 돌봐줄 거야 Devil may care
악마 관련 구절*을 보라.

악마는 멍청이 The Devil is an ass
극작가 벤 존슨Ben Jonson은 1616년 자신의 희곡 제목으로 이 오래된 속담을 사용했다. 이 희곡은 지상에서 아내를 취했으나 결혼 생활을 좋아하지 않아서 편안한 지옥으로 되돌아갔다는 중세의 악마에 대한 이야기를 넣은 것이다. 마키아벨리와 지오반니 브레비오Giovanni Brevio도 같은 주제를 사용했다.

악마들의 거짓 군주국 Pseudomonarchia Daemonum
그리므와르* 계열의 문서 제목 중 하나로, 웨이트*는 이 책을 편집한 이를 "아그리파*의 제자였으며 냉소적인 회의론자"라고 묘사한다. 내용은 주로 〈레메게톤〉*의 초기 판본에서 발췌한 것이다.

악마망상 Demonomania
데모노마니아*를 보라.

악마숭배자 Demonolater
악마들의 숭배자이지만, 데모노마니아(악마망상)* 항목과 데모노미스트* 항목을 보라. 악마숭배는 때로 데모노미*라고 불린다.

악마에게 가라 Go to Devil
악마 관련 구절*을 보라.

악마왕자 Demon Prince
아스모데우스*의 별칭이다.

악마의 계급 Demonic Hierarchy
위계*를 보라.

악마의 그림책 Devil's picture book
일반적인 놀이 카드 꾸러미에 붙여진 이름이나, 어떤 이들은 타로카드의 주요 패들을 이렇게 부른다.

악마의 기호 Sigillum diaboli
악마의 표시*를 보라.

악마의 달력 Almanach du Diable
지옥에서 간행되었다는 옛 형식의 1737/38년 달력이지만, 실제로는 반얀세니즘Anti-Jansenism 문헌으로 한 철물상이 디종Dijon에서 썼다고 한다.

악마의 돌 Demon stones
돌*을 보라.

악마의 몽둥이 Fustis Daemonum
〈악마의 채찍〉*을 보라.

악마의 별 Demon Star
알골*을 보라.

악마의 부적 Demonic amulets
사악한 눈*과 돌*을 보라.

악마의 산책 The Devil's Walk
셸리의 시 〈악마의 산책〉은 한 면에만 인쇄하는 대판지로 1812년 출판되었다. 〈악마의 생각〉*을 보라. 셸리는 악마가 당시 세계를 멋지게 걸어 다니는 것을 상상한다.

> 오! 지옥의 아버지는 왜 그토록 기쁘게 웃는가,
>
> 입을 크게 벌린 채로.
>
> 왜 그는 기쁘게 옷을 벗는가,
>
> 가볍게 뛰면서 의기양양하게 나아가고 날개를 푸드덕거리면서,
>
> 다가가고 곁눈질하고 독침을 돌리면서……

　셸리는 악마의 이름을 베엘제붑*이라 붙이며, 외출복을 입고, 신발에 발굽을

감추고, 마수를 장갑으로 덮고, 뿔을 삼각모에 숨기고, 멋진 모습으로 산책하는 모습을 그리고 있다. 이 시의 4행, 29행, 30행이 인용문* 항목에 있다.

악마의 생각 The Devil's Thoughts

〈악마의 생각〉은 사무엘 콜리지Samuel Taylor Coleridge(1772~1834)와 로버트 사우디Robert Southey(1774~1843)가 쓴 '초자연적 그로테스크' 양식의 익살적인 풍자시이다. 여기에서 악마는 사람들 사이를 걸으며 그들의 작은 결점들을 관찰한다. 이 시는 낭만주의적 개념에 큰 영향을 끼쳤으며 바이런 경Lord Byron의 〈악마의 드라이브 Devil Drive〉와 셸리의 〈악마의 산책〉* 등의 주제도 여기에서 온 것이다. 이 시의 몇 구절은 기록할 만한 가치가 있다.

> 그의 웃옷은 빨간색이었고 그의 궁둥이는 파란색이었네,
> 그리고 꼬리가 나온 구멍이 하나 있었지……
> (II. 11~12)

> 강 아래로 활주했네, 바람과 함께 조류와 함께,
> 엄청나게 민첩한 한 마리 돼지
> 그리고 악마는 현명해 보였어, 그것이 어떻게 자신의 목을 자르는지 보았을 때.
> "거기!" 그는 웃으면서 말했네, "영국에 있는 돈벌이 번성하는 곳으로 가라."

> 콜드-바스 들판을 지나갈 때, 그는 외로운 독방을 보았네
> 그리고 악마는 기뻤지, 지옥에 있는 그의 감옥들이 늘어날 것이라는 암시를 받았기 때문에.
> (II. 29~37)

인용문* 항목을 보라.

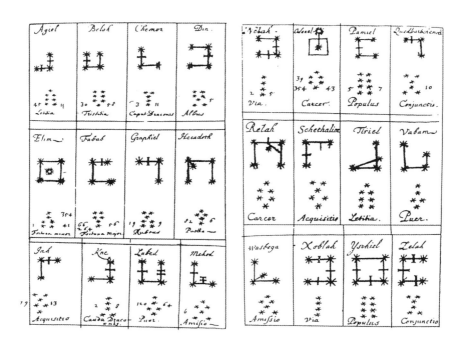

▲ '천사들의 알파벳' 또는 '천상의 문자'는 그리므와르 마법서와 천사 마법서에 자주 나온다. 가운데 그림은 문자 형태를 나타내고 상단의 이름은 문자 이름과 대응하지만, 악마적 또는 마법적 단어들이기도 하다. 직사각형 안 밑에 있는 그림들은 흙으로 보는 점의 형상이다.

악마의 알파벳 Alphabet of demons

일부 그리므와르*와 악마의 텍스트들은 악마들 및 악마적 기호*와 관련된 은밀한 알파벳을 간직해왔다. 이들 중 '지니의 알파벳'(Alphabet of Genii. 때로 천상 언어의 알파벳이라 불린다)이 가장 널리 사용된다. 알파벳 목록과 관련된 전승 및 원고에 따라서 악마들의 이름은 다양하지만 에녹 계열의 알파벳은 다음과 같다.

Agiel 아기엘   Belah 벨라

Chemor 케모르   Din 딘

Elim 엘림   Fabas 파바스

Graphiel 그라피엘	Hecadoth 헤카도트
Iah 이아	Kne 크네
Labed 라베드	Mehod 메호드
Nebak 네바크	Odonel 오도넬
Pamiel 파미엘	Quedbaschemod 케드바스케모드
Relah 렐라	Schethalim 스케탈림
Tiriel 티리엘	Vabam 바밤
Wasboga 와스보가	Xoblah 소블라
Yshiel 이쉬엘	Zelah 젤라

악마의 열매 Demon fruit
말룸*을 보라.

악마의 옹호자 Devil's advocate
악마 관련 구절*을 보라.

악마의 채찍 Flagellum Daemonum
히에로니무스 멩이 쓴 〈악마의 몽둥이〉*와 〈악마의 채찍〉은 가톨릭교회의 중
요한 구마 문헌인 〈끔찍한 구마와 소환의 보고〉에 통합되었다.

악마의 표시 Devil's mark
중세 후기 요술이 유행하던 시기에, 마녀가 악마와 계약*에 동의하면 악마는
마녀에게 특별한 표시, 곧 악마의 흔적*이나 악마의 기호*를 남겨준다고 믿었
다. 이 표시는 악마의 갈퀴손으로 낙인을 찍는 것에서 할퀸 상처를 내는 것까
지 다양한 방식으로 새겨졌다고 한다. 일부 "권위자들"에 따르면, 산토끼나
작은 악마의 형태, 또는 악마의 발굽을 남겼다고 한다. 그러나 기록이 보여주
는 확실한 사실은, 평범한 사마귀나 피부의 결함이 악마의 표시로 자유롭게
해석되었다는 점이다. 마녀들이 계약을 했다는 증거를 찾는 이들이 이러한 흔

적들을 자주 이용했고, 피부에 이런 결점을 지녔던 많은 여성들이 화형을 당했다. 악마의 표시와 종종 혼동되는 마녀의 표시는 원래 여분의 젖꼭지나 유방으로, 작은 악마가 여기에서 마녀의 젖이나 피를 빨았다고 여겼다.

악마의 회문 Devil's palindrome
악마가 나오는 유일한 영어 회문回文(거꾸로 읽어도 같은 말)은 DEVIL-LIVED이다. 이것은 영어의 가장 긴 회문 "Dog as a devil deified-deified lived as a god"(악마로 숭배받은 개는 신처럼 숭배받으며 살았다)의 다른 버전이다.

악마의 흔적 Stigmata diaboli
악마의 표시*를 보라.

악마학 Demonology(1)
악마들과 악마들에 대한 믿음을 연구하고 분류하고 묘사한 것을 다루는 신비술 과학의 한 분야. 간략한 역사적 연구에 대해서는 서문을 보라. 악마 연구 저술가*는 악마 연구 문헌*과 같은 연구들에 대해 글을 쓰는 사람이며, 특별한 악마들과 관련된 마술은 악마학의 지류이다. 악마숭배자*, 〈악마학〉*, 데모노만시*, 데모노마니아(악마망상)* 등을 보라.

악마학 Demonology(2)
스코틀랜드 왕 제임스 6세(뒷날 스코틀랜드와 잉글랜드 연합의 제임스 1세가 되었다)의 〈악마학〉은 1597년 에든버러에서 출판되었고, 일반적으로 레지널드 스코트*의 책 〈마술의 발견〉(1584)과 몇몇 회의론자들의 견해를 논박하기 위한 것으로 알려져 있다. 그러나 제임스는 1597년 훨씬 이전부터 스코틀랜드 요술에 관심을 가지고 있었다. 그는 이 모호한 영역에서 탄압자로 유명했고(그 자신이 마녀를 고문했던 것으로 보인다) 이 주제와 관련된 자신의 생각을 정리했다. 유명한 그의 저작 안에서 판단해보자면, 그의 생각이 독창적인 것은 아니었다. 말로 하는 설득에 실패했을 때에는 왕권에 의존했고, 잉글랜드 왕이 되자 레지널드 스코트의 저서를 전부 파기하고 대신에 자신의 책을 런던 판으로 출간했다. 그의 〈악마학〉은 악마에 대한 연구라기보다는 요술에 대한 비방에 더 가까웠으나, 책의 제목은 여전히 유효하다. 그 자신의 말을 빌리면, 그는 "하느님을 거부하고 자기 자신을 악마에게 완전히 양도한 이들을 마녀라고 부른다." 사악한 지향이나 마녀들의 행위라고 여겨지는 것보다 악마와의 계약*을 강조하는 이러한 감정 자체가 영국에서 새로운 것은 아니었지만, 독일과 프랑스의 마녀 재판에서는 언제나 법적 중요성을 차지했었다. 그러므로 마녀와 관련된 유럽 대륙의 취향이 영국 법정으로 도입된 것은 제임스 때문인 것처럼 보인다. 그의 〈악마학〉은 (저자) 에피스테몬Epistemon과 필로마테스Philomathes 사이에 이루어지는 대화의 형태를 띠고 있으며, 외양만 논리적인 가면을 쓰고 있을 뿐 문학적 가치는 없다.

악마화하다 Demonize
악마로 만들거나 악마의 형상으로 묘사하는 것.

악몽(나이트매어) Nightmare
영*을 뜻하는 고대 영어 매어mare에서 나이트매어의 뒷부분이 유래했고, 나중에는 수쿠부스*를 의미하게 되었다. 매어*를 보라. 나이트매어가 끔찍한 꿈이라는 현대적 인식은, 때로 밤의 마녀*라고 불리던 나이트매어가 실제로는 (꿈꾸는 자의 성性에 따라서 바뀌는) 수쿠부스*나 인쿠부스*였다는 관념에서 나왔다. 인쿠부스*나 수쿠부스*는 잠자는 이의 가슴에 앉아서 그런 꿈을 유도했다고 한다. 나이트매어라는 단어의 뒷부분은 또한 암말을 지칭했기 때문에, 이 단어의 어원이 자주 오해되기도 했다. 이러한 오해는 악마적 말, 또는 악마적 기수騎手라는 나이트매어의 이미지를 낳았다.

악테로르 Acteror
그리므와르* 전승의 악마들 중 하나이다.

안네도투스 Annedotus

때로 어떤 악마의 이름이라고 하지만, 실제로는 그리스인들이 칼데아의 전설에 나오는 영적인 용물고기(dragon-fish)나 물고기인간(men-fish)에 붙인 이름으로, 그중 오안네스Oannes가 널리 알려졌다.

안네베르크 Anneberg

독일 광산鑛山의 악마에게 붙여진 이름이다. 공포스러운 눈을 가진 말(horse)로 표현된다.

안눈 Annwn

켈트 신화에서 악마 아라운*이 지배하는 지하세계의 이름이다.

안드라멜렉 Andramelech

아시리아의 악마로 보통 아나멜렉*과 짝을 이룬다고 알려져 있다. 태양과 관련이 있다.

안드라스 Andras

천사의 몸에 까마귀 머리를 한 마르키스(악마 후작)*이다. 큰 늑대를 타고 칼을 지닌 모습으로 나타나며 철저하게 파괴적이라고 한다. 솔로몬의 일흔두 영 중 하나이다.

안드레알푸스 Andrealphus

지옥의 마르키스(악마 후작)* 중 하나로 공작孔雀의 모습으로 나타난다. 수학과 기하학의 비밀을 알려준다고 하지만, 사람들을 새의 형상으로 바꾸어놓기도 한다. 솔로몬의 일흔두 영 중 하나이다.

안드로말리우스 Andromalius

〈레메게톤〉*의 악마 공작公爵들 중 하나로 소환되면 손에 뱀을 잡은 인간의 모습으로 나타난다고 한다. 잃어버린 물건을 찾거나 도둑의 정체를 드러내고 밀거래와 숨겨진 보물을 밝혀내기 위해서 안드로말리우스를 불러낸다.

안드바리 Andvari
북유럽 신화에 나오는 마법의 반지 드라우프니르Draupnir와 투명옷 타른카페 Tarnkappe의 수호자이다. 〈니벨룽겐의 반지〉에서는 알베리히Alberich라고 불린다.

안시티프 Ansitif
1643년 루비에Louviers의 수녀들에게 들렸던 것으로 추정되는 악마들 중 하나이다. 상세한 내용은 참고문헌에 수록한 로빈스의 저작을 보라.

안테노라 Antenora
지옥의 영역으로, 단테*가 묘사한 지옥 제9원 제2구역이다. (지옥*의 [표 21]을 보라.) 안테노라라는 이름은 자기 도시를 배반했던 것으로 여겨지는 트로이의 장로 안테노르Antenor에서 유래했을 것이다.

안티파테스 Antiphates
돌*을 보라.

안호른 Anhorn
바르톨로마우스 안호른Bartholomaus Anhorn. 17세기 군소 악마학자들 중 한 사람으로 〈마술학 Magiologia〉(1674)을 저술했다.

알골 Algol
이 이름은 메두사 별자리의 머리에 있는 한 쌍의 별을 의미하는 아라비아어 알굴Al Ghul에서 유래했다. (라스 알 굴Ra's al Ghul은 '악마의 머리'를 뜻한다.) 고르곤*을 보라. 점성가들은 이 별에 불길한 성질이 있다고 여긴다. 실제로 어떤 이들은 하늘에서 가장 사악한 별로 보았다. 알골은 때로 악마의 별로 불리며, 히브리 점성가들은 '로쉬 하 사탄'(사탄의 머리)으로, 때로는 릴리트*라고 부른다.

알디나크 Aldinach

폭풍우와 우박과 지진의 힘을 지배하고 배를 난파시키는 악마라고 한다. 대중 서적들에는 이집트의 악마라고 나와 있지만 이에 대한 증거는 거의 없다.

알라스토르 Alastor

바이어*에 따르면 지옥의 우두머리 사형 집행자이다. 그러나 이 이름 자체는 고전적이다. 왜냐하면 제우스가 때로 복수자의 역할을 할 때 이 이름으로 불렸기 때문이다. 게다가 복수하는 영의 종족도 알라스토르라 불렸는데, 아마도 넬레우스Neleus의 아들인 알라스토르에 대한 신화적 이야기와 연결되었기 때문일 것이다. 알라스토르는 근친상간의 욕망을 지닌 장인에게 새 신부를 뺏겼다. 그녀는 오빠를 죽이고 그의 살을 요리하여 자기 아버지에게 제공함으로써 복수를 했다. 그녀는 죽어서 악마와 같은 밤의 새(칼키스)가 되었다고 한다. 후대 그리스의 복수하는 알라스토르는 비록 여전히 악마와 같은 모습을 하고 있지만, 맹목적인 복수를 의미하는 네메시스*가 된 것 같다. 로마 시대에는 이 악마의 힘이 의식적으로 작용한다고 여겨서, 한층 더 일반적 의미를 가지게 되었다. 예를 들어, 키케로가 아우구스투스에 붙어서 따라다니는 알라스토르가 될지 모른다는 생각에 자살을 고려했다는 유명한 이야기가 있다. 그러나 셸리의 시 〈알라스토르, 고독의 영 Alastor, or the Spirit of Solitude〉은 그리스 신화와 관계가 별로 없다. 이것은 낭만화되고 극화된 자전적 시이며, 셸리 자신의 머리말에서 복수하는 악마와의 미약한 관련을 볼 수 있다. "재빠르게 망가뜨리려고 그의 뒤를 쫓는, 저항할 수 없는 뜨거운 진노가 시인의 자기중심적 은둔에 복수했다."

알라투 Allatu

일부 악마학에서 지하세계의 악마 여왕으로 나오며, 때로 바빌로니아 지옥 아랄루*의 악마 여왕 에레쉬키겔*과 혼동한다. (이슈타르*를 보라.) 이슬람교 이전

판테온에서는 알라Allah의 여성 상대자에게 붙여진 이름이다.

알렉토 Alecto

그리스 신화에 등장하는 세 복수의 여신 중 하나이다. 머리카락이 꼬여 있는 뱀들로 이루어져 있다. 고르곤*을 보라. 때로 알렉토와 잘못 연결되는 '알렉토리아의 돌'(alectorian stone)은 사실 '알렉토만시'(수탉으로 치는 점)와 같은 뿌리에서 나왔다. 부적(호부)을 만드는 사람들이 사용했다는 이 돌은 수탉의 위장에 있다고 한다. 부적*이나 호부護符를 지니고 있으면 힘과 용기와 부를 가져오지만 악마를 쫓아내는 것은 아니다. 사악한 눈*을 보라.

알로이엔 Alloien

알로켄*을 보라.

알로케르 Allocer / Alcoer

〈레메게톤〉*에서 사용된 알로켄*의 다른 이름이다. 솔로몬의 일흔두 영 중 하나이다. 알로켄*을 보라.

알로켄 Allocen

때로 알로케르*나 알로이엔*이라 불린다. 악마 공작(duke) 중 하나로, 말을 탄 전사의 모습으로 나타나며, 붉은 사자 머리에 불로 된 눈을 가지고 있다. 점성학과 교양 과목을 가르쳤다고 하는 바이어*가 지옥의 대공大公이라고 한 알로케르Alocer와 동일한 악마인 것이 거의 확실하다. 솔로몬의 일흔두 영 중 하나이다.

알루네스 Alrunes

때로 알루나의 아내들이라 불린다. 고대 게르만 전설에서는 가족의 여신에게 붙여진 이름이었으나 후대에 악마로 격하되었다. 가끔 나무로 만든 아이 인형들에도 똑같은 이름을 부여했는데, 위험에 빠질 때 소리를 지르는 힘을 얻거나 미래를 예언하기 위한 것으로 보인다.

알루데몬 Alu-demon
셈족계 악마의 이름으로, 악마가 여성에게 낳게 만들었다 한다.

알리미엘 Alimiel
〈알마델〉*에 따르면 제1고도의 영적 존재들 중 하나로, 모든 것을 풍요롭게 한다.

알리키노 Alichino
단테*의 〈신곡〉에서 갈퀴를 휘두르는 악마들 중 하나로, 직책을 더럽힌 자들을 끓는 역청에 빠뜨리는 일을 한다. (지옥을 보라.) 알리키노는 동료 악마들과 싸운다. (단테가 지옥의 완전한 혼돈과 내적 불화를 반영하기 위해 사용한 문학적 장치이다.) 그의 이름은 '유혹하는 자'라는 뜻이라고 한다. 단테의 악마들*을 보라.

알마델 Almadel
그리므와르* 형태의 책으로, 밀랍으로 만든 상像들을 전하고 있다. 이 상들은 기본 방위의 '천사들'을 불러내고 높은 네 곳(Altitudes)을 다스리는 '사방의 영적 존재들'(Intelligencies of the Quarters)을 부를 때 사용한다.

알베르트 Albert
그리므와르* 유형의 마법서로 여러 제목으로 신비술 문학에 들어왔다. 이것들은 모두 토마스 아퀴나스Thomas Aquinas의 선생이자 볼슈타트Bollstadt의 백작이었던 위대한 신학자 알베르투스 마그누스Albertus Magnus(1193~1280)의 거짓 저작임을 반영하는 위작들이다.

　'알베르투스의 작은 책'이거나 '알베르투스의 빛의 작은 책'을 의미할 수 있는, 〈알베르투스 파르부스 루키 리벨루스 Albertus Parvus Lucii Libellus〉라는 부정확한 라틴어로 된 이 책의 제목은 "비밀의 알베르트" "알베르트의 비밀들" 등으로 바뀌어 유포되었다. 내용은 낮은 질서에 대한 것, 그리고 어떤 영들의 소환* 및 주문 제조법 등과 관련이 있다.

알베리히 Alberich

북유럽 신화에 나오는 난쟁이들의 왕의 개인적 이름으로, 바그너의 오페라 〈니벨룽겐의 반지〉에서 에시르 족의 마법 반지인 드라우프니르를 지키는 수호자로 대중에게 알려졌다. 때로 악마의 왕으로 잘못 불려진다. 안드바리*를 보라.

알파르 Alfar

북유럽 신화에 나오는 난쟁이 계급의 일반 명칭 중 하나이다. 'elf'(난쟁이)라는 단어는 이 이름으로부터 유래해서 고대 영어 'aelf'를 거쳤을 가능성이 있다. 엘프* 항목에 있는 튜턴어 어원을 보라.

알파리자 Alphariza

〈알마델〉*에 따르면 제2고도의 영적 존재들 중 하나로, 모든 것을 풍요롭게 한다.

알폰수스 데 스피나 Alphonsus de Spina

알폰수스 데 스피나(1491년 사망)는 프란치스코 수도회 수도자들의 영향으로 유대교에서 개종한 악마학자로, 요술의 문제를 논의하기 위해 처음으로 인쇄된 책을 저술했다.

그는 열 종류의 다른 악마들을 묘사하는데, 운명의 세 여신(파테스)*, 폴터가이스트*, 인쿠부스*와 수쿠부스*, 행군하는 무리(marching hosts), 악몽*, 정액악마(semen demons), 사기치는 것들(deceptions), 깨끗한 악마들(clean demons), 브룩사이 악마*라고 불리는 것들 등이다. 스피나는 현대의 신비술 저작에서 천사들 중 3분의 1이 타락했으며 그 정확한 숫자가 133,306,668이라는 의견을 제시한 작가로 자주 인용된다. 표준적인 수비학數祕學에 따르면 이 숫자는 9로 축소되며, 천사와 악마들에게도 아홉 계급이 있다는 생각은 우연의 일치일 수 있다. 위계*를 보라. 알폰수스 스파나는 가끔씩 바르톨로메오 스피나*와 혼동되기도 한다.

알푼 Alphun
〈눅테메론〉*에 나오는 여덟 번째 시간의 악마들 중 하나로, 비둘기들의 귀신이다.

알피엘 Alpiel
탈무드에서 과일나무들의 수호신으로 언급되는 천사의 이름이므로, 정령의 한 종류이다. 엘레멘타리*를 보라. 알피엘을 악마라고 하는 사람들이 있으나 이에 대한 증거는 없다.

알호니엘 Alhoniel
28수를 지배하는 악마들 중 하나이다. 점성술의 악마*를 보라.

암네디엘 Amnediel
에녹계 악마들* 가운데서, 28수를 지배하는 악마들 중 하나이다.

암닉시엘 Amnixiel
에녹계 악마들* 가운데서, 28수를 지배하는 악마들 중 하나이다.

암두스키아스 Amduscias
때로 암부스키아스Ambuscias라 불리며, 지옥의 공작들 중 하나로 유니콘의 형상으로 나타난다. 오케스트라 없이 달콤한 음악을 연주할 수 있고 마술사들에게 친구들을 준다. 솔로몬의 일흔두 영 중 하나이다.

암브리엘 Ambriel

아그리파*가 쌍둥이자리의 지배자라고 한 황도대의 영 또는 악마의 이름이다. 에녹계 악마들* 중 하나이다.

압둑수엘 Abduxuel

에녹계 악마들* 가운데서, 28수를 지배하는 악마들 중 하나이다.

압디엘 Abdiel

종을 뜻하는 아랍어 압드abd에서 유래한 이름이라고 하며, 하느님의 종이나 하인인 악마의 이름으로 사용되었다. 밀턴*의 〈실낙원〉에서 압디엘은 사탄*이 획책하는 반란에 반대하여 하느님께 충성하는 세라핌 중 하나이다. 밀턴의 악마들*을 보라.

압룰게스 Abrulges

그리므와르* 전승의 악마들 중 하나이다.

앗두 Addu

아다드*를 보라.

앗주카스 Adjuchas

〈눅테메론〉*에 나오는 열한 번째 시간의 신들 중 하나로, 바위들의 귀신이다.

앙그라 마이누 Angra Mainu

초기 조로아스터교에서 아흐리만*을 일컫는 이름 중 하나이다.

애드버서리(악마) Adversary

근대의 신비술에서는 악마왕 아흐리만*을 일컫는 이름 중 하나이다. 사실 블라바츠키*가 지적한 대로 히브리어 사탄*은 '악마'를 의미하며, 해롭게 하다,

괴롭히다 등을 의미하는 동사 샤타나shatana에서 왔다. 이것은 아흐리만과 사탄이 동일한 하나임을 뜻하는 말일 수 있다. 아흐리만은 조로아스터교 분파의 악마학에 속하며, 사탄은 히브리계에 속한다. 악마*를 보라.

야크샤 Yakshas

인도의 대중 신학에 나오는 악마의 한 종류이다. 블라바츠키*는 〈비밀 교리〉(2권, 165쪽)에서 이렇게 밝히고 있다. 브라흐마Brahma가 악마들을 창조했을 때 야크샤*('먹다'를 뜻하는 '야크쉬yaksh'에서 유래)들은 자기들의 창조자를 먹어치우려고 했다. 그들 중에서 "그를 보호하자"고 소리를 지른 이들을 라크샤사*(보호자들)라고 불렀다. 블라바츠키는 이 특별한 악마학적 신화의 각주를 비교秘敎의 입문 전승과 관련된 비교적 이야기로 여기지만, 야크샤와 라크샤를 모두 요기들yogis로 이해하고 있다. 그리고 이 요기들은 무지의 어둠을 쫓아낼 필요가 있다고 생각하면서도 성스런 진리를 신성모독으로부터 보호할 필요가 있다고 보는 이들이라고 한다.

야흐리야흐 Yah-li-Yah

스코트*가 언급한 선한 악마 일곱 중 하나이다. 소환*을 보라.

양초 Candle

악마의 양초에 대해서는 악마 관련 구절* 항목에 있는 '양초'를 보라.

어둠의 군주 Prince of Darkness

아흐리만*의 여러 이름 중 하나이다. 슈타이너*를 보라.

어둠의 책 The Book of Shadows

〈마녀들의 복음서〉*를 보라.

언덕 Humps
악마 관련 구절*을 보라.

에기비엘 Egibiel
에녹계 악마들* 하나로, 28수를 지배하는 악마이다.

에긴 Egyn
에녹계 악마들* 중 북쪽의 악마왕이다. 네 방향의 악마*를 보라.

에김 Egim
체코 다스콜리*를 보라.

에네디엘 Enediel
에녹계 악마들*의 하나로, 28수를 지배하는 악마이다.

에네르구메누스 Energumenus
빙의*를 보라.

에녹계 악마들 Enochian demons
두 집단의 주요 에녹계 악마들*이 있다. 첫 번째 부류는, 그리스도 탄생 이전 세기에 집필되어 소수의 사본만 남아 있는 묵시록 〈에녹서〉에서 직접 유래했다. 에녹계 문헌의 그리스어 단편들은 신켈루스Syncellus의 저작에 보존되어 있으나, 후대에 에티오피아어와 슬라브어 판본들도 발견되었고 이들은 후대의 전승과 신앙체계에 속한 것으로 보인다. 이른 시기의 목록이 진짜 에녹계이고 후대의 것은 위僞-에녹계 문헌이라고 할 수 있으나, 둘 다 현대 악마학을 소개하고 있다.

초기 그리스도교 교회에서 높게 평가된 것으로 보이는 첫 번째 에녹계 문헌은 3세기 말엽에 이르러 인기가 시들해졌다. 12세기에 알렉산더 넥캄Alexander

Neckam과 그와 동시대인이었던 힐데가르트 폰 빙엔Hildegard von Bingen은 타락한 천사들에 대한 에녹계 문헌의 관점을 잘 알고 있어서 그것들을 인용하거나 사용했다. 첫 번째 부류의 에녹계 문헌은, 문명을 소개하기 위하여 지구로 "타락"하는 데 동의한 천사들에 대해 충분히 설명하고 있다. 이러한 천사들은 무척 많지만, 최고 지도자 사미야사*와 함께 이름이 남아 있는 지도자들은 아키벨*, 아마자라크*, 아나네*, 아리지알*, 아르메르스*, 아사엘Asael, 아자라델*, 아지벨*, 아즈켈*, 바르카얄*, 바트라알*, 다넬*, 에르트라엘*, 조미아엘*, 라무엘*, 사메벨*, 사라쿠얄*, 타미엘*, 투리엘*, 우라카바라밀*, 자베베* 등이다. 이 이름들과 현대의 비교秘敎적 연관성에 대해서는 이스킨*을 보라.

두 번째 부류의 에녹계 악마들은 때로 〈에녹서〉에서 유래했다고도 하지만, 이들의 목록은 이 책이 알려지지 않았을 때 작성되었다. (초기 교부들에게 알려졌던 에티오피아어 판본은 1838년까지 발견되지 않았고 번역되지 않았다.) 이들은 거짓 이름이거나, 그렇지 않다면 거짓 악마들의 집단인 것이 확실하다. 위-에녹계 문헌은, 존 디*와 그의 동료의 저술 및 엘리파 레비*의 낭만적 악마학에 대한 관심이 증가하면서 최근에야 되살아났다. 그러나 점성가이자 대학자였던 헤르메스Hermes에 비길 만한 명성을 누렸던 에녹의 이름을 중심으로 분류되었다고 한다. 린 손다이크가 지적하듯이, 에녹이 365년을 살았다는 창세기의 보고는 그가 태양력의 1년 및 별들과 관련이 있음을 보여준다. 그래서 에녹은, 헤르메스가 비교 전승에서 얻었던 명성과 똑같은 명성을 악마학 전승에서 얻을 수 있었던 것이다.

타락한 천사들에 대한 에녹계 문헌의 일반적인 관점은 적어도 하나의 중요한 비교秘敎적 인식을 담고 있다. 곧, 그들 중 몇이(몇몇 문헌에서는 200으로 나와 있다) 인간 여성에 대한 욕정이 타올라 그들을 아내로 취했다는 것이다. 인간은 이들과의 교섭을 통해서 많은 문명의 기술을 배웠다고 한다. 솔로몬의 〈레메게톤〉*과 같은 문헌에 남아 있는 악마들의 "기술"과 "능력" 중 많은 것들이 이러한 고대 전승에서 유래한 단편적인 개념들이다.

에녹계 악마들*의 이름은 다양하지만, 애덤 맥린이 기록한 이름들은 부분적으로는 〈엔키리디온〉(편람)* 목록(솔로몬의 영*)에 영향을 준 문헌에서 유래하며,

일부는 다양한 올림피아의 영* 목록에서, 그리고 다른 일부는 영어권의 대중적 그리프와르*에서 유래한다. 이러한 사실은, 이 모든 악마학적 본문들이 결국 에녹계 악마 문헌에서 유래했다는 것을 보여준다. 이 악마들의 이름은 다음과 같다.

가미긴*   가브리엘*   가프*
갈델*   게모리*   글라키알라볼라스*
넬라파*   다르키엘*   다마엘*
다미엘*   다브리엘*   데모리엘*
데아미엘*   디리엘*   라파엘*
라후멜*   마르코시아스*   마스가브리엘*
마엘*   마투엘*   마티엘*
무르무르*   미카엘*   미트라톤*
바르바로트*   바르바토스*   바뻴*
바시엘*   바엘*   바카나엘*
바틴*   발라이*   발라크*
발람*   발레포르*   발리데트*
베리트*   베알파레스*   벨리알*
보노함 Bonoham   보티스*   부네*
부알*   부에르*   비프론스*
빌렛*   시트리*   아마이몬*
아스모다이*   아스타로트*   아텔*
오세*   카무엘*   카스피엘*
카임*   코미엘*   키메리에스*
파이몬*   포르칼로르*   푸르카스*
프리아그네*   히니엘*

에녹계 악마* 전승에 관한 현대의 훌륭한 입문서는 대영 도서관에 있는 할리

353

▲ **에녹계 악마** 마법사인 존 디가 악마와 영들의 소환과 관련해서 사용했다고 하는 비밀 알파벳. 기호들이 마법의 테이블 중간에 새겨져 있다. 다양한 형식의 패턴이 그려져 있는 이 테이블 위에서 에녹계 영들을 소환하는 의례들을 행했다. 이 삽화는 메릭 카소봉의 〈존 디 박사와 영들의 진짜 관계〉(1659)에 있는 권두 삽화의 일부이다.

본으로(특히 할리본 6482), 애덤 맥린이 〈천사 마법에 관한 논문〉에서 편집하고 소개하였다. 이 문헌은 에녹계 전승과 결부된 많은 영들과 악마들의 이름을 현대적 행태로 소개하고 있으며, 여기에는 "에녹의 일곱 개의 표"(Enoch's Seven Tables)에 있는 솔로몬의 예순하나의 영들을 포함해(솔로몬의 영*을 보라), 악마와 천사들을 소환할 때 일반적으로 사용하는 자료, 여러 영들이 호출되어 구속되는 시간(소환*을 보라), 프셀로스*에 기초하여 천사의 위계와 직무를 다룬 천사론, 인쿠부스*와 수쿠부스*, 토마스 러드가 흙점 기호에서 얻은 천사들의 알파벳(흙점의 악마*를 보라) 등이 들어 있고, 선한 천사들과 악한 천사들 및 올림피아의 영들*과 관련된 많은 배경 전승을 담고 있다.

에녹의 호출 Enochian calls

악마들과 천사들과 엘레멘타리 영들을 불러내는 방법을 나타내기 위해 존 디*
와 에드워드 켈리*가 특이한 표현으로 사용한 용어이다. 이 의례를 때로 에녹
의 알파벳(악마의 알파벳*을 보라)이라 불리는 암호 알파벳과 혼동하지 말아야
한다. 에녹의 호출은, 악마와 영들을 호출하는 것 외에, 네 원소들을 지배하는
집단의 영혼들과 본질(Quintessence) 또는 에테르aether를 지배하며 아이티리스*
로 알려진 상위의 엘레멘탈* 집단도 호출한다. (엘레멘탈*을 보라.) 호출과 관련
된 의례나 마법의 실행은 현대에 알리스터 크로울리*가 〈분점 The Equinox〉을 통
해서 유행시켰으며, 사탄의 교회*가 이것들을 채택하고 〈사탄의 성서〉에서 묘
사했다.

에레부스 Erebus

카오스Chaos의 아들로 어둠이 의인화한 고전적 존재이다. 최근에 죽은 사람이
지옥으로 갈 때 통과하는 명계冥界의 동굴도 같은 이름을 가지고 있다.

에레쉬키겔 Ereshkigel

바빌로니아 신화에 나오는 지하세계의 왕 네르갈*의 부인이다.

에르고디엘 Ergodiel

에녹계 악마들* 하나로, 28수를 지배한다.

에르트라엘 Ertrael

첫 번째 에녹계 문헌 전승에 나오는 에녹계 악마들* 중 하나로, 사미야사*의
인도로 지상에 왔다.

에리니에스 Erinyes

때로 에린니에스Erinnyes로 잘못 불리기도 하며, 가끔 지하세계의 하데스*와 연
결되기도 하는 형벌의 영들에게 붙여진 그리스식 이름이다. 이 여성 악마들은

특히 친족이나 친척에게 행한 잘못을 복수하는 것과 관련이 있다. 이들은 원래 학대받거나 살해된 사람들의 영혼 또는 귀신들로 복수를 위해 지상으로 돌아온 것처럼 보이지만, 고전 시대에 이르러 그들은, 주로 자기들이 파괴하기를 바라는 사람들의 마음을 혼란스럽게 함으로써, 복수하는 악마가 되었다. 아이스킬로스Aeschylos는 이들을 완곡하게 "밤의 딸들"이라고 불렀는데, 그들이 셋이라고 확신하게 되었던 때가 바로 이 시기였다. 후대의 작가들은 이들에게 알렉토*, 티시포네*, 메가이라*라는 이름을 붙였다. (이들은 무자비한 자, 피의 복수자, 논쟁자이다.) 이 악마적 존재들은 종종 풍요의 존재들인 에우메니데스Eumenides 와 동일시되거나 혼동되었다. 로마인들은 에리니에스를 푸리아이*로 옮겼고, 이들은 대중 악마학에서 지금도 푸리에스*라고 불린다. 알라스토르*를 보라.

에멘 Eemen
아우스타틱코파울리가우르*를 보라.

에모니엘 Emoniel
스테가노그래피의 악마들* 중 하나이다.

에블리스 Eblis
서구 전통에서는 때로 이슬람교도들의 사탄*으로 그려진다. 아자젤*이 천국에서 쫓겨난 후 에블리스가 되며, 사탄* 또는 마왕으로 악마들의 지배자가 된다. 에블리스라는 말은 '절망'을 뜻한다.

에사우니엔 Essaunien
때로 쉬벤Shivven이라고도 하며, 아우스타틱코파울리가우르*에 속하는 악마 중 하나이다.

에우리노메 Eurynome
콜랭 드 플랑시*는 1863년판 〈지옥사전〉에서 에우리노메를 "악마의 장상, 죽은 자들의 왕"으로 묘사한다. 플랑시*의 묘사와 삽화는 완전히 상상적인 것으로 보인다.

에우불레우스 Eubuleus
하데스*를 보라. 다른 신화론적 설명에서 이 이름은 하데스*와 관계가 없으나, 오직 악마학에서만 부분적으로 관계한다.

에우트 Eut
뉴트*를 보라.

에이레누스 Eirenus
〈눅테메론〉*에 나오는 세 번째 시간의 악마들 중 하나로, 우상 파괴의 귀신이다.

▲ 에우리노메   소환 중에 출현한 에우리노메. 콜랭 드 플랑시의 1863년판 〈지옥사전〉에서.

에이르닐루스 Eirnilus
〈눅테메론〉*에 나오는 여섯 번째 시간의 악마들 중 하나로, 과일의 귀신이다.

에이스티부스 Eistibus
〈눅테메론〉*에 나오는 네 번째 시간의 악마들 중 하나로, 점占의 귀신이다.

에코 Echo
매어*를 보라.

에키드나 Echidna
이집트 자료에서 유래하는 고전 시대의 괴물 또는 악마이다. 반은 여자이고 반은 뱀의 형상을 한 에키드나는 케르베로스*, 키메라*, 괴물 개 오르토스*, 헤스페리데스의 수호 용, 히드라*와 다른 괴물들의 어머니라고 한다. 에키드나의 형상은 중세의 여러 유혹하는 뱀 이미지들과 무척 닮았다. 에드먼드 스펜서의 〈요정 여왕〉(1596)에서 에키드나는 뻔뻔한 짐승*의 어머니이다.

엔켈라두스 Enceladus
시적 상상력은 에트나Etna 화산의 연기와 불꽃이 거인 엔켈라두스의 호흡에서 나오는 것이라고 한다. 엔켈라두스는 수백 개의 팔을 가진 거인들 중 하나로, 제우스가 산 밑에 묻어버렸다.

엔키리디온 Enchiridion (편람)
역사가 웨이트*가 강조하듯이 〈교황 레오 3세의 편람 The Enchiridion of Pope Leo III〉은 그리므와르* 형태의 책이지만, 의례 마술서도 아니고 흑마술 책도 아니다. 레오 3세의 즉위식 이후 로마를 떠난 샤를르마뉴Charlemagne를 위해 저술했다는 주장이 있으나, 이것은 완전히 상상일 뿐이다. 이 책은 1523년까지 인쇄되지 않은 것으로 보이며, 따라서 1523년 직전에 집필되었다는 것을 암시하지만, 후대의 판본들만 존재한다. 일부 학자들은 1513년 교황 레오 10세가 된 지오

▲ 엔키리디온   악마들을 호출하는 데 사용된 부적 기호들로 〈교황 레오 3세의 편람〉에 그림으로 묘사한 의례들 안에 있다.

반니 메디치Giovanni Medici가 이 책을 썼다고 주장했지만, 교양 있고 세련된 인물이 세속적인 권력을 얻고 사고와 위험을 예방하기 위해서 사용되는 기도문과 의례와 부적들이 잡다하게 섞인 모음집을 냈다는 것은 신빙성이 떨어진다. 이 범벅 속에 있는 "일곱 신비의 기도문"(Seven Mysterious Orisons)은 레오 3세의 주간 기도문이라고 하며, 악마 소환이나 강령 또는 악마와의 계약*과는 아무런 관계가 없다. 이 책에서는 행성의 영적 존재들과 관련된 교설을 조금 언급하고 있으며, 웨이트는 여기에서 트리테미우스*가 취급한 세쿤다데이*에 대한 암시

▲ **엘레멘탈** 중세 예술에서 불을 뿜는 존재인 살라만데르 또는 아에트니쿠스는, 11세기 율그리브 성당 성수대 위의 기름컵을 지탱하는 이 그림처럼, 종종 두 다리를 가진 것으로 묘사되었다.

를 본다. 웨이트는 필자가 모르는 판본을 사용했을 가능성이 있다. 초기 판본들은 가치가 없지만, 몇 가지 흥미로운 신비술 도해들 또는 "신비적 도안들"을 제시하고 있으며, 이것들은 대중 신비술 책에서 복제되곤 했다.

엘레멘타리 Elementaries
엘레멘타리는 심령술사들이나 인간을 적대시하는 교령회에 참여한 사람들이 종종 접하고 묘사하는 육체 없는 영들이다. 블라바츠키*는 몇 가지 이유에서 신성한 본질로부터 분리된 영들을 엘레멘타리라고 한다. 데이비스*가 묘사한 디아카*를 엘레멘타리의 한 계급으로 볼 수도 있다. 엘레멘타리들은 어떤 지도부나 복잡한 목적을 갖고 있지 않은 것으로 보인다는 점에서 사실상 악마들이 아니지만, 이들과 때로 혼동되는 엘레멘탈*보다는 악마들의 영역에 더 가깝다.

엘레멘탈 Elementals
흙, 공기, 불, 물의 네 원소들을 지배하는 네 집단의 영들을 엘레멘탈이라고 부른다. 이들과 엘레멘타리*를 혼동하지 말아야 한다. 엘레멘탈은 그들 자신의 발전이 인류의 발전과 직접적으로 관계가 없기 때문에 사실 악마가 아니다.

360

[표 14]

엘레멘탈	원소	중세의 이름
노메	흙	피그미 Pigmies
실프	공기	네누파 Nenuphas, 실베스트레스 Silvestres
운디네	물	님프 Nymphs
살라만데르	불	아에트네안 Aetneans, 아에트니키 Aethnici, 롤라만드리 Rolamandri, 불카누스 Vulcans

그러나 인간에게 호감을 갖고 있으며 세상의 건전한 발전에 참여한다. 전통적인 엘레멘탈의 이름과 그에 대응하는 원소들 및 악마학 문헌에 가끔 나타나는 그들의 중세 이름들이 [표 14]에 나와 있다. 엘레멘탈은 통찰력이 뛰어난 이들에게는 언제든지 나타날 준비가 되어 있고 의례 마법에 응답하지 않기 때문에 소환되어 나타나는 경우가 드물다. 그러나 에녹의 호출*을 보라.

신비술에서 다섯 번째 원소와 관련된, 비가시적인 본질 또는 에테르는 네 원소들을 일치시키는 일을 하며 때로 아이티리스*라고 부른다. 인공 엘레멘탈*을 보라.

엘롬니아 Elomnia
〈알마델〉*에 따르면, 제3고도의 영적 존재들 중 하나이다.

엘리고르 Eligor
때로 아비고르*라고도 하며 솔로몬의 일흔두 영 중 하나이다. 엘리고르는 창과 깃발과 홀笏을 든 기사*의 모습으로 나타나며, 숨겨진 보물을 찾는 힘이 있으며, 소환자를 위해 사랑을 가져다주고 전쟁을 일으킨다.

엘리파마사이 Eliphamasai
〈알마델〉*에 따르면, 제3고도의 영적 존재들 중 하나이다.

엘릴론 Ellyllon

드루이드교의 영혼들을 나타내기 위해 사용되는 이름으로, 이들은 지옥에 가기에는 너무 착하고 천국에 갈 정도로 선하지는 않기에, 심판의 날이 올 때까지 유령으로 지상을 배회한다.

엘림 Elim

악마의 알파벳*을 보라.

엘프 Elf

현대 신화학에서 엘프는 보통 인간에게는 보이지 않는 작고 조금은 장난스러운 존재이지만, 이 이름의 기원은('악몽'을 뜻하는 튜턴어 알프alp) 초기 신화에서 엘프가 건전하지 않은 조물이었음을 암시한다. 시인 에드먼드 스펜서가 엘페elfe를 "짐승에서 여러 부분을 취한…"(〈요정 여왕〉 II, x, 70) 인간이라고 한 것으로 볼 때, 그는 초기 전승을 기억하고 있는 것으로 보인다. 대중적인 속담이나 이야기에서 채용한 이전의 용어들도 초기 전승을 알려주고 있다. 예를 들어, 엘프-머리(elf-locks)는 '엉킨 머리'이며, '엘프 자국이 있는'(elf-marked) 사람들은 천성적으로 육체적인 흠을 가진 사람들을 뜻하고, '엘프에 쏘인'(elf-shot) 사람은 (아마도 엘프들 때문에) 미지의 질병으로 고통을 받는 사람을 가리킨다. 알파르*와 요정*을 보라.

엠브리오나트 Embryonat

라르바이*를 보라.

여왕 Queen

맙*을 보라.

역품천사(力品天使) Virtutes

그리스도교 영적 위계의 계급 이름으로 태양의 영역과 관련이 있다. 그러나 일부 중세 목록은 항상 이러한 관련을 제시하지는 않으며, 역품천사들이 금성의 영역과 관계있다는 것을 강조한다. 역품천사들은 악마가 아니지만, 타락한 천사들 중 일부가 이 계급에 속한다는 견해가 있다. 벨리알*은 그 한 예다.

연옥 Purgatory

그리스도교는 정화의 장소를 보통 연옥이라고 하며, 하데스*로 알려진 고전적 명계인 고대의 장소(또는 상태)가 지닌 원래적 개념과 부합하는 것으로 나타난다. 그러나 중세에 토마스 아퀴나스는 정화와 죄와 구원에 관한 이론을 체계화했고 단테*가 〈신곡〉에 도입하여 연옥의 구조는 고대의 모델과 아주 달라졌다. 비록 단테의 비전 속에서는 연옥이 고전적이고 신화적인 저명인사들로 채워지긴 하지만, 연옥은 거의 전적으로 그리스도교적인 영적 구원의 모델과 일치하게 되었다.

　대중적 상상 속에서 연옥은 종종 지옥과 혼동되지만, 이 둘은 아주 다르다. 연옥은 죄의 얼룩으로부터 점진적으로 그리고 기꺼이 정화하고자 하는 상태이다. 이러한 정화를 체험하는 기회는 회개 또는 죄 없는 상태의 죽음에서부터, 또는 전문적 용어로는 '임종 때의'(in articulo mortis) 회개에서 온다. 일반적인 상황에서 회개한 영혼이 인식하는 것은, 정화의 고통이 상당히 클 것이지만 최후의 복된 희망에 대한 약속이 이 고통을 참을 수 있게 한다는 것이다. 비교秘敎的 견지에서 볼 때, 연옥의 심판을 통과하는 그리스도교인의 여정은 카말로카*의 달의 영역을 통과하는 현대 신비술사들의 여정과 부합한다. 그러나 서구 세계의 악마학에 큰 영향을 끼친 것은 단테가 묘사한 모델이며, 이것은 본질적으로 토마스 아퀴나스의 개념에 뿌리를 둔 것이었다. 그러므로 이 구조의 뼈대를 알아보는 것은 가치가 있을 것이다(［표 15］). 상이한 차원들(고원과 권역)이 가톨릭의 죄 관념과 연결되었다. 이 차원들은 영혼에 새겨진 죄의 허물이 제거되는 영적 영역이나 상태이다.

　단테는 연옥산을 안티포데스Antipodes에 위치시킨다. 당시 사람들은 안티포데스를 접근할 수 없고 거주할 수 없는 곳으로 여겼다. 단테의 신화에서 연옥산은 지옥의 영향과 영적 균형을 이루기 때문에, 이러한 인식은, 천국에서 타락

[표 15]

연옥 이전의 영역 (준비되지 않은 영혼들, 또는 충분한 준비가 덜 된 영혼들)	제1고원 파문당한 자들
	제2고원 임종 때 회개한 자들
	(a) 게으른 자들
	(b) 고해성사에 따라서 죄의 용서를 받지 못한 자들
	(c) 세속 일에 사로잡힌 자들
베드로의 문 (회개의 세 단계)	제1단계 고백
	제2단계 통회
	제3단계 속죄
하층 연옥 (왜곡된 사랑)	제1권역 교만의 죄인들
	제2권역 질투의 죄인들
	제3권역 분노의 죄인들
중앙 연옥 (결함이 있는 사랑)	제4권역 태만의 죄인들
상층 연옥 (부차적인 선의 과도한 사랑)	제5권역 탐욕의 죄인들
	제6권역 탐식의 죄인들
	제7권역 욕정의 죄인들

한 사탄*과 그의 모반 천사들을 수용하기 위해 대지를 도려낸 모습으로 지옥
을 그린 것처럼, (큰 압력으로 병에서 코르크가 빠져나오듯이) 대지 내부에서 밀려나
는 연옥산 묘사에 극적으로 표현되었다.

레지널드 스코트*는 "영혼들의 고통"을 의미하는 카르타그라*라는 용어를
연옥의 다른 이름으로 제시한다.

영 Spirit

라틴어 스피리투스spiritus에서 유래하는 '영'(spirit)이라는 단어는 아주 일반적
의미에서 육체를 갖지 않은 실체를 가리킨다. 이 말은 어떤 악마나 천사도 영
으로 묘사될 수 있다는 것을 의미한다. 악마학에서는 천사, 다이몬*, 악마, 마
왕이 모두 영이며, 실제로 이름을 가진 모든 천사들과 다이몬들과 악마들과
마귀들, 모든 계급의 악마들, 귀신, 엘레멘탈*, 디아카*, 폴터가이스트*, 수쿠
부스* 등도 모두 영이다. 그 결과 악마학 문헌은 육체를 지니지 않은 수많은
존재들을 가리키기 위해서 이 단어를 사용했고, 육체가 없는 존재를 지칭하는
가장 일반적 의미를 제외하고, 이 단어가 지닌 참된 의미나 효용성을 잃어버
렸다.

영광의 손 Hand of Glory

그리므와르*에서 자주 언급되는 으스스한 제조물로, 교수형을 받은 사람의
손을 절단하여 만들었다. 이것을 준비하는 과정은 복잡해서, 여기에는 소환하
고 절단한 손을 절이고 약초로 처리하는 과정이 포함되어 있다. 손이 이렇게
준비되어 있을 때에는 양초를 잡은 사람이 눈에 보이지 않게 될 것이라고 그리
므와르들은 주장한다. 이 이야기에 대한 후대의 설명들에서는 양초가 나오지
않으며, 건조된 손가락에 불을 붙이라는 지침이 내려졌다. 악마학자 구아초*
는 독살을 실시한 자들이 후자처럼 손을 사용한다고 기록한다.

영들의 책 The Book of Spirits

이 책은 그 제목과 달리, 악마학적 의미에서의 악마나 영들과는 거의 관계가
없다. 교령회를 통해 드러나는 영적 실체들을 다루고 있는 이 책은, 1856년 프
랑스에서 리바유H. L. D. Rivail가 알랭 카르덱Allan Kardec이라는 필명으로 출판하
였다. 리바유는 혼란스런 영혼재생설과 심령술을 결합했다.

영을 부르는 이(콜러) Caller

소환 중에 영을 불러내는 마술사이다.

▲ **오로바스** 부분적으로 말의 형상으로 나타나는 악마 군주. 콜랭 드 플랑시의 1863년판 〈지옥사전〉에서.

영혼과 육체의 파멸의 서 The Book of Perdition of Soul and Body
그리므와르*를 보라.

오도넬 Odonel
악마의 알파벳*을 보라.

오래된 뱀 Old Serpent
요한 묵시록에서 사탄*은 용과 오래된 뱀으로 그려진다.

> 그 커다란 용은 아주 오래된 뱀으로서 악마 또는 사탄이라고도 불리며 온 세
> 상을 유혹하는 자인데…(12장 9절)

이에 따라서 우리는 오래된 뱀이라는 악마의 이름이 원래 성서적 표현이라는 것을 알 수 있다. 그는 "오래되었다." 왜냐하면, 창세기 3장에 따르면, 남자와 여자가 따로 창조된 이후 첫 번째 유혹자였기 때문이다. 이브를 속인 자에 대한 히브리어 단어는 나하쉬nachash로 독사를 뜻한다. 그러나 이 성서적 표현에 담긴 풍부한 이중적 의미가 번역에서는 잘 드러나지 않는다. 우리는 '황홀'을 뜻하는 히브리어 단어가 이 뱀의 이름과 똑같다는 것을 기억해야 한다. 그러나 뱀과 관련된 다른 히브리어 단어들도 있으며 이들 중 일부는 자칼zachal, 타닌tannin, 사라프saraph, 헤르페톤herpeton, 오피스ophis 등 대중적 그리므와르*에서 발견되는 악마적 이름을 연상시킨다.

오로바스 Orobas

레지널드 스코트*에 따르면, 솔로몬의 일흔두 영 중 하나이다. 말의 형상으로 나타나고, 과거와 현재와 미래에 대한 어떤 질문에도 대답해준다고 한다. 마술사에게 긍지와 총애를 부여한다고 한다. 콜랭 드 플랑시*에 따르면, 오로바스는 인간의 몸을 가지고 말의 형상으로 나타나는 "위대한 군주"이다. 그는 미래에 대한 질문에 대답하고 거짓을 드러낼 준비가 되어 있기 때문에 조언을 듣는다.

오르고글리오 Orgoglio

'교만한 인간'을 의미하는 이탈리아어로, 에드먼드 스펜서는 〈요정 여왕〉에서 악마적 특성을 지닌 거인의 이름으로 채택했다. 그러나 이것이 지닌 상징성은 명백히 악마적인 어떤 것보다는 스펜서의 정치관과 더 밀접히 관련되어 있는 것처럼 보인다.

오르곤 Orgon

레지널드 스코트*가 루리단*의 소환을 설명하는 것에 따르면, 오르곤은 서쪽의 악마적 지도자이다.

오르쿠스 Orcus

고전 시대 하데스*와 플루토*의 이름으로 지하세계를 나타내기 위해 사용되었다. 스펜서는 용을 묘사할 때 종종 중세적 상상을 빌어 표현한다. "모두 쇠로 된 이빨을 갖추고 … 끔찍하고 섬뜩한 오르쿠스의 입처럼 나타나."(〈요정 여왕〉 VI, xii, 26)

오르크 Orc

오르크는 17세기 바다 괴물로 나타났으나 앞선 세기에는 게걸스럽게 먹어치우는 괴물이나 거인을 나타내기도 했다. 윌리엄 블레이크*의 상징에서 이 조물은 복잡한 모습으로 나온다. 블레이크는 〈네 조아들〉에서 혁명을 의인화한 존재로 오르크를 바꾸어놓았고, 사랑의 억압에서 나타나는 것으로 보았다. 블레이크의 오르크는, 감정의 장소인 마음을 의미하는 라틴어 코르cor의 철자 순서를 바꾸어놓은 듯하다. 왜냐하면 오르크의 이야기는 억압적인 사랑의 이야기가 폭력으로 바뀌는 내용이기 때문이다. 블레이크가 억압적인 사랑을 표현하기 위해 이 이름을 선택한 것은 분명하며, 오르크가 사자死者들의 거주지인 오르쿠스*의 축소형이라는 사실도 염두에 두었다. 포스터 데이먼은, 블레이크의 오르크 형상 중 하나가 남쪽 바다의 고래라는 이유로, 이 이름이 고래를 의미하는 라틴어 오르카orca에서 유래한 것일 수 있다고 지적한다.

> 때로는 한 마리 독수리가 되어 하늘에서 비명을 지르고, 때로는 한 마리 사자가 되어,
> 산 위를 활보하고, 때로는 한 마리 고래가 되어 몸부림치네,
> 맹렬하고 가늠할 수 없는 심연, 이내 한 마리 뱀은
> 우르토나Urthona의 기둥 주변을, 그리고 당신의 검은 사지를 휘감고 있네.
> 〈아메리카 : 한 예언 America: A Prophecy〉(2권, 13~16)

오르토스 Orthos

게리온*을 보라.

오르피멜 Orphymel
세나토르*를 보라.

오리아스 Orias
솔로몬의 일흔두 영 중 하나로, 거대한 말을 탄 사자의 형상으로 나타난다고
한다. 꼬리가 뱀으로 이루어져 있으며, 손에는 메르쿠리우스의 뱀 지팡이 카두
케우스를 연상시키는 두 마리의 뱀을 들고 있다. 오리아스는 마술사에게 어떤
노력이나 연구도 요구하지 않고 점성술을 가르쳐준다. 마술사가 요청하면 인
간을 어떤 형상으로든 바꿀 수 있으며, 원수들로부터도 지지를 얻을 수 있게
한다.

오리엔 Orien
〈아브라멜린〉* 문헌에서 언급하는 악마 지배자들 중 하나이다.

오리엔스 Oriens
체코 다스콜리*를 보라.

오리엘 Oriel
바울로게 술*을 보라.

오리온 Orion
악마 오리온에 대해서는 체코 다스콜리*를 보라.

오사게비알 Osagebial
바울로게 술*을 보라.

오세 Ose
솔로몬의 일흔두 영 중 하나이다. 크고 우아한 표범의 형상으로 나타난다고

하며, 사람들을 원하는 어떤 형상으로든 바꿀 수 있는 능력을 지녔다고 한다. 이렇게 변형된 이들은 자기들이 바뀌었다는 상태를 모르고 계속 평범한 방식으로 살아간다. 오세는 마술사의 명령에 따라서 인간에게 망상*이나 광기*를 유도하고 숨겨진 것이나 비밀을 밝힌다. 오세는 "표범으로 나타나 인간으로 위장하는" 위대한 총통이라고 하지만, 에녹계 악마* 목록에도 들어 있다.

오시리스 Osiris

오시리스는 이집트의 신으로 누트Nut와 라Ra의 아들이며 이시스의 남편이자 오빠이다. 그러나 밀턴*이 〈그리스도 탄생일 아침에〉에서 오시리스를 지옥에 배치함으로써 악마 목록에 들어오게 되었다.

> 이제 오시리스는 보이지 않아
> 멤피스의 수풀이나 녹지에도,
> 소의 울음소리를 크게 내면서 비 내리지 않은 풀밭을 밟고 있지.
> 오시리스는 이제 휴식을 취할 수 없네
> 자신의 거룩한 궤 안에서도,
> 오직 가장 깊은 지옥만이 오시리스의 수의가 될 수 있지,
> 탬버린의 송가도 헛되이 멈추어져 있고,
> 상복을 입은 마술사들은 오시리스의 궤를 가지고 가네.
> (213~220행)

밀턴*이 언급한 "소의 울음소리"는 신의 출현과 아무런 관계가 없으며, 오시리스가 사악한 동생 세트와 치른 전투에서 야생동물의 형상을 취하는 신화와 관계가 있다. 이들이 검은 황소의 형상으로 싸우는 동안에 이시스는 그들을 죽였다.

오에일렛 Oeillet

미카엘리스의 계급*에 나오는 악마이며, 타락한 주품천사들 중 하나라고 한

다. 수도자들을 유혹하여 그들이 청빈 서원을 깨도록 한다. 오에일렛의 영적 적대자는 성 마르틴St Martin이다.

오퀴페테 Ocypete
하르피*를 보라.

오크 Och
올림피아의 영들* 중에서 태양의 천사 이름 중 하나이다.

오툉 Autun
자크 드오툉Jacques d'Autun은 그다지 중요하지 않은 프랑스의 악마학자로 〈마법사와 요술사에 대한 학자의 불신과 무지한 자의 경솔한 믿음 L'Incredulité savante et la credulité ignorante au suject des magiciens et des sorciers〉(1671)을 지었다.

오피엘 Ophiel
때로 오리피엘Oriphiel이라고도 하며, 여섯 번째 올림피아의 영*으로 수성의 지배자이다. 수은을 금으로 바꾸는 연금술적 능력이 있어서 소환된다.

옥 Og
윌리엄 블레이크*의 저술에 나오는 악마들 중 하나로 성서에서 유래한다. 성서에는 바산Bashan의 왕으로 엘드레이Eldrei에서 패배한 거인이라고 나와 있다. 옥은 아나크*와 더불어 감옥의 지배자들 중 하나이며 사탄*이 거주하는 곳에 산다고 한다. 성서에서 설명하는 것처럼, 거인이며 "철 비늘로 덮여 있다." 아나크*, 사탄*, 시혼*과 함께 넷으로 이루어진 악마단을 구성하며, 인간의 영적 진보를 막거나 방해하는 역할을 수행한다.

올 Ol
바울로계 술*을 보라.

올드 닉 Old Nick

악마를 일컫는 이름으로 17세기부터 사용했다. 이 표현은 니콜라스Nicholas의 줄임말로 자주 사용된다. 새뮤얼 버틀러는 〈휴디브라스 Hudibras〉(III, i)에서 "'닉'(니콜로) 마키아벨리Machiavelli"라는 이름의 기원을 익살스럽게 추적하고 있다. 이것이 니콜라스와 연결되는 점을 설명해줄 수는 있으나, 확실히 올바른 어원은 아니다. 대중적인 신비술 책들은 이 단어가 니케르*와 관련이 있다고 종종 암시하지만, 오니온스C. T. Onions는 관계가 없다고 말한다. 가능성이 있는 기원은 스코틀랜드의 니크네벤*이다. 아울드*와 악마 관련 구절*에 있는 '오래된 악마'를 보라.

올드 스크래치 Old Scratch

악마를 일컫는 이름으로 사티로스*를 의미했던 튜턴어 스크라티skrati에서 유래했다고 한다. 악마 관련 구절*에 있는 '오래된 악마'를 보라.

올리비에르 Olivier

미카엘리스의 계급*에 나오는 악마이다. 타락한 대천사 중 하나로 가난한 사람들을 잔인하게 대하도록 인간을 유혹한다고 한다. 올리비에르의 영적 적대자는 성 라우렌시오St Lawrence이다.

올림피아의 영들 Olympic Spirits

올림피아의 영들이라고 불리는 일곱 천사들로 (때로 영, 다이몬*, 심지어 악마들로) 이루어진 집단이 있으며, 이들은 어떻든 고대 그리스의 올림푸스의 신들과 관련이 있다. 이들은 일곱 행성과 (또는 행성의 영역과) 관계를 맺는다.

아라트론 : 토성을 지배한다.
베토르 : 목성을 지배한다.
팔레그 : 화성을 지배한다.
오크 : 태양을 지배한다.

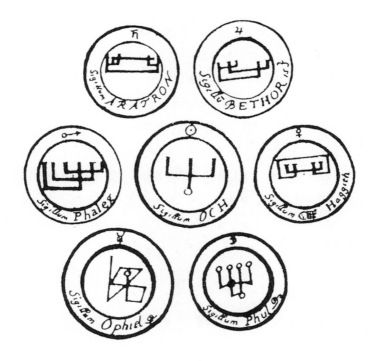

▲ **올림피아의 영들** 일곱 인장 안의 일곱 기호들은 올림피아의 일곱 영들을 소환하는 데 사용되었다. 오크(태양)의 인장은 가운데 것이고, 왼쪽 위부터 시계 방향으로 아라트론(토성), 베토르(목성), 하기트(금성), 풀(달), 오피엘(수성), 팔레그(화성)이다. 17세기 초반의 그리므와르 문헌에 나와 있다.

하기스   : 금성을 지배한다.

오피엘   : 수성을 지배한다.

풀   : 달을 지배한다.

올림피아의 영들이 행성의 영들보다 우선적으로 소환되는 상황이 항상 명확하지는 않지만, 천사 마법에 관해 논문을 쓴 러드* 박사는 올림피아 영들의 힘이 아홉 계급의 천사들보다 아주 작을 뿐이라고 여긴다. 러드 박사는 확실히 이들을 역사적 시대의 지배자들인 세쿤다데이*(제2의 신, 일곱 천사들)와 비슷한 존재로 보고 있다. 그러나 올림피아의 영들이 행성을 지배하는 기간은 세쿤다

373

데이들에게 주어진 기간과 다르다. 예를 들어 러드 박사는, 올림피아의 영들이 계속되는 490년 주기를 통하여 일한다고 말한다. 그는 베토르*가 서기전 60년부터 서기 430년까지 책임을 맡았다고 주장한다. 그리고 팔레그*가 920년까지, 오크*가 1410년까지, 그다음에 하기스*가 1900년까지 다스렸다고 한다. 그래서 오피엘*은 현재 시대를 지배하지만, 세쿤다데이 교리에 따르면 서기 1880년부터 현재 시대를 다스리는 태양의 존재는 미카엘*이기 때문에 서로 대립된다. 러드 박사는 자신의 관점을 뒷받침하기 위해서, 존 디* 박사와 얌블리쿠스Iamblichus를 인용하지만, 지배자들의 목록은 트리테미우스*가 세쿤다데이들에 대해 기록한 것을 멋대로 고쳐서 쓴 것에 불과하다. 그러나 역사적 주기와 별개로, 올림피아의 일곱 영들의 이름은, 소환*과 결부된 여러 연관물, 기호*, 지배자 및 익숙한 형상들과 함께 다른 문헌에도 나온다.

옷 Livery
악마 관련 구절*을 보라.

옹호자 Advocate
악마 관련 구절*에 있는 악마의 옹호자*를 보라.

와스보가 Wasboga
악마의 알파벳*을 보라.

왈 Wall
콜랭 드 플랑시*의 1863년판 〈지옥사전〉에 따르면, 왈은 단봉낙타의 형상으로 나타나는 강력한 공작公爵이다. 인간 형상으로 나타나도록 소환되면 소환자에게 이집트어로 말할 것을 강조한다. 왈은 과거와 미래에 관련된 질문을 상담해준다.

왕 King

악마학 문헌에서 '왕'이라는 용어는 악마지배 체제의 특정한 지역이나 '왕국'을 지배하거나 다스리는 악마들을 가리키기 위해 아주 느슨한 방식으로 사용된다. 가장 자주 접하는 왕직은 네 방향의 악마*들인데, 예를 들면 우리쿠스*는 동쪽의 왕이고 페이몬*은 서쪽의 왕이다. 네 방향의 악마*와 시간*을 보라.

요술 Witchcraft

요술의 실행은 그것이 실제적이든 상상적이든 악마학*과 분리될 수 없으며, 흥미로운 점은 이 단어 자체가 한때 비교의 입문 의례 전승과 관련이 있었다는 사실을 지적한다는 것이다. 마녀(witch)라는 단어는 '요술을 실천하는 자'라는 뜻의 앵글로-색슨어 위카wicca에서 온 것이 확실하지만, '알다'는 뜻의 독일어 비센wissen 및 '점치다'는 뜻의 비켄wikken과 관련이 있다. 개인들의 집단이 '아는 사람들'로부터 상투적인 악한 일을 행하는 자들로 강등된 것은 성직자들

▲ **요술** 마녀가 심부름마귀와 함께 있는 것을 보여주는 목판화. 소책자 〈악명 높은 마녀들이 저지른 악랄하고 끔찍한 범죄의 시연〉(1579)에서. 여기의 심부름마귀는 성기가 잘 발달되어 있으나, 대부분의 심부름꾼 마귀는 애완동물의 형상으로 그려진다.

의 정략이었던 것처럼 보인다. 레지널드 스코트*는, 마녀가 "보통 늙고 절름발이이며 눈이 흐리고 창백하며 더럽고 주름살이 많고 가난하고 음침하며 미신적 …"이라고 적고 있다. 그리스도교 교회는 지상에서 사악한 일을 벌이려는 악마에게 도움을 주려고 악마와 계약*을 맺은 사람이 마녀라고 정의했기 때문에, 요술이라는 금지된 기술은 당대 악마학과 밀접한 관련을 가지게 되었다.

마거릿 머레이* 박사와 같은 현대 저술가들은 마치 요술이 이교도 의례와 결부된 옛 종교의 연장선에 있는 것처럼 주장해서 요술의 부흥을 이끌었다. 그러나 현재 머레이의 많은 주장은 오해에 기반을 둔 것으로 판단된다. 현대의 요술 경향을 다룬 많은 문헌이 그리므와르* 형태로 합병되었지만 그것들 중 가장 영향력이 있는 것은, 계약*과 소환*에 대해 새로운 접근을 제시하고 옛 방식과 연속성을 가지는 크로울리*의 저서와 (테이론*을 보라) 〈아라디아〉* 또는 〈마녀들의 복음서〉*, 그리고 의전 마술*의 영역 및 악마와의 계약*과 관련된 웨이트*의 저서이지만, 아마도 웨이트는 자기 저서의 영향력을 인정하지 않았을 것이다. 〈사탄의 성서〉*를 보라. 요술의 발전에 대한 간략한 조사는 이 책의 서문을 보라. 또한 악마학*을 보라.

요정 Fairies

이 단어는 보통 엘레멘탈*에게, 특히 공기의 요정들이나 물의 요정들에게 적용되었다. 그러나 파타*를 보라.

용 Dragon

용은 때로 사탄*의 상징으로 사용되지만, 모든 용의 이미지가 사탄을 나타내는 것은 아니다. 이사야 예언서 27장 1절에는 "구불거리는 뱀" 레비아탄*과 사탄의 여러 모습 중 하나로 여겨지는, 바다에 있는 용이 나온다. 이 용은 히브리어로 타닌tannin이며, 황폐한 곳에 사는 뱀 모양의 조물을 가리킨다. 그러나 영어권에서는 제대로 옮기지 않고 '고래'나 '바다 괴물' 등으로 번역해서 사실상 본래의 의미를 잃어버린 것으로 보인다.

요한 묵시록의 용은 다른 위계에 속해 있으며, "머리가 일곱이고 뿔이 열인 붉은 용"처럼(12장 3절) 상징성이 더 강하다. 이 용을 악마의 형상으로 보려는 것이 솔깃하지만, 비전주의자들은 아주 다르게 이해한다. 그들은, 그리스도의 메시지를 무시할 경우 스스로 이 용이 될 것이라고 생각하는 인간의 자기 이미지로 이해한다. 그러므로 이 용을 악마가 이룬 업적의 결과로 보는 것이 더 정확한 묘사일 수도 있다.

성 미카엘의 창 아래에 쓰러진 용의 이미지나 성 조지의 말발굽에 밟히는 용의 이미지는 악마의 상징이다. 몇몇 그림들이 쓰러진 용을, 비늘 있는 날개 달린 괴물이 아니라 괴상한 인간의 형상으로 묘사한 것은 바로 이 때문이다.

중세 예술가들이 악마를 용의 형상으로 묘사하는 것은 아주 흔한 일이었다. 지옥의 입구를, 단죄받은 이들과 악마들을 삼키는 거대한 용의 입으로 표현하는 것은 아마도 가장 자주 사용된 이미지일 것이다. 용과 악마에 대한 이러한 동일시는, 오래된 뱀이 왜 때로 늙은 용으로 묘사되는지에 대한 이유를 설명해준다.

그러나 이러한 상징은 주로 악마학적 맥락과 관련이 있다. 신비술과 비교秘教의 상징론에서 용은 대개 입문 의례의 상징이기 때문이다. 용은 공중의 조물이거나 땅에 의지하는 물의 조물이어서, 입문 의례를 통해서, 두 세계(땅 위와 영적 세상)에서 동시에 살아갈 수 있는 능력을 지닌 입문자에게 적합한 상징이 된다.

신비술사들에 따르면 악마들의 영역은 달의 영역보다 더 높지 않은데, 이것은 달 영역의 악마적 요소를 상징화하기 위한 연금술적이고 마술적 이미지들 안에 용의 이미지가 사용되는 이유를 설명해준다. 현대 점성학에서 달의 남북 교점*들이 용의 머리와 용의 꼬리라고 불리는 이유도 바로 달과 관련된 용(동시에 악마적 용)의 상징 때문이다. 이 이름들은 지구를 중심으로 달의 영역을 회전하는 용의 몸에 대한 고대의 개념들이 남긴 흔적이다. 인도인들의 달의 교점*에 해당하는 라후*와 케투*도 한때는 용으로 그려졌다.

윌리엄 블레이크*는 히브리어 타닌의 원래 의미를 알고 있었지만, 바다 괴물의 형상으로 용을 그렸다. 그는 비교秘教 지식을 가지고 (물가의 전갈 표지와 연결된) 성 요한의 독수리를 변형하였는데, 퇴폐한 독수리 형상이 용의 형상으로 보

▲ **용** 용이 불을 내뿜는다는 관념은 아마도 용을 불의 원소와 연결시킨 중세의 비교 전승에서 유래했을 것이다. 이 상징은 메츠 대성당 남쪽 문 내부에 보존되어 있다. 여기에서는 코끼리를 흙과, 새를 공기와, 물고기를 물과, 용을 불과 연결시켜서 네 원소들을 표현하고 있다.

이도록 했다. 용은 성서적으로 바다 조물의 특성을 지닌다. 그래서 독수리처럼 날아야 하는 유리젠*의 이성은 뱀이 있는 물, 곧 계시록의 오래된 뱀*이 숨어 있는 물에 잠긴다.

용을 살해하는 자 Dragon-slayer

비교 전승에서 용을 살해하는 자는 악마들을 부르고 통제할 수 있다. 곧 훌륭한 소환자 또는 의례 집전자라는 말이다. 사실 (종종 용들과 닮은) 악마들은 살해될 수 없기 때문에, '용을 살해하는 자'라는 용어는 다소 부적절한 명칭이다. 용을 살해하는 자에 대한 그리스도교의 이미지들은, 악마의 상징인 용이 칼이나 긴 창에 찔리거나 때로 참수까지 당하지만 여전히 살아 있다는 것을 보여준다. 살해하지 못하는 창의 기능은, 종종 용의 몸 때문에 부러진 창끝을 통해서 드러난다. 악마들은 천사들처럼 죽음을 모른다. 죽음이란 오직 물리적인

▲ **용** 악마와 마주 대하고 있는 긴 꼬리의 용. 오른쪽에는 그리스도의 상징인 물고기가 있다. 피렌체의 산 미니아토 알 몬테 대성당 윗부분의 긴 대리석 벽에 있는 이 상징은, 악마의 유혹을 통과하는 길로서의 그리스도, 어둠 속의 빛인 그리스도를 묘사하고 있다.

육체로 살아가는 이들에게만 있는 경험이다.

용인간 Dragon-man

비교秘敎적 표상에서 용인간은, 기괴한 모습으로 나타나지만, 입문자를 뜻한다. 용인간 표상은, 보통 윗부분은 인간이고 아랫부분은 악마적으로 그려지는 혼합체에서 유래한다. 이렇게 그림으로 나타내는 전승에는 물고기인간이나 인어 등도 있다(다곤*을 보라). 더욱 고상한 영적 세계를 볼 수 있다고 허락을 받은 입문자는 한꺼번에 (고상한 세계와 물질적인 세계) 두 세계를 자유롭게 경험할 수 있으며, 이것은 그가 두 매개체로 (낮은 본성을 나타내는 악마적 또는 짐승 같은 모습과 고상한 존재를 대변하는 인간의 모습으로) 묘사되는 이유이기도 하다. 때로 입문자 용인간은 인간을 삼키는 용이나 뱀의 형상으로도 그려진다. 윌리엄 블레이크*의 상상 속에서 용인간은, 많은 용들이 굴을 파는 그 입구에서 쓰

▲ **용을 살해하는 자** 원래 에드먼드 스펜서의 〈요정 여왕〉(1596) 권두삽화로 사용된 "성 게오르그와 용" 이미지는 용을 살해하는 자와 관련된 많은 비교 전승을 담고 있다. 창이 괴물의 목을 꿰뚫었지만 창끝은 부러졌고 괴물은 여전히 살아 있다. 신비술 상징은 용을 죽이는 것이 아니라, 용을 달래거나 진압하는 것과 관련이 있다. 곧, 입문자는 자기 자신과 세계의 관계 안에서 용이 있어야 할 적당한 장소를 찾는 것이다.

레기를 치운다. 이 경우에 용은 보통 교회와 국가의 결합으로 해석된다. 〈예루살렘〉(25쪽, 4행)에서 교회들은 "용의 신전들"이다. 어떤 부분들은, 블레이크*가 용과 요한 묵시록 17장에 나오는 짐승을 동일시하고 있다는 것을 암시한다. 만일 그렇다면 가장 흥미로운 상징의 반전이 될 것이다. 회심한 입문자 키프리아누스Cyprian는 그의 고백록에서 어렸을 때 "용의 술수"를 전수받았다고 쓰고 있다. 그러나 블레이크에게 용인간 상징은 인간보다 더 낮은 상태를 나타내는데, 그의 영웅 유리젠*은 죄를 지을 때 용의 형상으로 바뀌기 때문이다.

우드매어 Woodmare
매어*를 보라.

우라보로스 Ouraboros
자기의 꼬리를 물고 있는 뱀의 형상으로, 때로 오로보로스Oroboros라고도 한다. 연금술적 상상에서 유래한 것이 거의 확실하며 시간의 경과와 시간의 파괴적인 성격 및 영원의 상징으로 채택되어왔다. 비교에서는 자주 재생의 상징으로 사용했으며, 때로는 순환적인 재현의 상징으로도 사용했다. 우라보로스 뱀(때로 용)은, 헤리퍼드셔Herefordshire 킬펙Kilpeck에 있는 노르만 양식의 교회 건물에서 볼 수 있듯이, 악마학적 맥락에서 (아마도 연금술에 기원을 두고) 중세의 이미지로 들어왔다.

우라카바라밀 Urakabarameel
에녹계 악마들*을 보라.

우르토나 Urthona
조아* 항목의 [표 20]을 보라.

우리엘 Uriel
그리스도교적 표상에서와 마찬가지로 신비술에서도 우리엘은 동쪽의 대천사이다. 악마학 문헌에 들어온 우리엘은 스테가노그래피의 악마들* 가운데 나타난다.

우리쿠스 Uricus
에녹계 악마들*에 대한 문헌에서 우리쿠스는 동쪽의 악마왕이라고 한다. 네 방향의 악마*를 보라.

우스펜스키 Ouspensky
피오트르 데미아노비치 우스펜스키Piotr Deminanovich Ouspensky(1878~1947)는 여러 인상적인 소설에 더하여, 두 개의 이야기로 된 악에 대한 흥미로운 연구서 〈악마와의 대화〉(1972)를 남겼지만, 악마학자라기보다는 비전주의자祕傳主義者였다. 이 책 첫 부분에서 악마는 한 발명가에 대한 이야기를 하며, 지상 존재들의 가장 중요한 것조차 이해하지 못한다는 것을 유감스럽게 인정하면서 자신의 이야기를 끝낸다. 두 이야기에서 악마는, 창조적인 통찰 및 신비주의를 혐오하고 이해하지 못하는 논리주의자로 나온다.

　악마적 영향에 대한 우스펜스키의 관점은 전통과의 단절을 보여준다. 그는 이 작품 및 다른 저작에서 의식적으로 악을 행하는 것의 어려움을 계속 반복해서 들려준다. 우스펜스키는, 평범한 악마적 유혹이 인간에게는 그저 자연스러운 일이라는 점을 덧붙이며, 악마들은 오직 인간적 조건에서 탈출하기 위해 진짜 노력을 기울일 때에만 자기들의 '사례'에 관심을 기울이게 된다고 한다. 여기에서 인간적 조건이란, 인간의 고차원적 능력이 잠자고 있는 상태를 말한다. 우스펜스키는 구르지예프*와도 관계를 맺었으며, 가장 영향력 있는 비교 작품으로는 〈기적을 찾아서 In Search of the Miraculous〉(1949)와 〈네 번째 길 The Fourth Way〉(1957)이 있다.

우시엘 Usiel
스테가노그래피의 악마들*을 보라.

▲ **우스펜스키** 〈기적을 찾아서〉에서 우스펜스키는 노틀담 성당의 괴물상이 "영혼의 복잡함"을 표현하고 있다고 썼다. "노틀담의 괴물상들과 다른 모든 조상들은 아주 이상한 특성을 지니고 있다. 이들 옆에 있는 사람들은 그림을 그리거나 사진을 찍지 못한다. 이들 옆에 있는 사람들은 죽은 것처럼 보이고, 무표정한 돌과 같다." 이 사진은 파리를 내려다보는 노틀담의 괴물상 중에서 가장 유명한 것을 보여주고 있다.

우자 Uzza

가스터가 고대 히브리 전승에서 취하여 상세히 설명한 한 전설에 따르면, 두 천사 우자와 아자엘*은 아담의 창조에 다소 불만이 있었고, 그가 유혹을 이겨 낼 수 있는지 보기 위해서 지상으로 파견된다. 이 방문 기간에 그들은 모두 한 여성과 사랑에 빠져서(이에 대해서는 에녹계 악마들*을 보라) 신의 형벌을 받게 되지만, 그 전에 아자엘은 여성에게 요술을 가르쳤다. 우자는 하늘의 지붕에서 거꾸로 매달리게 되었고 아자엘은 암흑의 산에 묶이게 되었다고 한다.

우코바크 Ukobach

콜랭 드 플랑시*의 1863년판 〈지옥사전〉에 나온 흥미로운 그림이 통속적 악마학 서적에 널리 유포되면서 악명을 떨친 악마 괴물이다. 우코바크는 불꽃으로 몸을 감싼 채 나타난다고 한다. 베엘제붑*이 지옥의 화로에 기름을 태우는 일을 우코바크에게 시켰다.

운디네 Undines

전통적인 물의 존재. 네 원소의 천사들*과 엘레멘탈*을 보라.

운명의 세 여신(파테스) Fates

운명의 세 여신을 그리스어로는 모이라이*라 하고 라틴어로는 파르카이*라고 한다. 이들은 원래 여신들이었으나 여러 악마학 문헌에 다양한 모습으로 나타난다. 고전 전승에서 이들은, 인간에게 수명을 주는 라케시스*, 인간이 존재하는 시간을 결정하는 실을 잣는 클로토*, 인간 수명이 다했을 때 그 실을 끊는 아트로포스*이다. 인간에게 부여된 불변의 운명이라는 관념은 라틴어 파타이Fatae 안에 이미 포함되어 있다. 이 단어는 '결정된 것'을 의미하는 파툼fatum에서 유래한다. 파툼이라는 단어는, 파르카이가 기도와 노래로 인간의 운명을 결정한다는 원리에 따라서, 그 자체로 단어 마법과 연결된다. 더 오래된 그리스어 모이라이는 아마도 '죽음'을 뜻하는 라틴어 모르스mors와 관련이 있을 것이다.

▲ **사탄** 성 미카엘이 사탄을 이긴 모습으로 서 있다. 야콥 엡스타인이 코벤트리의 신축 대성당을 위해서 만든 작품이다. 패배한 사탄을 묘사한 여러 초기의 이미지들과 마찬가지로, 사탄이 대천사(때로는 그리스도)의 발치에 누워 있다. 그러나 사탄은 결코 살해되지 않는다. 이 이미지는 태양과 달 사이의 전투를 의인화한 상징으로 볼 수 있다. 미카엘은 태양의 대천사이고, 악마 군단의 지도자인 사탄은 달 영역의 지배자이기 때문이다.

▲ **수쿠부스**　루시페르를 주제로 한 발레 〈구원의 영역〉(1967)에 나오는 수쿠부스의 의상을 페이 포머런스가 디자인한 모습. 수쿠부스는 인쿠부스처럼 사람을 속여서 성관계를 맺으려고 한다. 일부 악마학자들은 이 이면에 숨겨진 목적이 악마적 욕망을 충족시키기 위한 것이라고 주장하는 반면, 악마들은 자기 희생자들에게 고통을 주지 않는 한 그러한 방식으로는 쾌락을 경험할 수 없다고 주장하는 이들도 있다. 합법적 문서들이 지지하는 복잡한 중세의 신앙은, 인쿠부스는 여자들을 임신시키기 위해서 수쿠부스가 모은 정액을 사용할 수 있다고 강조한다.

▲ ▲ **악마**   지옥에서 온 악마. 그의 얼굴은 죽은 자가 저주받아 영원히 불타는 불꽃을 표현한다. 〈맨더빌의 여행〉 15세기판에 있는 채색 목판화로, 존 맨더빌 경은 14세기 중엽에 동방을 거쳐서 성지로 가는 먼 여행을 기록했다. 그러나 이 책은 초기 유럽 작가들이 설명한 "경이감"을 정리한 것으로 매우 신화적이다. 악마의 머리는 태국이나 발리 등지의 악마 가면에서 영향을 받은 것처럼 보인다. 때로 불교도의 지옥이라고 묘사하는 곳에 "불의 악마들"과 같은 존재들이 있다고 한다.

▲ **우라보로스**   킬펙의 노르만 교회 남쪽 현관에 있는 여러 비밀스런 상징들 중에서 우라보로스 뱀이 자기 꼬리를 먹고 있다. "용을 먹는 용"은 전형적인 노르만 비크헤드 괴물이며, 물고기자리와 몇몇 악마들을 나타내는 전통적인 이미지이다 이 현관의 상징적 중요성에 대해서 적절한 해설이 나온 적이 없으나, 노르만 교회 건축 양식에서는 이교도 상징, 신성한 상징, 황도대 상징, 악마적 상징들이 혼합되어 나타나는 경우가 많다.

▲ **우코바크** 콜랭 드 플랑시의 〈지옥사전〉 1863년판에 따르면, 우코바크는 지옥의 하위 계급 악마로 불을 지피는 악마들 중 하나라고 한다. 그러나 우코바크가 저주받은 자들을 고문하기 위해 뜨거운 석탄을 옮기는 악마라고 하는 이들도 있다. 콜랭 드 플랑시의 악마학 서적들을 묘사하기 위해 사용한 이미지들은 인기가 있었지만, 19세기의 투박한 가공물에 불과하다.

▶ **입문 의례** 입에서 인간이 나오는 악마의 머리. 아델 성당 남쪽 문에 달려 있다. 이 성소의 고리쇠는, 한때 법에 쫓기는 사람들에게 일시적인 피난처를 제공했다. 중세의 것으로, 인간과 용의 혼합체라는 관념을 구체화하고 있으며, 두 영역에서 똑같이 살 수 있는 사람으로 입문한다는 개념을 반영하고 있다. 이 상징은 또한 고차원의 인간(입문자)은 자신의 저차원 본성(악마)과 싸우면서 태어난다는 것을 암시한다.

▼ **지옥** 지옥에서 고문당하는 마법사. 16세기의 팸플릿 〈알렉산더 닌지의 공포스런 번민〉에서. 그림 오른쪽 악마의 입은 지옥의 입구를 양식화한 것이다. 지옥의 입구에 대한 중세적 상상은, 거대한 머리와 날카로운 이빨이 늘어선 입, 지옥의 나락으로 이끄는 식도의 형상으로 종종 묘사되었다. 그리스도교 이전 시기에는 지옥과 비교할 수 있는 것이 없었던 것으로 보이나, 헤르메스 문헌에는 연옥 개념과 관련된 가르침을 지칭하는 것들이 나타난다.

▲ **칠죄종** 16세기 초반 발둥 그린이 악마 형상적으로 표현한 목판화는 가장 인상적인 칠죄종 이미지들 중 하나이다. 칼에 쓴 중세 독일어는 분노(Zorn), 교만(Hochfart), 질투(Neid), 태만(Tragheir), 탐식(Fresserei), 탐욕(Unferscheit), 욕정(Begierde)이다.

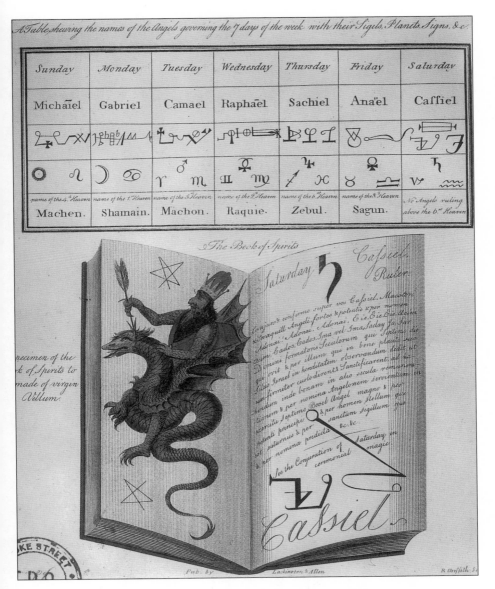

▲ **카시엘** 프랜시스 바렛의 〈마법사〉(1801)에 있는 이 도판은 뱀을 타고 있는 토성의 지배자 카시엘의 모습을 보여준다. 이 '고급 양피지'로 된 그리므와르 위의 도표에 있는 일곱 악마 또는 천사 목록은 원래 행성의 영역을 지배했던 세쿤다데이들에서 유래했으나, 여기에서는 한 주간의 일곱 요일을 지배하는 자들로 나온다. (물론 일곱 요일은 일곱 행성과 대응한다.) 도표 가운데 줄에 있는 기호들은 주간의 요일들이 아니라 악마들과 관련이 있다. 그다음 줄에 있는 행성과 황도대 기호들은 요일과 악마들에 대한 행성의 지배에 대응하는데, 현대 점성술에서는 황도 12궁을 지배하는 일부 행성이 구시대적이라고 한다. 예를 들어, 카시엘의 행성인 토성은 보병궁의 지배자로서 현대의 천왕성으로 대치되었다.

▲ **파테스(운명의 세 여신)** 퓨젤리의 그림에 바탕을 둔 이 석판화는 셰익스피어의 〈맥베스〉 서막에 나오는 세 마녀들을 묘사한 것으로 보인다. 이 마녀들은 고전적인 모이라이(라틴어로는 파르카이)에서 유래한다. 라케시스는 인간의 운명을 결정하고, 아트로포스는 운명의 실을 끊으며, 클로토는 운명의 실을 잣는다.

◀ **헤카테** 머리 셋 달린 헤카테는 나탈리스 코미티스의 〈신화〉(1616)에 나오는 지하세계의 여성 악마들 중 하나이다. 원래 헤카테는 그리스 신화의 거인들 중 하나였으나 잃어버린 페르세포네를 찾으러 떠난 후 명계의 신이 되었다. 후대에 마법의 악마 교사이자 죽은 자들의 여신으로 채택되었을 때 머리 셋을 가진 신으로 표현되었다(말, 개, 사자. 어떤 이들은 인간의 세 요소인 정신. 몸. 마음을 상징한다고 본다). 이 여신에게는 강아지들과 검은 양들을 희생물로 바쳤다. 세 머리의 본성은 전승마다 다르지만, 각각은 헤카테를 마술과 마법과 요술의 수호악마로 만든 악마적 본성의 특징들을 반영한다. 헤카테는 한때 교차로의 악마였으며, 동시에 네 길에 주의를 기울일 수 있도록 그녀의 세 머리가 배치되었다고 한다.

운명의 세 여신은 중세 후기에 마녀와 같은 조물로 전환되었다. 셰익스피어의 〈맥베스〉에 나오는 세 마녀는 '섬뜩한 자매들'(weird sisters)이라 불리기는 하지만(위어드weird는 '개인적 운명'과 비슷한 뜻을 지닌 옛 영어 위드wyrd에서 유래한다), 운명의 세 여신 이미지에서 유래한 것이 거의 확실하다. 1막 1장에서 첫 번째 마녀는 시간의 길이를 결정하려고 하고, 두 번째 마녀는 언제 어디에서 그들의 모임을 열 것인지 결정하며, 세 번째 마녀는 일몰을 언급하면서(일몰을 뜻하는 라틴어 오카수스occasus는 '죽이다'라는 뜻의 동사 오키데레occidere와 관련이 있다) 맥베스의 이름을 꺼내며 미래에 대한 언급 "머지않아!"로 대화를 끝낸다.

로마 시대에는 파투스*가 개인적 신이었다. 그리스의 다이몬*이 때로는 선하고 때로 악하기도 했지만, 파투스는 외면화한 다이몬과 비슷했다. 스펜서가 〈요정 여왕〉(I, iv, 47)에서 사용한 파이토르*라는 단어는 아마도 파투스에서 유래했을 가능성이 있다. 그 단어는 확실히 사기꾼을 의미하기 때문이다.

> 가치 있는 방패를
> 걸맞지 않게 들고 있는 부정한 파이토르는
> 미지의 새로운 고통 속으로 나를 던졌네…

울토레스 스켈로룸 Ultores scelorum
이 라틴어는 '죄악의 보복자들'을 의미하며, 스켈로룸scelorum이라는 말은 '사악한 행위'를 뜻하는 중세 후기 라틴어 스켈루스scelus*에서 나왔을 것이다. 천사마법 문헌에서 네 번째 악마 위계를 부여받았고 군주는 아스모데우스*이다. 황도대 악마들*을 보라.

웜우드 Wormwood
스크루테이프*를 보라.

웨이트 Waite
아더 에드워드 웨이트Arthur Edward Waite는 1867년 뉴욕 브루클린에서 태어났지만 어린 시절 영국으로 이주했다. 20세기 초반의 비교 전승, 연금술, 장미십자회의 신비사상, 신비술 등의 분야에서 주도적인 학자들 중 한 사람이었고, 중요한 여러 신비술사들의 친구였으며 프리메이슨의 일원이었다. 많은 책을 지었으나, 악마학자들의 특별한 관심을 끄는 것은 〈흑마술과 계약의 책 The Book of Black Magic and of Pacts〉(1898)이다. 그리므와르* 항목에 제시되어 있는, 그리므와르* 전승과 악마학 문헌에 대한 광범위한 연구이다. 이 책은 1911년 〈의전 마술의 책〉*이라는 제목으로 개정되었다. 웨이트는 1942년 사망했다.

위계 Orders

악마의 위계는 때로 악마의 계급*이라고도 하며, 지옥이나 연옥*을 지배하는 악마들의 서열을 보여준다. 이러한 목록과, 다른 형태의 악마들에 대해 그리므와르* 방식으로 제공하는 정보 목록을 혼동하지 말아야 한다. 보통 악마의 위계는, 중세 가톨릭교회가 공식적으로 분류했던 천사들의 아홉 계급을 직접 모방하거나 거꾸로 모방한 형식으로 제시된다. 디오니시우스 아레오파기테Dionysius the Areopagite의 명명법에 기초한 천사들의 분류법은 프톨레마이오스적 우주관의 영적 행성 개념과 결부되었고, 그 결과 사상과 철학의 실리를 위해 상당히 아름답게 고안된 구조를 제공했다.

악마의 위계가 이러한 아름다움이나 유용성을 거의 제공하지는 않지만, 몇몇 경우에는 (서열과 관계되는 한) 악마들을 단지 타락한 지위로 명명함으로써 악마들의 명칭을 천사들의 명칭과 체계적으로 관련시키고 있다. 그러나 악마의 영역은 훨씬 복잡한데, 예를 들어 올림피아의 영들*이 행성의 영역과 연결되듯이, 어떤 경우에는 (중세 초기의 목록에서 보면) 원래 천사였던 존재들이 때로 악마적 지위로 강등되기 때문이다.

비록 지금은 이들이 악마적 인장*을 가지고 있고, 마치 다양한 그리므와르의 악마들이었던 것처럼 취급받지만, 원래 이들은 세쿤다데이*와 비슷한 방식으로 역사적 시기를 지배했다는, 느슨한 (또는 부정확한) 인식 위에서 분류된 행성의 천사들이었다는 것은 의심의 여지가 없다.

그리므와르 및 대중 신비술 서적에 나오는 악마의 위계와 천상적 위계 사이

[표 16]

위계	악마 계급의 이름	의미	군주 또는 지배자
1	프세우도테이	거짓 신	베엘제붑
2	스피리투스 멘다키오룸	거짓말의 영	피톤
3	바사 이니키타티스	부정의 그릇	벨리알
4	울토레스 스켈로룸	불의의 복수자	아스모데우스
5	프라이스티기아토레스	기적의 모방자	사탄
6	아이리아이 포테스타테스	공중의 권세	메리짐
7	푸리아이	격분	아밧돈
8	크리미나토레스	중상자	아스타로트
9	텐타토레스 말리게니	유혹자와 나쁜 귀신	마몬

의 대응에 대해 상징적 중요성을 지나치게 많이 부여하는 것은 바람직하지 않다. 이러한 점은 맥린이 편집한 천사 마법에 관한 흥미로운 번역서에 담긴 "사악한 악마들의 위계"를 통해서 판단할 수 있다. [표 16]을 보라. 여기에 나오는 아홉 항목은 악마의 다양한 활동을 묘사하고 있지만, 특별한 책임을 지닌 위계의 서열에 대한 인식을 거의 언급하지 않았다.

유데카 Judecca
단테*가 지옥편 제9원의 제4구역에 붙인 이름이다. ([표 21]을 보라.) 충성을 맹세한 배신자들이 이곳에서 형벌을 받는다. 이 이름은 적절하게도 유다Judas에게서 왔다.

유령 Spectre
윌리엄 블레이크*가 현대 신비술의 생령生靈(Double)과 큰 차이가 없는 실체를 나타내기 위해 전문적 의미로 사용한 용어이다. 유령은 보통 영적으로 잠자는 사람의 모습을 합리화한다. "나는 … 죽음의 잠에 빠진 인간성과 그의 타락한

방사물과 그 유령, 그리고 그의 잔인한 그림자*를 본다."(〈예루살렘〉, 15쪽, 17행)
유령은 고립해서 살아가며 인간의 참된 존재의 파편으로 점점 자기중심적으로
되어간다.

> 모든 인간은
> 자신의 인간성을 자각하고
> 자신의 유령을 호수에 던지는
> 그 시간이 올 때까지
> 자기 유령의 힘 속에 있다.
> 〈예루살렘〉, 41쪽

　　유령은 참된 자아의 부정이고, 자기 자신의 구조물인 어두운 환영을 지으며,
자기 자신의 개념에 너무도 깊이 몰두하여("강철로 자신을 차단하고") 그것을 신이
라고 부르기 시작한다. 이렇게 영적으로 잠든 인간은 유령의 그림자*에 잠겨서
영적인 세계 전체를 부정한다. 사탄*을 보라.

유리젠 Urizen
조아* 항목의 [표 20]을 보라.

유바르트 Iuvart
미카엘리스의 계급*에 속하는 악마들 중 하나로 타락한 천사의 지위에 있다고
한다.

유트 Ewt
뉴트*를 보라.

유혹자들 Tempters
텐타토레스 말리게니*를 보라.

666 Six six six
그 숫자가 666인 악마를 위해서는 짐승*과 소라트*를 보라.

의전 마술 Ceremonial magic
영이나 악마들을 하늘에서 내려오게 하거나 지옥에서 올라오게 하는 소환*과 관련된 마술 형태에 붙여진 이름이다. 의전 마술을 다루는 많은 문헌은, 어떤 마술사이든 그 자신의 에고를 강화시키거나 물리적 소유물이나 토지를 확장하려면 반드시 악마들을 이용해야 한다는 것을 당연시하며, 상당히 많은 기호*와 상징과 원들과 소환 중에서, 지팡이, 혈석血石, 베르바인*, 양초, 향, 알코올, (때로는) 희생피 등의 방법으로 소환된 악마로부터 어떤 것이든 거의 얻을 수 있다는 것을 암시한다. 의전 마술 형태의 특질과 지향 범위에는, 벤베누토 첼리니의 유명한 이야기에 나오는 저급한 악마를 부르는 것에서부터(네크로만시(사령술)*를 보라) 수많은 자칭 비교학파와 집단들까지 있는데, 이것들 중에는 카발라 전통이나 그리스도교에 뿌리를 둔 것, 또는 이 둘의 부적절한 결합에 뿌리를 둔 유사 종교적 실천 등이 있다. 후자의 예로 널리 알려진 것은 1888년 형성된 비밀 집단인 "황금의 여명회"로 그들 중 일부는 〈아브라멜린〉* 문헌의 영향을 받았다. (상툼 렉눔*을 보라.) 〈아브라멜린〉 문헌의 야심적인 문체는 예이츠W. B. Yeats와 같은 시인들에게 명백히 영향을 주었지만, 벤베누토 첼리니와 같은 인물도 그 안에서는 한 자리를 차지하고 있다. 이러한 문헌에 대한 연구는, 에녹계 악마들*, 그리므와르*, 솔로몬의 영* 등의 항목에서 언급한 여러 원고와 저작을 보라.

의전 마술의 책 The Book of Ceremonial Magic
웨이트*를 보라.

이쉬엘 Yshiel
악마의 알파벳*을 보라.

이슈타르 Ishtar

원래 바빌로니아의 풍산 여신들 중 하나로 〈길가메쉬 서사시 Epic of Gilgamesh〉에 나오는 역할로 유명했다. 후대 문화에서는 여러 제례에 등장하며, 한때는 아슈타르트*와 연결되기도 했다. 탐무즈Tammuz를 지상에 데려오기 위해서 기꺼이 하데스*의 영역으로, 더 정확히 말하자면 바빌로니아의 명계에 해당하는 아랄루*로 하강한 소수의 여신들 중 하나이다. 아랄루의 문이 닫혀 있자, 이슈타르는 부숴버리겠다고 위협해서 사자들의 영혼을 해방시킨다. 지하세계의 여왕 알라투*는 이슈타르가 들어오도록 허락한다. 이슈타르는 자신의 옷을 하나씩 벗으면서 일곱 개의 문 앞에서 필요한 의례를 행하며 나체로 중심부에 도착한다. 알라투는 이슈타르를 속이고 역병의 악마 남타르*로 하여금 질병으로 이슈타르를 치도록 한다. 이슈타르는 다른 별 신들의 중재를 통해서 이 치욕과 아랄루에서 벗어난다.

이스킨 Ischin

〈조하르〉에 나오는 한 무리의 천사로 지상에서 몸을 받을 때 인간과 혼합되었다고 하며, 블라바츠키*는 "아름다운 브네알레임 B'nealeim"이라고 언급한다. 이들은 서열상 좌품천사(트로니*)의 계급에 속한다고 하며, 에녹계 악마들*의 지도자 그룹에 이들의 이름이 있다는 것은 의미가 크다. 그러나 일부 악마학 목록에서 이스킨의 우두머리는 아자젤*로 나오며, 이들은 기체와 무형의 형상으로 사람들에게 나타난다. 반면 에녹계 문헌에는 사미야사*가 지도자로 나오며, 여성들의 육체적 연인이 될 정도로 충분히 물질적이다. 블라바츠키는, 그리스도교 신학이 아자젤에게 부여하는 악마적 역할을 부인하며, 그렇게 함으로써 전통적 악마학이 부여한 일곱 이스킨을 거짓된 것으로 본다. 아틀란티스 시대의 인간에게 다양한 예술과 과학을 가르친 교사로서의 일곱 이스킨의 전통적 역할은 [표 17]에 있다.

이아 Iah

악마의 알파벳*을 보라.

[표 17]

이스킨의 이름(블라바츠키가 부여한)	가르친 주제
아키벨	징조와 표징의 의미
아마자라크	마술과 수학
아메르스	마술의 해결책
아사라델	달의 운행
아자젤	무기와 거울(마법의 거울?)
바르카얄	점성술
타미알	천문학

이야기 Talk

'악마를 이야기하다'에 대해서는 악마 관련 구절*을 보라.

이오피엘 Iophiel

인텔리젠시*를 보라.

이완 Ewan

현대의 마녀 역사가 레스트레인지 이완 C. L'Estrange Ewan은 유명한 학자이자 여러 책을 쓴 저자로, 〈마술과 악마론 Witchcraft and Demonianism〉(1933)으로 악마학자들 사이에서 많은 존경을 받고 있다.

이짐 Ijim

이사야서 13장 21절에 염소 귀신들(사티로스*)로 번역된 히브리어이며, 에마누엘 스베덴보리 Emanuel Swedenborg도 〈참된 그리스도교인의 종교 True Christian Religion〉에서 사용했다. 윌리엄 블레이크*는 이 이름을 그의 시에 채용하여 자기애(self-love)라는 욕망을 나타내게 했다. 블레이크는 이 욕망을 짐승과 독사들이 물질화한 형상으로 이해한다. 블레이크가 묘사하는 이짐의 힘은 대단한 것이고 극복할 수 없을 정도지만, 이짐은 자기 원수이자 형제인 티리엘*을 징벌하는 데 실패한다.

이집트 악마 Egyptian demon
소환자들에게 낙타의 형상으로 나타나 이집트 언어로 말하는 악마 부알*의 명칭 중 하나이다.

이코시엘 Icosiel
스테가노그래피의 악마들* 중 하나이다.

이페스 Ipes
이포스*를 보라.

이포스 Ipos
때로 아이페오스*, 아이포르오르Ayporor, 이페스* 등으로 불리는 솔로몬의 일흔두 영 중 하나이다. 천사의 형상으로 나타난다고 하며, 가끔 사자의 몸에 오리 머리와 뒷발과 발톱 같은 앞니를 지닌 모습으로 나온다. 미래에 대한 지식을 가지고 있기 때문에 소환된다,

인공 엘레멘탈 Artificial elementals
신비술에서는 흑마술 의례를 통해서 우주적 형성력이 있는 영적 본질로부터 사악한 실체들을 만들 수 있다고 보며, 신비술사들은 이 영적 본질을 정령의 본질이라고 부른다. 이러한 실체들은 자기 자신의 존재가 없는, 마술사들의 투사물로 인공 엘레멘탈이라고 불린다. 오직 신비술 법칙의 작용에 정통한 사람만 인공 엘레멘탈을 만들 수 있다. 현대에는 인공 엘레멘탈의 본성에 대한 오해가 생겼는데, 특별히 강한 욕망이나 '사고 형태'의 결과로 무의식적으로 그것이 만들어질 수 있다는 것이다. 그리고 리드비터C. W. Leadbeater가 말하듯이 "실제로 시계태엽과 같은 장치를 지닌 살아 있는 축전지"가 그런 예라는 것이다.

그러나 모든 강한 생각이나 감정이 아스트랄계에 단시간 존재하는 어떤 실체를 만드는 게 확실하기는 하지만(인간의 삶이나 열망에 항상 도움이 되는 실체는 아니다), 이러한 실체들이 인공 엘레멘탈은 아니다. 인공 엘레멘탈은 오직 의식적으로만 만들어진다. 인공 엘레멘탈은 엘레멘탈*이라고 불리는 자연적 존재와는 아무런 관계가 없다.

인디렌 Indiren

아우스타틱코파울리가우르*를 보라.

인쇄소의 악마 Printer's devil

악마 관련 구절*을 보라.

인안나 Inanna

악마의 지위로 강등된 고대의 여신들 중 하나이다. 이언 벡Ean Begg이 〈검은 동정녀 숭배 The Cult of the Black Virgin〉(1985)에서 지적하듯이, 서기전 3000년경 인안나는 하늘과 풍요와 전쟁과 정의와 성적 사랑과 치유의 수메르 여신이었다. 하늘의 맹렬한 황소의 장례식에 참석하기 위해 지옥에 머무른 후, 인안나는 에레쉬키갈Ereshkigal과 같은 능력을 가지게 되었으며, 한 번 흘깃 봄으로써 죽일 수 있는 능력도 가지게 되었다.

인용문 Quotations

악마와 악마의 습성에 관련된 다음의 인용문들은 주로 영어권 문헌과 영어권 문화에 남긴 외국의 자료에서 유래한다. 그리고 악마가 유포시킨 방종의 원리를 옹호하는 필자들이 채용가치가 있다고 여기는 것도 실었다. 우리는 단테*의 〈신곡〉, 셰익스피어의 희곡들, 말로의 〈파우스투스 박사〉, 밀턴*의 〈실낙원〉, 괴테의 〈파우스트〉 등에서 악마 관련 인용문들을 추려 쉽게 책 한 권의 분량을 채울 수 있기에, 여기에 수록한 목록이 완성된 것일 수는 없다. 이것은 다만 사탄*의 권위와 관련된 속담과 문학적 견해를 개인적으로 간추려 놓은

▲ **인용문** 메피스토펠레스가 파우스트와 마르게리테와 함께 있는 모습을 보여주는 석판화. 19세기 초반 괴테의 저작에 있는 들라크루아의 삽화.

것에 지나지 않는다. 이와 관련해서 악마 관련 구절*을 보라.

역사란 어떤 점에서 악마가 세상에 드리운 그림자에 대한 해설이기도 하다. 이 그림자는 지금 너무 길어서 극소수의 작가들만이 그것에 대한 진지한 묘사나 측정을 시도하는 용기를 가지고 있다. 그러나 알베르 레빌Albert Reville의 〈악마, 그의 기원 및 위대함과 쇠락 The Devil, His Origin, Greatness and Decadence〉, 폴 카루스Paul Carus의 〈악마의 역사 History of the Devil〉, 노만 콘Norman Cohn의 〈천년왕국 추구 The Pursuit of the Millennium〉(1970년판) 등은 그늘진 역사의 해석에 관심이 있는 이들에게는 여전히 흥미로운 읽을거리가 된다. 악마와 그의 군단들은 여러 뛰어난 문학 작품들에 등장하며, 불유쾌한 악마의 방식들은 물론 흥미로운 오락거리임에 틀림없다. 가장 유익한 정보들 중에는 다음이 포함되어야 할 것이다. 로버트 아서Robert Arthur의 〈사탄과 샘 샤이 Satan and Sam Shay〉, 필립 바리Philip Barry의 〈천국의 전쟁 War in Heaven〉, 맥스 비어봄Max Beerbohm의 〈일곱 남자들 Seven Men〉, 존 콜리어John Collier의 〈프리젠팅 문샤인 Presenting Moonshine〉, 리처드 가네트Richard Garnett의 〈신들의 황혼 The Twilight of the Gods〉, 브렛 하트Bret Harte의 〈악마와 중개인 The Devil and the Broker〉, 너대니얼 호손Nathaniel Hawthorne의 〈사본의 악마 The Devil in Manuscript〉, 워싱턴 어빙Washington Irving의 〈악마와 탐 워커 The Devil and Tom Walker〉, 클라이브 스태플스 루이스의 〈스크루테이프의 편지〉와 〈스크루테이프 건배를 제의하다 Screwtape Proposes a Toast〉, 오스카 만Oscar Mann의 〈수녀원의 악마 The Devil in a Nunnery〉, 기 드 모파상Guy de Maupassant의 〈몽생미셸의 전설 The Legend of Mont St-Michel〉, 로버트 루이스 스티븐슨Robert Louis Stevenson의 〈악마와 여인숙 주인 The Devil and the Innkeeper〉, 윌리엄 메이크피스 테커레이William Makepiece Thackeray의 〈화가의 흥정 The Painter's Bargain〉, 존 메이스필드John Masefield의 〈악마와 노인 The Devil and the Old Man〉, 피오트르 데미아노비치 우스펜스키*의 〈악마와의 대화〉, 마크 트웨인Mark Twain의 〈불가사의한 이방인 The Mysterious Stranger〉, 허버트 조지 웰스H. G. Wells의 〈꺼지지 않는 불 The Undying Fire〉 등. 그러나 유명작가 중에서 악마를 이용해 문학적 손질을 가하지 않은 이는 거의 없어 보인다. 스털링 노스Sterling North와 C. B. 바우텔C. B. Boutell이 편집한 〈악마에 대해 말하다 Speak of the Devil〉(1945)는 악마에 관한 이야기들을 모아놓은 뛰어난 선집이며, 위에서 언급한 목록에서 취한 자료를 수록하고 있다.

속담

악마를 쫓아내는 것보다 들어오지 못하게 하는 것이 더 좋다. (스코틀랜드)

악마는 악마로 쫓아내야 한다. (독일)

악마는 뒤떨어진 자를 잡아간다. (악마 관련 구절*을 보라.)

악마를 부르지 마라, 부르면 금방 나타날 것이다. (덴마크)

악마와 시합해서 이길 수 있는 자는 별로 없다.

악마에게 밧줄을 충분히 주면 스스로 목을 매달 것이다.

악마와 함께 저녁을 먹을 때에는 긴 숟가락을 가져야 한다.

어리석게도 악마가 이끄는 길로 간다.

악마를 배에 태운 사람은 최선을 다해 견뎌야 한다.

신이 준다면 악마가 빼앗을 것이다. (스코틀랜드)

악마가 없다면 신도 없다.

벽에 악마를 그리면 진짜로 나타날 것이다. (프랑스)

악마를 두려워하면 결코 부자가 될 수 없다. (이탈리아)

악마가 촛불을 들고 있는 곳에서 이루어지는 사악한 행렬.

악마가 깃발을 들고 있는 곳에서 수행하는 고약한 전쟁.

악마에게 거짓말을 하는 것은 죄다.

결코 악마를 위해서 촛불을 들지 마라.

악마에 대해 말하면 악마가 올 것이다.

악마에 대해 말하면 악마가 나타날 것이다.

악마에 대해 말하면 그의 뿔이 나타난다.

손에는 묵주, 외투에는 악마.

악마는 항상 악취를 남긴다. (덴마크)

악마는 자기의 나날을 기다린다. (스코틀랜드)

악마는 세상을 무신론과 미신으로 나눈다.

악마는 자신이 담당하는 교구의 바쁜 주교이다.

악마는 바보다.

악마는 자기에게 잘한다.

악마가 항상 하나의 문에만 있는 것은 아니다.

악마는 묘사되는 것처럼 그렇게 검지는 않다.

악마는 십자가 뒤에 숨어 있다.

악마는 열쇠 구멍으로 들어올 수 있으나, 문이 그를 밖으로 나가지 못하게 한다.

악마의 식사는 절반이 겨이다.

악마는 자기 목적을 위해 성서를 인용한다.

악마는 모든 사람을 유혹하지만 게으른 사람은 악마를 유혹한다. (아랍)

악마가 죽었다면 신을 위해서도 일하지 못할 것이다.

악마는 죽어도 울어줄 사람이 많다.

악마는 젊었을 때 잘생겼다.

곡식을 갈면 가루는 악마에게 겨는 신에게 주지 마라. (이탈리아)

전쟁이 일어나면 악마는 지옥을 더 크게 만든다.

신이 교회를 가진 곳에 악마도 예배당을 가질 것이다.

악마는 자기가 갈 수 없는 곳에 저주를 보낸다. (독일)

목에 악마를 지니고 있는 사람에게는 일을 주어야만 한다. (네덜란드)

악마는 우선 사람을 미치게 한 다음 파멸시킨다. (악마 관련 구절*을 보라.)

여성은 악마보다 핵심을 더 잘 안다. (이탈리아)

문학작품

크리스토퍼 앤스티 Christopher Anstey (1724~1805)

밤에 훌륭한 만찬을 먹었어도, 나는 꿈에서 악마를 보았고 공포 속에서 깨어났다.

〈새로운 목욕 지침 The New Bath Guide〉

히포의 아우구스티누스 Augustine of Hippo (354~430)

악마는 인간을 유혹하기 위해서 종종 천사로 변한다. 어느 정도 인간들을 높이고, 어느 정도 인간들을 파괴하기 위해서.

〈신국론 The City of God〉

헨리 워드 비처 Henry Ward Beecher (1813~1887)

세상에서 가장 비열한 것은 악마이다.

〈플리머스 설교단의 격언 Proverbs from Plymouth Pulpit〉

맥스 비어봄 Max Beerbohm (1872~1956)

닫힌 광장을 돌고 돌아서
나는 악마와 짝이 되어 걸었다.
거기에서는 그의 발굽 소리밖에 들리지 않았고
악마와 나의 웃음소리만 울렸다.

〈에녹 솜스 Enoch Soames〉

힐레어 벨록 Hilaire Belloc (1870~1953)

할 일이 없는 악마는,
나의 숙녀 폴테그루를 유혹하러 떠났네.
나의 숙녀는 충동적인 말에 유혹을 받고,
무척 곤란하게도 악마를 유혹하고 말았네.

〈숙녀 폴테그루에 대하여 On Lady Poltagrue〉

스티븐 빈센트 베넷 Stephen Vincent Benet (1898~1943)

뉴햄프셔 남자 두 사람이 악마에 필적하지 못한다면, 우리는 이 나라를 인디언들에게 돌려줘야 할지도 모른다.

〈악마와 다니엘 웹스터 The Devil and Daniel Webster〉

윌리엄 블레이크 William Blake (1757~1827)

주(註): 밀턴이 천사들과 신에 대해 글을 쓸 때에는 사로잡혀서 썼고, 악마들과 지옥에 대해 쓸 때에는 자유로웠던 이유는, 그가 참된 시인이었고 자신도 모르는 채 악마의 편에 섰기 때문이다.

〈천국과 지옥의 결혼〉

편평하게 인접한 절벽이 현세 위로 찌푸리는 곳, 오감의 심연 위에 있는 집으로 왔을 때, 나는 바위에서 맴도는 검은 구름 속에 포개진 용감한 악마를 보았네.

그는 침식하는 불로 다음의 문장들을 썼고 인간의 마음은 지상에서 그것을 인식하고 읽었네.

당신은 모든 새가 공중의 길을 가르는지 어떻게 아는가,

그것은 당신의 오감으로 닫힌 거대한 기쁨의 세상이 아닌가?

〈천국과 지옥의 결혼〉

헬레나 페트로브나 블라바츠키 Helena Petrovna Blavatsky (1831~1891)

악마는 신의 변형이고, 악마는 신의 그림자이며, 우주의 신비적인 원리를 진술한다. 태초의 암흑이 없다면 빛이 존재할 수 있겠는가?

〈베일을 벗은 이시스〉

그러므로 다양한 변형들로 나타나는 악마는 오류일 뿐이다. 우리가 악마를 보고 듣고 느낀다고 상상할 때, 우리가 보고 듣고 느끼는 것은 종종 우리 자신의 사악하고 타락하고 오염된 영혼의 반영인 경우가 너무 많다.

〈베일을 벗은 이시스〉

존 밀턴은 … 허구적인 작품 이외에 위대한 저작을 남기지 않았지만, 그것은 성서의 다양한 부분을 철저히 함께 꿴 것이었다. 오피테스의 일다-바오트Ilda-Baoth of the Ophites[배사교拜蛇教의 알에서 나온 아이라는 뜻는 빛의

천사, 새벽별로 변형되었고 악마를 만들었다 … 만일 밀턴이 자신의 시를
단테의 〈신곡〉과 같은 것으로 보지 않고 성서를 보충하여 또 다른 "묵시
록"을 완료하는 것으로 고려했었다면, 그는 확실히 가난을 감수하고 그
것을 출판하지 않았을 것이다.

〈베일을 벗은 이시스〉

헨리 조지 본 Henry George Bohn (1796~1884)
악마는 젊은이를 아름다움으로, 구두쇠를 금으로, 야심가를 권력으로,
학자를 거짓 교설로 옭아맨다.

〈속담집 Handbook of Proverbs〉

로버트 브라우 Robert Brough (1828~1860)
이 세상에서 뽐내는 모든 미친 짓 중에서,
악마들을 가장 기쁘게 만드는 것은,
굼벵이가 구더기를 경멸하는 것과 같이
엉뚱한 말로 표현하는 교만에 있다.

〈천막 제조업자 이야기 The Tent-Maker's Story〉

엘리자베스 배럿 브라우닝 Elizabeth Barrett Browning (1806~1861)
그들은 거짓으로 불쌍한 걸인을 치켜세우고
상황이 악화되었어도 더욱 좋게 본다네.
악마는 존경받을 때 가장 악마적이니.

〈오로라 리 Aurora Leigh〉

로버트 브라우닝 Robert Browning (1812~1889)
노련한 악마는 … 어쩌면 아래쪽으로 이끌지 모르나,
줄곧 사기를 친다네.

〈빨간 나이트캡 나라 Red Cotton Night-cap Country〉

로버트 번스 Robert Burns (1759~1796)

맙소사, 도대체 인간이란 무엇입니까! 단순하게 보이면서도,

자신의 깊음과 얕음, 선과 악을 모두 동원하여

모든 계략을 발휘하고자 하니,

대체로 인간은 악마도 헷갈리게 만드는 문제일 것입니다.

(폭스C. J. Fox에게 헌정한 스케치)

로버트 버턴 Robert Burton (1577~1640)

은둔자들과 은수자들 가운데에서는 악마들의 어떤 이상한 환상들이 결코 없었고, 환시와 환상과 유령과 열광, 예언들도 없었으며, 결코 어떤 계시들도 없었으나, 무절제한 단식, 나쁜 섭생, 질병, 우울, 고독, 또는 이와 비슷한 것들이 이러한 온갖 환시와 망상을 가져오게 하는 원인, 전조, 부수물이 되었다. 악마는 그들을 미혹시키기 위하여 가장 훌륭한 기회를 잡는다.

〈우울의 해부〉

예수회원 아코스타가 이야기하고 있듯이, 스페인인들이 아메리카에 처음 도착했을 때 그들에게 있었던 신전들과 사제들과 제물은 얼마나 훌륭했던가, 우리의 세례와 성만찬은 얼마나 이상한 성사들인가, 이렇게 악마는 방주와 이스라엘 자녀들의 이집트 탈출을, 많은 것들과 함께, 모방했다.

〈우울의 해부〉

새뮤얼 버틀러 Samuel Butler (1835~1902)

악마를 위한 변명: 우리는 단지 사태의 한쪽 이야기만 들었다는 것을 기억해야 한다. 하느님이 모든 책을 쓰셨다.

〈비망록〉

나는 감히 말한다. 하느님은 사랑이시다. 그러나 사랑이란 얼마나 장난

기 있는 악마인가.

〈비망록〉

조지 고든 바이런 경 George Gordon, Lord Byron (1788~1824)

악마는 자신의 모든 화살통에도 달콤한 목소리처럼 가슴을 때리는 화살
을 가지고 있지 않다.

〈돈 후안 Don Juan〉

악마는 첫 조상이었고,

그로부터 반역의 종족이 나왔다.

〈잡기록 Miscellaneous thoughts〉

여성은 천사이지만, 결혼생활은 악마이다.

〈무위의 시간, 엘리자에게 To Eliza, Hours of Idleness〉

토마스 칼라일 Thomas Carlyle (1795~1881)

"악마가 명화와 함께 멀리 날아가 버리기를!" 유명한 공인公人이 … 나의
귀에 외쳤다.

〈만년의 책자 Latter Day Pamphlets〉

이제 나는 풍자가 대체로 악마의 언어라고 생각한다.

〈의상衣裳 철학 Sartor Resartus〉

로렌스 클랙스턴 Laurence Claxton (1615~1667)

나는 정말로 악마가 인간에게서 나온 기형인간이라고 믿는다.

내가 밤에 보았던 검은 것은 모두 악마였다.

〈잃어버렸다 찾은 양 The Lost Sheep Found〉

사무엘 테일러 콜리지 Samuel Taylor Coleridge (1772~1834)

　　새벽 어스름 유황 침대에서

　　악마가 걸어 나왔다,

　　지상이라는 편안한 작은 농장을 방문하기 위해.

　　그리고 자기 가축이 어떻게 지내고 있는지를 본다.

　　〈악마의 생각〉

　　그리고 그는 앞뒤로 그의 긴 꼬리를 흔들었다.

　　마치 신사가 자기 지팡이를 흔들듯이.

　　〈악마의 생각〉

윌리엄 콘그리브 William Congreve (1670~1729)

　　악마는 모든 기회를 엿본다.

　　〈늙은 독신자 The Old Bachelor〉

찰스 다윈 Charles Darwin (1809~1882)

　　서투르고 쓸모없고 빈약하고 저급하며 잔혹하고 끔찍한 자연의 작품에

　　대하여 악마의 성직자가 쓴 것과 같은 이 책은 무엇인가요!

　　(후커에게 보낸 편지Letter to J. D. Hooker, 1856)

다니엘 데포 Daniel Defoe (1661?~1731)

　　어디에든 신이 기도의 집을 세울 때,

　　악마는 항상 그곳에다 경당을 짓는다네.

　　조사하면 그것은 발견될 거야,

　　악마의 경당에는 가장 많은 신도들이 모이지.

　　〈순수한 영국인 The True-born Englishman〉

존 던 John Donne (1571?~1631)

　　가서 떨어지는 별을 잡고,

　　아이와 함께 맨드레이크를 수확하라,

　　말해다오, 지나간 모든 세월은 어디에 있으며,

　　누가 악마의 발굽을 갈라놓았는지.

　　〈노래 Song〉

존 드라이든 John Dryden (1631~1700)

　　악담과 칭찬은 그의 일상적 방식이었고,

　　둘 다 (그의 판단을 보여주기 위해) 극단으로 치닫는다.

　　폭력적으로 넘어서거나, 또는 정중하게 넘어서,

　　그와 함께 있는 모든 사람은 신이거나 악마였다.

　　〈압살롬과 아키토펠 Absalom and Achitophel〉

스티븐 포셋 Stephen Fawcett (1807~1876)

　　사탄의 말을 인용하자면, "내가 기뻐하는 무기는 셋이며,

　　나는 음주와 도박과 싸움을 발명했다. "

　　〈커클리스의 암투, 브래드퍼드의 전설 The Black Duel of Kirkless, Bradford Legends〉

존 플로리오 John Florio (1553?~1625)

　　각 사람은 자기 자신을 위해서, 그리고 악마는 모두를 위해서.

　　〈첫 열매 First fruits〉

토마스 풀러 Thomas Fuller (1608~1661)

　　죄에 떨어진 자는 인간이고, 그것을 슬퍼하는 이는 성인이며, 그것을 뽐내
　　는 이가 악마이다.

　　〈자화자찬 그리고 거룩한 상태와 불경한 상태에 대하여 Of Self-Praising, The Holy
　　and the Profane State〉

데이비드 개릭 David Garrick (1717~1779)

자기 작품으로 그토록 우리를 기쁘게 해주는 이 사람은 위대한 시인인가?

이것은 훌륭한 책을 쓴 골드스미스의 훌륭한 향연인가?

하늘은 우리에게 좋은 고기를 보내지만, 악마는 요리사를 보낸다네.

〈골드스미스 박사의 독특한 요리법에 대하여 On Doctor Goldsmith's Characteristical Cookery〉

리처드 그린햄 Richard Greenham (1535~1594?)

악마란 존재하지 않는다고 우리를 설득하는 것이 바로 악마의 술책이다.

〈리처드 그린햄의 저작 The Works of Richard Greenham〉

조지 허버트 George Herbert (1593~1633)

부富는 마술사의 악마다.

어떤 이가 부를 가졌다고 생각할 때, 악마는 그를 가진다.

〈성전 The Temple〉

우리는 악마를 더럽게 묘사하지만,

그에게는 모두가 동의하는 좋은 점이 있다.

〈성전〉

에드워드 나치블-허거슨, 브래번 경
Edward Knatchbull-Hugessen, Lord Brabourne (1829~1893)

여기에 로버트 로위의 뼈들이 누워 있네,

그가 어디로 갔는지 나는 모른다네.

만일 그가 평화와 사랑의 영역으로 갔다면,

천상에서 행복하라고 작별을 고하네.

만일 그가 낮은 차원으로 갔다면,

나는 악마에게 축하해줄 수가 없네.

〈올빼미 Owl〉

새뮤얼 존슨 Samuel Johnson (1709~1784)

나는 언제나 첫 번째 휘그당원이 악마라고 말했다.

(보스웰 Boswell의 〈존슨의 생애 Life of Johnson〉)

러디어드 키플링 Rudyard Kipling (1865~1936)

그러나 악마는 그르렁거린다, 오랜 세월 그랬듯이. 영리한 일이기는 하나, 과연 그것은 예술인가?

〈일터의 수수께끼 The Conundrum of the Workshops〉

휴 래티머 Hugh Latimer (1485?~1555) (우스터 Worcester의 주교)

악마는 자기 밭을 가는 데 부지런하다.

〈쟁기에 대한 설교 Sermon of the Plough〉

클라이브 스태플스 루이스 Clive Staples Lewis (1898~1963)

독자들은 악마가 거짓말쟁이라는 것을 기억하기 바란다.
지상 못지않게 지옥에도 희망사항이 있다.

〈스크루테이프의 편지〉

마르틴 루터 Martin Luther (1483~1546)

악마가 그들의 경멸을 주목했을 때 그는 자신의 게임을 멈추었고 더 이상 오지 않았다. 그는 거만한 영이며 멸시를 참지 못한다.

(스털링 노스와 C. B. 바우텔이 편집한 〈악마에 대해 말하다〉에서 인용)

악마에게는 두 가지 다른 형상이 있으며 그것으로 자신을 변장한다. 악마는 겁을 주거나 죽이기 위해서 뱀의 형상으로 나타나거나, 거짓말을 하거나 사기를 치기 위해서 순진한 양의 형상으로 나타난다.

〈식탁 담화 Table Talk〉

크리스토퍼 말로 Christopher Marlowe (1564~1593)

악마 메피스토필리스 등장

파우스투스 : 그대에게 명령하니 돌아가서 모습을 바꾸라.

그대는 내가 시중을 들기에는 너무 추악하다.

가서 나이 든 프란치스코회 수도자의 모습으로 돌아오라.

그 거룩한 모습이야말로 악마에게는 최상이니.

〈파우스투스 박사〉 1막 3장

파우스투스 : 루시페르도 언젠가는 천사가 아니었던가?

메피스토필리스 : 그래 파우스투스, 하느님의 가장 큰 사랑을 받았지.

파우스투스 : 그런데 어떻게 그가 악마의 왕이 되었나?

메피스토필리스 : 오, 야심에 찬 교만과 오만함 때문이지.

그 때문에 하느님이 천국에서 던져버렸다네.

〈파우스투스 박사〉 1막 3장

파우스투스 : 그대는 어디서 저주를 받았는가?

메피스토필리스 : 지옥에서.

파우스투스 : 그럼 어떻게 지옥에서 나왔지?

메피스토필리스 : 여기는 왜 지옥이 아니란 말인가, 나는 거기서 나오지

않았다네.

생각해보게.

하느님의 얼굴을 보고,

천국의 영원한 기쁨을 맛보았던 내가,

영원한 지복을 빼앗긴 상태에서,

일만 개의 지옥들로 고문을 당하지 않겠는가?

〈파우스투스 박사〉 1막 3장

파우스투스 : 만일 나에게 별들만큼 많은 영혼이 있다면,
나는 그것들을 모두 메피스토필리스에게 줄 것이다.
〈파우스투스 박사〉 1막 3장

파우스투스 : 별들은 여전히 움직이고, 시간은 흐르며, 시계는 때리겠지,
악마는 올 것이고 파우스투스는 저주를 받아야만 한다.
오, 나는 나의 하느님께 도약할 것이네! 나를 끌어내리는 이는 누구인가?
〈파우스투스 박사〉 5막 2장

필립 매신저 Philip Massinger (1583~1640)

악마는 까다로운 인물로 변했다.
〈오래된 빚을 갚는 새로운 방법 A New Way to Pay Old Debts〉

여성의 노예가 되는 것보다 악마의 노예가 되는 것이 더 낫다.
〈사랑의 회의 Parliament of Love〉

코튼 매더 Cotton Mather (1662~1728)

악마가 존재한다는 것은 오직 악마의 영향 아래 있는 사람들만 의심하는
것이다. 왜냐하면 악마의 존재를 부정하는 것은 악마적인 것보다 더욱
나쁜 독신瀆神이라는 무지에서 나온 것임에 틀림없기 때문이다.
〈보이지 않는 세계의 경이 The Wonders of the Invisible World〉

토머스 미들턴 Thomas Middleton (1570?~1627)

악마는 자기 하인들을 걱정한다.
〈옛것을 잡아채는 비결 A Trick to Catch the Old One〉

에드나 세인트 빈센트 밀레이 Edna St Vincent Millay (1892~1950)

사탄이여 당신에게 영광과 찬미가 깃들기를,

당신이 다스렸던 하늘 높은 곳에도,

당신이 속박당해 꿈을 키우는 저 깊은 지옥의 어둠 속에도!

오 침묵의 힘이여,

살아 있는 신전처럼 승리의 가지가 우거지는 시간,

당신의 이마에 뿌리내린 지식의 나무에서

당신의 위대한 시간에 나의 영혼이 당신과 가까이 있기를!

(보들레르의 〈악의 꽃 Les Fleurs du Mal〉 중에서 "사탄의 연도 The Litanies of Satan" 일
부 번역)

존 밀턴 John Milton (1608~1674)

사탄 : "이 하강에서부터

천상의 천사는 다시 떠올라

타락하기 전보다 더욱 영광스럽고 무섭게 나타날 것이니…"

〈실낙원〉 2권

사탄 : "천국에서 섬기는 것보다, 지옥에서 다스리는 게 더 나으니"

〈실낙원〉 1권

압디엘 : "지옥에서 너의 왕국을 지배하고, 나는 하늘에서 영원히 축복 받
은 하느님을 섬기게 하라…"

〈실낙원〉 6권

"… 악마는 부끄러워서 섰고,

선이 얼마나 끔찍한 것인지 느껴서 …"

〈실낙원〉 4권

토마스 무어 Thomas Moore (1779~1852)

싸움은 훌륭하게, 그러나 놀 때는 더욱 멋지게,

줄 때에는 신처럼, 그러나 ─값을 치를 때에는 악마처럼!

〈'셰리든의 핸드' 배역에 대하여 On a Cast of Sheridan's Hand〉

아시다시피, 허영심 없이 말하자면 ─

천사가 글을 쓴다고 할지라도, 악마가 그것을 인쇄해야 합니다.

〈영국의 퍼지 가문 The Fudges in England〉

토마스 모어 경 Sir Thomas More (1478~1535)

"…나는 악마를 심하게 추락시켰다. …"

(로퍼의 〈토마스 모어 경의 생애 Life of Sir Thomas More〉(1935)에서 인용)

스털링 노스 Sterling North (1906~1974)

민족주의가 악마의 작품이라는 것에 동의하든 말든, 모든 악마학 연구자
들에게 확실한 것은 악마가 민족주의자라는 것이다.

사탄의 적응력은 전혀 그의 매력이 아니다.

(스털링 노스와 C. B. 바우텔이 편집한 〈악마에 대해 말하다〉에서 인용)

로버트 폴록 Robert Pollock (1798~1827)

그는 안에 있는 악마를 섬기려고

천국의 제복을 훔친 인물이었다.

〈시간의 추이 The Course of Time〉

알렉산더 포프 Alexander Pope (1688~1744)

노년에 덕망이 높으면, 다만 악마가 남긴 것을 신에게 바칠 뿐이다.

〈다양한 주제들에 대한 사색 Thoughts on Various Subjects〉

벤저민 워드 리처드슨 경 Sir Benjamin Ward Richardson (1828~1896)

　"용해된 악마"

　(거니 베넘Gurney Benham이 인용한 '알코올'에 대한 묘사)

윌리엄 셰익스피어 William Shakespeare (1564~1616)

　광대 : 살덩어리가 저를 몰아댑니다. 살덩이는 악마의 지시를 따를 수밖에 없거든요.

　〈끝이 좋으면 다 좋다 All's Well That Ends Well〉 1막 3장

　광대 : 전 그렇게 단순하지가 않아요, 악마도 여자는 먹지 않는다고 하던데요. 악마가 장식하지 않는다면, 여자는 신들의 음식이죠. 하지만 정말이지, 바로 이 빌어먹을 악마들이 여자들 속에서 신들에게 큰 해를 입히고 있습니다. 신들이 여자 열을 만들면 악마들은 그중 다섯을 망쳐놓아요.

　〈안토니우스와 클레오파트라〉 5막 1장

　폴로니어스 : 우리가 독실한 신심과 경건한 행동으로 악마마저 설탕발림을 한다는 것은 너무도 흔한 일이라네.

　〈햄릿 Hamlet〉 3막 1장

　햄릿 : … 아버지가 돌아가신 지 두 시간도 안 되었다네.

　오필리어 : 왕자님, 두 달씩 두 번이 지났습니다.

　햄릿 : 그리 오래됐다고? 그렇다면 상복은 악마나 입게 하고 나는 담비 가죽옷이나 입어야겠군.

　〈햄릿〉 3막 2장

　소년 : 예 맞습니다. 여자들은 악마의 화신(incarnation)이라고 했어요.

　안주인 : 그이는 정말로 살색(carnation)을 싫어했어. 결코 좋아하지 않았던 색깔이지.

소년 : 한번은, 여자들 때문에 악마가 자기를 가지게 될 거라고 하던데요.
〈헨리 5세〉 2막 3장

왕 : 이렇게 잡초에서 꿀을 얻고, 악마에게서도 교훈을 얻을 수 있는 거야.
〈헨리 5세〉 4막 1장

포인스 : 잭, 자네 영혼을 두고 악마와 거래한 건 어떻게 되었나? 자네는 지난 성금요일에 마데이라 와인 한 잔에 그에게 영혼을 팔지 않았던가?
〈헨리 4세〉 1부 1막 2장

폴스타프 : … 아마몬을 때리고 루시페르의 아내를 훔치고 그 악마의 주인이 되겠다고 맹세한 그 웨일스 사람.
〈헨리 4세〉 1부 2막 4장

왕자 : 너는 은총으로부터 완전히 벗어났다. 살찐 노인의 형상을 한 악마가 너를 따라다니며 괴롭히는구나. 괴물과 같은 이가 너의 벗이로다.
〈헨리 4세〉 1부 2막 4장

핫스퍼 : 악마가 웨일스어를 이해하는가 보군. 그가 변덕스러운 것도 놀랄 일은 아니지.
〈헨리 4세〉 1부 3막 1장

캐시어스 : 옛날 부루투스라는 사람이 있었는데, 그는 왕이 로마를 지배하도록 내버려두지 않고, 악마가 로마를 다스리게 했다고.
〈줄리어스 시저 Julius Caesar〉 1막 2장

뱅코우 : 정말 악마도 진실을 말할 수 있을까?
〈맥베스〉 1막 3장

412

맥베스 부인 : 그 단검을 나에게 주세요. 잠자는 사람이나 죽은 사람은 단지 그림일 뿐. 어린애나 그림에 있는 악마를 두려워하죠.
〈맥베스〉 2막 2장

문지기 : 그러나 여기가 지옥이라고 하기에는 너무 춥네. 더 이상 악마의 문지기는 못하겠어.
〈맥베스〉 2막 3장

맥베스 : 얼굴이 희멀건 바보야, 악마가 너를 까맣게 만들어 놓기를! 왜 그렇게 겁에 질린 거위처럼 보이느냐?
〈맥베스〉 5막 3장

공작 : 위대한 궁전에 경의를 표합니다! 때로는 악마도 자신의 불타는 권좌에서 칭송받을 수 있기를.
〈자에는 자 Measure for Measure〉 5막 1장

안토니오 : 악마는 자신의 목적을 위해서 성서도 인용할 수 있지.
〈베니스의 상인 Merchant of Venice〉 1막 3장

테세우스 : 미치광이와 연인, 시인들은 모두 과도한 상상의 지배를 받고 있소. 어떤 사람들은 광대한 지옥에 있는 악마들보다 더 많은 악마들을 보는데, 바로 미치광이들이야. 연인들은 꼭 미친것과 같아서, 검은 피부 집시를 세상에서 가장 아름답게 여긴다네.
〈한여름 밤의 꿈 A Midsummer Night's Dream〉 5막 1장

이아고 : 나으리는 만일 악마가 명한다면, 신도 섬기지 않을 사람이군요.
〈오셀로〉 1막 1장

413

카시오 : 오, 눈에 보이지 않는 와인의 영이여, 만일 너에게 이름이 없다면, 너를 악마라고 부르게 해다오!
〈오셀로〉 2막 3장

카시오 : 술주정꾼 악마가 물러나니, 격노의 악마가 자리를 차지하는구나. 한 결점이 가시니 또 다른 결점이 다가오네.
〈오셀로〉 2막 3장

카시오 : 참으로 이상하군! 지나친 술잔은 모두 저주받았고, 그 안에 든 것은 악마로다.
〈오셀로〉 2막 3장

오셀로 : 그녀는 마치 불타는 지옥으로 가는 것처럼 거짓말을 했네. 바로 내가 그를 죽였어.
에밀리아 : 오, 아씨는 천사보다 더한 천사이고, 당신은 악마보다 더한 악마에요!
〈오셀로〉 5막 2장

글로스터 : 그러면 난 한숨을 쉬면서 성서 구절을 그들에게 인용하지. 하느님께서는 악을 선으로 갚으라고 하셨다고 말이지.
나는 이렇게 성서의 단편으로 나의 철저한 사악함을 감춘다네.
가장 악마적인 행동을 할 때, 난 성인처럼 보이지.
〈리처드 3세 Richard III〉 1막 2장

하인 : 훌륭한 악당이야. 악마가 사람을 정치적으로 만들었을 때, 그조차도 자기가 무슨 일을 했는지 몰랐겠지.
〈아테네의 타이먼 Timon of Athens〉 3막 3장

▲ **인용문** 고든 브라운이 그린 셰익스피어의 〈맥베스〉에 나오는 삽화.

토비 경 : 맬보리오, 어떤가? 어떻게 지내? 악마에게는 그냥 아니라고만 말하게. 악마는 인류의 원수라는 걸 생각해야 해.

맬보리오 : 자네 지금 무슨 말을 하는지 알고 있나?

마리아 : 저것 봐요. 악마에 대해 나쁘게 말하면 그것을 가슴에 담아 둔다고요! 그가 마법에 걸리지 않기를 기도해요.

〈십이야 Twelfth Night〉 3막 4장

광대 : 창피한 줄 알아라, 이 거짓말쟁이 사탄아! 지금 너에게 친절하게 대하는 건, 내가 악마에게조차 예의를 지키는 사람이기 때문이야.

〈십이야〉 4막 2장

앤드류 경 : ⋯ 우리는 그를 겁쟁이로 생각했지만, 그는 마치 악마처럼 싸워요.

〈십이야〉 5막 1장

415

퍼시 비시 셸리 Percy Bysshe Shelley (1792~1822)

메피스토펠레스 : 태양과 세상에 대해서는 할 말이 없습니다.

나는 다만 사람들이 스스로 괴로워하는 것만 볼 따름이지요.

〈괴테의 파우스트에서 Scenes from Goethe's Faust〉

메피스토펠레스 : 나조차도 슬픔의 나날을 살아가는 인간들이 딱하게 여깁니다.

그 불쌍한 것들을 괴롭히는 기쁨을 거의 포기할 정도라니까요.

〈괴테의 파우스트에서〉

메피스토펠레스 : 나는 결코 죽은 자들과 기꺼이 교제를 하지는 않아요.

젊은이의 신선한 뺨이야말로 내 밥이죠.

송장이 문을 두드리면, 나는 집에 없다고 해요.

나는 마치 쥐를 잡아먹기 전에 그걸 가지고 놀기 좋아하는 고양이 같으니까요.

〈괴테의 파우스트에서〉

그래서 성 바울로 교회로 갔다.

성인들은 형식적이었고 그는 쾌활했지만,

그는 모든 성인과 함께했다.

〈악마의 산책〉

그러나 악마의 눈은 이성의 꿰뚫는 눈처럼 날카로우며,

나는 그의 지옥과 같은 위엄을 보고,

기쁨의 씨앗을 거의 찾아볼 수 없겠지.

왜냐하면 이성의 아들들은

운명이 천극(Pole)을 삼키기 전에

거짓 폭군의 뺨이 그의 겁 많은 영혼처럼

416

창백해지는 것을 보기 때문에.

〈악마의 산책〉

황금빛 날개의 천사가

영원한 심판의 자리 앞에 섰네.

그의 모습은 거칠었고,

악마의 피는 그의 고상한 수족을 더럽혔네.

아버지와 아들은 알았네,

이제 싸움이 시작되었다는 것을.

〈달아난 악마 Satan Broken Loose〉

(셸리에 대해서는 알라스토르*와 가스타*를 보라.)

리처드 브린즐리 셰리든 Richard Brinsley Sheridan (1751~1816)

악마를 낳는 것보다 기르는 편이 빠르다.

〈추문 학교 The School for Scandal〉

크리스토퍼 스마트 Christopher Smart (1722~1771)

그는 강렬한 피부와 빛나는 눈으로 어둠의 힘에 반격하고,

활발한 삶으로 죽음인 악마에게 반격한다.

〈어린양 안에서 즐겨라 Jubilate Agno〉

로버트 루이스 스티븐슨 Robert Louis Stevenson (1850~1894)

"너는 나에게 화를 낼 권리가 없다"라고 악마는 말했다. "나는 다만 악마

일 뿐이며, 잘못을 저지르는 것이 나의 본성이다."

〈악마와 여인숙 주인〉

그것에 의존하는 악마는 때로 아주 신사처럼 일한다.

〈새로운 아라비안나이트 The New Arabian Nights〉

존 서클링 경 Sir John Suckling (1609~1642)

만일 그녀가 자신을 사랑하지 않으면,

어떻게든 할 수 없다.

악마가 그녀를 취한다!

〈노래〉

알프레드 테니슨 경 Alfred, Lord Tennyson (1809~1892)

악마 : 아주 품위 있고 점잖은 임무, 여자를 속이는 일은 어려웠다 …

사탄 전하의 아주 거무스름한 갈색 뺨도 여성의 기교 앞에서는 희게 되

리니.

〈악마와 숙녀 The Devil and the Lady〉

악마의 자녀들인 이 세빌랴(Seville)의 개들을 치자,

나는 결코 신사나 악마에게서 나의 등을 돌리지 않았으니.

〈복수 The Revenge〉

마크 트웨인 Mark Twain (1835~1910)

나는 언제나 사탄을 우호적으로 느꼈다. 물론 그것은 선조에게서 물려받

은 것이다. 사탄은 핏줄 속에 있는 것임에 틀림없다.

〈에세이: 유대인에 대하여 Essays: Concerning the Jews〉

허버트 조지 웰스 Herbert George Wells (1866~1946)

만일 신이 평온한 필연성을 통해서 편재한다면, 사탄은 무한한 활동을

통해서 모든 곳에 존재한다.

〈꺼지지 않는 불〉

인장 Seal

인장이란, (악마적 매개체나 실체를 포함해) 어떤 영적 매개체 또는 실체의 덕성이

▲ **인장** 악마 전승과 관련된 황도 12궁 인장들. 16세기 후반의 위–파라켈수스 문서 〈마술의 기본원리〉에서.

나 자질을 지상에서 포착하기 위해 고안된 신비술의 상징적 장치이다. 따라서 인장은 자체로 어떤 힘을 가지고 있다고 여겨지는 마술적 상징이다. 이 단어는 원래 '작은 그림'을 의미했던 라틴어 시길룸sigillum의 번역으로 자주 사용되지만, 똑같은 라틴어 단어에서 (관계가 있긴 하지만) 약간 다른 뜻을 지닌 '기호'(Sigil)*라는 말이 나왔다. 악마 전승 내부에서는 아주 많은 인장들이 사용된다. 소환*에서 보호 장치로 사용되는 의례적인 도해들은 소환자가 불러내는 악마들의 힘으로부터 자신을 격리시키기 위한 것이다.

가장 흥미로운 인장 모음집은, 애덤 맥린이 프레드릭 호클리가 소장한 원고 〈키프리아누스의 술〉*에서 마법의 거울*에 관한 자신의 연구와 관련시켜서 〈헤르메스학 저널 Hermetic Journal〉 1981년 봄호에 발표한 것이다. 본문 자체는 명백히 그리스도교적인 것이며 그 목적은 천사들을 불러내는 것이지만, 그 방법은 표준적인 신비술 상징들과 인장들 및 기호들을 활용하고 있다. 이 인장들은 솔로몬의 위대한 인장(Great Seal of Solomon), 솔로몬의 펜타곤과 모르타곤(Pentagon and Mortagon), 솔로몬의 반지(Ring of Solomon), 솔로몬의 띠(Girdle of Solomon)라고 불린다. 이들 네 장치 각각이 기호 항목의 [표 2]에 있는 흥미로운 기호들과 연결되어 있다.

묵시록에서 천사가 여는 책의 묵시적 인장들은 틀림없이 신비술적 장치이고, 여기에서 나온 이미지는 서구 예술에서 중요한 상징의 흐름을 형성했다. 이 인장에 대한 뛰어난 연구는 루돌프 슈타이너*가 1908년 뉘른베르크에서 행한 강연에 기초를 둔 〈성 요한의 묵시〉에 잘 나와 있다.

인쿠부스 Incubus

'눕다'를 의미하는 라틴어 인쿠보incubo에서 온 말로, 때로 악몽*을 의미하는 단어로도 쓰인다. 중세 문헌에서 인쿠부스는 악령이었고, 잠든 (또는 꿈꾸는) 여성들과 성관계에 빠지는 악마의 현현이었다. 잠자는 남자와 관계를 맺는 악마는 수쿠부스*이다. 인쿠부스가 특정한 마녀의 환심을 샀을 때, 그는 (수쿠부스처럼) 매지스텔루스* 또는 심부름꾼 마귀라고 불린다. 그러나 모든 심부름꾼 마귀들이 자기 주인들과 성적 관계를 맺는 것이 아니기 때문에, 여기에는 상당한 혼란이 있다. 마술과 악마학에 반대하는 글을 쓴 이들은 이런 성적인 악마들에 대한 개념을 즐겼으며, 성적 악마들과 관련해 방대한 문헌이 만들어졌다. 토마스 아퀴나스는 〈삼위일체론 De Trinitate〉에서, 자기 의지에 따라 인쿠비나 수쿠비가 될 수 있는 능력을 지닌 양성적 악마들에 대한 개념을 분명하게 표명하고 있다.

악마들은 육체적 영향을 발휘할 수 있는 수단을 통해서 실제로 인간의 정액을 수집한다. 그러나 이 일은 어떤 이동 없이 이루어질 수 없다. 그래서 악마들은 (수쿠비로 남성들과 잠을 잔 후) 자기들이 수집한 정액을 옮겨서 다른 이들의 몸에 주입한다.

▲ **인쿠부스**   인쿠부스가 한 여성의 귀에 속삭이고 있다. 1923년경 블라디미르 밀라스체브시가 러시아 시인 쿠즈민의 시에 그린 삽화.

421

일부 문헌은 거의 병적이지만, 시니스트라리*는 악마적으로 정액을 유도하는 특성과 관련된 믿음을 보고하고 있다.

인쿠부스들이 자궁으로 주입하는 것은 보통 인간의 통상적인 정액의 양이 아니라, 그 양이 많고 걸죽하며 아주 따뜻하고 활기에 차 있으며, 장액漿液과 다르다. 인쿠부스들은, 수쿠부스들이 관계하는 남자들, 곧 천성적으로 정액을 아주 많이 지닌 격렬하고 건장한 남자들만 선택하기 때문에, 이런 것은 그들에게 쉬운 일이다. 그리고 나서 인쿠부스들은 같은 체질의 여성들과 성교를 하고, 둘이 모두 보통의 오르가슴보다 더욱 즐길 수 있도록 독려한다. 성적 쾌락이 클수록 정액의 양이 풍부하기 때문이다.

악마학자들 가운데서는 인쿠부스와 수쿠부스의 본성이 종종 토론의 대상이 되었다. 이 문제에 대한 홍미로운 관점은 시니스트라리*를 보라.

인텔리젠시 Intelligencies (영적 존재들)

원래 인텔리젠시들은 행성의 운행과 천구층을 다스리는 고위급 영들이었다. 후대에 이들은 정체를 더 잘 표현하는 모토리Motori 또는 모비토리라는 이름으로 불리게 되었다. 그러나 후대 문헌에서는 행성의 영들로 여겨졌고, 이들은 각자가 다스리는 특정한 천구층 축에 있는 행성과 관련을 맺는다. 아그리파*가 인텔리젠시와 (행성의 지배권을 가진 다이몬*인) 행성의 영들을 다소 구분하기는 했으나, 후대 악마학 문헌에서 인텔리젠시의 기능은 잊혔다. 실제로 인텔리젠시들의 이름을 제공하는 다양한 악마 목록들이 있으며, 그것은 전통적인 모토리의 목록과 차이가 있다. 아그리파의 목록은 중세 이후의 악마 전승에 들어온 것처럼 보인다. 아그리파의 인텔리젠시 목록 및 그에 상응하는 악마들은 [표 18]에 나와 있다. 그러나 인텔리젠시들의 기능과 행성의 영들 또는 행성의 악마들의 기능을 구분하는 것은 어렵다. 점성술의 악마*를 보라.

[표 18]

인텔리젠시	천구층	악마
하스모다이	달	스케드바르스케모트
티리엘	수성	타프타르타라트
하기엘	금성	케데멜
나키엘	태양	소라트
그라피엘	화성	바르자벨
이오피엘	목성	히스마엘
아기엘	토성	자젤

인페르노 Inferno

지옥을 뜻하는 라틴어 인페르누스infernus에서 유래한 이탈리아어로, 단테*가
〈신곡〉 제1권의 제목으로 삼아서 대중화되었다. 로마 시대의 인페르니*는 지
하에 거주했던 죽은 자들의 저승이었다. 인페르누스라는 단어는 지옥 자체와
연결되어 사용되었으며, 초기 그리스도교 교회 문헌에도 나온다. 그러나 이
단어는 죽은 자들의 영혼이 거주하는 명계(고대의 하데스*)라는 인식에서 끔찍한
형벌의 장소라는 전문 개념으로 그 의미가 변화한다. 후대의 라틴어 소유격 인
페르날리스infernalis는, 악마의 거주에서 유래하거나 그것을 언급하는 것과 관
련된 현대의 형용사 인페르날infernal을 낳았다. 인페르노의 위계와 관련된 잘 짜
인 중세적 묘사에 대해서는 지옥* 항목에 있는 단테의 설명을 보라.

인페르니 Inferni

인페르노*를 보라.

임프 Imp

원래 임프는 '어린이'라는 뜻이었으며, 식물의 새싹이나 자식을 의미하는 고대
영어 임피안impian에서 유래했다. 그러나 16세기와 17세기 마술 문헌에서 이 단

어는 점차 악마의 자식이나 마녀의 심부름꾼을 의미하게 되었다. 밀턴*과 레지널드 스코트*는 이런 의미로 이 단어를 사용한다. 링컨의 작은 악마*를 보라.

입문서 Isagoge
그리므와르*를 보라.

ス

자간 Zagan
때로 자감*이라고도 하며 솔로몬의 일흔두 영 중 하나이다. 자간은 그리스도 교의 성 루가 상징을 철저히 떠올리게 하는 날개 달린 황소의 형상으로 나타난다(테트라모르프*를 보라). 성서적 (적어도 전례적) 상징과의 관계는 물을 포도주로 변화시키고 포도주를 피로 변화시킨다는 그의 명성 때문에 더욱 심화되었다. (레지널드 스코트*는 "바보를 현자로 변화시킨다"고 바꾸어놓았다.) 말할 필요도 없이 자간은 연금술에 능통하다.

자감 Zagam
자간*의 이칭 중 하나이다.

자렌 Zaren
〈눅테메론〉*에 나오는 여섯 번째 시간의 악마들 중 하나로, 복수하는 귀신이다.

자로비 Zarobi
〈눅테메론〉*에 나오는 세 번째 시간의 악마들 중 하나로, 절벽의 귀신이다.

자베베 Zavebe
에녹계 악마들*을 보라.

자엘 Jael
바울로계 술*을 보라.

자연 영 Nature spirits
엘레멘탈*을 이르는 잘못된 명칭이다. 이들은 어떤 의미로 보든 영이 아니라, 영혼에 가깝다. 신비술사들은 때로 "자연의 영혼들"이라고 부른다.

자제르 Jazer
〈눅테메론〉*에 나오는 일곱 번째 시간의 악마들 중 하나로, 사랑을 강요하는 귀신이다.

자제리엘 Jazeriel
에녹계 악마* 목록에서 자제리엘은 28수를 지배하는 악마라고 한다.

자젤 Zazel
시인 윌리엄 블레이크*가 티리엘*의 동생에게 부여한 이름이다. 자젤은 아그리파*의 악마 목록에서 취한 이름이며, 토성의 다이몬*이다. (인텔리젠시*를 보라.) 동굴에서 살아가는 자젤과 그의 아들들은, 반란자인 물질주의자 티리엘이 거부한 천재성 또는 독창적 사고를 나타낸다고 한다.

자조나쉬 Zaazonash
바울로계 술*을 보라.

자카리엘 Zachariel
목성의 영역과 관련된 세쿤다데이* 중 하나이다.

자훈 Zahun
〈눅테메론〉*에 나오는 첫 번째 시간의 악마들 중 하나로, 추문의 귀신이다.

작은 열쇠 The Little Key
〈랍비 솔로몬의 작은 열쇠 The Little Key of Rabbi Solomon〉의 주요 주제는 행성의 부적을 제작하고 사용하는 방법이지만, 때로 그리므와르* 문헌으로 분류된다. 그러나 피의 희생제의와 관련이 있고 악마 소환이 그 목적이다. 간단한 조사를 위해서는 참고문헌의 웨이트*를 보라.

작은 열쇠들 The Little Keys
〈솔로몬의 작은 열쇠들〉 또는 〈성령의 신지〉* 또는 〈솔로몬의 열쇠들 Claviculae Salomonis〉은 그리므와르* 계열의 드문 책으로, 그리스도교 용어에 담긴 신비술 전승을 은폐하는 흥미로운 부록 부분을 빼면, 거의 대부분 〈아르바텔〉*에 기초한 것으로 보인다.

> 하느님께서 몸 안에서 영혼과 영(soul and spirit)을 혼인시키셨기 때문에, 몸은 그들이 머무르고 기능을 수행하는 집이다. 동시에 영혼과 영은, 영이 영혼을 정복하고 재생을 이룰 때까지, 서로 매일 노력한다. 죽음에는, 질병이나 부상 때문에 중요한 육체적 기관이 파괴된 데서 오는 죽음과, 독이 있는 별의 영향으로 감각적인 영혼이 파괴되어 오는 죽음, 두 종류가 있다.

잘레오스 Zaleos
살레오스*의 또 다른 이름이다.

잘부리스 Zalburis
〈눅테메론〉*에 나오는 여덟 번째 시간의 악마들 중 하나로, 치료학의 귀신이다. 파푸스*를 보라.

잡다 Catch
악마 관련 구절*에 있는 '뒤떨어진 자를 잡아간다'를 보라.

장님 Blind
악마 관련 구절*을 보라.

재단사 Tailors
악마 관련 구절*을 보라.

재촉하다 Drives
'악마가 재촉하다'에 대해서는 악마 관련 구절*을 보라.

저승사자 Psychopomp
'영혼들의 지도자'를 의미하는 그리스어에서 유래한 단어로, 몸이 죽은 후 하데스*를 향하여 영혼을 인도하는 책임을 지닌 영에게 적용되었다. 고대의 가장 중요한 저승사자는 메르쿠리우스였으며, 이 신에게 때로 '저승사자'라는 이름을 붙였다.

저주받은 자들의 책 The Book of the Damned
찰스 포르Charles Fort(1874~1932)가 1919년 출간한 이 책은 악마학과 아무런 관련이 없다. 공식 과학이 침묵하여 무시하는 분야들, 현대의 과학 체계로 측정할 수 없는 현상을 주로 다룬다.

적룡(赤龍) Red Dragon
블라바츠키*는, 적룡이 사마엘*이며 창세기에 나오는 유혹하는 뱀으로, 모반을 일으켰던 초기의 천사들 중 하나라고 한다. 블라바츠키는 사마엘과 사탄*을 동일시한다.

절름발이 악마 Limping Devil

두 지팡이를 짚은 악마*를 보라.

점성술 악마 Astrological demons

악마학 문헌에는 행성들과 황도 12궁, 별자리들 및 28수를 지배하는 많은 악마 목록이 있다. 아래에 제시하고 있는 목록 중 첫 번째 것은 28수와 관련되고, 두 번째 것은 행성들에, 세 번째 것은 황도대와 관련이 있다. 몇몇 다른 전승에서 행성의 악마 이름들이 전해지는데, 그들 중 두 이름은 천구층의 지배자들과(인텔리젠시*를 보라) 올림피아의 영들*에도 나타나며, 이들은 종종 이름과 부적으로 소환된다. 주로 히브리계 천사들인 다른 아홉 영의 이름은 몇몇 악마학 문헌이나 천사 마법 문헌에서 아홉 천구층에 대응하는 존재로 그려지며, 여기에는 일곱 행성 영역이 포함된다. [표 19]에 나타나는 목록은 일반적인 '천사들'의 이름을 보여주지만, 악마학 전승에서 '천사'는 종종 악마의 계급*을 나타내는 데 사용된다. 세쿤다데이*를 보라.

중세 이후의 그리므와르들과 천사 문헌에서는 28수의 지배자들에게 히브리계 이름이 광범위하게 붙여졌다. 그러나 가장 초기의 목록에서 28수와 데칸 decan(10일 간격으로 뜨는 밝은 별 36개) 목록은 황도 12궁을 10도각의 궁형으로 나눈 데서 유래하였고, 로마와 그리스, 바빌로니아에서 유래한 악마들의 이름이 붙여졌다. 이 초기 목록의 일부는 노보트니와 키르허Kircher가 작성하였다. 아래의 사항은 가장 자주 사용되는 천사 목록으로 제시된 유럽의 주요 전승을 요약하고 있다. 전통적인 목록에서와 같이 에타 타우리eta Tauri로 시작하는 28수에 숫자들이 대응한다.

1. 게니엘*	2. 에네디엘*	3. 암닉시엘*	4. 아자리엘*
5. 카비엘*	6. 디라키엘*	7. 스켈리엘*	8. 암네디엘*
9. 바르비엘*	10. 아르데시엘*	11. 노키엘*	12. 압둑수엘*
13. 자제리엘*	14. 에르고디엘*	15. 아탈리엘*	16. 아제루엘*
17. 아드리엘*	18. 에기비엘*	19. 아무티엘*	20. 키리엘*

21. 베트넬*   22. 겔리엘*   23. 레키엘*   24. 아브리나엘*

25. 아지엘*   26. 타그리엘*   27. 알호니엘*   28. 암닉시엘*

[표 19]

천구층	행성의 천사들	올림피아의 영들	천사들
세라핌			메트라톤 Methratton
케루빔			라지엘 Raziel
토성	자프키엘 Zaphkiel 또는 자젤 Zazel	아라트론	카시엘 Cassiel
목성	자드키엘 Zadkiel	베토르	사키엘 Sachiel
화성	카마엘 Camael 또는 카무엘 Camuel	팔레그	사마엘 Samael
태양	미카엘 Michae	오크	미카엘 Michael
금성	아나엘 Anael	하기스	아나엘 Anael
수성	라파엘 Raphael	오피엘	라파엘 Raphael
달	가브리엘 Gabriel	풀	가브리엘 Gabriel

황도궁의 거주자들은 보통 아래와 같이 기록된다.

양자리   — 말키다엘

황소자리   — 아스모델

쌍둥이자리 — 암브리엘

게자리   — 무리엘

사자자리   — 베르키엘

처녀자리   — 하말리엘

천칭자리   — 주리엘

전갈자리   — 바르비엘

궁수자리   — 아드바키엘

염소자리   — 하나엘

물병자리 — 감비엘

물고기자리 — 바르키엘

(기본 방위에 따라서 정의된) 방향은 악마들과 영들과 천사들과 관련된 점성술 전승에서 중요한 역할을 담당한다. 이 방향을 다스리며 악한 영들을 지휘하는 가장 강력한 왕들의 이름에 대해서는 네 방향의 악마*를 보라.

점프스 Jumps

악마 관련 구절*을 보라.

정원사 Gardner

〈마녀들의 복음서〉*를 보라.

제4의 책 The Forth Book

그리므와르*를 보라.

제니우스 Genius (귀신)

제니우스라는 말이 영어에서는 폭넓게 적용되고, 고대 그리스의 다이몬*이나 선한 수호 영에 해당하는 말이지만, 어원학은 악마학에 스며든 기원을 보여준다. 이 단어는 진jinn 또는 진Djin*과 어원이 같으며, 원래 제니genie는 아랍 악마학의 악령 중 하나였다. 일부 현대 악마학 문헌에서 이 의미가 보존되어 있는데, 예를 들면, 티야나의 아폴로니우스의 위작으로 보이는 번역 안에 남아 있다(〈눅테메론〉*을 보라). 이 문헌에 나오는 악마들의 지배자 지위는 종종 악마적 경향을 보여주기도 하지만, 그들은 "시간의 귀신"으로 묘사된다. 예를 들어 타크리탄*은 소환마술의 귀신이며, 자렌*은 복수의 귀신이다. 그다지 악마적이지 않은 영들에게도 똑같은 이름을 사용한다. 예를 들면, 바르쿠스*는 다섯 번째 원소의 악마이고, 미즈쿤*은 악마의 세력에서 보호해주는 부적*의 귀신이다. 그러므로 어떤 맥락에서는 제니우스라는 단어를 악마와 똑같은 의미로 사용한다는 것이 확실하다. 신뢰하기 어려운 레비*는 (콩스탕*을 보라) 아폴로니우스 악마들에 대한 연구에서 "고대의 비밀 의례 사제들은 제니우스들을 천사나 악마가 아니라, 도덕적 힘이나 의인화한 덕으로 이해했다"고 말한다. 의인화한 덕이라는 개념은 엄밀한 신비술적 개념이 아니며, 레비의 기본적인 영적 물질주의와 위배된다.

제덱스 Zedex
목성(목요일)의 악마이다. 소환*을 보라.

제로바알 Jerobaal
비케코메스*를 보라.

제멘 Zemen
태양(일요일)의 악마. 소환*을 보라.

제베아크 Zebeak
달(월요일)의 악마이다. 소환*을 보라.

제베악 Zeveac
달(월요일)의 악마. 소환*을 보라.

제이르나 Zeirna
〈눅테메론〉*에 나오는 다섯 번째 시간의 악마들 중 하나로, 질병의 귀신이다.

제파르 Zepar
솔로몬의 일흔두 영 중 하나이다. 군인으로 나타나며, 마술사의 명령에 따라서 여자를 남자의 사랑으로 흥분시키는 능력 때문에 소환된다. 여자가 아이를 갖지 못하게 만드는 명령을 이루어주는 것으로도 유명하다.

제패르 Zeffar
〈눅테메론〉*에 나오는 아홉 번째 시간의 악마들 중 하나로, 돌이킬 수 없는 선택의 귀신이다.

제피스카 Jefischa
바울로계 술*을 보라.

젤라 Zelah
악마의 알파벳*을 보라.

조라사발 Zorasaball
마법의 거울*을 보라.

조미아엘 Jomiael
첫 번째 에녹 문학 전승에 나오는 에녹계 악마들* 중 하나로, 사미야사*의 인도로 지상에 왔다.

조아 Zoa
윌리엄 블레이크*가 〈네 조아들〉을 통해서 대중화시킨 존재의 이름인 조아는 때로 '악마'를 뜻하는 것으로 여겨지기도 하지만, 실제로는 '살아 있는 존재들'이라는 뜻으로 용어 자체는 '황도대'(zodiac)와 기원이 같다. 그리스어 조아는 조온zoon의 복수형이지만, 블레이크는 영어에 사용하기 위해서 이 복수형을 다시 복수화했다. 요한 묵시록에서 사용된 조온은 "짐승"으로 번역되면서 많은 혼란을 일으켰다.

전통적인 조아는 황도대의 고정된 네 별자리의 이미지 안에 남아 있고, 케루빔과 관련된 네 짐승의 형상으로 그리스도교 상징에도 남아 있다(에제키엘서 1장과 10장). 네 짐승 형상은 초기 그리스도교 시대에 네 복음사가를 나타내는 동물로(때로는 "상징"으로 잘못 부른다) 채택했다(테트라모르프*를 보라). 그러나 네 복음사가들의 이미지가 에제키엘서의 케루빔 이미지에서 나온 것이 아니라, 고대에 확립된, 아마도 바빌로니아 전승의 황도대 이미지에서 유래했다는 것은 거의 확실하다. 황소자리에서 황소가, 사자자리에서 사자가, 전갈자리에서 독수리가, 물병자리에서 인간의 얼굴이 나왔다. 에제키엘서의 케루빔이나 복음사가들의 이미지가 기원상 악마적이 아니기 때문에, 여기에서 이러한 관점을 상세히 설명할 필요는 없지만, 왜 이들 고대의 짐승 형상 이미지들을 때로 '짐승'이라고 불렀는지 그 이유는 확실할 것이다. 그러나 우리는, 이들이 "야수들"(그리스어 테리온-therion)이 아니라 원래 "생명의 조물들"(그리스어 조아)이었다는 것을 기억해야 한다.

[표 20]은 성서와 황도대와 블레이크*를 통한 몇 개의 다른 상징 조류를 보여준다. '짐승' 아래에는 복음사가들과 관련된 이미지들에 붙인 관행적 명칭이 들어 있다. 황소는 때로 송아지(라틴어로 비툴루스vitulus)로 불렸는데, 이 낱말은 비교적秘敎的 의미로 충만한 단어로 멀리는 산스크리트어 바트사스vatsas에서, 그리고 송아지를 뜻하는 그리스어 이탈로스italos에서 직접 유래했으며, 이탈로스에서 이탈리아라는 이름이 나왔다. 이러한 어원은 고대 비교秘敎에서 황소 숭배가 지녔던 중요성을 이해하도록 도와주기 때문에 주목할 만한 가치가 있다.

[표 20]

성서적 상징		점성술적 상징		블레이크의 상징		
짐승	복음사가	원소	황도대	조아	상징	퇴보화
황소	루가	흙	황소좌	타르마스	감각	육체
사자	마르코	불	사자좌	루바	감정	오크
독수리	요한	물	전갈좌	유리젠	이성	용
인간	마태오	공기	물병좌	우르토나	상상	유령

조파스 Zophas
〈눅테메론〉*에 나오는 열한 번째 시간의 악마 중 하나로, 펜타곤의 귀신이다.

434

종과 책과 양초 Bell, book and candle

가톨릭교회에서 파문 의식 다음에 담당 사제는, 책을 덮고 양초를 던지며(그래서 땅 위에서 촛불이 꺼진다), 마치 죽은 사람을 위한 것처럼 종을 친다. 책은 생명의 책을, 촛불은 (잃어버린) 영혼을 상징한다고 하며, 종은 사실 죽음을 알리는 종이지만, 이 경우에는 영적 죽음을 나타낸다고 한다. 이 의례는 오용되어 악귀 축출과 결부되었다. 이 삼중의 상징은, 인간의 생각과 의지와 감정에 대응하는 연금술의 세 요소인 소금(책), 유황(양초), 수은(종) 사이의 연결을 이끌어내면서 비교秘教의 더욱 깊은 차원과 결부되었다.

죄 Sin

이른 시기부터 칠죄종*이 개별적 악마 형상으로 그려지긴 했으나, 추상적 개념인 죄가 악마화된 경우는 드물다. 그러나 존 밀턴*은 죄를 상징화하기 위하여 라미아*의 이미지를 채택하였고 지옥의 두 수문장 중 하나로 삼았다. 밀턴*은 고전 신화를 패러디하여 사탄*의 머리에서 죄가 나온다고 했다. "허리까지는 여자이며 아름답지만, 그 아래는 많은 비늘로 뒤덮여 더럽고 … 죽음의 독침으로 무장한 뱀."(《실낙원》 2권) 밀턴*이 죄를 지옥의 수문장 가운데 하나로 삼은 것은 (18세기 영국에서도 실행되었던) 고대의 죄식罪食(sin-eating) 관습을 염두에 두었을 가능성이 있다. 죄식 관습에서는 매장에 앞서 사람들을 고용하여 시신 옆에 앉아서 음식을 먹었는데, 그들이 죄를 먹지 않으면, 망자가 연옥*으로 그 죄를 가지고 가야만 한다고 여겼다. 죄인*에 대해서는 반그리스도*를 보라.

죄인 Man of Sin (그리스도의 적)

반그리스도*의 호칭 중 하나이다.

주거지가 없는 악마들 Astasian demons

트리테미우스*는 스테가노그래피의 악마들*을 한데 묶은 악마 목록에서, 고정된 거처가 없는 악마 집단을 언급하는데, 고대인들은 이 악마들을 '고정되지 않은'이라는 뜻의 그리스어 아스타시안astasian으로 불렀다고 한다. 악마적 계급이나 집, 제한이 없는 이 악마들은 모기들처럼 공중을 날아다닌다. (파리대왕인 베엘제붑*을 상기시킨다.) 이들은 비밀스런 의사소통이 관여된 사안들에 아주 유용하다고 하며, 명목상 게라디엘*의 지배를 받는다.

주리엘 Zuriel
에녹계 악마들* 중 주리엘은 황도대의 천칭자리로 나타난다. 황도대 악마들*을 보라.

주반라다케 Jubanladace
스코트*가 언급한 선한 일곱 악마 중 하나이다. 소환*을 보라.

주스구아린 Jusguarin
바울로계 술*을 보라.

주플라스 Zuphlas
〈눅테메론〉*에 나오는 열한 번째 시간의 악마 중 하나이다. 숲의 귀신이다.

죽음 Death
죽음은 보통 악마가 아니라 해골로 의인화된다. 그러나 밀턴*은 매우 의인화한 우의(allegory)를 만들어내 죽음에 부여하여 악마들 중에서 한 자리를 차지하게 한다.

죽음에 이르는 죄 Deadly Sins
칠죄종*을 보라.

죽음의 악마 Demon of death
죽어가는 사람의 영혼을 뺏으려는 마귀들을 다스리는 악마의 이름은 아흐리만*이지만, 죽음의 천사*도 보라.

죽음의 천사 Angel of death

신비술 전승에 있는 다양한 죽음의 천사들 중에서는 오직 하나만 진짜 악마라고 할 수 있고, 또 하나는 악마로 투사된 것이다. 신비술 전승은, 일생을 통해 인간과 동반한 개인적 천사는 (그리고 비교 전승에서는 일생 내내 인간을 동반한 천사도) 죽음의 순간에 가시적이 되며 죽어가는 사람이 인식할 수 있다고 강조한다. 이 천사는 죽음을 가져오지는 않으며, 다만 죽음을 목격할 뿐이다.

히브리 신비술 전승에서 악마 릴리트*는 죽어가는 사람이 자기와 함께 죄를 짓게 만들어서 그(녀)의 영혼을 취하려고 임종의 자리에 나타난다고 한다. 그러나 카발라 전승에 나오는 죽음의 천사 사마엘*은, 죽어가는 사람이 나중에 하늘의 영역으로 올라갈 수 있도록 그의 영혼에 스며든 부도덕적인 오점을 지워준다고 한다. 이슬람 전설에 나오는 죽음의 천사 아즈라엘*은, 어떤 사람이 죽을 때 그 소식을 듣고 자기 날개로 바람을 일으킨다고 한다.

유럽의 신비술 전승에서는 죽어가는 사람이 임종 때 경계의 수호자*를 대면한다고 한다. 영적 존재들이 악마화한 이 수호자는, 죽어가는 사람 내부에서 발달하지 않은 채로 남아 있다. 그러나 이 존재는 천사라고 하기 어렵다.

비교 전승의 아흐리만*은 죽음의 악마로, 죽어가는 사람에게서 하늘의 왕국보다 죽음의 왕국에 속하는 것을 빼앗는 악마들을 지배한다. 임종 때에는 아흐리만의 지배 아래 있는 악마들과 미카엘* 아래 있는 천사들 사이에 이른바 '영혼을 둘러싼 전투'가 벌어진다. 이 싸움을 표현하는 많은 이미지들이 있다. 죽은 사람의 영혼은 악마들에게 붙잡힌 육체로 그려지고(때로는 모형으로 보여주기도 한다), 이 악마들은 황금빛 검을 든 미카엘에게 쫓겨나는 형국이다. 때로 미카엘이 저울로 모형 영혼의 무게를 재기도 하는데, 여기에는 기만적인 악마들이 자기들의 고유한 영역을 차지하기 위해 영혼 안에 있는 어두운 요소를 얻으려고 은밀하게 저울판을 아래로 당기는 모습이 그려져 있다.

밀턴*은 〈실낙원〉 2권, 666쪽 이하에서 의인화한 죽음을 묘사하고 있다.

지니마르 Zinimar

지니마르는 에녹계 악마들* 중에서 북쪽의 악마왕이라고 한다. 네 방향의 악마*를 보라.

지옥 Hell

'감추어진'을 의미하는(일부에서는 '어두운 구멍'을 의미한다고 주장한다) 고대 영어 헬hel에서 유래한 단어로 보인다. 지옥이 영원한 형벌의 장소로 그려지기 시작한 것은 초기 그리스도교인들이 고안한 것으로 보이며, 아마도 카발라 문헌과 고대 신비주의 지혜에 나오는 비교秘教적인 아비스(심연)*를 잘못 이해한 데서 왔을 것이다. 고전 시대에 지옥과 맞먹는 것은 하데스*로, 이곳은 근대 유럽인들의 지옥 개념에 투사했던 고통의 장소라기보다는, 이빨을 갈기는 하지만 고통이 없는 사후의 저승세계에 더 가까운 것이었다. 히브리어 셰올sheol은 성서 본문에서 지옥을 의미하는 것으로 번역되었지만, 이는 정확한 번역이 아니다. 지옥에 대한 고대의 인식과 관련해서는 게헨나*와 타르타로스*를 보라.

가장 인상적이고 분명한 지옥 표현은 근대적 지옥 개념에 지대한 영향을 끼친 단테*의 묘사이다. 〈신곡〉은 지옥의 "영원한" 형벌을 연옥*의 "일시적" 형벌과 대비시키지만, 연옥은 대중의 마음속에서 지옥과 종종 혼동을 일으켰다. 단테가 묘사한 지옥에는 중세의 풍부한 신학적 상징과 비교 전승 및 개인적 통찰이 들어 있었지만, 그것은 실제적인 하나의 장소였다. 사람들은, 지상에서 죄를 짓고 죽은 후 경험하는 내적 상태를 상징적으로 묘사한 것이 바로 지옥의 상태와 고통이라고 여겼다. 단테의 지옥관은 고전 자료들, 주로 아리스토텔레스에 광범위하게 기초를 둔 것이지만, 죄의 상태에 있는 인간 영혼에 대한 관점과 (다소 부족한) 악마학적 관점 모두 신학적으로 건전하다.

단테는 바위들과 벼랑들과 도랑들이 이어져 있는 하나의 공동으로 지옥을 묘사한다. 이 공동은 땅을 관통하여 그 중심부까지 경사져 있으며, 중심부에는 사탄*이 있다. (땅 중심에 있는 사탄의 생식기는 점성술적 의미를 상기시키는데, 전갈자리가 인간의 생식기를 다스리는 동시에 악마적 영향과 결부되는 것과 같다.) 지옥을 관통하여 흐르는 지옥의 강은, 지옥에 수용된 이들에게 가해지는 고문과 관련해 종종 중요한 상징의 역할을 한다. 단테는 우의적·신화적·역사적 자료들을 모아서 지옥 여행을 설명하며, (그는 베르길리우스 영의 안내를 받는다) 싸늘하고 비인

438

격적인 것을 자기가 만나는 버림받은 영혼들의 인격적이고 동시대적인 역사로
바꾸어놓는다. 이러한 만남들 안에 있는 상징이 악마학에서 꼭 필요한 부분은
아니다. 그래서 이어지는 단테의 지옥에 대한 설명은 악마들의 이름에 대한 조
사나, 여정 중에 만나는 악마적 괴물들과 그들을 만나는 장소들로 한정되어
있다. 단테가 사용한 우의와 상징을 통해서 확실히 알 수 있는 것은, 지옥은

▲ **지옥** 창조의 중심에 지옥을 위치시킨 우주의 그리스도교적 모델로, 이것은 중세의 우주 모델이 지구
중심적이라기보다는 악마 중심적이었다는 것을 의미한다. 지구는 그다음 영역(spera terre)에 있으며, 물의
영역(spera aque), 대기의 영역(spera aeris), 불의 영역(spera ignis)이 이어지고, 거기에서 달의 영역 또는 달의
하늘(Celum lune)이 시작되며 하느님이 영원 안에서 거주하시는 엠피레안Empyrean의 영역에 이르기까지 각
행성의 영역이 뒤따른다.

[표 21]

지옥의 영역	주요 인물 또는 악마
지옥의 문 – 경고문이 있다.	

위쪽 지옥

지옥 입구 : 죽은 자들이 원으로 달린다.	
아케론 강	뱃사공 카론
제1원 : 림보, 세례 받지 않고 덕이 높은 이방인들이 사는 곳	
제2원 : 음탕한 자들이 포효하는 바람 속에 영원히 휘말린다.	지옥의 판관 미노스
제3원 : 폭음 대식가들이 늪에서 허우적거린다.	대식가에게 상처를 입히는 케르베루스
제4원 : 축재자와 탕진한 이들이 거대한 바위를 서로 맞대어 굴린다.	부의 신 플루토
스틱스의 늪지 : 제5원을 표시하며, 위쪽 지옥과 아래쪽 지옥의 경계이다.	
제5원 : 분노한 자들이 스틱스의 늪에서 서로 싸우며 논쟁한다.	
디스의 도시 : 아래쪽 지옥 구덩이를 돌며 스틱스의 물로 둘러싸여 있다.	플레기아스, 에리니에스, 메두사

아래쪽 지옥

제6원 : 불타는 무덤 속에 있는 이단자들	
벼랑	미노타우로스와 켄타우로스
제7원 : 폭력의 원	
제1둘레 : 이웃에게 폭력적인 사람들이 화염의 강 플레게톤에 잠겨 있다.	
제2둘레 : 길 없는 숲 – 자살자와 방탕자들, 전자는 죽은 나무에 갇혀 있고, 후자는 개들이 쫓는다.	하르피
제3둘레 : 불타는 모래사막 – 하느님을 모욕한 자들이 모래 위에 누워서 하늘을 바라보고 있다. 남색자들이, 자기들이 공격한 인간의 몸을 향해서 끊임없이 질주한다. 고리대금업자들이 불타는 모래 위에 앉아 있다.	

지옥의 영역	주요 인물 또는 악마
거대한 구렁과 폭포	게리온
제8원 : 사기꾼들의 구렁	
제1구렁 : 뚜쟁이와 유혹자들이 악마의 채찍을 맞으며 반대방향으로 달려간다.	
제2구렁 : 아첨꾼들이 오물 속에 빠져 있다.	
제3구렁 : 성직 매매자들의 머리가 바위 구멍에 처박혀 있고 발 밑에는 화염이 인다.	
제4구렁 : 마법사들이 머리가 꼬여서 뒤쪽으로 향해 있다.	
제5구렁 : 탐관오리들이 악마들의 경계 속에서 끓는 역청에 빠져 있다.	말라코다와 악마들
제6구렁 : 위선자들이 납으로 된 옷을 입고 늘어져 있다.	
제7구렁 : 도둑들이 독사들에게 물려 있으며, 모습이 변하고 다시 형성된다.	
제8구렁 : 권모술수를 일삼던 자들이 불길에 휩싸여 있다.	
제9구렁 : 악마가 불화를 퍼뜨린 자들을 계속해서 둘로 쪼개고 있다.	
제10구렁 : 거짓말쟁이들이 끔찍한 질병에 걸려 있다.	
지옥의 심연 바닥에 있는 우물: 거인들이 둘러싸고 있다.	
제9원 : 배신자들을 붙잡고 있는 코키투스의 얼음호수.	
제1구역 카이나 : 가족을 배신한 이들이 목까지 얼음에 잠겨 있다.	
제2구역 안테노라 : 조국을 배반한 이들이 목까지 얼음에 잠겨 있다.	
제3구역 프톨로마에아 : 환대를 배신한 이들이 목까지 얼음에 잠겨 있으며, 그들의 눈은 얼음으로 감겨 있다.	
제4구역 유데카 : 자기들의 주인을 배신한 이들은 완전히 얼음에 잠겨 있다.	
사탄이 유다와 브루투스와 카시우스를 먹어치우고 있으며, 그의 생식기는 땅 중심부에 있다.	

일정한 내적 욕망과 그 결과로 생기는 태도가 외부적으로 나타나는 어떤 지역과 같은 장소가 아니라는 것이다. 지옥은 하느님으로부터 도피하거나 추방된 상상의 장소이다. 이와 관련해 연옥*을 보라.

지옥의 모든 차원과 원들을 통과하는 단테의 하강으로부터 출현하는 계획은 [표 21]에 요약되어 있다. 이 표에서 지옥의 주요 구조는, 이상한 도시 디스*로 분리된 위쪽 지옥과 아래쪽 지옥으로 설정된다. 이 이중적 분리는, 단테의 지옥이 실제로 삼중적이라는 사실을 감추지 않는다. 아래쪽 지옥은 거대한 구렁과 폭포로 분리되어 있기 때문이다. 위쪽 지옥에서는 "통제되지 않은 욕망"의 죄를 지은 자들이 내적인 벌을 받는다. 아래쪽 지옥의 두 구역에는 폭력의 죄를 범한 자들이 플레게톤*이 흐르는 바위 위에서 대가를 치르며, 사기죄를 저지른 이들은 얼어붙은 황폐한 강 코키투스*의 도랑에서 벌을 받는다.

하강은 원, 벼랑, 다리, 강, 바위 등을 통과하는 상징적 도정을 통해서 이루어지고, 마지막으로 코키투스의 광대한 평지를 지나며 단테는 그곳에서 사탄을 본다. 이 경험 후에 베르길리우스와 단테는 레테*의 강을 따라서 연옥의 산으로 간다. [표 21]에는 범죄명과 악마나 괴물의 이름 및 그곳에서 경험하는 고통이나 형벌에 대한 간단한 묘사와 더불어, 각 원과 구렁과 구역 및 그 외 여러 다른 형상의 숫자와 이름이 있다.

단테*가 이름을 붙인 악마들은 [표 21]에 언급하지 않았다. 이를 위해서는 단테의 악마들*을 보라. 연옥*도 보라.

지옥에 대한 비-교회적 인식의 간략한 발달사는, 호메로스의 〈오디세이아〉 제11권(네크로만테이온*을 보라), 베르길리우스의 〈아이네이스〉 제6권, 스펜서의 〈요정 여왕〉 2권 7곡, 아리오스토Ariosto의 〈광기의 올란드 Orland Furioso〉 제17권, 타소Tasso의 〈해방된 예루살렘 Jerusalem Delivered〉 제4권, 페늘롱Fénelon의 〈텔레마코스의 모험 Télémarche〉 제18권 등에서 자료를 가져올 수 있고, 완전히 낭만적인 관점은 벡퍼드Beckford의 〈바테크, 아라비아 이야기 Vathek〉에서 볼 수 있다. 지옥에 대한 현대 신비술적 인식의 비교秘教적 관점은 블라바츠키*와 슈타이너*에게서 얻을 수 있다.

지옥의 법정 Infernal court
위계*를 보라.

지옥의 사령술 Infernal necromancy (극악무도한 사령술)
살아 있는 사람들의 목적에 기여하게 하려고 죽은 자들의 영들을 소환하는 기술을 고대부터 네크로만시(사령술死靈術)*라고 불렀다. 그러나 웨이트*가 관측하듯이 "죽은 자들과의 소통이 백마술(White Magic)의 무게를 얻은 것은 최근의 일이다". 웨이트는 〈의전 마술의 책〉*에서 실제로 흑마술에 속하는 사령술 영역을 포함시키고 있으며, 현대 심령술 영역에서 실행되는 사령술과는 반대되는 것으로 묘사하고 있다. 웨이트에 따르면,

> 고대의 사령술은 의례 자체가 잔혹하고 끔찍했다. 사령술을 정화하고 우아하게 만든 것은 엘리파 레비와 피에르 크리스티앙Pierre Christian이었다. 그러나 이 세련된 마술사들의 손에서 사령술은 과학적 영향이 없는 단순한 자가-환각(auto-hallucination) 과정이 되고 말았다.

그러나 대영도서관에 있는 사본에서 유래하고, 웨이트가 진정한 것이라고 설명한 사령술적 소환 의례에는, 고대 의례의 잔혹성과 끔찍함이 많이 나타난다. 소환*은 사람이 묻힌 무덤 근처에서 이루어지며, 의례에는 시체 처리 및 목을 자른 올빼미를 불쾌한 방식으로 다양하게 사용하는 과정이 포함되어 있다. 그렇지만 웨이트는, 영혼이나 영이 죽은 자의 몸으로 들어가도록 호출하는 진짜 사령술과, 유령만 불러서 소환하는 초혼술招魂術을 학술적으로 구별할 수 있었다.

지주프 Zizuph
〈눅테메론〉*에 나오는 여덟 번째 시간의 악마들 중 하나로, 신비의 귀신이다.

지키는 커룹 Covering Cherub

윌리엄 블레이크*가 에제키엘서 28장 14절에서 취한 용어로, 아마도 티로Tyre 임금의 죄에 대한 심판을 보여주는 표상일 것이다. 교회의 교부들은 티로의 임금을 사탄*으로 보았다. 블레이크는 지키는 커룹을, 인간을 영원성에서 차단하는 존재로 이해했다. 이러한 관념은, 악마와 같은 "검은 커룹"을 언급한 단테*의 〈신곡〉 연옥편 27곡에서 유래했을 것이다.

지하구렁 Bottomless Pit

아밧돈*을 보라.

진 Djin

다양한 다른 이름(jinn, ginn, jin 등)을 지닌 악마로 이슬람 악마학에 나온다. 진은 민간전승에서 가끔씩 거인으로 제시되며, 진이 인간에게 미치는 영향을 무슬림들이 부인하지 않음에도, 영들의 위계에서는 천사들(과 인간들)보다 아래에 있다고 한다. 지니djinnee는 진djin의 단수형이지만 유럽의 맥락에서는 종종 오용되며, 제니genie가 된다. 고전 세계의 수호천사들에 비길 수 있는 수호 영들 중 하나인 제니우스*는, 실제로 '낳다, 태어나다'의 의미를 지닌 그리스어의 라틴어식 표기('gignere')에서 유래하며, 육체적인 몸으로 내려오는 영혼을 책임진, 비가시적인 영의 개념과 관련이 있다. 그러나 몇몇 권위자들은, 삶 자체가 디 제니탈레스dii genitales(탄생의 신들)의 선물이었다는 고대의 인식에서 '제니우스'라는 단어의 고전적 의미가 나왔다고 한다. 그러므로 아랍어 제니genie와 라틴어 제니우스genius는 근본적으로 다르다. 전자는 실제로 악마라고 할 수 있는 타락한 영인 반면, 후자는 인간의 수호자이자 개인들의 건강한 탄생을 도와주는 조력자이다.

진실한 그리므와르 True Grimoire

〈참된 그리므와르〉*를 보라.

짐승 Beast

이 단어가 악마학 맥락에서 사용될 때에는 주로 요한 묵시록에 언급된 짐승을 가리킨다. 이 짐승은 여러 특징적인 속성을 지니며 후대 문헌에서 악마와 결합된다. 그러나 '짐승'에 대한 히브리어와 그리스어 단어는 성서 번역에서 어려움을 제기했으며, 이에 따라 현재 악마적이라고 추정되는 피조물을 성서는 실제로 어떻게 서술하고 있는지에 대하여 많은 혼란과 오해가 있다. [표 22]는 묵시록에 언급된 짐승이나 짐승들에 대한 목록을 보여주고 있다.

요한 묵시록 12장의 "태양을 입고 달을 발밑에 둔" 여인과 관련된 짐승 또는 용은 실제로 "일곱 개의 머리와 열 개의 뿔을 가졌고 그 머리들 위에는 일곱 왕관을 쓴" 커다란 붉은 용으로 묘사된다. 알브레히트 뒤러Albrecht Dürer는 이 이미지를 일련의 강력한 그림으로 그려놓았고, 이 그림은 짐승에 탄 매춘부 이미지와 함께 인기 있는 삽화의 주제가 되었다. 중세 삽화가들은, 하늘에서 벌어지는 전쟁에 참여하는 이 공포스런 조물을(묵시록 12, 7) 묘사하기 위해, 일반적인 뱀 형상에서부터 복잡한 용 형상에 이르기까지, 다양한 방식을 사용했다. 요한 묵시록 13장에 묘사된, 바다에서 올라오는 짐승은 일곱 개의 머리와 열 개의 뿔을 가지고 있지만, "그 머리들에는 하느님을 모독하는 이름이 있었다." 이 짐승은 곰의 발과 사자의 입을 가진 표범처럼 그려진다. (이 조합도 삽화가들에게 인기가 있었다.) 이러한 묘사는 우리에게 위협적인 그리므와르* 전승을 상기시키는데, 그리므와르 전승의 일부는 완전히 묵시문학에서 취한 것이다.

요한 묵시록 13장에 언급된 짐승은 때로 (만족할 만한 이유도 없이 상상으로만) 반그리스도*와 동일시되며, 숫자 666*을 가지고 있다고 한다. 신비술에는 이 숫자에 대한 많은 설명이 있지만, 악마학*에서는 소라트*라는 태양의 악마의 '신비적 숫자'(mystic number)이다. 현대의 몇몇 신비술 집단들은 소라트를 이 짐승과 결부시켰다. 1908년 6월 뉘른베르크에서 슈타이너*가 행한 강연에는 이와 관련된 뛰어난 상징학적 논의가 포함되어 있으며, 그의 강연은 〈성 요한의 묵시〉라는 책으로 영역되어 있다. 사실 이 '신비적 숫자'는 태양의 신비술 숫자 6에다가, 태양 마방진을 36분등하여 각 줄의 합계(111)를 곱한 데서 유래한 것이다.

▲ 알브레흐트 뒤러의 〈그림으로 보는 묵시록〉(1498)의 한 장면. 머리 일곱과 뿔이 아홉 달린 짐승을 보여준다. 이러한 묵시적 이미지는 짐승을 악마로 보도록 하는 데 기여하였다.

묵시록 짐승들의 궁극적 의미가 무엇이건 간에, 통속적인 관점에서 본다면, 그들은 적어도 강력한 악마적 성질을 지니고 있는 것이 확실하다. 요한이 파트모스에서 본 짐승은(묵시록 4, 6) 좋지 않은 번역이지만 종종 네 "활물"(living things)로 쓰이는데, (원래 그리스어에서와 마찬가지로) 히브리어로도 '케이오트 하코데쉬'*Cheyot hakodesh, 즉 생물(living creatures)을 의미한다. 이것은 크바르 강가에서 에제키엘이 보았던 환시에도 나타난다(에제키엘 1, 4). 성서의 (신비로 충만한) 상세한 묘사는, 실제로는 전혀 부합하지 않는 네 이미지, 곧 복음사가들의 분리된 네 이미지의 원천으로 여겨졌고, 종종 테트라모르프*라는 틀린 이름이 붙여졌다. 조아*를 보라.

신비술사이자 흑마술사인 알리스터 크로울리*는 때로 자기 자신을 (약간은 배우처럼) "거대한 짐승"*이라고 불렀다.

[표 22]

요한 묵시록	묘사
13장 1절	"뿔이 열이고 머리는 일곱이었으며, 열 개의 뿔에는 모두 작은 관을 쓰고 있었고 머리마다 하느님을 모독하는 이름들이 붙어 있었습니다."
13장 11절	"어린양처럼 뿔이 둘이었는데 용처럼 말을 하였습니다."
15장 2절	"불이 섞인 유리 바다 같은 것을 보았습니다. 그 유리 바다 위에는 짐승과 그 상과 그 이름을 뜻하는 숫자를 무찌르고 승리한 이들이 서 있었습니다."
17장 8절	"그 짐승은 전에는 있었으나 지금은 없다. 그것이 또 지하에서 올라오겠지만"
19장 20절	"그 짐승이 붙잡혔습니다. …… 거짓 예언자도 함께 붙잡혔습니다."

짐승의 수 Number of the Beast
소라트*를 보라.

차크마키엘 Tzakmaqiel
상툼 렉눔*에 따르면 물병자리(Aquarius)의 영이다.

참된 그리므와르 Grimorium Verum
〈히브리 선생 솔로몬의 공인된 열쇠들 The Most Approved Keys of Solomon the Hebrew
Rabbi〉이라고도 하는 이 책은 1517년 이집트의 멤피스에서 출판되었다고 하지
만, 실제로는 로마에서 18세기에 인쇄되었으며, 솔로몬계 문헌*에서 유래한 것
으로 보인다. 여기에는 소환을 위한 지침들, 드러난 악마들의 예상 비밀들, 악
마들의 특성과 인장*, 추방 의례 등이 담겨 있다. 역사가 웨이트*는 몇 안 되
는 "정직한 흑마술 안내서" 중 하나라고 설명한다. 여러 마술 처방을 잡탕으
로 버무린 이 책에서 위(僞)알베르투스(pseudo-Albertus)의 문헌 〈작은 알베르 Petit
Albert〉가 발견되었다. 〈알베르트〉*를 보라.

참된 흑마술 True Black Magic
〈비밀 중의 비밀〉*을 보라.

창피 Shame
악마 관련 구절*을 보라.

책 Books
악마의 책들이나 악마의 그림책들에 대해서는 악마 관련 구절*의 '책'을 보라.

책임자 Reactor
스콧*을 보라.

챡스 Chax
샥스*의 다른 이름이다.

천사 Angel
천사(angel. 사자使者를 뜻하는 그리스어 앙겔로이angeloi에서 유래한 단어)는 신학과 신비술 문헌에서는 영적인 존재들을 나타내기 위해서 무척 다양한 의미로 사용된다. 신학에서 이 용어는 아홉 품계의 천사들에게—천사, 대천사, 권품천사權品天使, 역품천사力品天使*, 능품천사能品天使, 주품천사主品天使, 좌품천사座品天使, 지품천사智品天使, 치품천사熾品天使—폭넓게 사용된다. (아그리파* 항목의 [표 13]을 보라.) 천사와 악마*는 (그리스어 다이몬daemon*처럼) 혼동되어 대중적인 신비술 전승에 깊이 침투했고, 때로 진짜 천사들이 악마라고 나오는 경우가 있는가 하면, 종종 악마들이 마치 천사인 것처럼 나오기도 했다. 심지어 사정이 밝은 악마학자들도 '악마들과 천사들'을 마치 동의어인 것처럼 쓴 경우가 많았다. 영*이라는 단어도 이와 똑같이 혼동했다. 천사라는 단어는, 천상 위계의 첫 계급과 가장 낮은 계급에만 적용되어야 한다. 이들은 각 인간을 위해 개인적 책임을 부여받는다. (이 계급은 수호천사들이라고 불린다.) 악마학자들은 불가피하게 지옥에 있는 아홉 계급의 영적 존재들을 창조했다. 악마학자 미카엘리스는 이러한 계급의 이름을 지은 사람들 중 하나이며, 베엘제불*을 치품천사인 세라핌의 왕자라고 한다. (미카엘리스의 계급*을 보라.) 위계*를 보라.

체코 다스콜리 Cecco d'Ascoli
프란체스코 데글리 스타빌리Francesco degli Stabili(1257~1327). 출생지를 따라서 체코 다스콜리로 알려진 그는, 점성술을 실습해서 피렌체에서 화형을 당했다고 알려졌기 때문에 악명을 얻었다. 그러나 이단 문제로 피렌체에서 처형을 당했을 가능성이 더 크다. 악마학에 대한 체코의 관점은 몇몇 문헌에 암시되어 있는데, 특히 이탈리아 저술가 빌라니Villani는 체코가 〈사크로보스코의 천체에 대한 주해 Commentary on the Sphere of Sacrobosco〉라는 책 때문에 이단심문소에서 유죄 판결을 받았다고 주장한다. 반그리스도* 문헌은, 1206년 반그리스도의 도래를 예언한 조아킴 디 피오레 Joachim di Fiore와 점성술의 견지에서 (그리스도교가 끝나고) 반그리스도가 출현할 것이라고 예언한 체코 때문에, 14세기에도 여전히 중요한 사항이었다. 반그리스도의 주기적 출현은 여덟 번째 천체의 운동이라고 여겨지는 것과 결부되었다. 이 운동은 1만 2천 년이 한 주기이며, 이 간격으로 인쿠부스*와 수쿠부스*들의 활동을 통해서 사악한 존재들이 태어난다고 한다.

체코는 본질적으로 점성술사였으나 그의 악마학적 견해는 악마 연구에 영향을 끼쳤다. 그는 위僞솔로몬계(pseudo-Solomonic) 문헌 〈이데아의 그림자〉를 인용하면서 악마들에게는 그리스도교인들의 마음조차 속일 수 있는 힘이 있으며, 타락한 천사들은 은총의 희망 밖에 있다는 견해를 유지했다. 그는 강철거울에 감금되어 있지만 소환할 수 있는 플로론*이라는 악마를 언급한다. 체코는 오리엔스*, 아마이온Amayon, 페이몬*, 에감*이 네 방향의 악마*라고 했으며, 린 손다이크는 여러 사본에서 오리온*, 아기몬*, 파기몬*, 에긴Egin으로 나온다고 지적한다.

춤 Dance
악마 관련 구절*을 보라.

치리아토 Ciriato
단테*의 〈신곡〉 지옥편에 나오는 악마로, 멧돼지처럼 입에 엄니가 있다(지옥편 22곡). 단테의 악마들*을 보라.

▲ **칠죄종** 한스 부르크마이어의 1510년 목판화는 죄의 본성을 일곱 악마로 상징화하려고 시도하고 있다. 예를 들어, 가운데 있는 교만의 악마는 공작의 날개를 달고 있다.

치체바체 Chichevache

중세 신화에 나오는 "야윈 암소"이며 착한 여성의 살을 먹으며 산다고 한다. 여기에는 빈정거림이 있기도 한데, 이 괴물이 야윈 것은 주변에 그러한 여성이 거의 없기 때문이라는 것이다. 비코른*을 보라.

칠죄종(七罪宗) Seven Sins

그리스도교 신학의 칠죄종은 종종 괴물 형상으로 악마화된다. 일곱 괴물을 하나의 그림에 조합하는 전형적인 중세 이미지는 한스 부르크마이어 Hans Burgkmair 에게서 온 것으로, 끔찍한 괴물들이 독일어로 자기 이름이 적혀 있는 짧은 기를 들고 있다. 중세 이미지에는 여러 다른 상징체계들이 있었고, 변조된 일곱 욕망이 동물의 형상으로 표현되었으며 이것들은 종종 악마적 이미지로 나타났다. 부르크마이어의 판화에서 가운데 있는 악마는 교만을 나타내며 날개로 공작 깃털을 달고 있다. 짐승의 모습을 한 형상들은 교만의 사자, 질투의 뱀, 분노의 유니콘, 게으름의 곰, 인색의 여우, 탐식의 돼지, 음욕의 전갈 등으로 표현된다. 죄*를 보라.

침대 Bed

악마 관련 구절*을 보라.

침대기둥 Bedpost

악마 관련 구절*을 보라.

카냐초 Cagnazzo
단테*의 10인조 악마들 가운데 하나로 〈신곡〉 지옥편 제8원에서 탐관오리들
을 괴롭힌다.

카다키엘 Chadakiel
상툼 렉눔*에 따르면 천칭자리(Libra)의 영이다.

카드 Card
악마 관련 구절*을 보라.

카론 Charon
고전 신화에 나오는 지옥의 뱃사공으로, 최근에 죽은 사람들의 영혼들을 배에
태워서 아케론*(때로는 스틱스*) 강을 건넌다. 전승에 따르면, 죽은 이들은 강을
건너는 대가로 오볼로스obolus(고대 그리스의 은화)라는 작은 동전을 지불해야 하
는데, 친척들이 매장하기 전에 시신의 입에 넣어준다. 카론은 에레부스*와 닉스
사이에서 태어났다고 하며, 대다수 악마학자들은 그가 악마도 아니고 저주받
은 영혼도 아니라고 본다. 오히려 그는 비정상적 식욕의 상징이며, 이것은 단
테*가 〈신곡〉에서 그를 묘사한 방식이기도 하다. 단테의 시에 흩어져 있는, 뛰
어난 비교적秘敎的 통찰을 통해서 우리는 무서운 지옥의 일면을 엿볼 수 있다.

그때 나의 인도자가 말했다.

"카론이여 왜 헛되이 분노하는가? 정해진 것은 실행되기 마련인데…"

이 말에 수염 짙은 지옥 뱃사공은 입을 다물었고,

그의 눈은 격하게 불타올랐다.

(3곡, 94절 이하)

▲ **카론** 뱃사공 카론이 단테와 베르길리우스를 데리고 지옥의 강 아케론을 건너고 있다. 구스타프 도레의 삽화.

카론*은 그의 혼을 뒤집어놓는 분노가 일었음에도, 단테를 (은총의 상태에 있는) 살아 있는 존재로 인식했다.

카르네시엘 Carnesiel
스테가노그래피의 악마들* 중 하나이다.

카르키스트 Karcist
〈그랑 그리므와르〉*에서 악마나 영들을 움직이는 자나 소환하는 자에게 붙여진 이름이다.

카르타그라 Cartagra
레지널드 스코트*가 '연옥*'의 대치어로 사용했고, '영혼들의 고통'을 의미한다. 스코트는 가미귄*을 설명하면서 이 악마는 "연옥(영혼들이 고통받는 카르타그라라는 곳)에 거주하는 영혼들이 공기로 된 몸을 지니고, 소환하는 자의 명령에 응해, 질문에 대답할 것"이라고 한다. 가미귄의 기호가 때로 중세 예술에서 매장과 관련되어 사용되었고 갈바리아의 십자가를 변형한 형태로 나타났다는 사실은 의미가 깊다.

카르프조프 Carpzov
베네딕트 카르프조프Benedict Carpzov. 17세기 군소 악마학자들 중 하나로 〈범죄의 새로운 수법 Pratica Nova Rerum Criminalium〉(1635)의 저자이다.

카마이사르 Camaysar
〈눅테메론〉*에 나오는 다섯 번째 시간의 악마들 중 하나로, 극단적으로 엇나가는 결혼의 귀신이다.

카말로카 Kamaloka
죽음 이후의 경험을 가리키기 위하여 현대 신비술에서 사용하는 산스크리트어 용어로, 대략 그리스도교의 연옥*에 상응한다. 카말로카라는 단어는 사실 어떤 장소라기보다 내적 상태에 적용되지만, 신비술에서는 달의 영역과 연결된다.

카모 Chamo

비케코메스*에 따르면 악마의 이름이다.

카무엘 Camuel

에녹계 악마들* 중 하나로 동쪽의 수장이다. 스테가노그래피의 악마들* 중 하나이기도 하다.

카바리엘 Cabariel

스테가노그래피의 악마들*을 보라.

카부라 Kabura

세나토르*를 보라.

카비엘 Cabiel

에녹계 악마* 목록에는 28수의 지배자로 나와 있다.

카수조이아 Casujoiah

바울로계 술*을 보라.

카스피엘 Caspiel

에녹계 악마들* 중 하나로 "남쪽을 다스리는 최고 황제"이다. 200명의 대공大公과 400명의 소공을 거느리고 있다. 카스피엘은 스테가노그래피의 악마들* 중 하나이기도 하다. 기호*를 보라.

카시니 Cassini

사무엘 데 카시니Samuel de Cassini. 16세기 마녀 환상과 악마 빙의*에 반대하는 가장 초기의 책들 중 하나인 〈흡혈귀 문제 Question de le Strie〉(1505)를 쓴 이탈리아의 저자이다.

카시몰라르 Caassimolar

글라시알라볼라스*를 보라.

카엘 Cael

바울로게 술*을 보라.

카오우스 Kaous

로렌스 더렐Lawrence Durrell에 따르면, 그리스 일부 지역(특히, 로데스)에서 판*에 해당하는 악마에게 붙인 이름이라고 한다. 이 단어는 '태우다'를 의미하는 동사 카오kao와 관련이 있어 보인다. 더렐은, 이 조물이 항상 "뜨거운 벽돌 위에" 있는 것처럼 보인다고 지적한다. 카오우스는 성가신 존재로, 판의 명성과 어떤 관련이 있다기보다는, 악의를 지닌 가정의 요정에 가깝다. 카오우스는 사람들의 등에 올라타서 그들을 막대기로 때리면서 건너가는 것으로 유명하다. 한 전승에 따르면, 만일 한 여성이 3월 25일 임신을 하게 되면, 그 아이는 크리스마스 전야에 태어나고 카오우스가 될 것이라고 한다.

카우숩 Causub

〈눅테메론〉*에 나오는 일곱 번째 시간의 악마들 중 하나로, 뱀의 마법을 지배하는 귀신이다.

카이나 Caina

단테*가 낮은 지옥의 탄식의 강 코키투스*의 얼음물에 있는 원에 붙인 이름이다. 지옥*을 보라. 이곳에서는 가족을 배반한 사람들이 머리까지 얼음에 잠겨

있다. 카이나라는 이름은 가족을 살해한 첫 인간 카인에게서 유래한 것이 거의
확실하다(창세기 4장).

카임 Caim

소환되면 지빠귀로 나타난다는 악마이다. 비교秘教 전수자들의 언어인 새들
의 언어에 대한 지식을 가지고 있다. 카임은 동물의 언어를 포함한 모든 언어
를 고소인에게 가르쳐줄 것이다. 솔로몬의 일흔두 영 중 하나이며 에녹계 악마
들* 중 하나이다.

카코다이몬 Cacodaemon

문자적으로는 그리스어 '악령'(kakos daimon)을 의미한다. 고대 악마 문헌에서
'선한 영'(아가토다이몬*)은 인간에게 호의적이었으나 카코다이몬과 적대 관계는
아니었던 것으로 보인다. 카코다이몬들의 왕이 하데스*였다. 중세의 몇몇 점
성술사들이 고대의 전문 용어에 의지해 가끔 점성술 12궁도의 열두 번째 수宿
를 카코다이몬이라 불렀기 때문에, 민간 점성술사들은 이 수가 사악하거나 악
마적인 것들을 지배한다는 잘못된 결론을 내렸다. 다이몬*을 보라.

카크리놀라스 Caacrinolaas

글라시알라볼라스*를 보라.

카타리스 Kataris

〈눅테메론〉*에 나오는 열 번째 시간의 악마들 중 하나로, 콩스탕*에 따르면
"개들의 귀신 또는 불경스런 귀신"이라고 한다.

카호르 Cahor

〈눅테메론〉*에 나오는 세 번째 시간의 악마 중 하나로, 사기의 귀신이다.

칼라브 Kalab

〈눅테메론〉*에 나오는 열두 번째 시간의 악마 중 하나로, 성스런 그릇의 귀신
이다.

칼리 Kali

현대의 악마학 문헌에 들어온 몇 안 되는 동양의 악마들 중 하나이다. 사실 칼
리는 힌두교의 여신으로 시바의 부인이며, 콜카타라는 도시의 이름은 칼리의
이름을 따라서 붙여졌다고 한다.

　칼리가트Kali-ghat 사원은 칼리의 숭배자들이 갠지스 강으로 들어가는 계단이
다. 한때 칼리에게 인간 제물을 바쳤다는 것은 역사적 사실이며, 칼리는 이를
통해 서구 악마학에 들어왔다. 검은 얼굴과 붉은 눈과 네 개의 팔과 해골 목걸
이 등을 지닌 대중적 칼리 상은 꽤 최근의 것이다.

칼리반 Caliban

셰익스피어의 〈템페스트〉에서 마녀 시코락스*와 악마 사이에 태어난 반인반수
의 이름이다.

칼메 Calmet

돔 오귀스탱 칼메Dom Augustin Calmet. 신비술에 이끌렸던 신학자이자 베네딕트
회 수도자이다. 〈천사와 악마와 귀신 현상 및 헝가리, 보헤미아, 모라비아,
폴란드 지역에서 죽었다가 살아난 자와 흡혈귀에 대한 논문 Dissertations sur les
apparitions, des anges, des démons et des esprits, et sur les revenants et vampires de Hongrie, de Boheme, de
Moravie et de Silésie〉의 저자이다. 이 책은 1759년 〈유령세계 The Phantom World〉로 영
역되었다. 이 연구는 흡혈귀에 대한 흥미로운 부록을 갖추고 있으며 주로 헝
가리에서 나온 사례로 구성되어 있다.

칼카브리나 Calcabrina

단테*의 10인조 악마들 가운데 하나로 〈신곡〉 지옥편 제8원에서 탐관오리들

을 괴롭힌다.

칼키드리 Chalkydri
날아다니는 용과 비슷하게 보이는 악마적 존재들에게 붙여진 이름이다. 이 단
어는 에녹계 악마들*의 슬라브어 판에 첨부된 문서에서 유래하며, 이 존재들은
사자의 발에 악어의 머리를 지닌 것으로 그려진다. 몸은 자주색이고 거대한 크
기에 열두 개의 날개를 달고 있다.

칼키스 Chalkis
알라스토르*를 보라.

캄비온 Cambions
때로 캄피온*이라고도 한다. 마녀사냥꾼 보댕*은, 인쿠부스*나 수쿠부스*가
인간과 성관계를 맺어서 나온 자식이거나, 악마적 방법으로 얻은 남자의 정액
을 현명하게 조절해서 얻은 자식의 이름이라고 한다. 일곱 살 이전의 캄비온들
은 완전히 살아 있는 게 아니라는 흥미로운 믿음이 중세 말에 있었다.

캄피온 Campions
캄비온*을 보라.

캅티엘 Captiel
〈알마델〉*에 따르면, 제4고도의 영적 존재들 중 하나이다.

케데멜 Kedemel
인텔리젠시* 항목의 [표 18]에 있는 악마 목록을 보라.

케드바스케모드 Quedbaschemod
악마의 알파벳*을 보라.

케레베루스 Kereberus
나베리우스*의 다른 이름이다.

케레부스 Cerebus
레지널드 스코트*는 케레부스가 나베리우스*의 다른 이름이라고 한다.

케르베로스 Cerberus
고전 문헌에서 케르베로스는 지옥의 문을 지키는 머리 셋 달린 개이며, 지옥에서 폭식하는 유형이다. 사람들을 지옥으로 인도하는, 통제되지 않고 조절되지 않은 식욕의 상징이다. 몇몇 자료에서는 머리가 셋 이상이고(100개의 악마 머리를 지녔다고 하는 해설도 있다) 뱀 모양의 꼬리를 가지고 있다. 그의 무시무시한 개집은 스틱스*강 지옥 쪽에 있다.

케르베루스 Kerberus
케르베로스*의 이형異形이다.

케모르 Chemor
악마의 알파벳*을 보라.

케모쉬 Chemosh
밀턴의 악마들* 항목에 있는 '케모스'를 보라.

케모스 Chemos
고대 모압족의 신 케모쉬*를 밀턴*이 〈실낙원〉에서 사용한 이름이다. 밀턴의 악마들*을 보라.

케이오트 하코데쉬 Cheyot hakodesh
짐승*을 보라.

케찰코아틀 Quetzalcoatl

멕시코인들의 뱀신이다. 블라바츠키*는 이 신을 햄Ham 및 가나안Canaan과 연결시킨다. 〈비밀 교리〉(2권, 380쪽)와 〈베일을 벗은 이시스〉(1권, 553쪽)를 보라.

케투 Ketu

용의 머리를 뜻하는 산스크리트어로 힌두교 점성술에서 악마적 중요성을 지닌 것으로 여겨진다. 교점*과 라후*를 보라.

켄타우로스 Centaurs

그리스 신화의 반인반마半人半馬 괴물들은 테살리아Thessaly의 펠리온Pelion 산에 거주한다고 한다. 단테*가 〈신곡〉에서 이들이 반인반우半人半牛인 미노타우로스*와 함께 연옥*에 산다고 언급했다는 이유만으로 악마학적 맥락에서 관심을 끌게 되었다. 이 둘은 차원 낮은 동물적 본성에 종속된 인간을 상징한다. 많은 악마적 형상들이 켄타우로스에서 유래하였고 특히 17~18세기에 유행했다.

켈라이노 Celaeno

하르피*를 보라.

켈레브 Cheleb

보댕*을 보라.

켈리 Kelly

에드워드 켈리Edward Kelly(1555년생). 수정점 점술사. 디*를 보라.

켈피 Kelpie (물의 요정)

진짜 스코틀랜드 켈피는 보통 말의 형상을 취하며, 때로 "물의 말"(water-horse)로 묘사된다. 대중 전승에서 켈피라는 이름은 종종 운디네*를 나타내기 위해서 사용된다. 엘레멘탈*을 보라. 그러나 운디네가 거의 언제나 인간을 꺼리는 반면, 켈피는 사람들, 특히 어린이들에게 두려움을 주는 것으로 유명하다. 켈피는 자주 악마로 묘사되지만, 악마는 아니다.

코랄 Coral
돌*을 보라.

코르손 Corson
네 방향의 악마* 중 하나로, 에녹계 문헌에서는 남쪽의 왕으로 나와 있다.

코미엘 Chomiel
에녹계 악마들* 중 하나로, "북쪽의 황제 데모리엘* 휘하의 위대한 공작"이다.

코볼트 Kobold
독일의 요정 전승에서는 원래 땅의 요정이거나 집의 영으로, 현대에도 같은 의미로 쓰인다. 그러나 이 독일어 단어는 중세에 광산에 사는 악의 있는 영을 나타내기 위해 채택한 단어였다. 때로 '악마' 또는 '광산의 악마*'로 묘사되긴 하지만 실제로는 흙의 영적 존재, 달리 말하면 땅의 요정이다. 엘레멘탈*을 보라. 철족 원소 '코발트'는 12세기에도 사용했던 이름인데, 광부들은 이 쓸모없는 금속이 자기들이 캐내려는 은광석에 해를 끼친다고 여겼다. 코볼트는 때로 노커knocker*라고도 한다. 노커는 니커nicker와 같은 어원에서 유래했을 가능성이 크며, 한때 콘월Cornwall과 데번Devon 일부 지역에서만 사용되었다.

코카오 Cocao
수성(Mercury)의 날(수요일)에 소환되는 악마이다. 소환*을 보라.

코키투스 Cocytus
지옥에 있는 비탄의 강이다. 단테*는 〈신곡〉에서 사탄*이 얼어서 박힌 지옥 심연 바닥에 있는 얼어붙은 강이라고 묘사했다. 사탄 주변에는 안테노라*, 카이나*, 유데카*, 프톨로마에아* 등 네 지역에 네 부류의 배반자들이 얼음 속에 영원히 박혀 있다.

콜랭 드 플랑시 Collin de Plancy
플랑시*를 보라.

콜로파티론 Colopatiron
〈눅테메론〉*에 나오는 아홉 번째 시간의 악마들 중 하나로, '감옥을 열어주는' 귀신이다.

콧구멍 Nostrils
악마 관련 구절*을 보라.

콩스탕 Constant
알퐁스 루이 콩스탕Alphonse Louis Constant(1810~1875). 엘리파 레비 자헤드Eliphas Levi Zahed라는 필명을 사용했고 19세기의 가장 영향력 있던 대중적 신비술사 중 한 사람이었다. '낭만적 신비술'이라고 칭하면 가장 적합할 만한 것에 대한 책을 몇 권 지어서 명성을 얻었고, 심지어 악명도 얻었다. 그의 책들은 비교 전승의 깊이와 엄밀함이 떨어지기 때문에 거의 정당성을 갖지 못했다. 그의 전기 작가 웨이트*는 "그는 세부 항목에서 정확하지 않기 때문에 단순한 사실에 관한 잘못된 지침을 인용하기는 어려울 것"이라고 한다. 다른 한편, "더욱 유명한 이름들이 있지만, 이 프랑스 마술사보다 신비술 문학에 더 큰 영향을 끼치고 매력을 보여준 이는 없다"고 한다.

웨이트가 〈초월 마술〉(1896)이라는 제목으로 번역한 콩스탕의 책 〈고급마술의 교리와 의례 Dogme et Rituel de la Haute Magie〉(1856)는 마술에 관한 그의 여러 책 중에서도 큰 영향을 끼쳤다. 그 이유는, 이 책이 주로 신비술 학파들의 의전 마술* 실천을 보급하였고, 〈눅테메론〉*과 같은 본문을 대중에게 소개했으며,

이해가 부족한 상태에서 비교秘敎의 상징들을 대중에게 대량 소개했기 때문인데, 이러한 상징에 대한 설명은 현대 신비술 책에서도 여전히 인용되고 있다. 이 책의 많은 그림은 현대에 유명해졌다. 그중에서도 대표적인 것들은, 악마의 이미지를 추적하는 손짓 신호인 페르 베네딕티오넴Per Benedictionem('축복을 통해서')을 비롯해, 아키벡Akibeec, 아마사라크Amasarac, 아사라델*, 베르카이알Berkaial 등의 악마 이름이 있는 소환마술 원, 그리고 (가장 유명한) 레비*가 멘데스의 바포메트(The Baphomet of Mendes)라고 부른 그림으로, 성기에서 솟아나 있는 뱀 지팡이(caduceus)를 지닌 날개 달린 염소 악마와 그의 이마에 있는 별 모양 등이다.

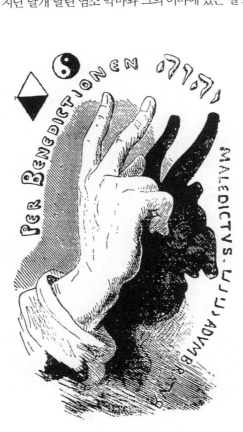

▲ **콩스탕**　엘리파 레비의 〈초월 마술〉(1896, 영역판)에 있는 도판 중 하나. 레비는 "거룩한 비밀의례에 의한 파문의 표지"라고 칭했다. 그리스도교적 표지를 만드는 손의 그림자는 뿔 달린 악마의 얼굴로 해석될 수 있다. 그러나 이것은 거룩한 동작을 의미하는 게 아니라, 동양과 유대와 라틴과 장미십자회의 상징을 합친 그림으로 레비의 전형적인 작품이다.

이 책이 많은 인기를 누렸던 이유는, 신비술에 대해 심오한 통찰을 제공했기 때문이 아니라, 세쿤다데이*(제2의 신, 일곱 천사들)에 대한 트리테미우스*의 본문을 레비가 개인적으로 해석해서 이끌어낸 예언 때문이었다. 이 예언은 대천사 미카엘*의 지배가 1879년에 시작한다는 인식에 기초를 두고 있었다. 레비의 서술은 트리테미우스가 그의 비교秘敎 서적 〈일곱 명의 제2의 신들 De Septem Secuddadeis〉(1510)(상툼 렉눔*을 보라)에서 말했던 것과 정확히 일치하지 않을 뿐 아니라, 1879년 이후에 생길 레비 자신의 예언도 트리테미우스가 암시했던 것과 거의 무관하고, 모든 사건이 완전히 오류로 밝혀졌다. 그렇더라도 미래 24

▲ **콩스탕** 마술적 소환에서 사용되는 별 모양. 엘리파 레비의 〈초월 마술〉(1896, 영역판)에서 재현되었다.

년 후의 어느 날에 대한 예언은 책의 인기를 가장 크게 만들어준 요인 중 하나였다. 대중은 책의 많은 실수와 오류를 무시했다.

악마와 영적 존재로서의 영들에 대한 레비의 많은 언급은 그의 가장 유명한 책 전체에 흩어져 있으나, 그의 관심은 어떤 실제적인 통찰로부터 파생하여 악마적 영역에 개입한 것도 아니었고, 전통적인 본문을 주의 깊게 읽은 데서 온 것도 아니었다. 예를 들어, 〈눅테메론〉에서 아폴로니우스 악마들에 대한 레비의 논의는 오해에 기초를 둔 것으로 나타난다. 그의 글에는 새로운 것이 거의 없는 반면, 상상적인 것과 오류는 확실히 많다. 그는 낭만적 신비술을 처음으로 크게 대중화시킨 저널리스트와 같은 사람 중 하나이다.

쿠니알리 Cuniali

〈눅테메론〉*에 나오는 여덟 번째 시간의 악마들 중 하나로, 연상의 귀신이다.

쿠르손 Curson

때로 푸르손*이라고도 하며, 레지널드 스코트*에 따르면 "곰에 타고서는 가장 잔인한 독사를 데리고 사자의 얼굴을 한 사람처럼 나타난다"고 한다. 숨겨진 것, 과거, 현재, 미래에 대한 지식을 준다. 타락한 역품천사들*과 타락한 좌품천사들(트로니*)로 구성된 스물두 악마군단을 통솔한다고 한다.

큐 클럭스 클랜 Ku Klux Klan (KKK단)

원래 비밀 결사 집단으로, 동아리(circle)를 의미하는 그리스어 쿨로스 kulos에서 이름을 취했다. 지역의 부패와 싸우고 흑인들을 위협하여 복종시키려고 1865년경 미국 테네시 주 풀라스키에서 조직되었다. 1867년 다른 유사한 단체인 화이트 카멜리아스 White Camelias와 합병하고 남부 지역에서 테러를 일으킨 후, 1870년에 원래의 KKK단은 해체되었다. 그러나 1915년 조지아주 애틀란타에서 윌리엄 시몬스 William Simmons가 수천 명의 회원들을 모집하여 KKK 기사단(Knights of the Ku Klux Klan)을 설립했다. 이 조직은 명목상 반흑인 집단이지만, 본질적으로는 공포를 이용해서 미국 남부에서 백인의 패권을 쟁취하려는 반가톨릭, 반유대인 집단이기도 했다. 1924년 강력하고 영향력 있던 연설가인 시몬스가 해임된 후 이 집단은 점차 쇠퇴했다. 1945년 새뮤얼 그린Samuel Green 이 조지아 주에서 재건했으나 주지사는 진압을 명령했다.

현존하는 불법 단체들은 이전의 비밀 집단들을 따르지 않고 그만한 세력도 가지고 있지 않은 것으로 보인다. 큐 클럭스 클랜이 악마학의 관심이 되는 이유는, 명목상의 조직이 악마적 위계 중 하나와 비슷하기 때문이다. 전성기 때에는 미국 남부의 전지역이 대마법사(Grand Wizard)의 통제 아래 있으며, 거대한 용(Grand Dragon)이 각 주를 이끈다고 여겼다. 개인 회원들은 고울Ghouls이라고 불렀지만, 거의 무차별적으로 그리고 종종 단어의 의미에 대한 아무런 지식도 없이 악마적 칭호를 부여하여 하급관리의 이름과 칭호로 삼았다.

크네 Kne
악마의 알파벳*을 보라.

크라우치 Crouch
나타니엘 크라우치Nathaniel Crouch. 영국 출신의 17세기 악마학자이자 마녀학자로 〈어둠의 왕국 The Kingdom of Darkness〉(1688)을 저술했다.

크라켄 Kraken
대중문학에서만 악마로 그려지는 크라켄은 바다 괴물이며, 폰톱피디안 Pontoppidian이 〈노르웨이 역사 History of Norway〉(1752)에서 처음 묘사했다. 그러나 고전 시대에도 비슷한 괴물들이 언급되긴 했다. 포틀랜드 로드Portland Roads 어귀 심해저 틈에는, 때로 "물고기 산"으로 묘사되는, 크라켄이라고 하는 거대한 바다 거미가 있다고 한다.

크로울리 Crowley
알리스터 크로울리Aleister Crowley(1875~1947). 거대한 짐승*, 테이론*, 텔레마*를 보라.

크리미나토레스 Criminatores

디아볼루스Diabolus 또는 동료의 고발자(Accuser of the Brethren)라고도 불리는 아스타로트*에게서 직접 지배를 받는 사악한 악마 계급의 이름이다. 악마 위계에서 여덟 번째이며 따라서 대천사들과 대등한 악마로 여겨진다.

크리솔레투스 Chrisoletus

돌*을 보라.

크리솔리테 Chrysolite

돌*을 보라.

클로토 Clotho

운명의 세 여신(파테스)*을 보라.

클뤼메노스 Clymenus

하데스*에게 붙여진 완곡한 몇 개의 이름 중 하나이다. 이 명칭은 대지를 다스렸던 거룩한 존재들의 위계를 나타내는 고대 그리스어에서 유래한다.

키노케투스 Kinocetus

돌*을 보라.

키리엘 Kiriel

때로 키리엘Ciriel이라고도 한다. 에녹계 악마들* 중 하나로 28수를 지배하는 악마라고 한다.

키메라 Chimera

고전 신화의 키메라는, 사자 머리와 염소 몸통에 용꼬리를 달고 불을 내뿜는 괴물이다. 키메라는 벨레로폰Bellerophon에게 죽임을 당한다. 키메라가 악마학자들에게 중요하다는 것은, 많은 악마적 부적들*, 특히 기괴한 모양의 부적들을 키메라라고 부른다는 사실에서 드러난다. 이와 관련해서 사악한 눈*을 보라.

키메리에스 Cimeries
지옥의 후작들 중 하나이다. 검은 말을 탄 모습으로 나타나며, 사람을 용감하게 하는 능력을 가지고 있다. 문학을 가르치고 보물이 숨겨진 장소나 잃어버린 물건을 알려주는 것으로 유명하다. 아프리카 사정에 밝은 전문가라고 한다. 솔로몬의 일흔두 영 중 하나이며 에녹계 악마들* 중 하나이다.

키슴 Khism
중동 악마학에서 유래한 악마로 저주나 분노의 영이라고 한다.

키프리아누스의 술(術) The Art of Cyprian
마법의 거울*을 보라.

ㅌ

타그리누스 Thagrinus
〈눅테메론〉*에 나오는 네 번째 시간의 악마들 중 하나로, 혼돈의 귀신이다.

타그리엘 Tagriel
28수를 지배하는 악마들 중 하나이다.

타라카 Taraka
블라바츠키*에 따르면, 타라카는 요가 고행을 통해서 신들을 위협했던 '다나바 악마'(Danava Demon)였다고 한다. "지나치게 거룩하고 현명한 악마"로 불렸으며, 전쟁의 신 카르티케야 Karttikeya에게 죽임을 당했다. (블라바츠키의 표현을 빌리자면 카르티케야는 "천문학적으로는 여섯 얼굴을 지닌 화성"이다.)

타랍 Tarab
〈눅테메론〉*에 나오는 열두 번째 시간의 악마들 중 하나로, 강탈의 귀신이다.

타르마스 Tharmas
조아* 항목에서 [표 20]을 보라.

타르타로스 Tartarus
그리스 신화에서 타르타로스는, 지옥 위에 있는 하늘만큼이나 하데스* 맨 아래쪽에 멀리 떨어져 있는 장소로 여겨졌으며, 신들에게 반란을 일으켰던 티탄족이 이곳에 갇혔다고 한다. 그러나 로마 시대에 이르러 이 장소는 때로 하데스와 동일시되었고, 심지어는 하데스의 지배자의 이름으로 사용되어 자주 플루토*라고 불리기도 했다.

타르타크 Tartach
비케코메스*를 보라.

타미알 Tamial
블라바츠키* 악마학에 따르면 일곱 이스킨* 중 하나이다. 타미알은 인간에게 천문학을 가르쳐주었다고 한다. 바르카얄*을 보라. 타미알과 타미엘*은 동일하다는 것이 거의 확실하다.

타미엘 Tamiel
첫 번째 에녹계 문헌 전승에 나오는 에녹계 악마들* 중 하나로, 사미야사*의 인도로 지상에 왔다. 인간에게 천문학의 비밀을 가르쳐주었다고 한다.

타브리스 Tabris
〈눅테메론〉*에 나오는 여섯 번째 시간의 악마들 중 하나로, 자유의지의 귀신이다.

타블리비크 Tablibik
〈눅테메론〉*에 나오는 다섯 번째 시간의 악마들 중 하나로, 매혹의 귀신이다.

타쉬 Tash
클라이브 스태플스 루이스의 〈나니아Narnia 연대기〉 마지막 책인 〈마지막 전

▲ **타쉬** 제이한 강 근처 카라테페의 성채 입구에서 발견된 히타이트의 악마 또는 신 부조는 1949년 사진으로 처음 알려졌으며, C. S. 루이스가 〈나니아 연대기〉 마지막 권에서 끔찍한 악마 타쉬를 묘사하는 데 영향을 주었을 것이다. 서기전 8세기 무렵의 부조이다.

투 The Last Battle〉(1956)에 나오는 사악한 원리의 이름이다. 타쉬는 선한 원리를 나타내는 사자 아슬란Aslan의 우주적 대립물로 사나운 칼로르멘 사람들 (Calormenes)의 신이다. 루이스는 중세 그리프와르*의 견지에서 타쉬를 묘사한다. 대충 인간의 모습을 하고 있지만 새의 머리에 굽어진 잔인한 부리를 지니고 있으며, 머리 위로 올린 네 팔은 나니아 전역을 붙잡듯 북쪽으로 펼쳐 있다. 이 조물은 걸어 다니는 대신에 풀밭 위를 떠다니며, 발아래에 있는 풀은 시든 것처럼 보인다.

이 비밀스런 동화는 끝으로 향하면서 타쉬가 아흐리만*의 화신들 중 하나이거나 중동 이원론에서 유래하는 어둠의 원리들 중 하나임을 보여준다. 부리를 가진 악마나 신이 이집트와 중동의 예술 형상에서 자주 나타나고 유럽 악마학에 들어오기는 했지만, 머리 위로 네 팔을 치켜든 악마를 정확하게 묘사한 모습은 매우 보기 드문 것이다. 이것은 카라테페Karatepe의 히타이트 성채 입구에서 발견되었고 1949년 5월 〈삽화로 본 런던 뉴스 Illustrated London New〉에 게재된 부리 달린 신의 부조浮彫와 관련이 있는 것일까? 이 부조는 새의 머리를 지닌 신이 팔을 위로 올리고 날개를 걷은 모습을 보여주고 있다. 루이스가 염두에 두었을 상징은, (천상의 영역에서 날아다닐 수 있는 영성의 표시인) 이 타쉬의 날개조차도 땅에 더 적합하게 변화되었다는 것을 암시할 것이다.

타스카르 Tascar
세나토르*를 보라.

타크리탄 Tacritan
〈눅테메론〉*에 나오는 다섯 번째 시간의 악마들 중 하나로, 소환마술의 귀신이다.

타프타르타라트 Taphthartharath
아그리파*가 수성의 영역 있는 다이몬*에게 붙인 이름으로 마술 숫자는 2080이다. 마방진* 항목의 [표 5]를 보라.

테우르기아 고에티아 Theurgia Goetia
〈레메게톤〉*을 보라.

테우투스 Theutus
바사 이니키타티스*를 보라.

테이론 Theiron
마스터 테이론Master Theiron은 알리스터 크로울리*의 필명 중 하나였다. 그는 (다소 분명치 않은 부분이 있긴 하지만) 가장 정교한 현대의 그리므와르* 〈마술의 이론과 실제 Magick in Theory and Practice〉(1919)를 썼다. 텔레마*를 보라.

테트라모르프 Tetramorph
'4중 형상'(fourfold form)을 의미하는 그리스어에서 유래한 단어로, 황도대의 고정된 네 별자리의 상징(황소, 사자, 전갈, 물병)을 결합한 하나의 형상에 적용된다. 고정된 네 별자리는 네 원소들을 표현한다. 이 상징들은 그리스도교 예술에서 네 복음사가의 이미지로 사용되는 중요한 요소이지만, 원래는 황도대 별자리를 나타내는 것이었다. [표 23]은 주요 결합을 보여준다.

[표 23]

원소	황도대 별자리	상징	복음사가
불	사자자리	사자	성 마르코
흙	황소자리	황소	성 루카
물	전갈자리	독수리	성 요한
공기	물병자리	인간의 얼굴	성 마태오

　　테트라모르프에는 보통 네 상징이 표현되어, 독수리 날개를 지닌 인간 얼굴과 황소의 몸, 사자의 갈기가 합쳐진 모습을 보여준다. 그러나 이 상징들은 다른 방식으로 배치될 수 있으며, 날개 달린 인간의 몸에 (사자, 황소, 인간의) 세

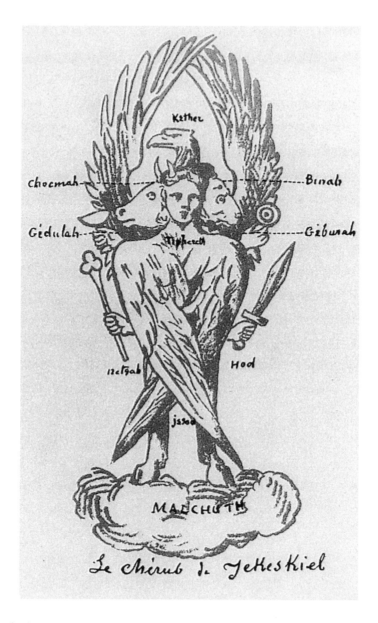

▲ **테트라모르프** 윈 웨스트코트가 1896년 번역하여 재간한 엘리파 레비의 〈상툼 렉눔의 마법 의례〉에 나오는 4중 형상 테프라모르프이며 카발라와 관련이 있다. 레비가 "케룹"이라고 불렀듯이, 머리 셋으로 구성된 전통적인 모습이 아니라 머리 넷을 연합한 상당히 공상적인 형상이다. 통상적으로 오직 날개만 성 요한의 적절한 상징으로 여겨진다. 테트라모르프의 구성 부분과 '생명나무'(Sephirothic Tree)의 이름(케테르Kether 등) 사이의 관계 역시 공상적이다.

머리를 가진 테트라모르프도 가끔씩 발견된다.

하지만 '테트라모르프'라는 단어는 종종 오용되어 다른 상징적 형상을 지닌 복음사가들의 네 모습에 적용된다. 이것들은 고정된 황도궁의 이미지들과 마찬가지로 복음사가들의 상징들이지만, 네 상징이 하나의 형상으로 결합되지 않았기 때문에 온당한 테트라모르프는 아니다.

블라바츠키*는 테트라모르프를 다루면서, 초기 그리스도교 상징에서 인간은 원래 용이었고, 네 상징은 일곱 천사들 중 네 천사들을 의미했다고 지적한다. 곧 사자는 미카엘*, 황소는 우리엘*, 독수리는 가브리엘*, 용은 라파엘*을 가리킨다.

이 상징들과 테트라모르프는 악마 소환을 다루는 여러 책에 등장한다.

텐타토레스 말리게니 Tentatores maligenii (악의 유혹자들)

에녹계 문헌에 따르면 아홉 번째 악마 계급의 명칭이다. (에녹계 악마들*을 보라.) 이들은 유혹자들이거나 디아볼로스들* 또는 나쁜 귀신들로 마몬*이 그들의 군주라고 한다. 황도대 악마들*을 보라.

텔 Thel

블레이크*의 〈텔의 책〉(1789)에 나오는 여주인공으로, 므네 세라핌*의 가장 어린 딸이다. 므네 세라핌은 텔이 순결에서 경험으로 옮겨간 것을 슬퍼한다. 텔은 악마가 아니지만, "미지의 땅의 비밀"을 보기 위해서 블레이크의 지옥에 해당하는 곳에 들어가도록 허락을 받는다. 이러한 상상은, 악마가 옹호한 자기 중심성으로부터 영을 해방시키는 경험, 곧 죽음의 과정과 관계된 블레이크의 경험관과 분명한 관련이 있다.

텔레마 Thelema

마술사 알리스터 크로울리*가 쓴 〈법의 책〉에는 "법의 언어는 텔레마이다"라는 격언이 있는데 텔레마라는 단어는 그리스어로 되어 있다. 마스터 테이론이라는 필명으로 글을 썼던 크로울리의 악마학은 독창적이고 복잡하지만, 〈마

술의 이론과 실천〉은 솔직한 태도를 보여준다. 이 책에 있는 정리定理들은 정식
(1)에서 정식 (27)까지는 모두 비전주의자들의 비난을 살 만한 것들이 아니다.

> (1) 의도적인 모든 행위는 마술적 행위이다.

> (27) 모든 인간은 자기 삶의 기조가 되는 마술을 만들어야 한다. 인간은 마술
> 의 법을 배우고 그에 따라서 살아야 한다.

다만 마지막 정식은 진짜 우려할 만한 것이다.

> (28) 모든 인간은, 다른 사람들을 방해할 수 있다는 염려를 하지 않고도, 자
> 신의 뜻을 이루기 위한 권리를 가지고 있다. 왜냐하면 만일 그가 적절한 장소
> 에 있을 경우에, 다른 사람들이 그를 방해한다면, 그것은 다른 사람들의 실수
> 이기 때문이다.

참된 악마학이 기반을 둔 비교秘敎의 견지에서 "당신의 뜻을 행하는 것이 법
의 전부"라는 격언은 아마도 정확한 말이겠지만, 충동적인 욕구에 탐닉한 이후
에 오는 미래의 결과들을 묵살할 수 있는 사람은 없다. 고삐 풀린 자기욕구의
실현은 헤르메스 전승에서 언제나 아비스(심연)*와 연결되었다.

아마도 크로울리와 관련해서 염두에 두어야 할 중요한 사실 하나는, 그가
막대한 유산을 물려받았기 때문에 아주 오랫동안, 그러니까 파산하기 이전까
지, 정확히 자기가 바라는 대로 할 수 있는 여유가 있었다는 점이다. 영화제작
자 케네스 앵거Kenneth Anger는 시칠리아에 있는 텔레마 수도원의 오래된 회벽 아
래서 크로울리가 의례와 주신제酒神祭를 위해 그린 음란한 벽화들을 많이 발견
했다. 아이와스*를 보라.

토글라스 Toglas
〈눅테메론〉*에 나오는 여덟 번째 시간의 악마들 중 하나로, (아마도 숨겨진) 보

물의 귀신이다.

토드피페 Toadpipe
C. S. 루이스의 〈스크루테이프의 편지〉에서 젊은 악마 웜우드*를 훈련시키는
것과 관련된 편지에 나오는 악마들 중 하나이다. 토드피페는 편지를 처리하는
고참 악마 스크루테이프(아비스의 장엄 차관)의 비서이다. 스크루테이프가 분노
해서 큰 지네 형상으로 변형되면 토드피페가 그를 대신해서 편지에 서명한다.
"우리 아버지가 자기 이외의 것을 숭배한다면 생명력을 숭배할 것인데, (스크루
테이프의 변형은) 이 생명력의 영광스러운 발현이며 내부에서 일어나는 것이다."

토르바투스 Torvatus
〈눅테메론〉*에 나오는 두 번째 시간의 악마들 중 하나로, 불화의 귀신이다.

토코바토 Tocobatto
사악한 마귀*를 보라.

토페트 Tophet
예루살렘 남쪽 게헨나* 근처의 계곡 이름으로, 이곳에서 어린이들이 희생제물
이 되어 "불을 통과하고 몰레크*"에게 바쳐졌을 것이다. 토페트에서는 사체를
태우기 위해서 불을 영구히 꺼지지 않게 보관했으며, 결과적으로 셰올*이나 지
옥과 같은 장소가 되었다고 한다. (몰레크*를 보라.) 카르타고(튀니지) 변방에도
한때 매장지였던 토페트라는 곳이 있으며, (아마도 허구이겠지만) 몰레크에게 희
생제물로 바쳐진 이들이 묻힌 장소라고 한다. 상징이 새겨진 돌들과 물에 잠
긴 동굴이 있는 이 매장지는 튀니지의 가장 아름다운 장소 중 하나이다.

투리엘 Turiel
에녹계 악마들*을 보라.

▲ **토페트** 튀니지(고대 카르타고) 토페트에 있는 석비. 이곳에서 몰레크와 바알은 악마로 숭배를 받았다고 한다. 석비 윗부분은 태양 원반을 감싸는 달을 표현하는 듯하고, 아랫부분은 어린이 또는 망자의 영혼을 나타내는 것일 수 있지만, 이 흥미로운 석비의 상징적 의미를 현재는 잃어버렸다.

투알 Tual

바울로계 술*을 보라.

투키파트 Tukiphat

〈눅테메론〉*에 나오는 여덟 번째 시간의 악마들 중 하나로, 계획의 귀신이다.

트로니 Troni

좌품천사를 일컫는 중세 용어이며, 그리스도교적 계급에 있는 영적 존재들에게 붙여진 이름으로 토성의 영역과 관련이 있다. 이들은 영적 존재들 중 일곱 번째 계급이다. 더욱 높은 세계에서 살아가는 모든 존재들이 시간의 한계를 초월하는 영원 속에서 살아갈 수 있도록 하기 위해서, 토성은 시간의 종말을 나타낸 다고 한다. 그러므로 좌품천사들의 일곱 번째 하늘은 영원의 가장자리에 있으며, 이것은 아마도 대중이 행복을 묘사하는 표현인 "일곱 번째 하늘에 있다"라는 말을 설명해줄 것이다. 트로니는 악마들이 아니지만, 타락한 천사들 중 일부는 이 일곱 번째 천구층에 속해 있다고 한다.

트리테미우스 Trithemius
슈폰하임Sponheim의 수도원장 요하네스 트리테미우스Johannes Trithemius(1462~1516)는 15세기의 가장 능숙하고 영향력 있던 비전주의자들 중 한 사람이었다. 그의 악마학에 대한 설명은 상툼 렉눔*, 세쿤다데이*, 스테가노그래피의 악마들*을 보라.

티리엘 Tiriel
윌리엄 블레이크*의 첫 번째 예언서(1789) 작품명과 동일한 영웅이다. 이 이름은 아그리파*가 제시한 악마 목록에서 취한 것으로 보이며, 아그리파의 목록에서 티리엘은 수성의 영적 존재(인텔리젠시*)이다. 블레이크는 티리엘을 인간의 몸과 관련시키며 여러 주석가들은 블레이크가 그토록 경멸했던 물질주의의 상징으로 본다. 티리엘의 아들들은 그에게 반란을 일으킨다. 티리엘은 스스로 서쪽의 폭군이 되어 동생 자젤*을 감옥에 넣고, 이짐*을 광야로 쫓아내며 아들들을 노예로 만든다. 이야기 후반부에서 티리엘은 4원소를 지배하는 힘을 과시하며 자손의 태반을 살해하고 가장 어린 딸 헬라*의 머리카락을 뱀으로 바꿔놓는다. 결국 그는 장님이 되어 저주 속에 죽는다.
　악마의 알파벳*을 보라.

티시포네 Tisiphone
에리니에스*를 보라.

티아마트 Tiamat

때로 티아와트Tiawath라고도 하며, 여러 문화에서 다양한 철자와 발음으로 나타난다. (예를 들어, 히브리인들은 토후Tohu, 시리아에서는 타우테Tauthe라고 부른다.) 티아마트는 바빌로니아 창조 전설에서 여성적 원리를 대변하는 쓴 물(bitter waters)을 나타내기 위해 사용된다. 티아마트는 압수Apsu(담수)와 반대되는 원리이다. 일부 초기 전설에서는 티아마트를 모든 생물의 원천이라고 하지만, 다른 전설들은 압수가 그 원천이라고 한다. 이러한 원리적 물은 대지를 감싸고 있는 심연 속에 있는 것으로 나타난다. 후대 신화에서 티아마트는 신들의 창조활동에 반대하여 투쟁하는 원시적 혼돈의 상징으로 악마화되었다. 티아마트가 때로 악마로 불리며 뱀으로 그려지는 이유는 바로 이 때문이다.

티폰 Typhon

이집트의 세트Set를 나타내는 후대 그리스어 이름 중 하나이다. 세트는 태양신으로 호루스Horus의 적수였다가(상부 이집트의 지배자이면서 주극성(circumpolar star)의 신이기도 했다) 사악한 힘의 두목 아페프*로 나타나는 강등된 역사를 지니고 있다. 세트는 힉소스족Hyksos의 주요 신이었다가 힉소스족이 이집트에서 쇠락하면서 신의 지위에서 악마적 상태로 추락했을 것이다. 세트는 바알*과 관련이 있으며 바알과 동일시되기도 했다. 일부 권위자들은(예를 들면, 엘워시) 티폰을 악마의 원형으로 이해하며, 실제로 아페프의 뱀 이미지는 이러한 기원을 확증하는 것일 수 있다. 엘워시는 아이스킬로스가 테베Thebes의 포위공격을 설명하면서 언급한 부적 방패에 주목하는데, 그것은 불꽃과 연기를 뿜어내는 티폰 이미지를 담고 있다. 블라바츠키*는, 호루스가 처단한 용 아포피스Apophis가 티폰이라고 한다.

팅그라 Tingra

세나토르*를 보라.

ㅍ

파괴자 Destroyer
아밧돈*을 보라.

파기몬 Pagimon
체코 다스콜리*를 보라.

파날카르프 Panalcarp
스코트*가 언급한 악한 악마 일곱 중 하나이다. 소환*을 보라.

파독 Paddock
셰익스피어의 〈맥베스〉에 나오는 두 번째 마녀의 심부름마귀* 이름으로 보인다. 이 단어는 두꺼비를 일컫는 앵글로-색슨어의 애칭이라고 한다. 레지널드 스코트*가 지적하듯이 두꺼비는 고양이 다음으로 마녀들에게 인기를 끌었던 심부름마귀*이다. 로버트 헤릭Robert Herrick의 "어린이를 위한 은총"(Grace for a Child)에는 "파독처럼 차가운"이라는 표현이 나온다.

> 내가 선 여기에 작은 아이가 있네,
> 나의 한쪽 손을 흔들면서,
> 비록 그 손들이 파독처럼 차갑기는 하지만 …

파디엘 Padiel
스테가노그래피의 악마들* 중 하나이다.

파르주프 Pharzuph
〈눅테메론〉*에 나오는 열한 번째 시간의 악마들 중 하나로, 간음의 귀신이다.

파르카이 Parcae
운명의 세 여신(파테스)*을 보라.

파르파렐로 Farfarello
단테*가 〈신곡〉에서 사용한 악마의 이름 중 하나이다. 보통 '험담을 퍼뜨리는 자'(scandalmonger)의 뜻으로 쓰이는 이름이다. 단테의 악마들*을 보라.

파리대왕 Lord of the Flies
베엘제붑*을 보라.

파리스 Farris
바울로게 술*을 보라.

파메르시엘 Pamersiel
스테가노그래피의 악마들* 중 하나이다. 기호*를 보라.

파미엘 Pamiel
악마의 알파벳*을 보라.

파바스 Fabas
악마의 알파벳*을 보라.

파시엘 Pasiel

바울로계 술*을 보라.

파우스트 Faust

요한 파우스트Johann Faust, 또는 파우스투스Faustus. 마술사이자 점성가이며 악령
소환자로 추정된다(1488?~1538?). 크리스토퍼 말로는 이 이름을 채택하여 〈파
우스투스 박사의 비극적 이야기 Tragical History of Doctor Faustus〉(1589)를 지었다. 이
희곡에서 주인공은 악마 메피스토펠레스*의 대리자를 통해서 자기 영혼을 걸
고 악마와 계약한다. 이 주제에 대한 독일 희곡 〈파우스투스 박사의 이야기
와 악명 높은 마법사, 그리고 흑마술의 대가 The History of Doctor Faustus, the Notorious
Magician and Master〉는 말로의 희곡보다 2년 앞선 1587년 프랑크푸르트 암 마인
Frankfurt am Main에서 출간되었다.

이 주제를 중심으로 몇 개의 오페라가 만들어졌고 그중 유명한 것들로는 슈
포어Sphor의 〈파우스트〉(1816), 바그너Wagner의 서곡(1839), 베를리오즈Berlioz의
〈파우스트의 파멸 Damnation of Faust〉(1846), 구노Gounod의 오페라(1859), 보이토
Boito의 〈메피스토펠레 Mefistofele〉(1868), 졸너Zollner의 오페라(1887) 등이 있다.

괴테Goethe는 〈파우스트〉를 1770년에 쓰기 시작했으나 생을 마감하기 한 해
전에야 완성하였으며, 그의 희곡은 위대한 걸작으로 남아 있다. 파우스트의
유혹과 계약, 욕망 충족을 담고 있는 1부는 1808년에 완성되었다. 메피스토
펠레스는 천국에서 파우스트의 영혼을 파괴하는 허락을 구하며, 천국을 무대
로 설정된 짧은 서막은, 일반적인 악마와의 계약 개념 전체를 완전히 우주적인
어떤 것으로 높여 놓는다. 파우스트는 메피스토펠레스와 계약*을 하지만, 영
원한 저주의 개념이 시간의 흐름을 멈추려는 충동과 연결되기에, 문서를 가지
고 하는 전통적인 계약은 아니다. 2부에 설정되어 있는 이 희곡의 마지막 상징
은 처음보다 더 모호하다. 파우스트는 결국 시간의 흐름을 멈출 것을 요청하
고 죽음에 떨어지지만, 천사들이 데려간 그의 영혼을 악마들이 취하지는 못한
다. 희곡은 악마적 상징과 비교적秘敎的 깊이를 담고 있지만, 그 중심 메시지는
확실히 그리스도의 구원과 관련이 있다. 왜냐하면 파우스트는 시간과 장소가

바뀐 상태에서 선행을 통해서 자신의 삶을 정화시키며, 그의 영혼은 악마적 영역으로 떨어지지 않기 때문이다. 괴테의 〈파우스트〉에서 인용한 구절들에 대해서는 인용문* 항목에 있는 '셸리'를 보라.

파이고엘 Paigoels

현대 서구의 일부 신비술 문헌에서 레슬리 셰퍼드가 "힌두스탄의 악마들"이라고 부른 것을 가리키기 위해 사용한 이름이다. 셰퍼드에 따르면, 일부 힌두교도들은 파이고엘이 원래 악마로 창조되었다고 믿지만, 다른 이들은 파이고엘이 죄를 지어서 하늘 및 우주의 모든 세상에서 쫓겨났으며, 오직 대지와만 교제를 하도록 허가받았다고 본다.

파이몬 Paimon

솔로몬의 일흔두 영 중 하나로 "루시페르*에게 아주 순종적"이라고 하며, 낙타를 타고 신하들에게 둘러싸인 강력한 왕처럼 나타난다고 한다. 그리고 괴로움을 줄 정도로 커다란 목소리를 가진 것으로 알려졌다. 파이몬은 또한 에녹계 악마들* 중 하나이기도 하며, 연약한 용모를 지니고 있지만 "화려한 왕관을 쓰고 단봉낙타에 탄 남자와 같은 모습을 하고 엄청나게 큰 고함을 지르고 포효하면서" 나타난다고 한다. 파이몬이 소환되는 이유는, 마술사가 어떤 욕망을 바라든 그것을 줄 수 있는 힘이 있고, 모든 예술과 학문을 가르칠 수 있는 능력을 가지고 있기 때문이다.

파이토 Pytho

바렛*을 보라.

파이토르 Faytor

운명의 세 여신(파테스)*을 보라.

파키엘(1) Pachiel

트리테미우스*는 파키엘을 스테가노그래피의 악마들* 목록에 올렸으나 아마도 같은 목록에 있는 파디엘*과 혼동한 듯하다.

파키엘(2) Phakiel

상툼 렉눔*에서 게자리(Cancer)의 영이다.

파타 Fata

요정(fairy)을 의미하는 이탈리아어로, 레뇨 델레 파테regno delle fate는 요정의 나라이다. 이 단어는 운명의 세 여신(파테스)*을 나타내는 라틴어에서 나왔을 가능성이 있다.

파테르노스테르 Paternoster (주기도문)

악마 관련 구절*을 보라.

파투스 Fatus

운명의 세 여신(파테스)*을 보라.

파푸스 Papus

〈눅테메론〉*에 나오는 첫 번째 시간의 악마들 중 하나로, 레비*는 "의사"라고 불렀다. 자칭 비전주의자인 제라르 앙코스Gerard Encausse(1865~1916)는 이 이름을 자기의 필명으로 사용했다.

판 Pan

고전 문학에서 판은 목초지와 숲과 가축의 신, 사실상 자연 전체의 신이다. 그리스어 판은 '모든'을 의미한다. 판은 염소의 하체를 지닌 뿔 달린 인간의 형상으로 구체화된다. 악마가 아닌 것이 거의 확실하지만, 호색적이고 생식기적인 삶의 쾌락 때문에 후대에 좋지 않은 명성을 얻게 되었고, 그리스도교인들이 고

▲ **판** 15세기 초엽의 악마 조각으로, 성적으로 음란한 기질에다 반은 인간이고 반은 염소인 전통적인 판 이미지에 기초를 둔 것이 확실하다. 스프롯보로 성당 성가대 좌석 뒤 기댐판(misericord)에 새겨진 조각이다.

대의 신들을 강등시킬 때 악마적 이미지의 원형으로 채택한 첫 번째 신들 중 하나였다. 중세의 여러 그림에서 판의 형상은 악마를 나타내는 데 사용되며, 뿔과 갈라진 발굽은 판에 대한 고전적 인식에서 유래할 정도로 오래되었다.

발가벗은 숲의 요정들과 노는 판에 대한 개념은 마녀들의 연회와 관련된 이미지의 원천이 될 수 있다. 판을 자연의 영으로 바라보는 중요한 비교적秘敎的 인식은 플루타르코스의 〈신탁의 쇠퇴에 대하여〉에 기록된 전설에 표현되어 있다. 그리스도가 십자가에서 죽는 순간에 성전의 휘장이 찢어졌고 (이것은 새로운 길을 내기 위한 고대 신비의 종말을 상징한다.) "위대한 신 판이 죽었다"라는 외침이 세상을 휩쓸었고 고대의 신탁은 고요해졌다. 엘리자베스 배럿 브라우닝의 〈죽은 판〉(1844)은 그의 죽음에 대한 최상의 애가이며, 신비술사 알리스터 크로울리*의 〈마술의 이론과 실제〉 서문에 있는 〈판을 위한 찬가 Hymn to Pan〉(1901)는 살아 있는 신을 축복하는 걸작이다.

> 나는 당신의 동료, 나는 당신의 사람,
>
> 당신의 무리에 있는 염소, 나는 황금, 나는 신,
>
> 당신의 뼈에 있는 살, 당신의 가지에 핀 꽃.
>
> 나는 쇠발굽으로 바위 위를 질주하네,
>
> 강인한 동지冬至를 거쳐 춘분春分까지.
>
> 그리고 나는 사납게 날뛰지, 나는 강탈하고 쪼개고 찢어버리네
>
> 끝이 없는 세계를 영원히,
>
> 난쟁이와 여자와 광녀狂女와 남자를.

공황(panic)이라는 단어는 고대 신의 이름에서 유래한다. 이 신의 급작스런 출현에 여행자들은 너무 놀랐고 두려움에 빠져 도망갔다고 한다.

팔구스 Phalgus
〈눅테메론〉*에 나오는 네 번째 시간의 악마들 중 하나로, 심판의 귀신이다.

팔도르 Phaldor
〈눅테메론〉*에 나오는 열한 번째 시간의 악마들 중 하나로, 신탁의 귀신이다.

팔레그 Phaleg
올림피아의 영들* 중에서 팔레그는 화성의 영이다.

퍽 Puck

퍽이라는 이름은 장난기 있는 요정을 가리키던 고대 영어 푸카pucca에서 유래한
듯 보이지만, 때로 악마에게도 적용되었다. 중세 민간전승에서 퍽은 다소 순
화되어 호브고블린*과 같은 평판을 얻었고 로빈 굿펠로우Robin Goodfellow라고
불리며 장난꾸러기 꼬마 요정을 의미하게 되었다. 셰익스피어의 〈한여름 밤의
꿈〉에서 퍽은 상황판단이 빠르면서도 못된 장난기 있는 요정으로 나오며, 모
양 바꾸기나 우유를 상하게 하는 일 등 사람들을 현혹시키는 것을 즐긴다.

펀치볼 Punchbowl

악마 관련 구절*을 보라.

페나테스 Penates

라레스*를 보라.

페오르 Peor

구약성서(민수기 25, 18)에는 일부 이스라엘 백성이 섬겼던 거짓 우상의 이름으
로 사용되었다. 이 이름은 보통 벨페오르*의 단축형으로 쓰인다. 사해 북쪽에
이 이름과 똑같은 산이 있으며, 몇몇 학자들은 '벨-페오르'가 이 산이나 그 근
처에서 숭배를 받았던 벨* 또는 바알*을 언급하는 것이라고 주장한다. 페오르
계곡은 모세가 묻힌 비밀장소라고도 한다.

페이몬 Paymon

이 악마는 그리므와르* 전승의 파이몬*에서 유래했을 것이지만, 후대의 에녹계
악마* 문헌에서는 서쪽의 왕이라고 한다. 네 방향의 악마*와 바틴*을 보라.

페코르 Fecor

페코르와 아나라젤*과 가지엘*은 땅속 보물을 지키는 책임을 맡은 악마들이
다. 이 셋은 폭풍우를 일으키고 공중에 유령들을 나타나게 하는 악마들이라

고 한다.

펜리스 Fenris

때로 펜리르Fenrir라고 하며, 북유럽 신화에 나오는 마법사 로키Lokki의 거대한
악마 늑대이다. 펜리스는 라그나로크Ragnarok 때(신들이 파멸당할 때) 태양을 삼킨
다고 한다.

펜타곤 Pentagon

인장*을 보라.

포고르 Phogor

비케코메스*를 보라.

포라스 Foras

가끔 포르카스Forcas라고도 하며 솔로몬의 일흔두 영 중 하나이다. 소환* 중에
인간의 형상으로 나타나는 소수의 악마들 중 하나이다. 돌과 약초에 있는 마
법적 가치와 의료적 가치를 가르칠 수 있는 힘을 지니고 있으며, 눈에 보이지
않는 비법을 마술사에게 줄 수 있고, 논리와 관련된 모든 것을 가르친다.

포라이 Foraii

모락스*의 이름 중 하나이다.

포락스 Forax

모락스*의 이름 중 하나이다.

포르네우스 Forneus

솔로몬의 일흔두 영 중 하나이다. 소환* 중에 바다 괴물의 형상으로 나타나지
만, 소환자가 원할 때에는 인간의 형상으로 나타나기도 한다. 포르네우스는

모든 예술과 과학과 언어를 가르친다고 한다. 특히, 원수들의 사랑을 마술사에게 데려오려고 할 때 소환을 추천받는 악마이다.

포르칼로르 Forcalor
포칼로르*의 다른 이름이다.

포칼로르 Focalor
때로 포르칼로르*라고도 하며, 솔로몬의 일흔두 영 중 하나이자 에녹계 악마*이기도 하다. 날개 달린 인간이나 개를 탄 인간의 모습으로 나타난다고 한다. 바다를 지배하는 힘을 지니며, 사람을 익사시키거나 배를 침몰시키려고 할 때 자주 소환된다.

포테스타테스 Potestates
아이리아이 포테스타테스*와 위계*를 보라.

포-포스터 Four-poster
악마 관련 구절*을 보라.

폰티카 Pontica
돌*을 보라.

폴레티 Folleti
시니스트라리*를 보라.

폴터가이스트 Poltergeist
폴터가이스트 또는 "장난을 좋아하는 영"은 어떤 의미에서든 악마가 아니지만, 지난 세기까지 악마로 여겨졌고, 심지어 사령술*의 영으로도 인식되었다. 이 영은 고대에 기원을 두고 있으나, 단순히 "장난을 좋아하는" 것을 넘어서 집

안에 큰 해를 일으키며, 방화마귀로도 악명이 높다. 17세기의 독일 판화는 발가벗은 남자 형상의 폴터가이스트가 전통적인 소환된 악마 자세를 취하는 것을 보여주며, 마치 지옥에서 탈출한 것처럼 손과 발에 사슬이 매어 있다. 그러나 폴터가이스트와 관련해 두드러진 사실은, 결코 시야에 보이지 않는다는 것이다. 폴터가이스트는 눈에 보이지 않는 악마의 옷을 입고 해를 끼치는 것을 선호한다.

폴터가이스트라는 말은 소음(polter)을 만드는 영(geist)을 뜻하는 독일어에서 유래하며, 루터Luther가 이 단어를 처음 사용했던 것으로 보인다. 그러나 다

▲ **폴터가이스트** 폴터가이스트가 세상에 미치는 영향은 가시적인 결과로 나타나지만, 폴터가이스트는 항상 비가시적이다. 이 그림은 '테드워스의 드러머'로 알려진 17세기 폴터가이스트의 유명한 목판화이다. 테드워스에서 실제로 폴터가이스트를 본 이는 아무도 없었고, 북소리가 가장 크게 들렸을 때조차 그러했지만, 북을 치는 영을 가시적인 악마로 그리고 있다. 조셉 글랜빌의 〈사두가이파에 대한 승리〉 1683판 권두삽화.

른 이름의 폴터가이스트들은 고전 문헌에도 나온다. 진기한 현현을 항상 악마의 탓으로 돌리고자 했던 키프리아누스는 530년, 테오도리쿠스Theodoric 대왕의 의사가 돌을 던지는 악마 리토볼리아lithobolia에게 심하게 들렸다고 기록하고 있다. 1,000년 후, 악마학자이자 마녀사냥꾼인 레미*는, 낮이나 밤에 집 안에서건 밖에서건 불운한 신사의 종들에게 돌을 던진 "장난이 심한 악마"에 대해 설명한다. 이 종들은 결국 앙갚음을 하여 보이지 않는 악마에게 돌을 되돌려 던졌지만 악마가 집을 전부 태워버렸다고 한다. 현대 악마학자 로빈스는 "쉽게 속아 넘어가는 이들 가운데서도 제한적으로만 수용되는 유일한 악마가 폴터가이스트"라고 한다. 일부 전문가들은 폴터가이스트의 현현이 악마적이라는 것을 의심하고, 실제로는 전혀 심령적(psychic)이지 않은 잡동사니로 분류하기를 선호하지만, 로빈스의 발언은 사실과 관련된 공정한 표현이다.

폴터가이스트의 악마적 행동 특성은 요술 문헌에서 광범위하게 증명되었다. 월트셔Wiltshire, 테드워스Tedworth의 드러머Drummer에서 나왔다는 유명한 "야행성 북소리"는, 비록 당시 문서들이 악마의 행위라고 전하지만, 폴터가이스트가 일으킨 것이 거의 확실하다. (태생적으로 독일어를 사용하지 않았던) 알폰수스 데 스피나*와 레미 같은 권위자들은 폴터가이스트를 그림의 형상으로 극화시키려고 지향하여, 보이지 않는 작용이나 염력 등으로 가구를 움직인다든가 불을 붙이는 폴터가이스트의 행위를 과도하게 극적으로 묘사하였다. 이러한 묘사들은 심령 활동을 나타내는 이미지로 받아들여지게 되었다.

폴터가이스트는 항상 숨어 있으며, 자기가 지닌 기술의 일부인 끔찍한 소음이나 두드리는 소리 또는 물체의 움직임 등을 통해서만 알려진다. 그는 악마들 중에서 유쾌한 요술쟁이이며, 사람에게 들러붙으려고 하지도 않는다. 현대의 심령연구가 캐링턴Carrington은 폴터가이스트라고 여겼던 종의 마녀(the Bell Witch)를 면밀히 연구하였으나, 폴터가이스트가 희생자의 육체를 취한다고 상정함으로써 연구의 질을 떨어뜨렸다. 캐링턴이 연구하던 심령현상이 무엇이든 간에 종의 마녀는 폴터가이스트가 아니었고, 한 인간을 죽음으로 이끌었다고 알려진 유일한 폴터가이스트가 종의 마녀라던 그의 전제는 증명되지 않았다. 1608년 구아초*는 좀 더 현명하게, 육체적·영적 소란과 관련된 폴터가이스트

494

현상을 죽은 자들의 영의 활동과 결부시켰으나, 마녀들도 가정과 농장에 큰 피해를 주기 위해서 악마와의 계약*을 통해 폴터가이스트들의 영을 일으킬 수 있다는 인식이 널리 퍼져 있었다.

표징의 책 Book of Signs
〈라지엘의 책〉*을 보라.

푸르손 Purson
솔로몬의 일흔두 영 중 하나로 소환되면 머리는 사자 머리이며 곰을 타고서 손에는 뱀을 쥔 거인의 모습으로 나타난다고 한다. 숨겨진 보물의 행방을 드러내고 과거와 미래의 비밀을 알려줄 준비가 되어 있다.

푸르카스 Furcas
솔로몬의 일흔두 영 중 하나이자 에녹계 악마들* 중 하나이다. 청백색 말을 타고 창을 든 잔인한 노인의 형상으로 나타난다. 철학, 수사학, 논리학, 천문학, 수상술, 불점(pyromancy) 및 이와 관련된 것들을 가르친다고 한다.

푸르푸르 Furfur
솔로몬의 일흔두 영 중 하나이며, 소환하면 때로 사나운 뱀의 꼬리를 지닌 날개 달린 사슴의 형상으로 나타난다. 부부의 사랑을 요청할 때 호출한다고 한다. 소환자의 요청에 따라서 꼭꼭 숨겨진 비밀을 드러내고 번개와 천둥을 일으킨다.

푸른 바다 Blue sea
악마 관련 구절*을 보라.

푸리아이 Furiae
에녹계 문헌에 따르면 일곱 번째 계급의 악마들이다. 에녹계 악마들*을 보라.

이 악마들은 "재난과 불화, 전쟁과 파괴의 유포자들"이며 이들의 왕이 아밧돈*
이다. 에리니에스*를 보라.

푸리에스 Furies
에리니에스*에 해당하는 라틴어 이름이다.

푸테우스 Putheus
이 단어는 라틴어로 '구덩이'나 '우물'을 의미하며, 고대의 별자리 지도에서 전
갈좌 꼬리 뒤에 위치한 별자리를 지칭하는 이름 중 하나였다. 악마학에서는
이 별자리가 악마들과 관련되었다는 사실 때문에 중요하게 여겼다. 13세기 점
성술사이자 마법사인 마이클 스콧*은 "많은 사람들은 하급 영들이 발사한 불
타는 화살들이 푸테우스에서 나온다고 한다"고 전하고 있다. 스테가노그래피
의 악마들*을 보라.

풀 Phul
올림피아의 영* 중에서 달의 악마 또는 정령이다.

프라이스티기아토레스 Praestigiatores
에녹계 문헌에 따르면 다섯 번째 악마 위계에 속한다. 이들은 기적을 모방하
는 악마들로, 흑마술사들을 대신해서 기적을 모방한다고 한다. 이 계급의 군
주는 사단*이다. 황도대 악마들*을 보라.

프라이토리우스 Praetorius
안토니우스 프라이토리우스Antonius Praetorius는 17세기 마술환상과 악마망상(데
모노마니아)*을 반대한 독일의 칼뱅파 목회자로 〈마술과 마술사에 대한 기본
보고서 Grundlicher Bericht von Zauberey und Zauberern〉(1629)를 썼다.

프라이팬 Frying Pan
악마 관련 구절*을 보라.

프라테레토 Frateretto
사악한 마귀*를 보라.

프랑켄슈타인 Frankenstein
원래는 메리 셸리의 고딕 공포소설 〈프랑켄슈타인, 또는 현대의 프로메테우스〉에서 학생인 빅터 프랑켄슈타인에게 붙여진 이름이다. 이 소설은 극히 상징적인 이야기로 몇몇 철학적·도덕적 주제와 관련이 있다. 그러나 핵심적인 것은, 프랑켄슈타인이 자기가 발견한 상상적 법률을 과학적으로 적용하여 어떻게 인간의 뼈를 수집하고, 살아 있는 존재와 유사하게 만드는지, 그리고 겉으로는 반란을 일으키는 것 같지만, 정서적으로는 사랑을 탐색한다는 내용이다. 일방적인 이 탐색에서 괴물은 폭력적이 되고 살인자가 된다. 현대의 대중은 종종 프랑켄슈타인이라는 단어를 괴물을 만들어낸 이가 아니라, 악마적 괴물에게 잘못 적용한다. 이 이야기는, 사령술*과의 관계 안에서 제기되는 문제들을 고딕 소설의 틀 안에서 통찰력 있게 전개하고 있다. 죽은 인간의 소생이나 살아 있는 발명품 이야기는 아주 오래되었고 알베르투스 마그누스와 마이클 스콧*과 같은 비전주의자들의 이야기에도 나와 있다.

프로켈 Procel
솔로몬의 일흔두 영 중 하나로, 때로 푸켈Pucel이라고도 한다. 순수한 천사의 형상으로 나타나며 소환자에게 모든 과학, 특히 수학을 전문적으로 가르친다. 나쁜 날씨에 대한 환각을 일으킬 수 있다.

프리모스트 Frimost
때로 남브로트*라고도 하며, 호노리우스의 그리므와르*에 따르면 화요일에 소환되는 악마라고 한다.

프리아그네 Friagne

에녹계 악마들* 중 하나로, 다섯 번째 하늘의 천사이며 화성의 날에 동쪽을 다스린다고 한다.

프세우도테이 Pseudothei (거짓 신)

〈천사 마법에 관한 논문〉(1982)에서 "사악한 악마들의 계급들" 중 하나로 소개된 악령 집단이다. 참고문헌에 있는 애덤 맥린의 저서를 보라. 그 이름이 암시하듯이 이들은 숭배를 받을 요량으로 신의 이름을 찬탈하고자 하는 "거짓 신들"이다. 한때 신이었던 베엘제붑*이 거짓 신들의 군주라고 한다. 위계*와 황도대의 악마들*을 보라.

프셀로스 Psellus

미카엘 프셀로스Michael Psellus(1018~1079)는 비잔틴의 철학자이자 정치가이며 신학자로, 악마들의 성격과 그들의 영적 신체 및 경향에 대한 대화집 때문에 악마학자들에게 알려졌다. 이 책은 페트루스 모렐루스Petrus Morellus가 〈악마의 작용에 대한 대화 De Operatione Daemonum Dialogus〉(1615)라는 제목으로 번역하였다. 프셀로스는 대화집에서 네 원소의 특성과 관련이 있는 여섯 가지 형태의 악마들에 대해 설명하고 있지만, 그것들이 엘레멘탈*(정령)이나 악마들은 아니다. 첫 번째 '불'과 관련된 부류는 상층대기에 거주한다. (프톨레마이오스 우주론 모델에서는 지구의 네 원소의 성격이 지구 중심부에 있는 불로 한계를 설정한다는 사실을 기억해야 한다.) '바람'과 관계가 있는 두 번째 부류는 우리 주변의 대기에 거주한다. 이들은 땅과 지옥으로 내려올 수 있는 힘을 가지고 있다. 이들은 사악한 존재들로, 주로 인간의 영역을 파괴하는 것에 관심을 가진다. '흙'과 결합된 세 번째 부류는 그리스도교 전승의 타락한 천사들과 관련이 있다. 프셀로스는 이 부류를 혼동했을 수도 있다. 왜냐하면 그는 이 흙의 악마들을, 본성상 전혀 악마적이지 않은 땅의 신령인 노메* 및 나무의 정령인 실베스트리Silvestri와 결부시키고 있기 때문이다. 이 흙의 악마들 중 일부는 "인간과 함께 비밀리에 살아가는 것을 기뻐한다." '물'과 관련이 있는 네 번째 부류는 "거칠고 소란스럽고 기만적"이기 때문에, 화가 난 운디네*와 비슷하게 형상화된다. 이들은 인간의 영역에서 양성을 지닌 모습으로 나타날 수 있다. 다섯 번째 부류는 땅 내부에 갇혀 있어서 "지하의 존재들"(subterraneans)이라고도 하며, 동굴이나 구덩이 또는 광산에 거주하기를 선택한다. 이들은 지진과 같은 재앙을 일으킨다. 여섯 번째 부류는 프셀로스 자신과 함께 사라진 것처럼 보이며, "태양을 싫어하는 자들"(heliophobic)이라고도 한다. 이들은 결코 낮에 나타나는 것을 선택하지 않는데, 이것은 축복일 수 있다. 왜냐하면 이들은 자기들의 호흡이나 접촉을 통해서 죽일 수 있는 능력을 지닌 가장 끔찍한 악마들로 여겨지기 때문이다. 구아초*는, 프셀로스가 구분한 집단들에 대해 설명하면서 마지막 악마들을 마녀들과 관련이 없는 것으로 분류하였다. "그들은 주문을 통해서도 저지할 수 없으며, 빛을 멀리하고 심지어 인간의 목소리와 모든 소리를 싫어한다"고 말하고 있다.

프셀로스는, 그가 "헤카테의 원"(Hecate's Circle)이라고 부른 것에 대해서도 기록을 남겼다. 헤카테의 원은 악마의 소환에 사용되었고, 크로울리*는 마법의 원*과 관련된 소환 의례를 요약하면서 이에 대해 언급했다.

프톨로마에아 Ptolomaea

단테*가 설명한 지옥의 한 영역으로, 제9원 제3구역의 이름이다. [표 21]을 보라. 이 이름은 대사제와 그의 아들들을 잔인한 방식으로 처단한 예리고의 대장 프톨레미Ptolemy에서 유래했다고 한다.

플라우로스 Flauros

솔로몬의 일흔두 영 중 하나로, 소환하면 표범의 형상으로 나타난다. 다른 악마들을 거슬러 도움을 얻기 위해 플라우로스를 호출하며, 그를 언급하는 대부분의 그리므와르*들은 소환 삼각형 밖에서 이 영이 말하는 것은 무엇이든 진실이 아니라고 강조한다. 악마학자 레지널드 스코트*는 "그(플라우로스)가 삼각형 안에 있을 때에는 어떻든 거짓말을 한다"고 기록하고 있기 때문에, 그리므와르 사본을 오해한 것처럼 보인다. 플라우로스는 미래에 대한 지식을 가지

고 있고, 마술사가 요청하면 불로 마술사의 모든 원수들을 파괴할 것이라고
한다.

플랑시 Plancy

자크 알뱅 시몽 콜랭Jacques Albin Simon Collin(1794~1881)은 뒷날 유명한 콜랭 드 플
랑시가 되었다. 그는 자신의 탄생지를 따라서 지은 이 이름을 필명으로 사용
했고 〈지옥사전〉으로 대중의 갈채를 받았다. 이 책은 1818년 처음 출판되었
으나 내용을 첨가하고 그림 자료들을 덧붙여 여러 해 뒤에 다시 발행했다. 드
플랑시는 악마학이나 요술에 대한 지식이 부족했지만, 악마학 전승을 가장 크
게 유포시킨 이들 중 하나였으며 대중 신비술 최전선에 있었고, 과장이 심한
동시대인인 엘리파 레비*의 문헌을 대중화시킨 이였다. 드 플랑시의 흥미로운
문헌은 학문적으로 의심의 여지가 있지만, 재미있는 잡다한 모음집이 악마학
과 요술 및 신화에 대한 그의 사상을 뒷받침하고 있다. 완전히 개인적인 것이
라고 하기는 어려우나, 후대의 판본들에서 자유롭게 섞인 기괴한 목판화들은
신비술에 대한 대중적 인식을 퍼뜨리는 데 도움을 주었고 여러 동시대인들에게
많은 영향을 주었다. 이들 중 빅토르 위고와 신비술을 대중화한 샤를 노디에
Charles Nodier에게 끼친 영향이 가장 유명하며, 노발리스Novalis, 호프만Hoffmann, 티
에크Tiek를 비롯해 일부 영국의 고딕 작가들 및 프랑스의 다다이즘 예술가 한
두 명에게도 간접적인 영향을 끼쳤다.

　드 플랑시는 기본적으로 자기 시대의 최신 동향을 파악했던 저널리스트였
고 여러 필명으로 글을 썼으며, 대다수가 통속적 악마학과 결부된 값싼 사이
비 비전秘傳을 시장에 범람시켰다. 이러한 그의 작품들 중 〈영과 악마들의 전설
Legendes des Esprits et des Demons〉은 현대 대중 신비술 영역에서 새로운 관심을 끌고
있다. 그의 유명한 사전에 나오는 일부 악마들은 그 자신의 창작이며, 완전히
19세기적인 그의 악마(와 신들)에 대한 상상력과 해설은 현대 대중 악마학에 광
범위한 혼란을 일으켰다. 그의 설명은, 전통적인 그리므와르*와도 무관하고,
이야기와 악마의 역할과 속성을 섞어놓은 경우가 많았다. 해골그림 밑에 대퇴
골을 교차시켜 배치한 모습이 날개에 새겨진, 유명한 거대 파리의 이미지는 전

형적인 플랑시의 영향이다. 이 이미지는 대중적인 악마학 서적들 안에서 지겹도록 반복되어 나타나고 있다. 그러나 베엘제붑*이 바알제붑에서 유래한다는 주장은 어원학적으로 옳지 않다. 베엘제붑*을 보라.

드 플랑시는 하나의 원천에서 정보와 그림을 취하고 별 생각 없이 이것들을 아주 다른 개념에 적용했다. 예를 들어, 악마적 악몽*을 보여주는 기괴한 삽화들 중 하나는 살바토르 로사Salvator Rosa의 그림에서 가져왔으며, 론웨*와 우코바크*처럼 군소 악마들 그림들은 악마학 분야에서 비교적 중요하지 않은 악마들을 묘사한 것이었지만, 그 이미지가 대중적이라는 이유로 중요하게 다루었다. 드 플랑시의 삽화 대다수는, 아마추어 마술사들이 소환 중에 만나는 영을 물질화하여 서술한 것 중에서 표준적인 그리므와르의 묘사를 다소 극적으로 그린 것들이다.

플레게톤 Phlegethon
고전적 하데스*에 있는 화염의 강이다. "불의 물결이 분노로 불타는 불의 강"(〈실낙원〉 2권, 581행) 플레게톤은 아케론*으로 흘러든다.

플레기아스 Phlegyas
단테의 〈신곡〉 지옥편에 나오는 스틱스* 강의 뱃사공 이름이다. 플레기아스는 단테*와 베르길리우스를 디스*의 입구로 데려다준다.

플로가비투스 Phlogabitus
〈눅테메론〉*에 나오는 세 번째 시간의 악마들 중 하나로, 장식裝飾의 귀신이다.

플로론 Floron
점성가 체코 다스콜리*가 언급한 악마이다.

플루토 Pluto

더 정확한 표현은 플루톤Pluton이며 하데스*를 일컫는 그리스 이름이다. 이 이름은 확실히 '부'를 의미하는 플루투스*를 완곡하게 표현하고 있다. 비록 플루투스가 자신의 권리를 가지고 지배하는 신이면서 부를 주는 자였으며, 땅의 여신 데메테르Demeter와 이아시온Iasion의 아들이긴 했지만, 사실 플루토도 '부자' 또는 '부를 주는 자'를 의미한다. 이것은 아마도 땅의 풍요로움에 대한 언급일 것이다.

플루투스 Plutus

플루토*와 하데스*를 보라.

플리베르티기베트 Flibbertigibet

셰익스피어의 〈리어왕〉 "불쌍한 톰" 장면에 나오는 악마들의 이름 중 하나이다. "사악한 플리베르티기베트"는 첫 닭이 울 때까지 걸어가서 눈에 백내장과 사시를 일으키고 언청이를 만들며, 하얀 밀에 흰곰팡이가 피게 하고, "땅의 불쌍한 생명에게 상처를 낸다." 사악한 마귀*를 보라.

피그미 Pigmies

엘레멘탈*을 보라.

피닉스 Phoenix

마술 문헌에서 피닉스는 서로 다른 세 존재, 새와 나무와 악마를 가리킨다. 새는 이집트의 베누새(bennu bird)에 기원을 둔 "불사조"로(실제로 피닉스는 때로 "이집트의 새"로 불렸다), 희귀한 둥지를 지으며 죽을 때 스스로를 불태우고 자신의 재에서만 재탄생한다고 한다. 사실상 고대의 재생 개념과 결부된, 이 "재탄생"의 기간은 신화에 따라 다양하고, 천랑성天狼星(Sirius) 주기인 1460년이 자주 인용되지만, 고대의 가장 대중적인 기간은 500년이었다. 대추야자(Phoenix dactylifera)는 이와 비슷한 재생 경향을 지닌 것으로 여겨졌고, 셰익스피어는

〈템페스트〉에서 새와 나무를 언급하고 있다. 그리프와르* 계열 문헌이 솔로몬의 일흔두 영 목록에 이 이름을 포함시킨 것을 제외하면, 악마학 관련 책에서 이 이름이 나온다고 보장을 할 수 없다. 피닉스가 유쾌한 목소리를 지니고 즐거운 새의 형상으로 나타난다고 하는 것은 필연적이다. 이 조류(avian) 악마의 전공은 시와 문학적 예술이다. 놀랍게도 피닉스의 기호*는 새의 형상과 아무런 관련이 없다.

피라미드의 현자 The Sage of the Pyramids
부적 전승에 관한 그리프와르* 형태의 간략한 책 제목이다. 본문은 가치 없고 잡다한 마법의 주문들로 이루어져 있으며, 이 주문은 부적의 가치가 있다고 주장하는 무의미한 혼합 이미지들과 관련이 있다. 본문에 나오는 문자와 기호*와 상징은 다양한 신비술 및 신플라톤주의 계열의 책에서 끌어모은 것으로, 맥락이나 의미에 대해서는 전혀 고려하지 않은 잡탕물이다. 그리프와르*를 보라.

피르소인 Pirsoyn
구시온*의 여러 이름 중 하나이다.

피리키엘 Pyrichiel
스테가노그래피의 악마들* 중 하나이다.

피에르 노데 Pierre Node
피에르 노데는 16세기 프랑스 악마학자로 〈주술사와 마법사 등의 끔찍한 오류에 대한 견해 Déclamation contre l'Erreur Exécrable des Maléficiers, Sorciers, etc〉(1587)로 유명해졌다.

피콜루스 Picollus
넓은 주름칼라와 망토로 마무리한 17세기 의상을 입고, 빅토리아풍 난쟁이와

유사한 형상으로 나타나는 악마이지만, 콜랭 드 플랑시*는 1863년판 〈지옥
사전〉에서 고대 프러시아의 거주민들이 숭배했던 악마라고 한다.

피톤 Python
그리스 신화에서 피톤은 아폴론이 델포이에서 죽인 거대한 뱀이다. 이 이야기
는 델포이에서의 땅의 신비 숭배가 아폴론과 관련된 태양의 신비 숭배로 대치
된 것과 관계가 있는 것 같다. 델포이 아폴론 신전의 신탁 사제들은 후에 피티
아pythia라고 불렸다. 그러나 블라바츠키*는, 그리스 신화의 피톤이 아폴론 탄
생 이전에 아폴론의 어머니 레토Leto를 공격했던 "악마 용"(Demon Dragon)이었
다고 한다. 아폴론은 피톤을 죽이라는 신성한 임무를 받고 이 목적을 위해 탄
생의 순간에 자신의 활을 요청한다. 블라바츠키는 피톤을 붉은 용과 연결시키
고 있다.

필라독 Pillardoc
전당포 주인들의 수호자. 두 지팡이를 짚은 악마*를 보라.

ㅎ

하겐티 Hagenti

때로 하아겐티Haagenti, 하게니트Hagenit, 하게니스Hagenith이라고도 하며, 솔로몬의 일흔두 영 중 하나로, 날개 달린 황소의 형상으로 나타나기에 성 루가의 상징을 연상시킨다고 한다. 금속을 금으로, 물을 포도주로 변형시키는 특기를 가지고 있다. (또는 포도주를 물로 변형시키기도 한다.)

하그 Hag

'추악한 노파'를 의미하는 단어이지만 원래 마녀나 여자 마법사에게만 적용되었으며, 마녀를 의미하는 고대 영어 핵테세haegtesse에서 온 말이다.

하기스 Hagith

때로 학기트Haggith(또는 Haggit)라고도 하며 금성의 지배자로 올림피아의 다섯 번째 영이다. 특히 구리를 지배하며, 때로 구리를 금으로 변형시킬 목적으로 소환된다.

하기엘 Hagiel

인텔리젠시*를 보라.

하나엘 Hanael

에녹계 악마들* 중 하나로 염소자리의 지배자라고 한다.

하데스 Hades

원래 그리스어로 '보이지 않는'을 의미하는 하데스는, 후대에 알려진 것처럼 지옥의 이름이 아니라, 지하세계 신의 이름이었다. 그러나 고전 시대에 하데스라는 이름은 드물게 언급되며, 잘못을 행한 이들에게 벌을 주는 자로 나타나기는 하지만, 그리스도교 지옥의 사탄*처럼 본질적으로 사악하지는 않다. 사탄은 단테*가 〈신곡〉을 썼던 시기에 확고하게 하데스와 연결되었다. 고전 시대에 불의한 사자들에게 벌을 주는 자들은 에리니에스*였다. (라르바이*를 보라.) 때로 하데스라고 알려진 플루토*라는 이름은, 사실 하나의 완곡한 표현이다. "훌륭한 조언자"를 의미하는 그의 다른 별명인 에우불레우스*처럼, 플루톤pluton은, "부유한 자"를 의미하기 때문이다. 로마인들은 이 "보이지 않는 신"에게 디스*, 오르쿠스*, 타르타로스* 등 몇 개의 완곡하지 않은 이름들도 붙였다. 그러나 로마제국 시대에 이르러 하데스라는 이름은, 플루토*가 지배하는 장소에 적용되었으며, 고대인들이 두려워했던 사자들의 세계가 그리스도교의 지옥과 똑같은 것은 아니었지만, 이 장소를 종종 지옥이라고 불렀다. 하데스는 죽은 자들의 영혼이 거주하는 음울한 장소이기는 했으나, 고문이나 형벌의 장소는 아니었다. 하데스는 종종 지옥으로 잘못 번역되지만, 히브리어 셰올sheol에 해당하는 표현이다. 인페르노*는 지옥의 또 다른 이름이다.

하르피 Harpy

날치기꾼들을 의미했던 그리스어 하르푸아이harpuai는, 흔적을 남기지 않고 세상에서 사람들을 납치하는 것으로 유명했던 신화적 조물들에게 적용되었다. 그들은 고대에 하데스*의 지하세계와 불가피하게 연결되었다. 호메로스는 오직 한 명의 하르피를 언급하지만, 고전 시대에 그들은 셋이었다. 오퀴페테*('빠른')와 켈라이노*('검은')와 아엘로*('폭풍')는 때로 회오리바람과 폭풍이 의인화한 악마로 나타난다. 원래 하르피들은 여성의 형상으로 그려졌지만 후대에는 (예를 들면, 아르고나우트의 이야기에서처럼) 여성의 머리와 가슴을 지니고 날개가 달린 괴물 새로 악마화되었다. 리키아Lycia의 잔투스Zanthus에서 발굴된 대영박물관의 하르피 묘비는 이들을 악마적 형상으로 묘사하고 있다.

하리 Harry

악마의 여러 이름 중 하나로('늙은 하리'는 가장 흔한 표현이다), '황폐화하다', '파괴하다'는 의미의 동사 해리harry에서 온 것이 거의 확실하다. "늙은 하리 바위"라고 하는 도싯Dorset의 바다 암석은 오가는 배들을 파괴하곤 했다. "늙은 하리 역할을 하다"라는 말은 악마의 역할을 한다는 뜻으로, 말로 학대하거나 파괴적인 행동을 하는 것이다. "주님 하리를 통해서"는 가벼운 악마적 저주이다.

하말리엘 Hamaliel

에녹계 악마들* 중 하나로 처녀자리의 지배자라고 한다.

하벤 Haven

〈눅테메론〉*에 나오는 첫 번째 시간의 악마들 중 하나로, 존엄의 귀신이다.

하보림 Haborym

때로 아임* 또는 아이나*라고도 한다. 방화의 악마로, 소환하면 독사 위에 오른 머리 셋 달린 괴물로 나타난다. 머리 하나는 고양이, 또 하나는 뱀, 세 번째는 사람의 모습이다.

하본디아 Habondia

피에르 드 랑크르*는 〈타락한 천사들과 악마들의 불안정〉(1612)에서, 마녀들과 요정들과 하피들harpies 및 불의로 죽어서 유령이 된 자들의 여왕이라고 한다.

하스모다이 Hasmodai
인텔리젠시*를 보라.

하아겐티 Haagenti
하겐티*를 보라.

하이모니 Haemony
아마도 밀턴*이 지어낸 것일 것이다. 모든 마법의 특효약이 되는 식물에 붙인 이름이다. 밀턴은 이 식물의 잎에는 가시가 있지만 밝은 황금빛 꽃을 피운다고 말한다. 이러한 묘사는 불가피하게 가시관을 쓴 그리스도의 이미지와 결부되었다. 사무엘 테일러 콜리지는 이 단어가 대략 '피의 포도주'를 의미하는 그리스어 하이마오이노스haema-oinos에서 유래한다는 자신만의 고유한 어원을 만들었다. 기발한 인식이기는 하지만 밀턴의 상징적 접근을 많이 따르고 있다.

하이츠만 Haizmann
크리스토프 하이츠만Christoph Haizmann(1700년 사망)은 바이에른 출신의 화가로, 악마와 계약*하고 서명한 것을 상세히 다루었고, 마치 광기*에 빠져 묘사한 듯 보이는 매혹적인 자전적 기록을 남겼다. 그는 악마와 계약을 했다는 자기 고백적인 서명을 1668년에 두 차례 했으며, 이 행위를 고백한 후인 1677년과, 사흘에 걸친 긴 구마 의례 후에도 서명했다. 결국 하이츠만은 수도원에 들어갔고 악마의 희생자로 살아간 것이 확실해 보이지만, 의심과 불안을 완전히 떨쳐버릴 수는 없었다.

홍미로운 것은, 악마의 모습들과 하이츠만이 그린 악마에 대응하는 이미지들은 더욱 끔찍하게 변했다. 여덟 번째 묘사는 여자의 가슴과 새의 다리를 지닌 용의 형상이었다. (이것은 어쩌면 하이츠만이 잘 알고 있었을지도 모르는, 당시 널리 유포된 메르쿠리우스의 연금술적 이미지일 수 있다.) 프로이트는 편집중 이론을 설명하면서 하이츠만의 사례를 사용했다.

하탄 Haatan

〈눅테메론〉*에 나오는 여섯 번째 시간의 악마들 중 하나로, 보물을 숨기는 귀신이다.

하티파스 Hatiphas

〈눅테메론〉*에 나오는 여섯 번째 시간의 악마들 중 하나로, 의복衣服의 귀신이다.

하하비 Hahabi

〈눅테메론〉*에 나오는 세 번째 시간의 악마들 중 하나로, 공포의 귀신이다.

하합 Hahab

〈눅테메론〉*에 나오는 열두 번째 시간의 악마들 중 하나로, 왕궁 식탁의 귀신이다.

할라코 Halacho

〈눅테메론〉*에 나오는 열한 번째 시간의 악마들 중 하나로, 연민의 귀신이다.

할파스 Halpas

때로 할프하스Halphas라고도 하며, 솔로몬의 일흔두 영 중 하나로 비둘기 형상으로 나타난다고 한다. 비둘기 형상은 전쟁을 좋아하는 그의 천성과 대비된다. 전쟁을 일으키고 검으로 형벌을 주고자 할 때 할파스를 소환한다. 레지널드 스코트*는 할파스가 "군수품과 무기로 가득 찬 마을들을 짓는다"고 한다. 일부 악마학자들은 그가 쉰 목소리로 말하는 황새로 나타난다고도 한다.

할프하스 Halphas

할파스*를 보라.

합성 의례 Composite rituals
그리므와르*를 보라.

행성의 악마들 Planetary demons
악마학 문헌에서 여러 집단의 악마들은 행성과 연결되어 있고, 어떤 경우에는 행성의 천사들이 가끔 악마로 불리기도 한다. 진짜 행성의 악마들은 아그리파*가 〈비술 철학에 대하여〉에서 이름을 붙였다. 인텔리젠시* 항목의 [표 18]을 보라.

　이 천사들 또는 (아그리파의 용어로) 다이몬들*에게는 마법의 수, 기호, 마방진들이 부여되어 있다. 마방진*을 보라. 흥미롭게도 이들 중 아주 소수만이 대중적인 그리므와르*들에 나타나는데, 그리므와르 전승에서는 보통 올림피아의 영들*이 행성의 악마들로 나온다. 바렛*이 〈마법사〉에서 이름을 올린 악마들은 그 형상이 끔찍하게 묘사되긴 하지만 실제로는 행성의 영들이다. 행성의 악마들에 대한 현대적 관점은 슈타이너*를 보라.

헤르바 사크라 Herba sacra
베르바인*을 보라.

헤이글로트 Heiglot
〈눅테메론〉*에 나오는 첫 번째 시간의 악마들 중 하나로, 눈보라의 귀신이다.

헤카도트 Hecadoth
악마의 알파벳*을 보라.

헤카테 Hecate
'멀리서 일하는 자'를 의미하는 그리스어에서 온 이름이며, 헤시오도스가 한 여신을 나타내며 처음 언급했다. 헤시오도스는 헤카테가 거인 티탄의 딸이라고 말하지만, 후대에 그녀는 악마와 유령 및 지옥의 사냥개들과 결부된 마법의 여신이 되었으며, 검은 암양들과 강아지들을 희생물로 받았다. 후기 고전 시대의 헤카테 이미지는 몸을 셋 지니고, 자기가 다스리는 십자로 중앙에서 모든 방향을 볼 수 있도록 등이 서로 붙어 있는 모습이었다. 헤카테의 이미지가 더욱 악마화함에 따라서 그녀의 머리들도 개, 사자, 말이 되었다.

헤프타메론 Heptameron

그리므와르* 전승의 책으로 때로 〈마술의 요소 Magical Elements〉라고도 하며, 아바노의 피터(Peter of Abano)가 저술했다고 상상하지만, 17세기 초까지 출판되지 않았다. 천사들 소환을 지향하고 있으나, 웨이트*는 이 영들이 "천사들로 묘사되고 악마들로 위협받는다"고 한다. 이 문헌에 대한 연구는 참고문헌에서 웨이트*를 보라.

헬 Hel

때로 헬라*라고도 하며 스칸디나비아 신화에 나오는 죽은 자들의 여왕 이름이다. 지상에서 안락한 침대나 친숙한 환경 속에 죽은 자들의 영혼이 있는, 이 여왕의 집도 이름이 똑같다. 전투에서 죽은 사람들이 사후에 점령하는 장소의 이름은 발할라Valhalla였다. 헬이 그리스도교의 사후 고통의 장소이자 이방인들의 죽음의 땅인 헬Hell(지옥)과 이름이 비슷하다고 해서 어떤 관계가 있는 것은 아니다. 그러나 헬이라는 단어는 원래 동굴 속에서 살았던 마법사-여신이라는 주장이 있기에, 어원학적으로는 이 둘이 어떤 공통성을 가질 수 있다.

헬라 Hela

티리엘*을 보라.

헬리슨 Hellison

〈알마델〉*에 따르면 제1고도의 영적 존재들 중 하나로, 창조 때 모든 것을 풍요롭게 한다.

511

협정 Compact
악마학 문헌에서는 약속(계약pact*)과 같은 말이다.

호고스 Hogos
금성(금요일)의 악마. 소환*을 보라.

호노리우스 Honorius
그리므와르 문헌 〈대교황 호노리우스의 규칙 The Constitution of Pope Honorius the Great〉의 축약 제명으로 불리는 이 책은, "어둠의 영들"과 대적하는 데 사용했을 것이 분명한, "비밀스런 소환들"에 대한 모든 의례를 담고 있다고 주장하고 있다. 물론 교황 호노리우스는 저자가 아니었다. 이 책은 1670년 로마에서 인쇄된 것으로 보인다. 이 그리므와르에서 소환된 많은 악마들 중에서, 한 주에 호출되는 악마들은 월요일부터 시작해서 다음의 순서를 따른다. 루시페르*, 프리모스트*, 아스타로트*, 실카르데*, 베카르드*, 굴란드*, 수르가트*. 이 문헌에 대한 연구에 대해서는 참고문헌에 있는 웨이트*와 그리므와르*를 보라.

호노리우스의 그리므와르 Grimoire of Honorius
〈호노리우스〉*를 보라.

호브고블린 Hobgoblin
추하고 장난기 있는 영으로 흑마술과 관련된 대중 전승과 관련이 있지만, 사실 악마는 아니다. 셰익스피어의 희곡 〈한여름 밤의 꿈〉에 나오는 그의 역할처럼, 실제로는 엘레멘탈* 또는 자연적 존재이다.

> 너를 호브고블린이나 귀여운 퍽이라고 부르는 이들에게,
> 네가 그들의 일을 하면 그들은 행운을 얻겠지.

화살 Arrows

악마 관련 구절*을 보라.

황도대 악마들 Zodiacal demons

신비술사 아그리파*는 〈비술 철학에 대하여〉에서 열두 별자리에 대응하는 것들을 보여주는 유용한 표를 제시하고 있다. 이 대응물들* 중에는 대중 그리므와르*에서 종종 악마로 그려졌던 황도대 별자리의 영들과 하위세계 열두 망령의 등급도 있다. [표 24]를 보라. 후자의 목록은 광범위한 자료에서 취한 것으로 보이며, 어떤 악마학적 통일성도 보여주지 않는다. 그래도 후대의 (군소) 악마학자들은 이것을 사용했다. 처음 아홉 개의 망령 등급은 〈천사 마법에 관한 논문〉에도 나오며 아그리파에게서 표절한 것 같다.

[표 24]

별자리	아그리파의 영	계급	망령의 등급
양자리	말키디엘	치품천사	프세우도테이
황소자리	아스모델	지품천사	스피리투스 멘다키오룸
쌍둥이자리	암브리엘	좌품천사	바사 이니키타티스
게자리	무리엘	주품천사 (퀴리오테테스)	울토레스 스켈로룸
사자자리	베르키엘	능품천사 (뒤나미스)	프라이스티기아토레스
처녀자리	하말리엘	역품천사 (엑수시아이)	아이리아이 포테스타테스
천칭자리	주리엘	권품천사 (아르카이)	푸리아이(세미나트리케스말로룸 seminatrices malorum)
전갈자리	바르비엘	대천사	크리미나토레스 (엑스플로라토레스exploratores)
궁수자리	아드나키엘	천사	텐타토레스 말리게니 (인피디아토레스infidiatores)
염소자리	하나엘	무고한자	말레피키(Malefici)
물병자리	감비엘	순교자	아포스타타이(Apostatae)
물고기자리	바르키엘	고백자	인피델레스(Infideles)

아그리파가 부여한 이름들에 어떤 영적 이치나 의미가 있다면, '지옥의 세계'(mundus infernus)가 '예지의 세계'(mundus intelligibilus)(원형적 세계 아래 있는 영적 영역)의 상위 등급을 만드는, 중요한 자리바꿈에 있을 것이다. 이러한 이유로 이 책에서는 영적 위계 목록을 제시했다(아그리파가 이름을 잘못 붙여 "계급"이라고 한 것은 [표 24]에 있다). 이 목록은 사실 디오니시우스 아레오파기타의 목록처럼 천구층 지배자들의 전통적인 영적 등급으로 구성되어 있으며, 거기에다 오직 지상의 삶을 통해서 얻을 수 있는 세 영적 상태를 덧붙였다. 천사들 아홉 계급에 이들 세 상태를 덧붙여 확대한 것은 완전히 자의적으로 보일 수 있지만, 단지 필요한 마법의 수 12에 맞추기 위한 것이다.

회문 Palindrome
악마의 회문*을 보라.

흑마술 의례서 The Rituals of Black Magic
그리므와르*를 보라.

흙점의 악마 Geomantic demons
많은 악마들의 이름은, 자갈이나 돌을 무작위로 던져서 점을 치는 흙점 기술과 연결되어 있다. (현대에는 종이 위에 무작위로 선을 그어서 점을 치는 경우도 있다.) 자갈이나 돌을 던져 흙점 형상들이 생기면 그것을 정식적인 순서로 배열하고 거기에서 과거나 미래에 관련된 질문에 대한 해답을 얻는다. 대다수의 신비술사들은, 흙점 형상의 출현은 전혀 임의적인 것이 아니며, 이 기술은 점술에 응답하는 것을 대단히 즐기는 영들(또는 악마들)에게 향해 있다는 것을 강조한다. 흙점과 관련된 고대의 문헌은, 악마 또는 영들이 점을 중재한다는 인식을 뒷받침한다. 더욱 복잡한 많은 논문들도 점에 응답하는 악마나 다이몬*이나 영들의 이름과 더불어, 악마에 대응하는 많은 기호*나 알파벳 등을 기록하고 있다. 수많은 흙점 악마들이나 영들의 이름을 전부 거론하는 것은 장황한 일이 될 것이지만, 에녹계 악마* 항목에서 논의한 애덤 맥린의 〈천사 마법에 관한 논문〉

[표 25]

흙점 형상	영–악마	기호	관련 악마
아키시티오 Acquisitio	아드바키엘 Advachiel		히스마엘 Hismael
알부스 Albus	암브리엘 Ambriel		타파타르타라트 Taphthartharath
아미시오 Amissio	하스모델 Hasmodel		케데멜 Kedemel
카푸트 드라코니스 Caput draconis	히스마엘과 케데멜 Hismael and Kedemel		
카우다 드라코니스 Cauda draconis	자젤과 바르자벨 Zazel and Barzabel		
카르케르 Carcer	하나엘 Hanael		자젤 Zazel
콘융티오 Conjunctio	하멜리엘 Hamaliel		타파타르타라트 Taphthartharath
포르투나 메이저 Fortuna major	베르키엘 Verchiel		소라트 Sorath
포르투나 마이너 Fortuna minor	아드바키엘 Advachiel		소라트 Sorath
로에티티아 Loetitia	암닉시엘 Amnixiel		히스마엘 Hismael
포풀루스 Populus	무리엘 Muriel		하스모다이 Hasmodai
푸엘라 Puella	주리엘 Zuriel		케데멜 Kedemel
푸에르 Puer	말키다엘 Malchidael		바르자벨 Barzabel
루베우스 Rubeus	바르키엘 Barchiel		바르자벨 Barzabel
트리스티티아 Tristitia	캄브리엘 Cambriel		히스마엘 Hismael
비아 Via	무리엘 Muriel		하스모다이 Hasmodai

(1982)에 나오는 [표 25]는 흙점 형상과 대응하는 악마들을 보여주고 있다. 열여섯 형상을 열여덟 악마들에 적용한 것은 본질적으로 점성학적인 고려이다. 왜냐하면 '영-악마들'(spirit-demons)과 '관련 악마들'(associate demons)은 흙점 형상과 관련되는 행성들 및 달의 교점*의 지배자들이기 때문이다.

흙점 영들에 부여한 기호*들은 존 디*와 에드워드 켈리*의 마법의 테이블에 있는 기묘한 형상들과 같다. 메릭 카소봉은 〈존 디 박사와 영들의 진짜 관계〉(1659)에서 이를 재현했다. 이것들은 마법의 달력*으로 알려진 중세의 많은 신비술 대응표에 나타난다.

악마의 알파벳*에 있는 악마 목록은 흙점 형상들과 대응한다.

흡혈귀 Vampire

대중 악마학은 흡혈귀를 악마라고 하지만 그것은 사실이 아니다. 흡혈귀는 실제로 하나의 영적 현상으로, 살아 있는 인간의 에너지와 생명의 피를 얻으려고 하는 소생한 사체이다. 이 단어는 어떤 세계에서 다른 세계로 가는 데 적절한 에너지를 마시는 실체 관념을 암시한다. 뱀파이어는 러시아어 밤피르vampir에서 나왔다고 하며, 밤피르는 "마시다"를 의미하는 어근 피pi에서 유래한다.

히니엘 Hiniel

에녹계 악마들* 중 하나로, 맥린이 작성한 솔로몬계 문헌*에는 화요일에 북쪽을 다스리는 "다섯 번째 하늘의 천사"로 묘사되어 있다.

히드라 Hydra

때로 악마로 분류되고 악마학 문헌에서도 자주 언급되지만, 히드라는 머리 아홉 달린 괴물이었다. 헤라클레스가 부여받은 열두 가지 임무들 중 하나는 히드라를 죽이는 것이었다. 머리 하나를 치면 거기서 두 개가 자라났다고 한다. 적도 남쪽 하늘에서 보이는 별자리(바다뱀자리)의 이름도 히드라이다.

히드리엘 Hydriel
스테가노그래피의 악마들* 중 하나이다.

히스마엘 Hismael
인텔리젠시* 항목에 있는 '악마' 목록을 보라.

히자르빈 Hizarbin
〈눅테메론〉*에 나오는 두 번째 시간의 악마들 중 하나로, 바다의 귀신이다.

참고문헌

가스터, M. : 제임스 해스팅스의 책에서 '마술(유대교)' 항목을 보라.

니콜슨 : 레지널드 스코트의 책을 보라.

다카리스, S., "아케론 강에서 받은 사자의 신탁 The Oracle of the Dead in the Acheron" (멜라스의 편집본)

단테 : 도로시 사이어스의 책을 보라.

데이비스, A. J., 〈디아카와 그들의 지상 희생자들 … 심령주의 안에 있는 거 짓되고 혐오스러운 설명 The Diakka, and Their Earthly Victims … being an explanation of much that is false and repulsive in spiritualism〉, 1873.

도로시 사이어스 (trans.), 〈단테 : 신곡 Dante : The Divine Comedy〉, 1974.

두란두스, W., 〈성무일도서 Rationale Divinorum Officiorum〉(12세기)

라이트, B. A. (ed.), 〈John Milton : the Complete Poems〉, 1980. 고든 캠 벨 Gordon Campbell의 서문과 주석이 달렸다.

러셀 호프 로빈스, 〈요술과 악마학 백과사전 The Encyclopedia of Witchcraft and Demonology〉, 1959.

레비 : 윈 웨스트코트의 책을 보라.

레스브리지, T. C. : 에거튼 사이크스의 책을 보라(특히 253쪽과 282쪽).

레슬리 셰퍼드, 〈신비학과 초심리학 Encyclopaedia of Occultism and Parapsychology〉, 1978.

레지널드 스코트, 〈요술의 발견 The Discoverie of Witchcraft〉, 1584. 1973년판은 브 린슬리 니콜슨 Brinsley Nicholson의 서문, 용어 해설과 주석이 실려 있다.

로버트 버턴, 〈우울의 해부 The Anatomy of Melancholy〉, 1621.

루돌프 슈타이너, 〈성 요한의 묵시 The Apocalypse of St John : Lectures of the Book of Revelation〉, 1977. 1908년 6월 17~30일 뉘른베르크에서 있었던 12개 강의

를 옮겼다. (J. 콜스의 교정판)

_____, 〈신비학 개론 Occult Science - an Outline〉, 1969. 조지와 매리 애덤스에 의해 독일에서 번역되었다.

_____, 〈영적 존재들이 인간에게 미치는 영향 The Influence of Spiritual Beings upon Man〉, 1961. 1908년 1월 6일과 6월 11일 사이에 있었던 베를린의 11개 강의를 옮겨놓았다.

루이스 마르츠 (ed.), 〈밀턴 : 비평 에세이 모음집 Milton : A Collection of Critical Essays〉, 1966.

루이스 스펜스, 〈신비학 백과사전 An Encyclopaedia of Occultism〉, 1960.

리드비터, C. W., 〈죽음의 다른 면 The Other Side of Death〉, 1928.

린 손다이크, 〈마법의 역사와 실험 과학 History of Magic and Experimental Science〉, 1권과 2권, 1923.

_____, 〈마이클 스콧 Michael Scott〉, 1965.

말콤 바버, 〈성전 기사단의 재판 The Trial of the Templars〉, 1978.

메릭 카소봉, 〈경솔한 믿음에 대하여 On Credulity and Incredulity〉, 1668.

_____, 〈존 디 박사와 영들의 진짜 관계 A True and Faithful Relation of What Passed between Dr John Dee and Some Spirits〉, 1659.

밀턴 : B. A. 라이트의 책을 보라.

바우어, E. C., 〈바우어의 속담 사전 Brewer's Dictionary of Phrase and Fable〉, 1963.

블라바츠키, 〈베일을 벗은 이시스 Isis Unveiled : A Master-Key to the Mysteries of Ancient and Modern Science and Theology〉, 1877.

_____, 〈비밀 교리 The Secret Doctrine : The Synthesis of Science, Religion, and Philosophy〉, 1888.

블레이크 : 제프리 케인즈의 책을 보라.

서머스 : 앙리 보게의 책을 보라.

성 아우구스티누스, 〈신의 도시 The City of God〉(15세기, 영문판)

스털링 노스와 C. B. 바우텔, 〈악마에 대해 말하다 Speak of the Devil〉, 1945.

아그리파 : 칼 노보트니를 보라.

아놀드 슈타인 : 루이스 마르츠의 〈하늘 전쟁 The war in Heaven〉에서 보라.

알리스터 크로울리, 〈마술의 이론과 실제 Magick in Theory and Practice〉, 1919. 마스
　터 테이론이라는 필명으로 씌어졌다.

_____, 〈어느 마약중독자의 일기 The Diary of a Drug Fiend〉, 1922.

알폰수스 데 스피나, 〈신앙의 특징 Fortalicium Fidei〉, 1467.

앙리 보게, 〈마녀 연구 An Examen of Witches : Drawn from Various Trials〉 (몬태큐 서머스 편
　집), 1928.

애덤 맥린 (ed.), 〈요하네스 트리테미우스의 스테가노그래피 The Steganographia of
　Johannes Trithemius〉, 1권. 피요나 타이트 Fiona Tait와 크리스토퍼 업턴 Christopher
　Upton이 번역한 책. 구스타프 셀리누스 Gustavus Selenus의 해석 발췌본과 3권
　도 함께 번역하였다.

_____, 〈천사 마법에 관한 논문 A Treatise on Angel Magic〉, 대영도서관의 할리본
　6482. 이 책은 러드 박사에게도 영향을 미친 원고이다. (할리본 6481~6486)

야콥 뵈메 : 윌리엄 로를 보라.

에거튼 사이크스, 〈모든 사람들을 위한 비고전 신화학 사전 Everyman's Dictionary of
　Non-classical Mythology〉, 1968.

에비 멜라스 (ed.), 〈고대 그리스의 성역과 신전 Temples and Sanctuaries of Ancient
　Greece〉, 1970.

에우세비우스 : 페어베언의 〈임피리얼 성서 사전〉의 '아슈토레트' 항목을 보라.

엘워시, F. T., 〈사악한 눈 The Evil Eye〉, 1895.

외젠 캉슬리에 Canseliet, Eugène, 〈풀카넬리 : 연금술사 Fulcanelli: Master Alchemist. Le
　Mystère des Cathédrales. Esoteric Interpretation of the Hermetic Symbols of the Great Work〉,
　1971. 매리 소더 Mary Sworder의 프랑스어판. 캉슬리에가 서문을 썼다.

요하네스 트리테미우스, 〈스테가노그래피 Steganographia〉. 맥린을 보라.

_____, 〈일곱 명의 제2의 신들 De Septem Secundadeis〉, 1510.

워커, D. P., 〈영성과 악마의 마술 Spiritual and Demonic Magic〉, 1958.

월독, A. J. A., 〈사탄과 타락의 기술 Satan and the Technique of Degradation〉. 루이스
　마르츠의 책에서.

웨이트, A. E., 〈의전 마술의 책 The Book of Ceremonial Magic Including the Rites and Mysteries of Geotic Theurgy, Sorcery and Infernal Necromancy〉, 1911.

_____, 〈헤르메스학과 연금술 저작들 The Hermetic and Alchemical Writings of Aureouls Philippus Theophrastus Bombast, of Hehenheim, called Paracelsus the Great〉, 1894. 연금술 용어에 관한 파라켈수스학파의 사전은 이 책 두 번째 권의 348쪽 이하에 있다.

윈 웨스트코트 (ed.), 〈상툼 렉눔의 마법 의례 The Magical Ritual of the Sanctum Regnum〉, 1896. 엘리파 레비의 저작으로부터 번역되어 타로 카드에 수록되었다.

윌리엄 로, 〈독일 신지학자 야콥 뵈메의 업적 The Works of Jacob Boehme, the Teutonic Theosopher〉, 1772.

윌리엄 셰익스피어, 〈윌리엄 셰익스피어의 작품들 The Works of William Shakespeare〉, 헨리 어빙과 프랭크 마샬의 편집본, 15권, 1922.

제임스 해스팅스 (ed.), 〈종교와 윤리 백과사전 Encyclopaedia of Religion and Ethics〉, 1971.

제프리 케인즈 (ed.), 〈블레이크 : 다양한 읽기로 쓰기를 완성하다 Blake : Complete Writings with Variant Readings〉, 1971.

존 시먼스, 〈거대한 짐승 The Great Beast〉, 1915.

존 피터, 〈실낙원 비평 A Critique of Paradise Lost〉, 1970.

칼 노보트니 (ed.), 〈아그리파 : 오컬트 철학에 대하여 Henricus Cornelius Agrippa ab Nettesheym : De Occulta Philosophia〉, 1967.

콜스, J.M.N. : 페일리의 책에서 인용되고 논의되었다.

콩스탕(엘리파 레비) : 윈 웨스트코트를 보라.

크로울리 : 해스팅스의 책에서 '마법의 원' 항목을 보라.

키스 토마스, 〈종교와 마법의 쇠퇴 Religion and the Decline of Magic : Studies in Popular Beliefs in Sixteenth - and Seventeenth-Century England〉, 1971.

패트릭 페어베언 (ed.), 〈임피리얼 성서 사전 The Imperial Bible-Dictionary〉, 1887.

페네손 휴스, 〈요술 Witchcraft〉, 1965.

페일리, W., 〈바일돈과 바일돈 사람들 : 요크셔 마노와 그 가족들 Baildon and the

Bailonds : A History of a Yorkshire Manor and Family〉, 약 1910년경.

포스터 데이먼, 〈블레이크 사전 : 윌리엄 블레이크의 사상과 상징 A Blake Dictionary : The Ideas and Symbols of William Blake〉, 1965.

프랜시스 A. 예이츠, 〈The Rosicrucian Enlightenment〉, 1972.

프랜시스 바렛, 〈마구스 The Magus〉, 1801.

프레드 게팅스, 〈신비주의, 헤르메스학과 연금술 기호 사전 Dictionary of Occult, Hermetic and Alchemical sigils〉, 1981.

프레드릭 호클리 : 〈헤르메스 저널〉 1981년 봄, 11호에 실린 애덤 맥린의 "키프리아누스의 술(術)에 따른 마법 거울 만들기"를 보라.

악마 백과사전
고대부터 암흑세계를 지배했던 3,000여 악마들

1판 1쇄 펴낸 날 2014년 7월 15일
1판 3쇄 펴낸 날 2019년 8월 12일

지은이 | 프레드 게팅스
옮긴이 | 강창헌

펴낸이 | 박윤태
펴낸곳 | 보누스
등 록 | 2001년 8월 17일 제313-2002-179호
주 소 | 서울시 마포구 동교로12안길 31
전 화 | 02-333-3114
팩 스 | 02-3143-3254
E-mail | bonus@bonusbook.co.kr

ISBN 978-89-6494-141-6 04900
       978-89-6494-142-3 (세트)